Kohlhammer

Münchener philosophische Studien

Fortsetzung der »Pullacher Philosophischen Forschungen«
begründet von Walter Brugger S.J. und Johannes B. Lotz S.J.

In Verbindung mit den Professoren der Hochschule für Philosophie, München
(Philosophische Fakultät S.J.)

herausgegeben von

Gerd Haeffner S.J. und Josef Schmidt S.J.

Neue Folge
Band 29

Katja Thörner

William James' Konzept eines vernünftigen Glaubens auf der Basis religiöser Erfahrung

Verlag W. Kohlhammer

Umschlag: Gestaltungskonzept Peter Horlacher
Gesamtherstellung:
W. Kohlhammer Druckerei GmbH + Co. KG, Stuttgart
Printed in Germany

ISBN 978-3-17-021718-8

Inhaltsverzeichnis

Vorwort

Die vorliegende Arbeit wurde im Wintersemester 2009/2010 von der Hochschule für Philosophie München, Philosophische Fakultät SJ, als Dissertation angenommen. Begonnen wurde sie im Rahmen des Graduiertenkollegs der Deutschen Forschungsgemeinschaft „Der Begriff der religiösen Erfahrung in der europäischen Religion und Religionstheorie und sein Einfluss auf das Selbstverständnis außereuropäischer Religionen". Für die Förderung und Unterstützung der DFG sowie der teilnehmenden Professoren und Kollegiaten spreche ich meinen Dank aus.

Ein besonderer Dank gilt dabei Herrn Prof. Dr. Dr. Friedo Ricken, der maßgeblich an der Einrichtung des Graduiertenkollegs beteiligt war und mein eigenes Projekt als Betreuer begleitete. In dem steten Versuch, mir seine sachliche und präzise Herangehensweise an Texte sowie den klaren Argumentationsstil, der ihn auszeichnet, zu eigen zu machen, gelang es mir immer mehr, mir über die Intention von William James' Schreiben klar zu werden und eine weitgehend konsistente Auffassung seiner Religionstheorie zu entwickeln. Förderlich waren nicht zuletzt die lebhaften Diskussionen im Rahmen unseres Doktorandenkolloquiums, bei dessen Teilnehmern ich mich ebenfalls bedanke.

Es freut mich, dass meine Arbeit in die Reihe „Münchener philosophische Studien" aufgenommen wurde. Für diese Entscheidung, die rasch und unkompliziert erfolgte, danke ich den Herausgebern Herrn Prof. Gerd Haeffner und Herrn Prof. Josef Schmidt sowie Herrn Florian Specker vom Kohlhammer Verlag.

Mein besonderer Dank geht zudem an Frau Anja Kootz M. A., Herrn Dr. habil. Andreas Koritensky und Frau Juliane Wann M. A., die mir bei den Korrekturarbeiten einen sehr großen Dienst erwiesen haben. Ein weiterer Dank gilt auch Herrn Dr. Stefan Pautler und seinem Hinweis, dass es immer einen Punkt gibt, an dem man ein Projekt abschließen sollte.

Nicht zuletzt sei meinen Eltern dafür gedankt, dass sie mir immer den nötigen Rückhalt gegeben haben.

Siglenverzeichnis

ERE	*Essays in Radical Empiricism*: JAMES, William [1912] 1976.
ILWL	„Is Life Worth Living?“, in: JAMES, William [1896] 1978, 34–56.
OCBHB	„On a Certain Blindness in Human Beings“, in: JAMES, William [1899] 1983, 132–149.
PP	*The Principles of Psychology*: JAMES, William [1890] 1981.
Prag	*Pragmatism. A New Name for Some Old Ways of Thinking: JAMES, William* [1907] 1975.
PU	*A Pluralistic Universe*: JAMES, William [1909] 1977.
RAT	„Reflex Action and Theism“, in: JAMES, William [1896] 1978, 90–113.
SoR	„The Sentiment of Rationality“, in: JAMES, William [1896] 1978, 57–89.
VRE	*The Varieties of Religious Experience*: JAMES, William [1902] 1985.
WB	„The Will to Believe“, in: JAMES, William [1896] 1978, 13–33.
WMLS	„What Makes Life Significant?“, in: JAMES, William [1899] 1983, 150–167.

1 Einleitung

Die Popularität des Bandes *The Varieties of Religious Experience*, in dem 1902 die bereits bei den Hörern höchst erfolgreichen Gifford Lectures des amerikanischen Philosophen und Psychologen William James aus dem Semester 1901/1902 veröffentlicht wurden, lässt sich nicht zuletzt darauf zurückführen, dass ihr primärer Gegenstand die Religion aus erster Hand ist.[1] Ein grundlegender Zug der religionsphilosophischen Überlegungen von William James besteht darin, den Kern der Religion als einen eigenständigen Bereich des Lebensvollzugs auszuweisen und die Religion so aus der Umklammerung der institutionellen Religion in Form von autoritativ verstandenen Schriften, dogmatischen Lehrgebäuden und liturgischen Vorschriften zunächst zu lösen und in einem zweiten Schritt zu diesen in Beziehung zu setzen. Mit diesem Verfahren steht James ganz in einer Linie mit Denkern wie etwa Kant, Schleiermacher und Wittgen-stein. Im Unterschied zur Tradition der analytischen Religionsphilosophie, die im 20. Jahrhundert einflussreich wurde, wird die Rationalität des religiösen Glaubens nicht primär an der Plausibilität religiöser Aussagen bemessen, sondern daran, ob es gelingt, einen allgemeinen und eigenständigen Grundvollzug des menschlichen Lebens kenntlich zu machen, auf den Religionen und nur Religionen eine adäquate Antwort geben. Auf diese Weise schafft James einen allgemein nachvollziehbaren Zugang in ein Gebiet, dessen Terminologie in einem säkularen Kontext in einem erheblichen Maße an Verständlichkeit eingebüßt hat. Zugleich zeigt er einen Ort auf, an dem das Thema offenkundig seine Bedeutung nicht verloren hat, nämlich im lebendigen Selbst- und Weltbezug des Menschen.

Wie schon ein früher Rezensent der *Varieties* bemerkt, sind diese aus dem Blickwinkel der akademischen Philosophie jedoch auch kein einfaches Buch, da psychologische Erklärungsansätze sowie eine Einordnung dieser Phänomene in den philosophischen Diskurs hinter der Fülle des „Materials“ in Form von Selbstzeugnissen und psychologischen Fallstudien zurückstehen. Auf den ersten Blick scheint nicht einmal klar, ob es sich um ein interessantes literarisches Dokument, eine psychologische Untersuchung oder doch um einen wichtigen Beitrag zur Philosophie der Religion handelt.[2] Der Beitrag zur Philosophie der Religion, den James meiner Auffassung

---

[1] Vgl. LAMBERTH 2005, 236. Dass diese Popularität der *Varieties* noch immer anhält, zeigt der Blick in die Kundenrezensionen des Onlinebuchhandels „amazon“. Am 12. Februar 2008 schreibt etwa ein Leser: „William James hat in seiner umfangreichen Studie über die religiösen Erfahrungen einzelner Menschen etwas geschafft, was nicht sehr oft passiert: Er hat mir aus dem Herzen gesprochen, so dass ich hier frei und offen bekennen kann, dass ich dieses Buch liebe.“ http://www.amazon.de/product-reviews/345833484X

[2] „This is not an easy work to review. [...] we are obliged to ask, what is the value of Prof. James's book, not merely as an interesting piece of literature, or even as a piece of psychological research, but as an actual contribution to Philosophy and particularly to the Philosophy of Religion.“ RASHDALL: 1903, 245 f.

nach geleistet hat, wird deutlicher sichtbar, wenn man die *Varieties* auf dem Hintergrund seiner lebenslangen Beschäftigung mit dem religiösen Glauben betrachtet. Doch es kann nicht der Anspruch dieser Untersuchung sein, „den ganzen James" zur Darstellung zu bringen. Die Aufgabe, die ich hier verfolgt habe, war es, einige zentrale Motive des James'schen Denkens von den frühen populärphilosophischen Gelegenheitsschriften bis zu dem letzten zu Lebzeiten veröffentlichten Band *A Pluralistic Universe* zu verfolgen und zu einer konsistenten Darstellung der Jame'schen Religionsphilosophie zu gelangen. Die beiden einschlägigen und wohl bekanntesten Texte zur Religionsphilosophie „The Will to Believe" sowie die bereits erwähnten *Varieties* werden dabei in den weiteren Kontext von James' philosophischen Schriften gestellt. Ein besonderes Gewicht erhält in dieser Arbeit jedoch auch James' breit angelegte psychologische Monographie *The Principles of Psychology* sowie Texte wie „Reflex Action and Theism" und „The Sentiment of Rationality", in denen James eine Verbindung zwischen empirischer Psychologie und Philosophie schlägt.

Letzteres ergibt sich zum einen daraus, dass James bereits in den *Principles* entscheidende Weichen in seinem philosophischen Denken stellt. Zum anderen kann und darf eine philosophische Abhandlung zum religionsphilosophischen Denken William James' nicht darüber hinwegsehen, dass die Debatte darüber, ob die *Varieties* eine religionsphilosophische oder eine religionspsychologische Untersuchung sind, auch nach hundert Jahren nicht verebbt ist. Carette gibt in seinem Vorwort zu einem Band, der die Beiträge zu einer Tagung, die das hundertjährige Jubiläum der Publikation der *Varieties* zum Anlass hatte, zu verstehen, dass die innere Komplexität sowie die Stellung der *Varieties* innerhalb des Gesamtwerks von James es nicht leicht machen, diese eindeutig einer Disziplin zuzuordnen.[3] Man trifft nicht selten auf die Titulierung der *Varieties* als einem „Klassiker der Religionspsychologie"[4], und eine Reihe von Untersuchungen beziehen sich ausschließlich unter einem religionspsychologischen Gesichtspunkt auf dieses Werk.[5] Auch der Theologe Ernst Troeltsch, der sich wohl als erster Denker aus dem deutschsprachigen Kontext ernsthaft mit James' *Varieties* auseinandersetzte, kommt zu dem Schluss, dass das Ganze „trotz alledem doch eine wirkliche und echte, rein empirische Religionspsychologie" sei und damit auch „alles nur eben *Psychologie*."[6] Folglich, so Troeltsch weiter, ist „gar nichts gesagt über den

[3] „The internal complexities and the position of the Varieties in relation to James's other works [...] bring[s] James and the Varieties into the interdisciplinary problematic of how to locate the work." CARETTE 2005, 6.

[4] Vgl. u. a. HEIMBROCK 1998, 8 sowie WATTS 2006, 26.

[5] Vgl. u. a.: CAPPS 1997, MACHOŃ 2005, WULFF 2005, BRIDGERS 2005, WEYEL 2009.

[6] TROELTSCH 1905, 17. Troeltsch kommt in einem späteren Text, den er als Nachruf für den „Harvard Theological Review" verfasst hat, zu einer anderen Bewertung der Position James', wenn er seine ursprüngliche Auffassung auch nicht völlig revidiert. James ist für Troeltsch nun „more than the religious psychologist who has added a new field to the philosophy of religion. He is, by the very act of making the philosophy of religion into a psychology of religion, the representative of a [...] type of thought in general, and therefore of a [...] type of philosophy of religion." TROELTSCH 1912, 409.

Wahrheits- oder Realitätsgehalt dieser Erscheinungen. Das ist ja auch bei dem ganzen Prinzip solcher Psychologie unmöglich."[7] Auf dieses Urteil nimmt Wobbermin bereits im Vorwort zur ersten, von ihm selbst geleisteten Übertragung der *Varieties* ins Deutsche Bezug. Wobbermin betont, dass eine „bewusst an Schleiermacher anknüpfende evangelisch-theologische Arbeit prinzipiell ‚religionspsychologisch' orientiert sein"[8] müsse und zu diesem Gebiet habe James einen entscheidenden Beitrag geliefert. Im Unterschied zu Troeltsch macht Wobbermin jedoch darauf aufmerksam, dass James die Ebene der reinen Religionspsychologie verlässt, wenn er die Frage nach dem Wert der Religion aufgreift. Doch die Wahrheitsfrage sieht auch Wobbermin nicht als beantwortet an, so dass auch er „eine prinzipielle Ergänzung und Fortführung"[9] für erforderlich hält. Raters kommt rund hundert Jahre später zu dem gleichen Befund und zieht daraus den Schluss, dass es sich bei den *Varieties* nicht um eine Religionsphilosophie, sondern um eine Ethik handele.[10] Luh-Hardegg bemerkt in ihrer Studie[11] zwar, dass James in den *Varieties* durchaus auf die Wahrheitsfrage zu sprechen kommt, gelangt dabei aber im Wesentlichen nicht über eine Wiedergabe von James' Aussagen zur Mystik hinaus.

Im Gegenzug zu diesen Interpretationen gelangt Krämer zu der Einsicht, dass James in den *Varieties* eine „allgemeine Realitätstheorie"[12] vorstellt, durch die das „rein Psychologische" und die Frage nach der Wahrheit des religiösen Erlebens in ein anderes Licht gerückt werden. Im letzten Kapitel der *Varieties* formuliert James einen philosophischen Standpunkt, der zum einen auf seine spätere Schriften zum „radikalen Empirismus" vor- und zugleich auf das Modell des „stream of thought" in den *Principles* zurückverweist. Auf diese „Brückenstellung" der *Varieties* wird in der Sekundärliteratur unter verschiedener Hinsicht verwiesen. So hält etwa Lamberth fest, dass das Buch einen Übergang zwischen den großen psychologischen Studien und den Schriften zum späten Empirismus bildet, den Lamberth in erster Linie als einen Übergang von einer dualistischen Position hin zu einer Philosophie, die den Dualismus von Geist und Materie unterläuft, interpretiert.[13]

Die richtungsweisende These, die James am Ende der *Varieties* formuliert, lautet, dass uns die Realität in der vollständigsten Weise nur in der konkreten subjektiven

---

[7] Ebd.

[8] Wobbermin 1907, vii.

[9] Ebd., xii.

[10] Raters 2009.

[11] Luh-Hardegg 2002, 218–227.

[12] Krämer 2006, 117.

[13] „[...] the book is transitional among published works, albeit differently, standing between its major psychological writings, which transpire overtly under the assumption of psycho-physical correspondence and dualism, and his explicitly radical ‚empiricist' writings, which directly contravene those notions." Lamberth 2005, 237. Den Nachweis für diese These liefert Lamberth dann in seiner Monographie *William James and the Metaphysics of Experience* 1999, vgl. insbesondere ebd. 126–145. Als Brücke zwischen „The Will to Believe" und *A Pluralistic Universe* (1909) betrachtet auch Ruth Anna Putnam die *Varieties*. Vgl. Putnam 2005.

Erfahrung gegeben ist. Diese präsentistische Auffassung von Realität findet sich in den *Principles* bereits vorbereitet. Der dort entwickelte Begriff der Realität im Sinne eines lebendigen subjektiven Realitätsbezugs, in dem wir mit unserem gesamten theoretischen, praktischen, ethischen Welt- und Selbstverhältnissen an die Wirklichkeit herantreten, verdankt sich nicht allein dem psychologischen Zugang, sondern er liegt auch dem philosophischen Denken von James zugrunde. Dies zeigt sich nicht zuletzt am Ende der *Varieties*, wo James festhält, dass es dieses Verständnis von Wirklichkeit ist, auf dem die Weltsicht der Religionen aufbaut. In der Erfahrung selbst eröffnet sich die Wirklichkeit in ihrer ganzen Fülle, und das ist der Grund, weshalb prima facie jede Erfahrung eine Erfahrung von Realität ist. Eine Sicht der Wirklichkeit im Ganzen, die auf diesem Fundament errichtet ist, unterscheidet sich auf markante Weise von der objektivierenden Sicht der Wissenschaft, die systematisch von allen subjektiven Elementen abstrahiert.

Diesen Gedanken führt James in *A Pluralistic Universe* zu einer metaphysischen Konzeption aus, in der der religiösen Erfahrung eine besondere Bedeutung zukommt. Diese Erfahrung, die James als eine Erfahrung des inneren Zusammenbruchs und der Errettung beschreibt, durch die sich das religiöse Subjekt auf einen weiteren „übermenschlichen" („superhuman") Bereich der Wirklichkeit hin öffnet, legt für ihn die Annahme nahe, dass die Realität weiter reicht als die natürliche Wirklichkeit. Dem Naturalismus wird James zufolge durch Erfahrungen dieser Art auf theoretischer wie auf praktischer Ebene der Bankrott erklärt.

Ein Punkt, dem in der Forschung zu James' Religionsphilosophie bislang überraschend wenig Aufmerksamkeit geschenkt wurde, ist die Tatsache, dass er den religiösen Glauben stets als Glaube an einen personalen Gott versteht. Denn es ist nicht der Glaube an ein unspezifisches „Mehr", den James rechtfertigen möchte, sondern an einen Gott, den James in den frühen bis in die späten Schriften hinein als einen personalen Gott begreift.[14] In diesem Zusammenhang gilt es zu beachten, dass dem „Personsein" im religionsphilosophischen Denken James' insgesamt in mehrerlei Hinsicht eine zentrale Bedeutung zukommt: Die religiöse Erfahrung im Sinne der Konversion, die im Mittelpunkt der *Varieties* steht und auch den Ausgangspunkt der metaphysischen Spekulation in *A Pluralistic Universe* bildet, wird als eine Transformation des Selbst verstanden, durch die sich zugleich eine Öffnung auf eine höhere Form von personalem Sein vollzieht. Eine solche Selbstöffnung vollzieht sich auch im Gebet, das James in den *Varieties* als den Kern der Religion bestimmt.[15] Selbst das mystische Erleben wird personal bestimmt, wenn es bei James heißt, dass sich hier ein Wandel der Welt von einem „schieren Es" zu einem „lebendigen Du" vollziehe.[16] Und letztlich findet auch die Frage nach der Unbedingtheit des moralischen

---

[14] Auf diese Kontinuität macht jüngst auch Seibert aufmerskam, vgl. SEIBERT 2009b, 304.

[15] Vgl. VRE, 365.

[16] Vgl. RAT. 106.

Handelns, welche James als *die* entscheidende Frage des Lebens bezeichnet,[17] für ihn erst in der Vorstellung einen Abschluss, dass wir den Willen eines höchsten Wesens erfüllen. Indem James das religiöse Leben als ein Verhältnis zu einem personalen Gott begreift, kommt jener Aspekt der Sozialität zum Vorschein, durch den sich seine Position etwa zu Schleiermachers Rede vom „Universum" oder auch Emersons Vorstellung einer „Weltseele" unterscheidet. Lamberth thematisiert diesen sozialen Aspekt in James' Denken anhand des Begriffs der „intimacy", den James als Kennzeichnung seiner eigenen philosophischen Weltanschauung verwendet, bringt diesen jedoch nicht in unmittelbare Verbindung zum Konzept der religiösen Erfahrung oder des Gebets.[18] Dagegen verweist Joas darauf, dass James schon „in seiner Psychologie von 1890 [...] den Impuls zu beten aus der inneren Sozialität des Menschen abgeleitet"[19] hat, jedoch verfolgt er dieses Motiv in James' späteren Schriften nicht weiter, so dass hier der metaphysische Aspekt außen vor bleibt. Joas macht in diesem Zusammenhang auch auf den „schwer verständlichen" Umstand aufmerksam, dass Charles Taylor in seinem Buch *Quellen des Selbst*[20] keine explizite Verbindung zu James herstellt, obschon es auf der Hand liegt, in seinen Analysen eine Weiterentwicklung von James' Konzept des „Selbst", wie es in den *Principles* entwickelt wird, zu sehen. Dem ist hinzuzufügen, dass Taylor auch in seinen Gifford Lectures aus dem Jahr 1999, in denen er sich explizit mit William James auseinandersetzt, nicht auf James' Begriff des „Selbst" zu sprechen kommt, sondern dessen methodischen Individualismus in den *Varieties* als die „Hauptthese von James" begreift, „wonach die wahre Religion in der individuellen Erfahrung liegt".[21]

Die Untersuchung soll hingegen zeigen, dass James' Entscheidung, die Religion von der Ebene subjektiver Erfahrungen religiöser Individuen her zu betrachten, nicht als Plädoyer für die Privatheit der Religion zu verstehen ist.[22] Entgegen dieser oft wiederholten Deutung der James'schen Religionstheorie möchte ich auf dem Hintergrund der Theorie des Selbstbewusstseins, wie sie in den *Principles* zur Darstellung gelangt, deutlich machen, dass in James' Verständnis des Menschen als einem sich selbst überschreitenden Individuum ein zentraler Schlüssel für das religionsphilosophische wie das metaphysische Denken von James liegt. Die Subjektivität der Erfahrung ist nach James der Ort, in dem sich Realität ereignet. Religiöse Erfahrungen sind Erfahrungen einer höheren, d. h. übermenschlichen Form von personaler Wirklichkeit, die mit dem Bewusstsein einhergeht, diesem Teil der Wirklichkeit wesensmäßig anzugehören. Nur über die Erfahrung des religiösen Individuums ist es damit möglich, we-

---

[17] Vgl. RAT, 116.

[18] LAMBERTH 1997. Francesca Bordogna bringt in ihrem jüngst veröffentlichten Buch den Begriff der „intimacy" nur am Rande mit James' religionsphilosophischen Schriften in Verbindung. BORDOGNA 2008.

[19] JOAS 1999, 83.

[20] TAYLOR 1994.

[21] TAYLOR 2002, 31.

[22] Darauf verweist auch SEIBERT 2009a, insbesondere 29–38.

sentliche Merkmale dieses Bereichs der Wirklichkeit zu erfassen. Auf der Grundlage dieser Merkmale entwickelt James in *A Pluralistic Universe* eine Metaphysik, die er als einen pluralistischen Pantheismus bezeichnet. In der dort entwickelten Vorstellung eines endlichen Gottes, dem die Menschen ihrem Wesen nach angehören, findet das religionsphilosophische Denken von James seinen Abschluss.

Metaphysische Konzeptionen, dessen ist sich James natürlich bewusst, können nicht aus der Erfahrung abgeleitet werden. Sie stellt lediglich das „Material" bereit, das in einer solchen Konzeption möglichst vollständig Aufnahme finden muss. Die Philosophiegeschichte zeigt, dass es eine Reihe von Möglichkeiten gibt, dieses „Material" zu einem sinnvollen Ganzen zusammenzufügen. An diesem Punkt kommt der Begriff der Weltanschauung ins Spiel, der, wie Lamberth bemerkt, im Zentrum des James'schen Philosophierens steht. James zufolge ist jede Sicht des Ganzen eine Weltanschauung und jeder Mensch verfügt über eine solche. Die Basis einer philosophischen Weltanschauung bildet der Prozess des Abwägens, welche Sicht des Ganzen am vernünftigsten ist. Das Kriterium der Vernunft ist dabei nach James deshalb niemals „objektiv", da es sich um den expliziten Ausdruck unseres Verhältnisses zum Ganzen handelt. Eine philosophische Weltanschauung kann im besten Fall einen hohen Grad an Allgemeinheit für sich beanspruchen, nämlich dann, wenn es gelingt, in ihr eine allgemein akzeptable Haltung des Menschen zum Ganzen zu formulieren. Bereits in dem frühen Aufsatz „Reflex Action and Theism" argumentiert James für die These, dass der Theismus für ein Wesen, das so beschaffen ist wie wir, dasjenige Konzept der Wirklichkeit im Ganzen darstellt, das uns zum einen als möglich und zum anderen als maximal vernünftig erscheint.[23] Das Kriterium der Vernunft („rationality") greift James zufolge aber zu kurz, wenn wir es allein auf das schlussfolgernde Denken beziehen. Seine Philosphie ist gegen einen Rationalismus gewendet, der den Menschen allein als ein denkendes Wesen begreift, so dass er letzlich vorschlägt den Begriff der Vernunft durch den der „Vertrautheit" („intimacy") zu ersetzen.[24]

Die Bedeutung des Begriffes „intimacy" in James' Denken wird auch von Lamberth hervorgehoben.[25] Dabei bezieht er sich in seinen Darstellungen insbesondere auf James' Schriften zum radikalen Empirismus und eine Reihe unveröffentlichter Materialien. In meiner Untersuchung werde ich hingegen James' erweiterten Rationalitätsbegriff, mit dem er sich gegenüber dem philosophischen Rationalismus oder Intellektualismus absetzt, auf der Grundlage der Texte „Reflex Action and Theism" und „The Sentiment of Rationality" entwickeln. Diese Texte, die beide in dem Band *The Will to Believe and Other Essays in Popular Philosophy* (1896) enthalten sind, machen auf besondere Weise deutlich, dass James das Kriterium der „intimacy" als ein Entsprechungsverhältnis von Geist und Realität denkt, wobei er den Geist nicht

[23] Vgl. unten, S. 45.

[24] Vgl. PU, 144 f.

[25] Zum Verständnis des Terminus „intimacy" vgl. insbesondere LAMBERTH 1999, 151–162 sowie DERS. 1997.

als „Spiegel der Natur" begreift, sondern diesen gleichermaßen als rezeptiv, aktiv und zielgerichtet bestimmt.
Es ist nicht allein der philosophische Standpunkt des radikalen Empirismus, in dem jeder Erfahrung prima facie der Status eingeräumt wird, eine Erfahrung von Realität zu sein, der nach einem geeigneten metaphysischen Rahmen verlangt, in dem bspw. auch Erfahrungen von einer übermenschlichen personalen Wirklichkeit einen Platz haben. Auch der Gedanke der Vernunft im Sinne der „intimacy" findet erst in einer philosophischen Konzeption der Wirklichkeit ihren Abschluss, in der sich dieses Entsprechungsverhältnis von menschlicher Vernunft und Wirklichkeit widerspiegelt. Es wird sich zeigen, dass James dies in der Vorstellung eines endlichen Gottes in einem pluralistischen Universum, in dem wir im Vertrauen darauf, dass das Gute eine reale Kraft ist, die sich durch unseren Einsatz mehr und mehr verwirklicht, einzulösen versucht und dabei eine Verbindung zwischen menschlicher Autonomie und Gottvertrauen schlägt.

1.1 Gliederung

Die folgende Untersuchung ist in vier Kapitel unterteilt. Das erste Kapitel zeigt auf, wo der religiöse Glaube für James seinen Ort hat. In den 1890er Jahren wendet sich dieser mit einer Reihe von philosophischen Vorträgen an ein nichtfachliches und zumeist junges Publikum, in denen zum Vorschein kommt, auf welche Fragen die Religion eine Antwort gibt. Es handelt sich um Fragen, wie etwa der nach dem Sinn des Lebens, die Frage nach dem Bösen in der Welt oder die Frage nach dem Ursprung allen Seins. Das rastlose Grübeln über diese Fragen führt nicht selten in eine Form der Verzweiflung, die das ganze Leben überschattet. Diese Form der religiösen Melancholie charakterisiert James in dem Vortrag mit dem bezeichnenden Titel „Is Life Worth Living?" aus dem Jahr 1895 als ein religiöses Verlangen, auf das keine angemessene Antwort erfolgt („a religious demand to which there comes no normal religious reply", ILWL, 40). Eine „normale religiöse Antwort" liegt nach James in einem Ausgriff auf eine Wirklichkeit, die den Bereich der sinnlich erfahrbaren Wirklichkeit übersteigt. Aus diesem Bereich der Wirklichkeit erfährt das menschliche Leben erst an Wert und Sinn. Es ist das radikale Bedürfnis, dass es im Leben eine letzte Bestimmung geben muss, von der her das eigene Leben seine eigentliche Bestimmung erfährt.
Anhand der beiden Vorträge „On a Certain Blindness in Human Beings" und „What Makes a Life Significant?" soll verdeutlicht werden, dass dieser Ausgriff auf eine transzendente Wirklichkeit kein Spezifikum des religiösen Glaubens darstellt, sondern ein allgemeines Merkmal der menschlichen Natur ist. Der religiöse Glaube beruht auf der allgemeinen menschlichen Anlage, das Leben an idealen Vorstellungen auszurichten und nach einer Verwirklichung dieser Ideale zu streben. Grundlegend für ein solches Leben, das eine Haltung der Ernsthaftigkeit („strenuous mood") zum

Ausdruck bringt, ist das Vermögen, darauf zu vertrauen, dass sich unsere Ideale tatsächlich verwirklichen lassen. Wie dieses Vermögen, das James als „faculty of believe" bezeichnet und auf dem auch der religiöse Glaube basiert, näher gefasst werden kann, wird im zweiten Kapitel ausgeführt.

James' Plädoyer zur Annahme des religiösen Glaubens, der aus einem Verlangen nach einer transzendenten Wirklichkeit hervorgeht und auf der Grundlage eines Vermögens zu glauben beruht, ist bereits sowohl als „hypervoluntaristisches Eintreten für eine autosuggestive Selbsttäuschung" als auch als „eine zynische Befürwortung der Täuschung anderer oder eine zum Zwecke des Machterwerbs oder Machterhalts inszenierte Mythenbildung"[26] missverstanden worden. Hinter diesen verkürzten Interpretationen von James' Essay „The Will to Believe" steht jedoch eine ernstzunehmende Anfrage, die von James selbst in den *Varieties* aufgenommen wird: Reicht unser Wille tatsächlich so tief, dass wir uns von der Existenz einer Form von Wirklichkeit überzeugen können, die den Bereich der sinnlichen Erfahrung übersteigt und für die es letztlich keine hinreichenden Beweise gibt?

Auf dem Hintergrund der Ausführungen zum Willen in den *Principles* (3.5) möchte ich deutlich machen, dass es sich in der Annahme des religiösen Glaubens nicht um einen Willensakt oder eine bewusste Willensentscheidung handelt. Die Rede von einem „willentlich angenommenen Glauben" („volitional adopted faith") verweist vielmehr auf jenen Bereich zurück, der bereits im ersten Kapitel als religiöses Verlangen thematisiert wurde. Nach James beruht der religiöse Glaube auf der Annahme, dass die Realität im Letzten so beschaffen ist, wie wir denken, dass sie vernünftigerweise beschaffen sein sollte. Nur eine solche Form der Wirklichkeit kann unsere volle Billigung erfahren. Die Entscheidung für den religiösen Glauben bedeutet die Zustimmung zu einem solchen Glauben.

James' Anspruch in „The Will to Believe", so soll die Analyse des Textes in 3.9 zeigen, ist der einer Verteidigung des Rechts zu glauben gegenüber dem dogmatisch vertretenen Anspruch vonseiten des Szientismus, niemals von etwas überzeugt sein zu dürfen, für das wir keine Beweise haben. James tritt den Gegenbeweis an, indem er aufzeigt, dass eine solche Forderung in weiten Bereichen des menschlichen Lebens unsinnig ist. Die Zusicherung dieses Textes lautet mit Wittgenstein gesprochen: „Glaube Du! Es schadet Dir nicht."[27]

Neben diesem minimalen Anspruch steht im Text noch die stärkere Behauptung, dass die Zustimmung zu einer Proposition, von der wir uns wünschen, dass sie wahr sei, rationaler sei, als die Zustimmung zu einer Proposition, die dieser entgegensteht. Diese Aussage versteht sich auf dem Hintergrund von James' weitem Rationalitätsbegriff, der zuvor in Abschnitt 3.3 anhand des Textes „The Sentiment of Rationality" erläutert wurde. Dieser beruht auf einem Primat des Handelns gegenüber der Theorie

[26] Joas verweist hier auf die faschistische Rezeption des Pragmatismus. JOAS 1999, 67, Fn. 18.
[27] WITTGENSTEIN 1977, 93.

und der Auffassung des menschlichen Geistes als primär zweckgerichtet, die anhand von „Reflex Action and Theism“ in 3.2 zur Darstellung kommt.
Das nächste Kapitel beginnt mit der Darstellung des Modells des „stream of thought“ und der Theorie des Selbstbewusstseins, in deren Verlauf deutlich werden soll, dass James in den *Principles* einen dritten Weg zwischen klassischem Sinnesdatenempirismus auf der einen Seite und transzendentalphilosophischem Idealismus auf der anderen einschlägt (4.1–5). In einem zweiten Schritt werden die Ausführungen zum „Selbst“ in Hinblick auf das Konzept der religiösen Erfahrung im Sinne einer Konversion in den *Varieties* fruchtbar gemacht (4.7). Dem geht in Abschnitt 4.6 eine allgemeine Hinführung zu den *Varieties* voraus. Der letzte Abschnitt des Kapitels (4.8) dient dem Aufweis, dass James’ Entscheidung für einen methodischen Individualismus in den *Varieties* auf den Erfahrungsbegriff des radikalen Empirismus verweist. Dieser verlangt nach einem metaphysischen Konzept von Wirklichkeit, das in den *Varieties* nicht mehr eingeholt wird. Es wird jedoch bereits deutlich, dass es den Rahmen eines naturalistischen Verständnisses der Wirklichkeit sprengt.
Die ausführliche Darstellung der Kapitel „The Stream of Thought“ sowie „The Consciousness of the Self“ aus den *Principles* in diesem Teil der Arbeit soll nicht zuletzt die Gelegenheit bieten, zu zeigen, dass James bereits in den *Principles* entscheidende Punkte seiner philosophisch systematischen Selbstpositionierung vornimmt.[28] Wie er selbst in seinem Vorwort zu verstehen gibt, ist es durchaus richtig, dass sich einige Kapitel der *Principles* mehr mit der Metaphysik auseinandersetzen als mit Ergebnissen der empirischen Psychologie („some of the chapters are more ‚metaphysical‘ and others fuller of detail“, PP, 5). Dieses Nebeneinander von Empirie und Metaphysik mag James zufolge zwar den Studenten der Psychologie, für den dieses Buch konzipiert wurde, beim ersten Lesen verwirren. Doch darin liegt für James auch das eigentlich Interessante seiner Darstellung. Deutlich wird dies, als er, nachdem er sich in einer gekürzten Fassung der *Principles,* die unter dem Titel *Psychology: A Briefer Course* (1892) erschienen ist, auf die empirisch-experimentellen Bestandteile beschränkt und die Metaphysik verbannt hat, gegenüber seinem Verleger nahezu zynisch anmerkt:

> „[…] by adding some twaddle about the senses, by leaving out all polemics and history, […] all metaphysical subtleties and digressions, […], all humor and pathos, all *interest* in short, […] I think I have produced a tome of pedagogic classic which will enrich both you and me, if not the student’s mind.“[29]

James positioniert sich in den *Principles* gegenüber philosophiegeschichtlich einschlägigen Positionen wie dem klassischen Empirismus, dem Idealismus und dem

[28] Gerald E. MYERS nimmt sich in seiner Monographie *William James* (1986) dem gesamten Korpus der *Principles* an, ohne diese jedoch systematisch zu James’ weiteren philosophischen Schriften in Beziehung zu setzen. Eine gewinnbringende Einordnung der *Principles* in den Kontext der spezifisch nordamerikanischen Geistesgeschichte unternimmt Myers in seiner Einleitung zu den *Principles* in der Edition der Werkausgabe. Vgl. MYERS 1981.
[29] James an Holt, 24. Juli 1891, zitiert nach SKODAL 1984, xi.

Transzendentalismus. Mit dem Modell des „stream of thought" distanziert sich James auf gleiche Weise von der Annahme einer substantiellen Seele als der Vorstellung einzelner Sinnesdaten.

Die Auseinandersetzung mit dem Idealismus beschäftigt James bis zu seinem letzten Werk *A Pluralistic Universe*, dem das letzte Kapitel meiner Untersuchung gewidmet ist. Das hier formulierte Konzept eines pluralistischen Universums und die Vorstellung eines finiten Gottes lassen sich auf dem Hintergrund der zuvor dargestellten geistesgeschichtlichen Selbstpositionierung transparent entwickeln. Den Einstieg in dieses Kapitel bildet James' Auseinandersetzung mit dem absoluten Idealismus auf der Basis des radikalen Empirismus, da diese nicht nur die gesamte Schrift durchzieht, sondern auch die Kontrastfolie darstellt, auf der James seine Vorstellung eines endlichen Gottes in einem pluralistischen Universum etabliert. Bevor diese Konzeption in Abschnitt 5.3 expliziert wird, dient 5.2 dazu, aufzuzeigen, dass diese spekulative Konzeption auf jenen Elementen der Erfahrung aufbaut, die sich aus der Bestimmung der religiösen Erfahrung in den *Varieties* ergeben haben. Im letzten Abschnitt 5.4 wird gezeigt, dass die Form der philosophischen Weltanschauung, die James in *A Pluralistic Universe* etabliert, den Ansprüchen der Vernunft in dem weiten Sinn, in dem dieser Begriff im zweiten Kapitel erarbeitet wurde, vollauf gerecht wird, so dass diese Form der Spekulation sowohl der Empirie als auch der Vernunft entspricht.

2 Die ethisch-existentielle Dimension des religiösen Glaubens

Im Jahr 1895 stellt James in einer Rede vor der „Harvard Young Men's Christian Association" seine Hörer vor die Frage: „Is Life Worth Living?". Dabei lässt er von Beginn an keinen Zweifel daran, dass es ihm um die existentielle Bedeutung dieser Frage im wahrsten Sinne des Wortes geht. Was können wir jemandem entgegenhalten, so fragt James, der diesen Wert verneint und infolge dessen beschließt, dem eigenen Leben ein Ende zu setzen?

Der Text behandelt das Thema des Suizids nicht aus einer psychologisch-therapeutischen Sicht, sondern aus einer philosophisch-existentiellen. Das Interesse von James gilt hier nicht dem Phänomen in seiner ganzen Breite, sondern einer ganz spezifischen Form der Melancholie, die er auch als „religiöse Krankheit" bezeichnet. Im Unterschied zur Absicht der Selbsttötung, die als Reaktion auf eine momentane Belastungssituation oder als Resultat einer endogen verursachten affektiven Störung zu verstehen ist und entsprechende Maßnahmen erfordert, geht es James um eine Form des Schwermuts oder Lebensüberdrusses, die in keiner plausiblen Verbindung zu den momentanen Lebensumständen zu stehen scheint.

Diese eher seltenen Fälle, in denen sich das Leben ohne jeden ersichtlichen Grund für einen Menschen schlagartig verfinstert und der sodann in tiefen Pessimismus verfällt, können James zufolge Ausdruck eines religiösen Verlangens sein, auf das keine „normale religiöse Antwort" erfolgt („no normal religious reply", ILWL, 40). Der Pessimismus wird von ihm als eine wesentlich religiöse Krankheit („essentially [...] religious disease", ebd.) bestimmt. Wer von diesem „*Weltschmerz*", wie James im Original auf Deutsch schreibt, betroffen ist, für den ist die Frage nach dem Wert des Lebens von existentieller Bedeutung. Weder eine theoretisierende noch ein moralisierende Rede vermag es in diesen Bereich der menschlichen Seele vorzudringen, denn gegen das Gefühl, dass das Leben sinnlos ist, kommen weder Argumente noch Verbote an. Von daher unternimmt James weder das eine noch das andere, um sich an die ganze Schar der Selbstmörder („whole army of suicides", ILWL, 37) zu wenden. Der Vortrag will nichts anderes sein als ein Appell und zwar ein Appell an den religiösen Glauben. Da es aber wenig gibt, das im Zustand des Weltschmerzes tiefer verborgen zu liegen scheint als der religiöse Glaube („nothing more recondite than religious faith", ILWL, 40), kann es sich dabei sicherlich nicht um eine simple Aufforderung handeln, zumal die religiöse Schwermut nicht als eine bloße Gemütsverstimmung anzusehen ist, sondern James zufolge aus einer intellektuellen Reflexion hervorgeht („melancholy or *Weltschmerz* bred of reflection", ebd.). Zu ihrer Überwindung müssen demnach auch diejenigen Überlegungen, die zur Melancholie führten, überwunden werden. Erst wenn sie nicht mehr als unumstößlich gelten, kann der religiöse Glaube als sinnvolle Option in den Blick kommen.

Die Frage nach dem Wert und dem Sinn des menschlichen Lebens wird von James in diesem Text in ihrer radikalsten Form, nämlich in Gestalt der Frage, ob das Leben überhaupt lebenswert sei, aufgegriffen und zu der Frage nach dem religiösen in enge Verbindung gesetzt. Diese nicht selbstverständliche Verbindung von Religion und der Sinnfrage lässt sich zum einen zur Biographie von James in Verbindung setzen, andererseits aber auch zu einer methodischen Herangehensweise, die er auch in späteren Texten verwendet.

James durchlief selbst eine Phase der Depression, die von starken Angstzuständen begleitet war. In einem Tagebucheintrag aus dem Jahr 1870, also im Alter von 28 Jahren, hält James fest, dass es eine Phase gab, in der er, wie er meint, verrückt geworden wären, wenn er nicht einen Halt in einigen Worten der Bibel gefunden hätte.[1] Man kann vermuten, dass ihn diese Erfahrung nicht so leicht wieder losließ[2], denn immerhin nimmt er diesen Eintrag später, unter der Angabe aus einem Brief zu zitieren, den er aus Frankreich erhielt, in die *Varieties* auf.[3]

Die Betrachtung eines Phänomens in seiner extremen Zuspitzung ist aber auch eine Methode, die James immer wieder, inbesondere auch in den *Principles* oder den *Varieties*, einsetzt, um wie unter einem Mikroskop charakteristische Merkmale in der Vergrößerung hervortreten zu lassen. Einer anderen Methode folgt James zunächst in den beiden Vorträgen „On a Certain Blindness in Human Beings" und „What Makes a Life Significant?", die als zweiteilige Vortragsreihe konzipiert sind, ebenfalls ursprünglich an ein junges Publikum gerichtet waren und 1899 erstmals als *Talks to Teachers on Psychology and to Students on Some of Life's Ideals* veröffentlicht wurden. In diesen Texten tritt James bereits als Empirist und Pluralist in Erscheinung: Als Empirist beginnt er die Suche nach dem Sinn dort, wo er von den Menschen konkret erfahren wird. Als Pluralist hebt er dabei zunächst die ganze Bandbreite dessen hervor, worin Menschen den Wert ihres Lebens erkennen, bevor er dann zu einer Beurteilung der jeweiligen Sinnsetzungen gelangt. Auch in den rund zehn Jahre später verfassten *Varieties* wird James wieder nach dieser Methode verfahren.

Der Appell, der insbesondere in „On a Certain Blindness in Human Beings" zum Ausdruck kommt, ist ein anderer als von „Is Life Worth Living?". Der ethische Anspruch, den James hier verfolgt, besteht darin, den immanenten Sinn anderer Lebens-

---

[1] Vgl. McDermott 1977, 7.

[2] Allerdings erscheint mir die folgende Behauptung von Gale, auf der auch seine Monographie *The Divided Self of William James* aufbaut, als überzeichnet: „The best way to characterize the philosophy of William James is to say that it is deeply rooted in the blues." Gale 1999, 1. Zu der genau umgekehrten Überzeugung gelangt Oliver, der festhält: „The melancholy side of James [...] has much to do with the substance and tenor of his philosophy" und James weiter als „the most good humored of intellectual adversaries, always prepared to brook any philosophical dispute with personal charm and friendliness" charakterisiert. Oliver 2001, 47.

[3] Vgl. VRE, 134. Später gibt James aber selbst zu, dass es sich um eigene Aufzeichnungen handelt, siehe James 1920, 145.

stile sichtbar zu machen, so dass wir diese anerkennen können, ohne jenen teilen zu müssen. Der genuinen Blindheit gegenüber der Sinnhaftigkeit fremder Lebensformen, die nicht selten zum Ursprung von Missverständnissen und Verletzungen wird, setzt James eine Hermeneutik des Lebens entgegen, die zur Toleranz erziehen soll.

2.1 „Is life worth living?": Das religiöse Bedürfnis nach einer transzendenten Wirklichkeit

2.1.1 *Religiöse Melancholie als Leiden an der Immanenz*

Der Vortrag „Is Life Worth Living?" nimmt mit der Charakterisierung der religiösen Melancholie und der Darstellung der Genesung der „kranken Seele" ein Motiv auf, das James später auch in den *Varieties* wieder aufgreifen wird. Während er aber in den *Varieties* den Weg der „Heilung" als einen Prozess begreift, der aus einer inneren Wandlung („conversion") hervorgeht, wird dieser in „Is Life Worth Living?" als intellektuelle Überwindung derjenigen Überzeugungen begriffen, die zu jener „albtraumhaften" Sicht der Welt geführt haben.

Die religiöse Melancholie, so James' Diagnose in diesem frühen Text, besteht in einem Zwiespalt: Auf der einen Seite erkennt der Mensch, dass sein Verstand ganz an den Bereich der sinnlichen Erfahrung verwiesen bleibt; auf der anderen Seite hegt er aber auch den innigen Wunsch, daran festzuhalten, dass es etwas gibt, das über diesen Bereich hinausgeht. Die intellektuelle Redlichkeit („intellectual loyalty", ILWL, 40) verbietet es dem kühlen Denker, diesem Wunsch einfach nachzugeben. Und selbst wenn er nachgeben würde, könnte er nicht ernsthaft etwas als real ansehen, das er für bloße Projektionen seiner eigenen Bedürfnisse hält. Allein aufgrund eines bloßen Gefühls („bare call of sentiment", ebd.) eine Wirklichkeit zu postulieren, die dieses Verlangen stillt, wäre Ausdruck reinen Wunschdenkens und nur ein völlig korrumpiertes Denken könnte aus der Sicht der intellektuell Redlichen dieses als real ansehen.[4]

Es scheint zunächst als könne das Verlangen nach einer transzendenten Wirklichkeit, die über die Welt der reinen Tatsachen („hard facts", ebd.) hinausweist, nur gestillt werden, indem man „Hinterwelten" postuliert. Einem solchen Postulat steht jedoch der Anspruch der intellektuellen Redlichkeit entgegen, der verlangt, nicht weiter zu gehen als unser Verstand und unsere Sinne reichen. Das Dilemma des modernen Menschen, das James in *Pragmatism* zur zentralen Problemstellung seiner Zeit erklärt,[5] besteht darin, weder den Anspruch des Intellekts noch den Glauben an eine

---

[4] Diese Haltung steht dem Grundtenor der Beiträge nahe, die Ernst Tugendhat jüngst zur Debatte um die Religion geleistet hat. Vgl. TUGENDHAT 2003 sowie DERS. 2007.

[5] „You want a system that will combine both things, the scientific loyalty to facts and willingness to take account of them, the spirit of adaptation and accommodation, in short, but also the old confidence in human values and the resultant spontaneity, whether of the religious or of the ro-

Wirklichkeit, die über die Welt der Tatsachen hinausgeht, opfern zu wollen, sie jedoch zugleich auch nicht vereinbaren zu können. Sofern es nicht gelingt, die Vorstellung einer transzendenten Wirklichkeit vom Stempel eines wissenschaftlich unaufgeklärten Supranaturalismus zu befreien, so bleibt im szientistisch geprägten Klima der Jahrhundertwende im Grunde nur die Möglichkeit, sich ganz auf die Immanenz zurückzuziehen. Die daraus resultierende Ernüchterung des philosophischen Gemüts, die in die Feststellung mündet, dass die Welt alles ist, was der Fall ist und nichts weiter, findet nicht nur bei James seinen Ausdruck, sondern an prominenter Stelle etwa auch bei Ludwig Wittgenstein.[6]

Eine Möglichkeit, sich zu dem Dilemma zu verhalten, besteht also darin, bei der immanenten Wirklichkeit stehen zu bleiben – sei es, dass man die Annahme einer transzendenten Wirklichkeit als illusionär ansieht und aus diesem Grund ablehnt oder sich in dieser Frage in die Position des Agnostikers begibt. Unabhängig von der Frage, wie man sich zur Annahme einer transzendenten Form von Wirklichkeit verhält, steht jedoch offenkundig fest, dass es sich bei Immanenz und Transzendenz um zwei unterschiedliche Geltungsbereiche handelt. Dabei scheint der Status der Immanenz weniger problematisch als der der Transzendenz. Das religiöse Verlangen zielt James zufolge darauf, den Status der Transzendenz als einer gleichwertigen Form der Realität anzuerkennen. Dies ist jedoch nicht möglich, wenn wir es mit einer Vorstellung von Transzendenz zu tun haben, die dem Alltagsverstand widerstreitet. Die Genesung von der religiösen Melancholie ist dann möglich, wenn es gelingt, eine Idee einer geläuterten Transzendenz zu etablieren, die den Verstand nicht mit der Annahme metaphysischer Hinterwelten gängelt. Das religiöse Verlangen ist damit nicht als ein obskurer irrationaler Drang zu verstehen, der uns zu Annahmen verleitet, die dem Anspruch der Vernunft widerstreiten. James begreift das religiöse Verlangen, wie im Laufe der Arbeit deutlicher werden wird, vielmehr als den Wunsch nach einer vollkommen rationalen Gestalt der Wirklichkeit, die sich daran bemisst, dass sie dem, was wir vernünftig nennen, in höchstem Maße entspricht.

In der immanenten Wirklichkeit sieht sich der Mensch mit einem Nebeneinander von Gegensätzen konfrontiert: Wir sehen, wie Liebe in Hass umschlägt, wie sich die Natur von einer wunderschönen zu einer entsetzlichen totbringenden Erscheinung wandelt oder wie etwas, das lebt, plötzlich in den Tod gerissen wird. Das für uns Widersinnige dieser Erscheinungen, auf die wir keinen Einfluss haben, kann ein Gefühl der „*unheimlichkeit*“ (im Original auf dt., ILWL, 41) in uns hervorrufen. Eine Strategie,

---

mantic type. And this is then your dilemma: you find the two parts of your *quæsitum* hopelessly separated.“ Prag, 17.

[6] Der erste Satz von Ludwig Wittgensteins *Tractatus logico-philosophicus* lautet: „Die Welt ist alles, was der Fall ist“. Unter Verweis auf das „Mystische“ heißt es gegen Ende der Schrift: „Wir fühlen, dass, selbst wenn alle *möglichen* wissenschaftlichen Fragen beantwortet sind, unsere Lebensprobleme noch gar nicht berührt sind. Freilich bleibt dann eben keine Frage mehr; und eben dies ist die Antwort.“ (6.52) Hier zitiert nach: WITTGENSTEIN 1989b.

um sich gegen dieses lähmende Gefühl, blinden Mächten ausgeliefert zu sein, zu erwehren, besteht darin, sich selbst gegenüber diesen Wechselfällen unempfindlich zu zeigen und sich in eine gelassene Haltung einzuüben, in der einen das alles nichts angeht („mood of levity, of ‚I don't care'", ILWL, 42). Indem man auf diese Weise eine emotionale Distanz zur Welt aufbaut, läuft man James zufolge jedoch zugleich Gefahr, sich von ihr zu entfremden. Denn wie später noch ausführlich dargestellt wird, besitzt seiner Auffassung nach für uns gerade das den höchsten Grad von Realität, was uns im Innersten betrifft. Und hier zeigt sich wieder ein Dilemma: Wir können uns gegenüber den Wechselfällen des Lebens nicht indifferent verhalten, ohne uns damit nicht zugleich von der Wirklichkeit zu distanzieren. Doch wenn wir uns der natürlichen Welt in ihrer moralischen Indifferenz („moral multiverse", ILWL, 43) aussetzen, provoziert diese in uns ein immerwährendes Nein („everlasting No"), wie James mit Carlyles Worten sagt.

2.1.2 *„Moral communion" und „serious mood"*

Das Verlangen nach Transzendenz ist hingegen als ein Wunsch nach einem universellen Einverständnis mit der Wirklichkeit zu verstehen. Alle höheren Religionen sind nach James als Versuche zu sehen, zwischen der Erfahrungswirklichkeit und unserem Verlangen nach einer moralisch vollkommenen Wirklichkeit zu vermitteln.

> „[...] and (as all the higher religions have assumed) what we call visible nature, or this world, must be but a veil and surface-show whose full meaning resides in a supplementary unseen or other world." (ILWL, 43.)

Das Bedürfnis nach einer „moral communion" (ebd.) mit der Welt im Ganzen ist nicht als eine bloße gefühlsmäßige Übereinstimmung zu sehen, sondern betrifft unsere Grundeinstellung gegenüber dem Leben und damit auch unser Handeln. Einer Welt, in der es egal wäre, wie wir uns verhalten, werden wir auch indifferent begegnen. Hinter dem religiösen Verlangen steht dagegen eine Grundhaltung der Ernsthaftigkeit („serious mood"). Es ist näher als der rationale Anspruch zu begreifen, dass unsere gute Gesinnung nicht ins Leere läuft, sondern wirksam wird. James scheint hier ganz nah an Kants Gedanke zu sein, dass das Bewusstsein um die Unbedingtheit der Moral zur Religion führt, wenn es heißt, dass es tief in uns etwas gibt, das uns versichert, dass es ein geistiges Wesen gibt, mit dem wir uns verbünden wollen und um dessen Willen wir bereit sind, eine ernsthafte Grundhaltung einzunehmen („something deep down in [...] us tells us that there *is* a Spirit in things to which we owe allegiance, and for whose sake we must keep up the serious mood", ILWL, 42).

James hält aber zugleich fest, dass auch ein Leben, das vollständig am Diesseits ausgerichtet ist, als wertvoll erfahren und als bejahenswert begriffen werden kann. Einen starken „natürlichen" Antrieb, der ebenso ein Gefühl der Bedeutsamkeit der eigenen Existenz vermittelt, sieht James im „heroischen Willen". Der Lebensantrieb besteht hier in einem kämpferischen Streben nach Überwindung von Hindernissen.

„Life is worth living, no matter what it bring [sic!], if only such combats may be carried to successful terminations and one's heel set on the tyrant's throat." (ILWL, 47.)

Verbunden mit dem Typus des Heroen ist das Gefühl der Ehre („sentiment of honor", ebd.) sowie das der Verpflichtung gegenüber dem Leben. Die Gefühle von Pflicht und Ehre gebieten es, Leiden und selbstlose Dienste („self-denying services", ebd.) auf sich zu nehmen, um unsere Schuld gegenüber denjenigen zu begleichen, denen wir das eigene Leben verdanken. James betrachtet diese Antriebe als Instinkte, die das Beste sind, womit wir von Natur aus ausgestattet sind. An diese Instinkte muss letztlich auch die Religion – die demzufolge über die natürlichen Anlagen des Menschen hinausreicht – appellieren.

Dass der Mensch von Natur aus mit den Instinkten der Neugierde, der Kampfeslust und der Ehre („instinctive curiosity, pugnacity, and honor", ILWL, 48.) ausgestattet ist, ist es James zufolge zu verdanken, dass auch jene Menschen, die alle metaphysischen Annahmen weit von sich weisen und von einem Tag zum anderen leben, ein Leben führen können, das sie als lebenswert erfahren. Sich ganz auf die diesseitige Welt verwiesen zu sehen, ist somit nicht der Bankrott der Menschheit. Ein Verzicht auf Transzendenz und Metaphysik hat in den Augen von James noch immer positivere Auswirkungen als schlechte Metaphysik und Aberglaube.

James will zeigen, dass aus dem religiösen Verlangen nicht notwendig „Hinterwelten" hervorgehen, sondern dass dieses auf etwas zielt, das in der natürlichen Welt nicht aufgeht. Die Gegenüberstellung zu anderen Formen, sich zu der Welt im Ganzen zu verhalten, dient ihm zum einen dazu, das Spezifikum des religiösen Weltbezugs herauszuarbeiten und zum anderen, deutlich zu machen, dass die religiöse Form des Lebens auf den natürlichen Anlagen des Menschen fußt.

In der Frage danach, ob das Leben lebenswert ist und wodurch es als lebenswert erfahren wird, wird diese Überschneidung zwischen religiöser und nicht-religiöser Lebensform anhand von zwei Begriffen besonders deutlich: dem Begriff der Verpflichtung und dem des Ideals. Diese Vorstellungen werden von James in den Texten „On a Certain Blindness in Human Beings" und „What Makes a Life Significant?" noch weiter eröffnet, so dass ich auf diese zu sprechen kommen möchte, bevor ich mich der „vollständigen Genesung" der religiösen Melancholie in „Is Life Worth Living?" zuwende.

2.2 „Higher affections"

James verweist in den genannten Texten zum einen auf Momente, in denen das Leben in einer Form gesteigerten Erlebens erfahren wird, die ihm eine Qualität verleihen, in denen wir nicht anders können als es durch und durch zu bejahen. Neben diesen „Feierstunden des Lebens"[7] scheint aber auch das Gefühl der Verpflichtung, das das all-

[7] Vgl. „The holidays of life are its most vitally significant portions, because they are, or at least should be, covered with just this kind of magically irresponsible spell." (OCBHB, 149).

tägliche Tun der Menschen leitet, eine entscheidende Rolle dabei zu spielen, ob Menschen ihr Leben als sinnvoll und lebenswert begreifen. Was die einzelnen Personen dabei als ihre je eigene „Berufung“ ansehen, ist sehr verschieden und kann sich im Laufe des Lebens ändern. Dabei handelt es sich oftmals überhaupt nicht um bewusste Zielsetzungen, so dass die Menschen meist gar nicht angeben könnten, worin das eigentliche Zentrum ihrer Motivation besteht.
Umso schwieriger ist es für Außenstehende zu erkennen, wodurch das Leben anderer Personen seinen Sinn erfährt und wonach sich für diese dessen Wert bemisst. In dieser Blindheit für die innersten Antriebe der Anderen liegt für James eine Ursache größter zwischenmenschlicher Grausamkeit. Wir neigen dazu, das als absolut anzusetzen, was uns selbst am „heiligsten“ ist und setzen alle herab, die diese Sicht nicht teilen. In der Verfolgung unserer eigenen Ziele durchkreuzen wir zudem allzu leicht die Interessen der Anderen oder machen sie gar zum Mittel unserer eigenen Interessen. Nur dem liebenden Menschen gelingt es, so James, die innersten Antriebe des Anderen zu erkennen und diese auch dann zu befördern, wenn dadurch das eigene Interesse zurücksteht. Es ist diese moralphilosophische Dimension der Frage nach dem Wert und Sinn des Lebens, die im Zentrum des Textes „On a Certain Blindness in Human Beings“ steht.
Eine besondere Verpflichtung empfinden wir gegenüber Idealen, für die wir uns bewusst entschieden haben. Wenn wir selbst gute Gründe haben, diesen zu folgen, so können wir sie auch vor anderen rechtfertigen und darauf vertrauen, dass sie breite Anerkennung finden. Personen, die allgemein anerkannte Ideale verkörpern, wird zumeist eine allgemeine Wertschätzung entgegengebracht. In dem Text „What Makes a Life Significant?“ begibt sich James auf die Suche nach solchen Idealen, die breite Anerkennung finden und wägt sie gegeneinander ab. Auf dieser Basis kommt er dann zu einer formalen Aussage darüber, worin der objektive Wert eines menschlichen Lebens zu sehen ist oder anders formuliert, was ein gelungenes Leben ausmacht.

2.2.1 *Die Struktur des Werturteils*

Zu Beginn des Vortrags „On a Certain Blindness in Human Beings“ gibt James klar zu erkennen, dass er eine expressivistische und emotivistische Werturteilstheorie vertritt. Danach hängt es von unseren Gefühlen ab, wie wir über den Wert von Dingen urteilen. Werturteile sind der explizite Ausdruck für das Gefühl, das eine Sache bei jemandem hervorruft.

> „Our judgments concerning the worth of things, big or little, depend on the *feelings* the things arouse in us.“ (OCBHB, 132.)

Das Wertempfinden hängt dabei wesentlich von der Vorstellung („idea“) ab, die wir mit dem Gegenstand, den wir beurteilen, verbinden.

> „Where we judge a thing to be precious in consequence of the *idea* we frame of it, this is only because the idea is itself associated already with a feeling.“ (Ebd.)

Ein Gegenstand besitzt also *für* jemanden *aufgrund* einer affektiv konnotierten Vorstellung Wert. Das wertende Prädikat darf somit nicht als reales Prädikat, das einer Sache objektiv zukommt, behandelt werden. In diesem Sinn lehnt James den Gedanken der Objektivität von Werten ab. Doch damit behauptet er nicht zwangsläufig eine völlige Subjektivität von Werturteilen. Denn die mit ihnen verbundenden Vorstellungen („ideas") und Empfindungen können durchaus intersubjektiv geteilt werden. Zwischen den konkreten Gegenständen und den Empfindungen, die diese in einem Menschen hervorrufen können, besteht dagegen eine weitgehende Arbitrarität. Wenn wir nicht wissen, welche Vorstellungen sich für jemanden mit einem Gegenstand verbinden, so sind wir gegenüber dem Wert, den der Gegenstand für diese Person besitzt, blind. James illustriert dies anhand einer Passage aus einer Erzählung des Schriftstellers Robert Louis Stevenson. Durch dessen Erzählung gewinnt man Einblick in das Innenleben einer Gruppe von Kindern, für die es ungeheuer wichtig ist, eine bestimmte Art von Laterne zu besitzen und sie bei Einbruch der Dunkelheit mit sich umherzutragen. Für die Kinder verbindet sich mit diesem Tun eine besondere geheimnisvolle und freudige Stimmung sowie die Vorstellung von Abenteuer. Nur wer diesen „geheimen Sinn für die verborgene Bedeutung" („mystic sense of hidden meaning", OCBHB, 139) erfasst hat, kann verstehen, weshalb die Kinder so vernarrt in ihre Laternen sind, an denen für einen Außenstehenden nichts Besonderes ist. In dem Nichtwissen um die emotional konnotierten Vorstellungen, die ein Gegenstand in einem Menschen herruft, liegt aber nur *eine* Form der „Blindheit". Darüber hinaus gibt es einen „blinden Fleck", der niemals ganz überbrückt werden kann. Dieser ist in dem Umstand begründet, dass niemand an die Stelle der ersten Person treten und deren Empfindungen haben oder auch deren Leben leben kann. Das Beispiel der Kinder zeigt aber auch, dass es nicht prinzipiell ausgeschlossen ist, dass wir Empfindungen miteinander teilen, sondern dass aus der Gemeinschaft vielmehr spezifische Erlebnisdimensionen hervorgehen können. Indem James die Erzählung in seine Abhandlung mit aufnimmt, macht er auch deutlich, dass uns der Zugang zum Erleben der Anderen nicht vollkommen versperrt ist, denn mithilfe der Erzählung können wir die Stimmung der Kinder durchaus nachempfinden. Doch dieser Möglichkeit eines verstehenden Nachvollzugs sind auch Grenzen gesetzt: Wenn dem Leser etwa jeder Sinn für Spiel und Abenteuer fehlt, dann wird auch Stevensons Erzählung keinerlei Empfindungen in ihm wecken können und damit ihm auch die Bedeutung, die das Umhertragen der Laterne für die Kinder hat, völlig verborgen bleiben.

2.2.2 *Some hidden meanings*

Diese Grenze wird insbesondere dann deutlich, wenn es um außergewöhnliche Formen gesteigerten Erlebens geht. Auf solche Momente, in denen ein Individuum die Welt in einer besonders intensiven Form von Bedeutsamkeit erfährt, kommt James wiederholt zu sprechen, wobei er sich auch hier literarischer und autobiographischer

Zeugnisse bedient. Er verwendet dabei häufiger den Ausdruck „mystic", um diese Form des Erlebens zu beschreiben. Dieser umfasst aber bei James allgemein nicht allein Erfahrungen, die sich innerhalb einer konfessionell gebundenen mystischen Tradition bewegen, sondern etwa auch die Erfahrung des Erhabenen in der Natur („sublime"), die insbesondere für den amerikanischen Transzendentalismus, in dessen Tradition sich auch James bewegt, von besonderer Bedeutung ist.

In der Mystik wird in besonderer Weise deutlich, dass unsere Auffassung der Realität durch die Art des Zugangs zu ihr bestimmt ist. Es gibt Weisen die Wirklichkeit zu erfassen, die uns verschlossen bleiben, wenn wir sie nicht aus der Perspektive der ersten Person in eben dieser Weise erfahren haben. Wenn bestimmte Gefühle in uns nicht geweckt werden, so hält James in den *Varieties* im Zuge der Bestimmung der Mystik fest, dann kann uns auch niemand verständlich machen, worin der besondere Wert eines solchen Erlebens besteht.

> „In this peculiarity mystical states are more like states of feeling than like states of intellect. No one can make clear to another who has never had a certain feeling, in what the quality or worth of it consists." (VRE, 302.)[8]

In solchen Durch- oder Umbruchserfahrungen geht uns plötzlich etwas in einer inneren Bedeutung auf („higher vision of an inner significance", OCBHB, 139), die uns zuvor verschlossen war. In diesen Fällen hat das punktuelle Erleben des Erwachens von Sinn Auswirkungen auf das weitere Leben des Individuums („it makes an epoch in his history", OCBHB, 138 f.), da es den Sinn weiterer Erfahrungen mit konstituiert. Unter Rückgriff auf Emerson macht James hier auch auf die noetische Qualität des mystischen Erlebens aufmerksam. Es handelt sich nicht um eine reine Empfindung, sondern um eine gesteigerte Erfahrung von Realität. Dieser graduierbare Begriff von Realität, der für James' Auffassung von Realität kennzeichnend ist, wird im zweiten Kapitel der Arbeit weiter erläutert werden.

> „As Emerson says, there is a depth in those moments that constraints us to ascribe more reality to them to all other experiences." (OCBHB, 139.)

In „On a Certain Blindness in Human Beings" stellt James einige Typen mystischen Erlebens exemplarisch vor. Einmal ist dies ein Sinn für das Unendliche in der Natur („sense of limitless significance in natural things", ebd.). Die belebte wie die unbeleb-

[8] In ähnlicher Weise spricht der in Nordamerika einflussreiche Theologe Jonathan Edwards analog zu den fünf Sinnen von einem „religiösen Sinn", der in einem Akt der gnadenhaften Hinwendung Gottes in uns geweckt wird. „For although to true religion there must indeed be something else besides affection; yet true religion consists so much in the affections, that there can be no true religion without them. He who has no religious affection, is in a state of spiritual death, and is wholly destitute of the powerful, quickening, saving influences of the Spirit of God upon his heart. [...] If the great things of religion are rightly understood, they affect the heart. The reason why men are not affected by such infinitely great, important, glorious, and wonderful things, as they often hear and read of, in the word of God, is undoubtedly because they are blind; if they were not so, it would be impossible, and utterly inconsistent with human nature, that their hearts should be otherwise than strongly impressed, and greatly moved by such things." EDWARDS 1746, Part I, 26.

te Natur[9] wird hier in einer Weise erfahren, in der das Gefühl entsteht, mit dem „secret life“ der Dinge vertraut zu sein. Der Dichter William Wordsworth bringt dies zum Ausdruck, indem er den Dingen menschliche Eigenschaften verleiht, durch die die sonderbare innere Freude („strange inner joy“, OCBHB, 140) des lyrischen Ichs sich in den Dingen, die es umgibt, zu manifestieren scheint. Der Wert dieser Dichtung besteht für James darin, dass Wordsworth durch den gelungenen Ausdruck dieser Empfindungen seinen Lesern eine grundlegende Dimension von Bedeutung eröffnet hat, durch die auch deren Leben an Freude und Wert hinzugewinnt.

> „And yet this inner life of his carried the burden a significance that has fed the souls of others, and fills them to this day with inner joy.“ (Ebd.)

James verbindet mit diesen Ausführungen auch eine Zivilisationskritik. Die meisten Menschen seien blind gegenüber dem Eigenwert der Welt als solcher geworden. Ein Grund hierfür sieht er in der „Verzweckung“ der Welt, durch den der Sinn für den Eigenwert des Lebens verloren gehe. Nicht einen Zweck zu verfolgen, sondern sich von Stimmungen gefangen nehmen und treiben zu lassen, wird als Zeitverschwendung gebrandmarkt. Nur die Mystiker, Träumer und Faulenzer[10], denen in der Regel in der Gesellschaft Missachtung widerfährt, sind in der Lage, deren selbst errichtete Wertstandards zu konterkarieren. Indem sie mit der Wertordnung brechen, an der der strebsame Normalbürger ein Leben lang hart gearbeitet hat („laying low [...] the distinctions which it takes a hard-working conventional man a lifetime to build up“, OCBHB, 41), bringen sie deren Anspruch auf Absolutheit mit einem Mal zu Fall. Damit werden sie niemals in der Welt erfolgreich werden („worldly success“, ebd.), und dennoch verdienen sie James zufolge dafür unsere Achtung. Insbesondere die Poeten sind seiner Ansicht zufolge deshalb so wichtig für uns geworden, da sie in der Lage sind, Dimensionen des Lebens offen zu halten, die eine besondere Form der Bedeutsamkeit besitzen und an den Selbstwert des Lebens erinnern. Doch nur wenn wir auch bereit sind, uns von solchen Empfindungen ansprechen zu lassen, so James, können wir auch das Leben in diesem mystischen Sinn als lebenswert erfahren.

> „Life is always worth living of if one have such responsive sensibilities.“ (OCBHB, 146.)

Neben der Blindheit für den Eigenwert fremder Lebensformen beklagt James in diesem Text also auch die Blindheit gegenüber dem Eigenwert des Lebens allgemein. Im mystischen Erleben wird das innere Geheimnis („inner secret“, OCBH, 149) aller Dinge und Lebewesen offenbar, und aus dieser Warte heraus verbietet es sich von selbst, irgendeiner Lebensform ihren Wert abzusprechen. Aus dem mystischen Erleben geht demnach offenbar unmittelbar eine ethische Haltung hervor, an die andern-

---

[9] In dem Gedicht „Crossing Brooklyn Ferry“ und einem Tagebucheintrag von Walt Whitman, die James zitiert (OCBHB, 142 f.), werden typische Elemente der Naturerfahrung wie etwa die Verschmelzung mit den regelmäßig wiederkehrenden Abläufen der Natur in das Großstadtgeschehen mit hineingenommen.

[10] Vgl. OCBHB, 141.

falls nur appelliert werden kann, indem wir uns vor Augen halten, dass wir für das, was das Leben der Anderen ausmacht, oftmals blind sind.

2.2.3 *Toleranz und Respekt aufgrund der Einsicht in die Unergründlichkeit des Lebenssinns der Anderen*

Während in „Is Life Worth Living?“ die individualethische Frage nach dem Wert des eigenen Lebens zum Gedanken einer unbedingten Verpflichtung führt, führt diese Fragestellung in „On a Certain Blindness in Human Beings“ zum Gedanken der intersubjektiven Verpflichtung, dem Leben der Anderen mit Achtung und Respekt zu begegnen. James appelliert in diesem Text nicht an den religiösen Glauben, sondern an einen von Toleranz geprägten Pluralismus der Lebensstile. Mit dem Hinweis auf die Verborgenheit dessen, was dem individuellen Leben seinen Wert verleiht, warnt James vor einer voreiligen und leichtfertigen Verurteilung von Lebensstilen, deren Ausrichtung wir nicht begreifen. Verhaltensweisen, die uns fremd und sinnlos erscheinen, können – so zeigt etwa das Beispiel der Kinder in Stevensons Erzählung – für andere höchst bedeutsam sein.

Aus der Einsicht, dass wir oft blind sind für das, was anderen „heilig“ ist, lassen sich nach James wichtige Konsequenzen in Hinblick auf das Verhalten in pluralistisch verfassten Gesellschaften ziehen. Wenn wir uns bewusst machen, dass Werturteile in Abhängigkeit zu der jeweiligen Lebenswelt stehen, in der sie gefällt werden, können wir lernen, dass die subjektive Evidenz, die Werturteilen eigen ist, nicht als Indiz für deren Wahrheit zu sehen ist, sondern für deren tiefe Verwurzelung in der jeweiligen Lebensform.

Treten Differenzen in der Beurteilung eines Gegenstandes auf, dann erfordert es zunächst hermeneutisches Geschick, um herauszufinden, welche Vorstellungen und Empfindungen hinter diesem Urteil stehen. Für James fällt dabei der Literatur, der Poesie und der Philosophie in besonderer Weise die Aufgabe zu, die Motive und Antriebe, die hinter bestimmten Lebensformen und Verhaltensweisen stehen, für andere verständlich und nachvollziehbar zu machen. Gerade die Form der Erzählung ermöglicht es, das „Worumwillen“ für Außenstehende zu dechiffrieren und auf der Ebene der Empfindungen nachvollziehbar zu machen. Auf dem Wege der Empathie soll zu mehr Respekt und Toleranz gegenüber fremden Lebensstilen erzogen werden.[11]

> „Our deadness toward all but one particular kind of joy would thus be the price we inevitably have to pay for being practical creatures. Only in some pitiful dreamer, some philosopher, poet, or romancer, or when the common practical man becomes a lover, does the hard externality give way, and a gleam of insight into the ejective world, as Clifford called it, the vast world of inner life beyond us, so different from that of outer seeming, illuminate our mind.“ (OCBHB, 138.)

---

[11] Den Gedanken, dass Romane das sittliche Empfinden befördern können, findet man auch bei dem Neopragmatisten Richard Rorty. Als Paradebeispiel kann hier sicher Harriet BEECHER-STOWES Roman *Uncle Tom's Cabin* 1852 angeführt werden.

2.2.4 *Liebe*

Dass die Fähigkeit zur Empathie in der menschlichen Veranlagung liegt, zeigt das Phänomen der zwischenmenschlichen Liebe. Sie wird von James als eine Kraft angeführt, durch die der Einzelne die Motivation erfährt, sich auf den Lebenshorizont des Anderen oder Anderer hin zu öffnen und deren Empfindungen zu teilen. James spricht von einem Interesse der Einfühlung („sympathetic interest"), durch das das Eigeninteresse eine Ausrichtung an den Interessen der anderen erfährt. Das sympathische Interesse geht über die gebotene Toleranz gegenüber den anderen Individuen hinaus, indem der Liebende die Anliegen des Anderen zu seinen Anliegen macht.

Eine universale Form der Öffnung auf den Anderen hin beschreibt James in Rückgriff auf Josiah Royce. Dieser geht von der Möglichkeit einer Art „moralischen Revolution" im Bewusstsein des Menschen aus, durch die der Andere nicht länger irgendjemand ist, sondern als ein empfindsames Wesen, als ein „Selbst" an uns herantritt. Royce geht davon aus, dass wir dann, wenn wir begreifen, dass die Anderen ebenso wie wir Freude und Leid empfinden und einen ebenso unumstößlichen Willen zum Leben haben, wie wir selbst, nicht mehr von deren „Innenleben" abstrahieren können. Diese Einsicht bricht die eigene ich-zentrierte gewohnheitsmäßige Werthierarchie auf und lässt uns die Wahrung der Interessen des Anderen als unsere eigene Pflicht begreifen.

> „Then the whole scheme of our customary values gets confounded, then our self is riven and its narrow interests fly to pieces, then a new centre and a new perspective must be found." (OCBH, 138.)

Dieser Gedanke einer „ethischen Revolution", in der die fürsorgliche Liebe zur handlungsleitenden Kraft, wenn nicht gar zur obersten Maxime wird, findet sich bei James auch in anderen Texten wieder. In „The Moral Philosopher and Moral Life"[12] wird diese Erfahrung als eine Art moralische Grunderfahrung eingeführt, die die Form einer „höheren Vision" hat, als „Liebe-zu" erfahren und von James als „bahnbrechendes Ereignis" in der Entwicklung einer Person bezeichnet wird, in der sich ein grundlegender Wandel der Wertordnung vollzieht.

2.3 „What makes a life significant?"

In „On a Certain Blindness in Human Beings" hat James die Seite des subjektiven Erlebens in den Vordergrund gestellt, indem er anhand von literarischen und autobiographischen Zeugnissen aus der Innenperspektive heraus Situationen und Erlebnisse zur Darstellung kommen ließ, in denen Menschen das Leben in einer herausragenden Weise als bedeutsam erfahren, in denen sich neue Sinnhorizonte eröffnet und neue Wertigkeiten konstituiert haben.

---

[12] JAMES, William: The Moral Philosopher and the Moral Life [1891], in: DERS.: [1896] 1979, 141–162.

In dem zweiten Text ändert sich die Blickrichtung: James tritt nun als ein außenstehender Beobachter an Menschen heran und analysiert unterschiedliche Lebensformen, die für die jeweiligen Individuen als sinnvoll und bedeutsam angesehen werden. James betreibt eine Art Hermeneutik verschiedener Sinnentwürfe, durch die das Telos des menschlichen Lebens verständlich gemacht werden soll. Der Titel „What Makes a Life Significant?" ist dabei durchaus in einem doppelten Sinne zu verstehen: Auf der einen Seite geht es darum, konkrete Lebensstile auf ihr jeweiliges Sinnzentrum hin zu beleuchten, aber auch darum, allgemeine Kriterien dafür zu finden, wodurch sich ein bedeutsames Leben auszeichnet. James wechselt also von der Ebene subjektiver Werturteile auf die Ebene der Werturteile zweiter Ordnung. Diese beruhen nicht allein auf einem unmittelbaren Wertempfinden, das sich dem jeweiligen Lebenskontext verdankt, sondern zudem auf Kriterien, die sich aus der Reflexion auf unterschiedliche Typen der Wertorientierung ergeben.

2.3.1 *„The struggle for life"*

Wie bereits anhand von „Is Life Worth Living?" hervorgehoben wurde, erfahren Menschen das Leben dann als sinnvoll und bedeutsam, wenn sie sich nicht als Spielbälle des Schicksals, sondern als Streiter für eine Sache begreifen, die über diesen Wechselfällen des Lebens steht. Rückschlägen und Momenten des Scheiterns können wir so mit der Überzeugung begegnen, dass unser immerwährendes Bemühen am Ende nicht der Vergeblichkeit preisgegeben wird, sondern einen Wert in sich hat. Auf diese Weise entsteht eine Haltung der Ernsthaftigkeit gegenüber dem Leben („serious mood"), in der das eigene Tun als sinnvoll erfahren und das Leben als intrinsisch wertvoll betrachtet wird. Das Bedürfnis nach einem höheren Sinn im Leben zielt so verstanden nicht auf eine indifferente Haltung gegenüber den sinnwidrigen Erfahrungen, die wir in dieser Welt machen, sondern bedeutet die Einübung in eine Haltung der Ernsthaftigkeit gegenüber dem Leben und der Verwirklichung dessen, was wir als das Gute ansehen. Um dabei nicht in ein Gefühl der Verzweiflung angesichts entmutigender Erfahrungen zu versinken, bedarf es zumindest einer vagen Zusicherung, dass unser Tun nicht vergeblich ist. Das bedeutet, dass wir davon überzeugt sein müssen, dass die Welt so beschaffen ist, dass sie zu einem guten Ausgang geführt werden kann.

Dieser Gedankengang findet sich auch in „What Makes a Life Significant?" wieder. Das Thema wird hier aber nicht wie in „Is Life Worth Living?" hinsichtlich metaphysischer und religiöser Vorstellungen verhandelt, sondern im Rahmen der Zivilisationskritik, mit der James schon in „On a Certain Blindness in Human Beings" begonnen hat. James beklagt, dass bestimmte Formen der Zivilisation grundlegende menschliche Neigungen unberücksichtigt lassen und so zu einem hohen Grad an Unzufriedenheit und Überdruss bei den Menschen führen. Dem zugrunde liegt eine falsche Vorstellung darüber, was den Menschen glücklich macht. So scheint man insbesondere in der westlichen Welt der Vorstellung anzuhängen, dass das ideale Menschsein darin bestehe, in einer Umgebung zu leben, in der wir von allen Übeln befreit sind und uns ungestört der Vervollkommnung unserer körperlichen, geistigen und musischen Fertigkeiten widmen können. Dieses Ideal eines mühelosen, von allen Übeln befreiten Lebens wird von James destruiert, indem er auf eine tiefe Unzufriedenheit verweist, die genau dann hervorbricht, wenn einem sozusagen die Trauben in den Mund wachsen.

James schildert auf vergnügliche Weise seine eigenen Empfindungen bei einem Besuch in „Chautauqua“[13], einem Ort, an dem man nach Ansicht von James versucht hat, alle beschwerlichen Dinge des Lebens aus dem Weg zu räumen und alle nur erdenklichen Annehmlichkeiten zur Verfügung zu stellen. Zunächst angetan von den Vorzügen, die dieser Ort bietet, rebellieren in ihm jedoch nach einigen Tagen alle Instinkte gegen die Seichtheit und Unwirklichkeit dieses zunächst paradiesisch erscheinenden Orts. James wählt einen drastischen Vergleich, um seinem Bedürfnis nach dem „Ursprünglichen und Wilden“ Ausdruck zu geben: Es möge sich um etwas handeln, dass dem Völkermord an den Armeniern in nichts nachsteht („something primordial and savage, even though it were as bad as an Armenian massacre“), wenn es nur dazu dient, einen Ausgleich zur Zahmheit („tame“) dieser Kultur zu schaffen. Und weiter heißt es:

> „This human drama without villain or a pang; this community so refined that ice-cream soda-water is the utmost offering it can make to the brute animal in man; [...] this atrocious harmlessness of all things – I cannot abide with them.“ (WMLS, 152 f.)

James erteilt also in diesem Text als Erstes der Vorstellung eine Absage, dass das Ideal des menschlichen Lebens darin bestehe, eine Umwelt zu schaffen, in der man von aller Last und Mühe befreit ist und sich allein der Selbstkultivierung widmet, da ein auf Dauer gestellter Wellnessurlaub dem „rohen Tier im Menschen“ („brute animal in man“) nicht gerecht zu werden vermag.

Die nächste Station der virtuellen Reise, auf die der Text den Leser führt, versucht nun jenen primitiveren Anlagen des Menschseins gerecht zu werden. Den Kontrapunkt zur elaborierten Kultiviertheit Chautauquas sucht James im heroischen Leben der „einfachen Leute“, das ohne Ideale auskommt („unidealized heroic life“). Diese Hinwendung zum beschwerlichen Leben der Leute, deren „schmutzige und schwielige Hände von mehr Tugend zeugen als alle Errungenschaften der Zivilisation“[14], erinnert nicht von ungefähr an Tolstoi. James schätzt an Tolstoi, dass dieser ein Bewusstsein dafür geschaffen hat, dass jene „kulturlosen“ Menschen all unsere

---

[13] Es handelt sich hierbei um eine Art Bildungscamp, das 1874 an einem gleichnamigen See im Staat New York gegründet wurde und später im Zuge einer allgemeinen Bewegung der Erwachsenenbildung in den USA an anderen Orten der Idee nach fortgesetzt wurde. Erwachsenen und Familien wurde hier die Möglichkeit geboten, in ländlicher Umgebung Bildungsangebote wahrzunehmen und an diversen musischen und sportlichen Aktivitäten teilzunehmen.

[14] Vgl. WMLS, 155.

Anerkennung verdienen. Allerdings bleibe Tolstoi zugleich seiner eigenen Herkunft insofern verhaftet, als er das Leben dieser Menschen zu einem Ideal stilisiere, das in erster Linie von Tolstois eigener Sehnsucht zeuge. Ähnlich wie James bei seinem Besuch in Chautauqua war auch Tolstoi in seinem begüterten intellektuellen Umfeld nach seinen ersten großen Erfolgen als Schriftsteller das Gefühl der Echtheit des Lebens abhanden gekommen. Den Ausweg aus der Krise sucht er im Ideal vom einfachen Leben, in dem die Ziele durch unmittelbare Bedürfnisse vorgegeben sind. Darin, so James, komme ein orientalischer Pessimismus („oriental pessimism") zum Tragen, der in einer völligen Negation des Wertes weltlicher Güter besteht. Wichtig ist hier allein die innere Zufriedenheit, die ein einfaches und entbehrungsreiches Leben angeblich mit sich bringt.[15] Doch diese Haltung entspricht in der Regel weder dem Lebensgefühl der Menschen, die gezwungen sind, ein entbehrungsreiches Leben zu führen, noch kann dieses Ideal James' Ansicht zufolge in der westlichen Welt eine breitere Anerkennung finden. Der westliche Commonsense, so James, spricht materiellen Gütern durchaus einen Eigenwert zu, so dass Reichtum und Wohlstand hier nicht als bloß trügerischer Glanz der Welt angesehen werden. Zwar gilt auch hier die innere Zufriedenheit als wesentlich, doch auch der „Rest" trägt nicht unwesentlich zu dem bei, was als geglücktes Leben gilt.

> „It admits fully that the inner joys and virtues are the *essential* part of life's business, but it is sure that *some* positive part is also played by the adjuncts of the show." (WMLS, 159.)

Man kann durchaus in der Überzeugung leben, dass es im Leben wesentlich auf eine innere Zufriedenheit ankommt, die nicht davon abhängt, ob wir Glück oder Pech im Leben haben, ohne Wohlstand und Erfolg gering zu achten. In der Regel sehen wir das Ideal in einer geglückten Verbindung von innerer Zufriedenheit und äußerem Wohlstand. Ein Leben, das von harter Arbeit und materieller Dürftigkeit geprägt ist, kann glücklich sein, aber die Wenigsten würden es sich wohl ehrlicherweise wünschen. Das, was der Überzivilisiertheit Chautauquas fehlte, kann also nicht allein die Härte eines entbehrungsreichen Lebens sein. Mühe und Entbehrung werden nicht an sich als sinnvoll erfahren, sondern nur dann, wenn sie zu einem höheren Ziel führen.

> „And now we are led to say that such inner meaning can be *complete* and *valid for us also*, only when the inner joy, courage, and endurance are joined with an ideal." (WMLS, 163.)

Auch für Tolstoi war es nicht der Verzicht auf Ruhm und Reichtum, durch den sein Leben für ihn wieder einen Sinn erfuhr, sondern die Vision von einer gerechteren und friedlicheren Welt, die sich damit verband.

---

[15] Auch in diesem Punkt könnte man auf Wittgenstein verweisen, der Tolstoi verehrt hat und anders als James den „oriental pessism" mit diesem teilte und diese Lebensform zumindest vorübergehend gewählt hat.

2.3.2 *Ideale*

Ein Ideal kann im Unterschied zu dem innerlichen Gefühl von Bedeutsamkeit auf dem Weg der Einsicht vermittelt und intellektuell erfasst werden („intellectual conceived“, WMLS, 166). Das bedeutet, dass Ideale, im Unterschied zu dem meist untergründigen und uns selbst mitunter verborgenen Lebenssinn, der Reflektion sowie der intersubjektiven Beurteilung zugänglich sind.

Ein weiteres Merkmal von Idealen ist James zufolge das der Neuartigkeit („novelty“). Entscheidend ist dabei, dass ein Ideal in dem Sinne Aktualität besitzt, dass es einen Gedanken beinhaltet, der darauf verweist, woran es in der gegenwärtigen Lage fehlt. Das Ideal zeigt somit an, was verwirklicht werden sollte. Entscheidend ist aber auch, dass es sich verwirklichen lässt, da es sich sonst nicht um ein Ideal, sondern um Spinnerei handelt. Und schließlich genügt es nicht, dass man Ideale *hat*, sondern dass man alles daran setzt, diese, wenn nötig, allen Widerständen zum Trotz, in die Tat umzusetzen. Erst wenn sich in einer Person bodenständiger Idealismus, Durchhaltevermögen und die nötige Klugheit verbinden, die Realität auf den anvisierten idealen Zustand hin zu verwandeln, erkennen wir in ihrem Dasein das Ideal eines bedeutsamen Lebens.

> „The significance of a human life for communicable and publicly recognizable purposes is thus the offspring of a marriage of two different parents, either of whom alone is barren. The ideals taken by themselves give no reality, the virtues[16] by themselves no novelty.“ (WMLS, 164.)

Ob jemand einem Ideal folgt, drückt sich auch in seiner Grundhaltung aus: Wenn man mit einer Haltung des „easy-going“ durch das Leben geht, in der die oberste Maxime lautet, alles zu meiden, was unmittelbar mühsam und unangenehm ist, kann man zwar eine Reihe von Vorstellungen einer idealen Wirklichkeit haben, aber diese wird für diese Person ein weit entferntes Traumbild bleiben. Ein an der Verwirklichung von Idealen ausgerichtetes Leben manifestiert sich James zufolge in der Haltung der Ernsthaftigkeit gegenüber dem Leben („strenuous mood“). In „The Moral Philosopher and the Moral Life“ gibt James an, dass alle Menschen grundsätzlich fähig seien, einen „strenuous mood“ zu entwickeln. Allerdings bedarf es bei manchen Menschen der Erregung starker Leidenschaften wie etwa großer Angst, tiefer Liebe oder innerer Aufschreie („big fears, loves, and indignations“), um in ihnen den nötigen Ernst gegenüber dem Leben zu wecken. Eine andere Form des Antriebs liegt in hehren Vorstellungen wie Gerechtigkeit, Wahrheit oder Freiheit („some higher fidelities, like justice, truth or freedom“[17]).

---

[16] Dass James nun von „virtues“ spricht, deutet darauf hin, dass der „strenuous mood“ allein nicht ausreicht, sondern auch andere Fähigkeiten etwa auf dem Gebiet der Mittel-Zweck-Rationalität voraussetzt.

[17] JAMES: The Moral Philosopher and the Moral World, in: DERS: [1896] 1979: *The Will to Believe and Other Essays in Popular Philosophy*, 160.

2.4 Vom „strenuous mood“ zum religiösen Glauben

Anhand von „The Moral Philosopher and the Moral Life“ lässt sich auch zeigen, auf welchem Weg die ethische Fragestellung bei James zur religiösen Frage nach der Existenz Gottes führt. Um unser Leben bereits im Hier und Jetzt als lebenswert zu erfahren, bedarf es, so wurde bislang deutlich, idealer Vorstellungen sowie der Ausbildung einer Grundhaltung der Ernsthaftigkeit, durch die wir fähig sind, deren Umsetzung zu bewirken. Entscheidend ist dabei nicht das Erreichen des Ideals, sondern allein zu wissen, dass wir auf dem richtigen Weg dahin sind. Der „Idealist“ wird auch diverse Rückschläge einstecken, ohne seinen Glauben an die Richtigkeit seines Tuns zu verlieren. Seine Sinnhaftigkeit erfährt das Leben, das sich an einem Ideal orientiert dadurch, dass die Realisierung dieses Ideals absolut erstrebenswert ist. Das Gefühl der Sinnhaftigkeit ginge sofort verloren, wenn wir zu der Überzeugung gelangen würden, dass dieses Tun letztlich doch am entscheidenden Sinn des Lebens vorbeiführt. Ein Ideal, dessen Verfolgung am Ende nicht doch dazu führt, dass wir all unser Tun letztlich als sinnlos begreifen, muss von daher der Beförderung eines höchsten erstrebenswerten Gutes gelten oder anders ausgedrückt: auf den Endzweck des Lebens gerichtet sein.

Eine Antwort auf die Frage, wodurch das Leben seine Bedeutung erhält, muss deshalb auch eine Antwort auf die Frage beinhalten, was der Endzweck des menschlichen Lebens ist. Die Menschheit selbst zum Endzweck zu erklären, lehnt James mit der Begründung ab, dass es sich dabei um eine allzu abstrakte Größe handelt. Auch die Vorstellung, dass es in unserem Tun um den evolutionären Fortschritt der Gattung Mensch gehe, ist James zufolge nicht von der Art, dass sie uns dazu anhalten könnte, unser eigenes Leben in den Dienst dieser Entwicklung zu stellen. Dem Gedanken der evolutionären Höherentwicklung fehle der Grundton der Unendlichkeit und des Geheimnisvollen („note of infinitude and mystery“[18]), der in uns den Wunsch und die Bereitschaft weckt, unser individuelles Leben nicht länger als Selbstzweck zu begreifen, sondern in den Dienst eines höheren Zweckes bzw. des höchsten überhaupt zu stellen. Allein in der Vorstellung, dass es einen Gott gibt, dessen Willen wir in der Art, wie wir leben, folgen, liegt nach James jene Form von Unendlichkeit, durch die wir das eigene Leben als absolut lebenswert und sinnvoll erfahren.

> „This is all too finite, we say [...]. When, however, we believe that a God is there, and that he is one of the claimants, the infinite perspective opens out.“ (Ebd.)

Die Haltung des „strenuous mood“ wird von James in diesem Text zunächst in Opposition zu jeder Form des ethischen Relativismus etabliert. Der unbedingte „Ernst“ rührt von der Absolutheit des ethischen Anspruches her. Um unser Leben, aus dieser Haltung heraus als Teil einer umfassenden Weltordnung als sinnvoll begreifen zu können, bedarf es der Überzeugung, dass der Endzweck in diesem Universum selbst manifest ist („stable and systematic moral universe“, a. a. O., 161). Aus diesem prak-

[18] Ebd.

tischen Interesse heraus („[in] the interest of our own ideal of systematically unified moral truth“) postulieren wir ein göttliches Wesen, das James an dieser Stelle als einen göttlichen Denker („postulate a divine thinker“, ebd.) bestimmt. Das Bedürfnis, das eigene Leben an einer unbedingten Ordnung auszurichten, wird von James hier als so grundlegend für das Menschsein angesehen, dass er die Überzeugung äußert, dass selbst dann, wenn es keine metaphysischen oder traditionellen Gründe gäbe, an Gott zu glauben, die Menschen einen Gott postulieren würden, um einen Vorwand zu haben, sich mit ganzem Eifer in seinen Dienst zu stellen („men would postulate [God] simply as a pretext for living hard, and getting out of the game of existence its keenest possibilities of zest.“, ebd.).

Überraschenderweise tritt in den *Talks to Students* an die Stelle des Glaubens an die Existenz Gottes jedoch etwas anderes. James beantwortet dort die Frage nach dem Sinn und der Bedeutung des Lebens ganz ohne Rückgriff auf eine transzendente Wirklichkeit. Der „strenuous mood“ wird hier an der Ausrichtung an Idealen festgemacht, die sich nicht auf die Unendlichkeit eines göttlichen Willens richten, sondern das konkrete Gegenüber des Anderen als Endzweck haben. Ein solches Changieren zwischen einem übermenschlichen „Du“ und einem sozialen „Du“ wird in dieser Untersuchung noch ein weiteres Mal, nämlich in der Bestimmung Gottes als „Great Companion“, thematisch werden. In den späten Schriften zeichnet sich ab, dass James sich – im Gegensatz etwa zu John Dewey in *A Common Faith* – letztlich für die Annahme eines übermenschlichen, jedoch endlichen „Du“ entscheidet, in dem die soziale Dimension aufgehoben ist.

Durch die Rücknahme des eigenen Selbst und durch die Orientierung an dem unmittelbaren personalen Gegenüber, das sich in Demut, Toleranz, Achtung und Liebe gegenüber den Anderen zeigt, können wir James zufolge nicht nur eine neue Form des Lebenssinns erfahren, sondern auch eine Form innerer Freude, die eindeutig religiös konnotiert wird, wenn James sie als „religiöse Eingebung und als ein Element der geistigen Gesundheit“ („religious inspiration and an element of spiritual health“, WMLS, 165) bestimmt.

2.4.1 *Supranaturalismus und die Realität des Unsichtbaren*

Im Unterschied zu „The Moral Philosopher“ wird in „Is Life Worth Living?“ der religiöse Glaube nicht als Postulat der Existenz Gottes gefasst. Der religiöse Glaube („religious faith“, „trust“) besteht diesem Text zufolge zunächst einmal in der Annahme, dass die natürliche Ordnung der Dinge, wie sie uns in der sinnlichen Erfahrung gegeben ist, nur *ein* Teil einer insgesamt weit umfassenderen Wirklichkeit ist, die wir nicht mehr sinnlich wahrnehmen können. Diesen die natürliche Erfahrung transzendierenden Teil des Universums bestimmt James nicht gegenständlich, sondern relational als den Bereich, von dem her das gegenwärtige mundane Leben seine wahre Bedeutung erhält.

> „[…] when from now onward I use the word [religion] I mean to use it in the supernaturalist sense, as declaring the so-called order of nature, which constitutes this world's experience, is only one portion of the total universe, and that there stretches beyond this visible world an unseen world of which we now know nothing positive, but in its relation to which the true significance of our present mundane life consists." (ILWL, 48.)

Der religiöse Glaube („religious faith") besteht also demnach in dem Glauben an die Realität eines die Grenzen der natürlichen Welt transzendierenden, „unsichtbaren" Teils des Universums. Der Rede von der „Realität des Unsichtbaren" begegnet man bei James wieder in der dritten Vorlesung der *Varieties*, die ich zur näheren Erläuterung jener Vorstellung bereits an dieser Stelle mit heranziehe.

Das religiöse Leben wird dort zunächst in einem sehr weiten Sinne als die Überzeugung („belief") bestimmt, dass es eine unsichtbare Ordnung („unseen order") gibt und das höchste Gut („our supreme good") darin besteht, in Übereinstimmung mit dieser Ordnung zu gelangen („harmoniously adjusting ourselves thereto" VRE, 51). James geht es in diesem Kapitel der *Varieties* darum, deutlich zu machen, dass menschliche Reaktionen nicht allein als Reaktionen auf ihre sinnliche Umgebung verstanden werden können, sondern es im Wesentlichen die Gegenstände des Bewusstseins sind, die uns in unserem Fühlen, Denken und Handeln bestimmen. Das gesamte verstandesmäßige („prudential"), moralische und religiöse Leben, so James, basiert auf der Tatsache, dass Vorstellungen einen höheren Einfluss auf uns haben als sinnliche Eindrücke. Bei diesen Vorstellungen handelt es sich nach James, wie im Laufe der Untersuchung noch deutlich werden wird, jedoch nicht, wie die Empiristen im Gefolge Lockes annehmen, um „Abdrücke" der sinnlichen Eindrücke, sondern um Entitäten genuin geistiger Natur.

Von daher sind es auch nicht quasi-sinnliche Visionen und Erfahrungen der Präsenz, die im Zentrum des normalen religiösen Lebens stehen, sondern reine Vorstellungen („pure ideas"), die nicht auf direkte Erfahrungen zurückgeführt werden können. Hier kommt James völlig mit dem überein, was die Mystiker aller Religionen lehren, nämlich, dass die Kontemplation, d. h. das Gebet, das ohne sinnliche Vorstellungen auskommt, die höchste Form des Gebets darstellt.[19] „Gott" ist ein Gegenstand, der sich unserer sinnlichen Erfahrung wie auch unserer Vorstellung vollständig entzieht. Das Gleiche gilt für Merkmale, die wir Gott als essentiell zuschreiben wie das der Gerechtigkeit, Barmherzigkeit, Allwissenheit oder Dreieinigkeit.

Aber nicht nur die Religionen operieren mit solchen Entitäten. Auch der amerikanische Transzendentalismus mit seiner Vorstellung eines höheren Teiles des Universums, von dem her unser Leben jene „hidden meaning" erfährt, von der bereits in den besprochenen Texten die Rede war sowie jedes andere platonisch inspirierte Modell des Ganzen als dem absolut Schönen, Guten und Wahren kann hier genannt werden. Überall da, wo die Dinge in einem anderen Licht erscheinen, je nachdem, ob wir an

[19] Vgl. VRE, 52.

die Realität einer unsichtbaren Ordnung glauben oder nicht, wird deutlich, dass es ein grundlegendes Faktum der Verfassung („constitution") der Menschen ist, sich vollkommen von solchen „Abstrakta" bestimmen zu lassen.

> „This absolute determinability of our mind by abstractions is one of the cardinal facts in our human constitution." (VRE, 54.)

Der dem Empirismus verpflichtete Skeptiker würde nun fragen, warum und mit welchem Recht wir an solche Realitäten glauben können, wenn es in der sinnlichen Erfahrung keinen Anhaltspunkt für sie gibt. James argumentiert umgekehrt: Wir begegnen beständig der Tatsache, dass sich Menschen von diesen Realitäten bestimmen lassen. Also müssen wir zumindest zugestehen, dass es im menschlichen Bewusstsein einen Realitätssinn, ein Gefühl einer objektiven Gegenwart oder eine Wahrnehmung von etwas gibt, von dem wir nicht mehr wissen, als dass es „da" ist, die tiefer reicht und von allgemeinerer Art ist als jedes unserer einzelnen Sinnesorgane (*„a sense of reality, a feeling of objective presence, a perception of what we may call ‚something there,‘* more deep and more general than any of the special and particular ‚senses'", VRE, 55).

Doch bevor diese psychologische Frageebene im folgenden Kapitel weiter thematisiert wird, soll die existentielle Bedeutung des religiösen Glaubens, wie sie in „Is Life Worth Living?" zum Ausdruck kommt, abgeschlossen werden.

2.5 Lebenspraxis aus der Verbundenheit mit einer unsichtbaren Wirklichkeit

Die religiöse Melancholie wurde anhand dieses Textes zu Beginn des Kapitels als ein religiöses Bedürfnis bestimmt, auf das keine angemessene Antwort erfolgt. Die angemessene Antwort auf das religiöse Verlangen, so wird jetzt deutlich, besteht im Vertrauen darauf, dass es mit der sichtbaren Welt nicht getan ist, sondern es darüber hinaus einen weiteren Bereich des Wirklichen gibt, den James zunächst als unsichtbar und geistig („unseen spiritual world", ILWL, 52) bestimmt. Diese Form des Glaubens hat in erster Linie keine theoretisch-welterklärende, sondern eine lebenspraktische und existentielle Funktion.

> „Our faculties of belief were not primarily given us to make orthodoxies and heresies withal; they were given us to live by." (ILWL, 51 f.)

James nimmt an, dass es für die Existenz des Menschen entscheidend ist, daran festhalten zu können, dass nicht die natürliche Welt, sondern die geistigen Kräfte („spiritual forces"), also jene Kräfte, die aus dem Bezug auf eine transzendente Wirklichkeit hervorgehen, das letzte Wort haben. Nimmt man dem Menschen diese innere Zusicherung („inner assurance"), so vage sie auch sein mag, dann kommt es allzu oft zu jener „verrückten Sicht auf das Leben", in dem der Gedanke an Selbstmord ein ständiger Begleiter ist („wild-eyed look at life – the suicidal mood", ILWL, 52).

Unter Einbezug der beiden Texte aus den *Talks to Students* zeigte sich, dass eine enge Verbindung zwischen dem religiösen Glauben an eine transzendente Wirklichkeit und der Ausrichtung des Lebens an Idealen besteht. In Rückgriff auf James' Überlegungen in dem Kapitel „The Reality of the Unseen" in den *Varieties* wird deutlich, worin diese Parallele besteht: Sowohl das Festhalten an Idealen als auch der religiöse Glaube weisen auf das menschliche Vermögen hin, sich von Dingen beeinflussen und leiten zu lassen, die nicht aus der sinnlichen Erfahrung herrühren. In den *Varieties* zieht James einen Vergleich zu einem Stück Eisen, das sich ohne sichtbar berührt zu werden, zu drehen beginnt, sobald ein Magnet eine Wirkung auf es ausübt. Aber auch ein Unterschied wurde deutlich: Während das moralisch motivierte Streben seine Erfüllung in der Ausrichtung an der Unbedingtheit der moralischen Pflicht selbst hat, findet das religiöse Streben seine Erfüllung in der Übereinstimmung mit einem göttlichen Willen, in dem es zugleich einen Quell innerer Freude findet.

Wer allein an der Unbedingtheit der moralischen Pflicht festhält, tut dies ohne Rücksicht darauf, ob sein Bemühen letztlich fruchtbar wird. Der religiöse Mensch vertraut dagegen fest darauf, dass sein Bemühen, wenn auch nicht in dieser Welt, so doch sub specie aeternitas fruchtbar ist. Beide Lebensformen können von außen betrachtet an inhaltlich sehr ähnlichen Idealen, etwa humanitären, ausgerichtet sein. Entscheidend für die Grundstimmung, die sich hieraus ergibt, ist jedoch die Frage, ob dieses Bemühen eine Konsequenz „in der Ewigkeit" hat oder nicht.

Woher kann jedoch der Gläubige eine solche Gewissheit in einer Frage beziehen, die nicht mehr zu sein scheint als eine Möglichkeit, die man nicht ausschließen kann? Ist demgegenüber die moralische Lebensform nicht die redlichere? Würde man davon ausgehen, dass diese Gewissheit auf empirischem Weg erlangt werden kann, dann wäre es James zufolge wirklich redlicher, nicht von einer unsichtbaren Welt zu sprechen. Aber es geht ihm nicht um eine Gewissheit im Sinne eines gesicherten Wissens über diese Welt, sondern um ein festes Vertrauen in die Annahme ihrer Wirklichkeit. Ein solches Vertrauen ist James zufolge nichts Ungewöhnliches, es stellt vielmehr ein menschliches Grundvermögen dar, das James „faculty to believe" nennt.[20] Im Leben stehen wir stets vor einem offenen Horizont von Möglichkeiten, die wir ergreifen können oder nicht, ohne eine Garantie dafür zu haben, dass wir dabei nicht auch mal aufs falsche Pferd setzen. Wer jedoch auf absolute Gewissheit wartet, wird niemals eine Entscheidung fällen und sich damit der Möglichkeiten berauben, die er hätte ergreifen können. Um überhaupt zu leben, müssen wir also bereit sein, etwas zu riskieren.

> „It is only risking our persons from one hour to another that we live at all." (ILWL, 53.)

Das Leben aus einem religiösen Glauben heraus ist sozusagen die Maximalform des Einsatzes. In seinem Plädoyer für einen religiösen Glauben appelliert James aber keineswegs an einen Gewinn im Jenseits. Ein solches Versprechen hätte zum einen in

[20] Ich denke, dass Peirce's Verweis auf die Rolle des Instinkts in der religiösen Überzeugungsbildung in eine ganz ähnliche Richtung weist. Vgl. PEIRCE [1908] 1935, § 6.476.

der „westlichen“, stark aufs Diesseits gerichteten Welt keine Zugkraft. Aber noch entscheidender ist, dass die Vertröstung auf ein Paradies, das der Fantasie eines Taugenichts entsprungen scheint („fool's paradise and lubberland“, ebd.), an der eigentlichen religiösen Motivation, wie sie James herausgearbeitet hat, vorbeiginge. Diese richtet sich nicht auf eine fantastische Vorstellung, sondern auf einen Bereich der Realität, der sich unserer Vorstellungskraft schlichtweg entzieht bzw. sich überhaupt nicht an diese richtet.

Es wird nun deutlich, wie die natürliche Neigung im „strenuous mood“ zu leben, das religiöse Verlangen und das Angebot einer supranaturalistischen Religion ineinandergreifen. Im „strenuous mood“ haben wir das Gefühl, dass in diesem Leben tatsächlich etwas auf dem Spiel steht und es von daher nicht egal ist, wie und in welchem Maße wir unsere Fähigkeiten einsetzen. Die Annahme der Realität einer transzendenten Wirklichkeit innerhalb einer supranaturalistischen Religion kommt diesem Gefühl entgegen, indem sie angibt, dass dieses Leben seinen Wert zuallererst aus der transzendenten Wirklichkeit erhält. Das Leben im Hier und Jetzt wird dann als wertvoll begriffen werden können, wenn man alles daran setzt, dass wir auf der richtigen Seite stehen.

> „But it *feels* like a real fight – as if there were something really wild in the universe which we, with all our idealities and faithfulness, are needed to redeem; and first of all to redeem our own hearts from atheisms and fears. For such a half-wild, half-saved universe our nature is adapted.“ (ILWL, 55.)

Diese Natur, auf die der religiöse Glaube an eine transzendente Wirklichkeit die entsprechende Antwort gibt, verlegt James in diesem Text in das *„Binnenleben“*, das er weiterhin als „stumme Region des Herzen“ bestimmt, in der wir mit unserem Glauben und unseren Befürchtungen allein sind („dumb region of the heart in which we dwell alone with our willingness and unwillingness, our faiths and fears“, ebd.). Diesen Bereich betrachtet James als unser „innerstes Organ“, das es uns erlaubt, mit dem Wesen der Dinge in Austauch zu treten („our deepest organ of communication with the nature of things“, ILWL, 55). Auf diesen Bereich soll nun weiter eingegangen werden.

3 Die Rechtfertigung des Glaubens

In dem Text „Reflex Action and Theism" weist James die genuin teleologische Grundstruktur des menschlichen Geistes auf und setzt sie mit der theistischen Annahme eines höheren personalen Wesens in Beziehung. Dabei geht es ihm darum, dass die Resultate der wissenschaftlich-empirischen Erforschung des menschlichen Geistes durchaus mit einem theistischen Weltbild konform gehen können, ja sogar auf diese Form der Wirklichkeit verweisen.

In „The Will to Believe" kommt dem Aufweis des teleologischen Charakters erneut eine apologetische Rolle zu. Doch die Argumentation bewegt sich dieses Mal auf einer anderen Ebene: Die Verteidigung des Glaubens an eine transzendente Ordnung vollzieht sich dieses Mal auf der Ebene der Reflexion auf methodologische Maximen. James' Argumentation wendet sich hier gegen die rationalistische Maxime, nach der wir uns in unseren Überzeugungen nur auf vollständig erwiesene und damit gewisse Behauptungen stützen dürfen. Nachdem in dem ersten Text eine empirische Grundlage für den Glauben an ein höheres Wesen aufgezeigt wurde, zeigt der zweite Text die Gründe auf, auf die sich die Rechtfertigung des religiösen Glaubens stützt. Auf der Basis der Empirie allein lässt sich der Glaube an eine transzendente Wirklichkeit weder bestreiten noch begründen. Einem atheistischen Szientismus hält James entgegen, dass es damit keinesfalls eine ausgemachte Sache sei, dass wir uns aus diesem Grund dem Glauben enthalten sollten, sondern im Gegenteil sehen sollten, dass ein solcher Glauben auf einer Form von Rationalität beruht, die in anderen Bereichen durchaus als berechtigt gilt.

In der Etablierung eines gegenüber dem Rationalismus erweiterten Begriffs der Rationalität stützt sich James wiederum auf das empirische Studium des menschlichen Geistes. Dieser Rationalitätsbegriff, der auf dem Studium des faktischen Bewusstseins aufbaut statt auf begrifflichen Festlegungen und den ich anhand des Textes „The Sentiment of Rationality" darstellen möchte, dient als Scharnier zwischen dem Aufweis des tief verwurzelten Bedürfnisses zu glauben und des argumentativen Aufweises der Rationalität des Glaubens an eine transzendente Wirklichkeit personaler Natur. In diesen Ausführungen legt James die Grundlage für eine kriteriale Bestimmung in der Bewertung konkurrierender Weltanschauungen, das von ihm in späteren Texten als „intimacy" bezeichnet wird und letztlich das entscheidende Votum für die Annahme eines „pluralistischen Universums", in dem der Glaube an ein göttliches Wesen seinen Ort hat, geben wird.

In diesem Kapitel geht es nun zunächst um eine Darlegung der aktiven, willentlichen Natur des Menschen, die diesen primär als ein handelndes Wesen sieht und auf dessen Grundlage, der „will to believe" als unverzichtbare Kraft des Lebens erscheint. Das nächste Kapitel wird sich dann den Grundlagen der Subjektivität widmen, die für James den Menschen ebenso wesentlich bestimmt wie seine Ausrichtung auf die

Verwirklichung von Zielen. Bildet die willentliche Natur die Grundlage für die Annahme des religiösen Glaubens, die James als vernünftig erweisen wird, so liegt in der Subjektivität die Annahme der Realität dessen begründet, woran geglaubt wird.

3.1 Von der Physiologie zur Gott-Hypothese: „Reflex action and theism"

3.1.1 *Vernunft und Weltanschauung*

Das vorangehende Kapitel endete mit dem Hinweis auf ein Vermögen zu glauben. Dieses Vermögen führt James in einer Reihe von Texten ins Feld, um für die Rationalität des Glaubens zu argumentieren. Dabei entwickelt und verwendet James in Absetzung zum Rationalismus oder Intellektualismus, der Rationalität im Kern als folgerichtiges Schlussfolgern begreift, einen erweiterten Rationalitätsbegriff, den ich mit dem deutschen Wort „Vernunft" bezeichnen möchte.
Ein weiterer zentraler Begriff für das Verständnis der nachfolgenden Texte ist der der „*Weltanschauung*", den James zum Teil als deutsches Fremdwort gebraucht. Entsprechende englische Termini sind „world-view" oder „vision", aber auch James' Rede von einem „over-belief" in den *Varieties* oder diverse Zusammensetzungen wie „theistic-view", „pluralistic-view" und „monistic-view", die er in *A Pluralistic Universe* häufig gebraucht, knüpfen an dieses Konzept an.
James' Begriff der Weltanschauung lässt sich an jenen Gedanken anschließen, den bereits Kant in der *Kritik der Urteilskraft* formuliert hat, in der der Begriff der Weltanschauung zum ersten Mal belegt ist.[1] Die „Stimme der Vernunft" fordert nach Kant „zu allen gegebenen Größen, selbst denen, die zwar niemals ganz aufgefaßt werden können, gleichwohl aber (in der sinnlichen Vorstellung) als ganz gegeben beurtheilt werden, Totalität", so dass es „unvermeidlich" ist, selbst die Unendlichkeit „als ganz" zu denken.[2] Um das Unendliche denken zu können, bedarf es eines „übersinnlichen Vermögens", denn „nur durch dieses und dessen Idee eines Noumenons, welches selbst keine Anschauung verstattet, aber doch der Weltanschauung, als bloßer Erscheinung, zum Substrat untergelegt wird, wird das Unendliche der Sinnenwelt in der reinen intellectuellen Größenschätzung unter einem Begriffe ganz zusammengefaßt." Dabei werden die Grenzen der theoretischen Vernunft in ‚praktischer Absicht' überschritten, wobei das Gemüt eine Erweiterung erfährt, die Kant mit dem Begriff des „Erhabenen" belegt.[3] Diese Empfindung angesichts einer Vorstellung, die an das übersinnliche Vermögen in uns appelliert, wird von James in den späten Texten als „intimacy" gefasst. Anders als bei Kant ist es für James weniger die Vorstellung einer

[1] Vgl. THOMÉ 2004.
[2] KANT: Kritik der Urteilskraft [1790], 1. Theil, 2. Buch, § 26, 253, hier nach der Ausgabe von 1908.
[3] „Erhaben ist also die Natur in derjenigen ihrer Erscheinungen, deren Anschauung die Idee ihrer Unendlichkeit bei sich führt." Ebd., 254.

unfassbaren Größe der Natur, sondern ihr unermesslicher Reichtum, der diese Empfindung hervorzurufen vermag. In „Reflex Action and Theism" stellt James die These auf, dass die höchste Form der Weltanschauung, die sich dadurch auszeichnet, dass sie ein Maximum an subjektiver wie objektiver Reichhaltigkeit aufweist, unabhängig davon, welche Eigenschaften sie noch haben wird, auf jeden Fall eine theistische Form aufweisen wird („ultimate *Weltanschauung* of maximum subjective as well as objective richness, which, whatever its other properties may be, will at any rate wear the theistic form", RAT, 102).

Wird die Weltanschauung begrifflich expliziert und reflektiert, dann betreiben wir Philosophie. In der Philosophie kommen Kriterien der theoretischen Rationalität wie etwa das Kriterium der Konsistenz oder das der Kohärenz zum Tragen, doch diese sind nicht hinreichend, um die Rationalität einer Weltanschauung vollständig zu beurteilen. Hinzu kommen Kriterien der praktischen Rationalität sowie die Frage, ob wir der Beschaffenheit der Welt letztlich innerlich zustimmen können. Nach James bildet demnach die menschliche Vernunft den Maßstab für eine sinnvolle Auffassung von der Beschaffenheit der Welt an sich.

Den Ausgangspunkt für den Ausweis dieses Korrespondenzverhältnisses zwischen Geist und Welt setzt James dabei ganz tief in der empirischen Wirklichkeit an, nämlich bei dem, was wir auf empirisch-wissenschaftlichem Wege über unseren Geist erfahren können. Die moderne empirische Psychologie, an deren wissenschaftlicher Etablierung James in einem nicht unerheblichen Maße beteiligt war, verändert durch ihre Modelle und Befunde unsere Auffassung darüber, was Geist ist. Dieses neue Selbstbild, das in dieser Zeit insbesondere unter dem Einfluss der Physiologie steht, wird von James bewusst aufgegriffen, um dann zu fragen, was aus diesem folgt. Dass er dabei auf der Seite derer steht, die auf eine Versöhnung zwischen wissenschaftlicher und religiöser Weltanschauung abzielen,[4] zeigt sich bereits anhand des frühen Textes „Reflex Action and Theism", mit dem ich dieses zweite Kapitel beginnen möchte.

James macht darin deutlich, dass aus dem Reiz-Reaktionsschema, das der physiologischen Forschung zugrunde liegt, nicht zwangsläufig ein Epiphänomenalismus bezüglich des Geistes folgt und zugleich der Annahme einer teleologischen Ausrichtung geistigen Verhaltens nicht widerstreitet. Die physiologische Betrachtung des menschlichen Geistes, so die Pointe des Textes, führt nicht zum Materialismus, sondern weist vielmehr in Richtung Theismus.

Indem James die Lehre der Reflexhandlung mit nichts Geringerem als der Lehre des Theismus („with no less a matter than the doctrine of theism", RAT, 935) in Beziehung setzt, ist dieser Ansatz in das Bemühen einzureihen, eine Versöhnung von Theismus und Wissenschaft zu finden. Vonseiten der Wissenschaft ist zwar kein Beweis

[4] Dieses Programm führt auch Denker wie Charles S. Peirce oder auch Alfred North Whitehead zu mitunter recht ähnlichen metaphysischen Modellen der Wirklichkeit.

der theistischen Weltsicht zu erwarten,[5] doch entgegen der Ansicht, dass diese dem Theismus den Todesstoß versetzen wird, argumentiert James dafür, dass die theistische Position gestärkt werden kann, wenn deutlich wird, dass sie mit der wissenschaftlichen Auffassung über die Beschaffenheit der menschlichen Natur in Einklang steht. Wie James in den *Varieties* noch stärker betonen wird, ist die natürliche Erklärung religiöser Phänomene per se weder negativ noch positiv zu werten. Solche Wertungen sind vielmehr dem Zeitgeist geschuldet:

> „There was a time, remembered by many of us here, when the existence of reflex action and all the other harmonies between the organism and the world were held to prove God. Now, they are held to disprove him." (RAT, 93.)

Betont wird aber auch, dass die Frage nach der Existenz Gottes nicht auf der Grundlage von Wissen, sei es deduktiv oder induktiv, gelöst werden kann, sondern allein auf der Grundlage des Glaubens.

> „Whether it be or not in such accordance is, it seems to me, one of those questions that belong to the province of personal faith to decide." (RAT, 94.)

Die auf den ersten Blick sicher ungewöhnliche Verquickung zwischen Reflexhandlung und Theismus vollzieht sich in zwei Schritten. In einem ersten Schritt wird das physiologische Modell der Reflexhandlung zu einem grundlegenden Modell einer allgemeinen Theorie des menschlichen Geistes erweitert. Auf dieser Grundlage wird dann in einem zweiten Schritt die These begründet, dass die grundlegende Annahme des Theismus, dass ein Gott existiert, den „adäquatesten, möglichen Gegenstand" eines so beschaffenen Geistes darstellt.

3.2 Die „Reflextheorie des Geistes"

Den Reflexen und ihrer physiologischen Beschreibung kommt eine besondere Bedeutung auf dem Gebiet der wissenschaftlichen Erforschung des menschlichen Geistes zu. Die Möglichkeit, einfache Handlungsmuster auf einer rein physiologischen Ebene beschreiben zu können, gibt Anlass zu der Vorstellung, dass es prinzipiell möglich sei, das gesamte menschliche Verhalten als einen gesetzmäßigen Zusammenhang von Reiz und Reaktion interpretieren und beschreiben zu können. Die Durchführung dieses Programms in der Variante des Behaviorismus zielt auf die Elimination psychischer Phänomene in der Explikation von Verhalten. Das Vorkommen von psychischen Ereignissen wird dabei nicht notwendig geleugnet, doch werden sie allenfalls als Epiphänomene betrachtet.

Auch James spricht in den *Principles* von einer „Reduktion" alles Geistigen auf Reflexhandlungen. Der Kontext dieser Äußerung macht aber deutlich, dass er dabei gerade nicht auf eine Elimination des Psychischen abzielt, sondern auf die Einsicht, dass

[5] In diesem Punkt unterscheidet sich James' Position von der eines „induktiven Theismus".

der menschliche Intellekt ganz und gar aus praktischen Interessen hervorgeht.[6] So werden auch in der „Reflextheorie des Geistes" („reflex theory of mind"), die James in „Reflex Action and Theism" skizziert, psychische Ereignisse nicht auf physiologische Abläufe reduziert, sondern auf Reflexhandlungen, die sich auf einer physiologischen Ebene beschreiben lassen, aber auch stets ein teleologisches Moment beinhalten. Mit dem Psychologen J. R. Kantor kann man von daher zunächst festhalten, dass mit dem Studium der Reflexhandlungen die Frage, ob wir psychische Phänomene als eigenständige und kausal wirksame Phänomene in der Natur begreifen oder als Epiphänomene der materiellen Wirklichkeit, nicht beantwortet ist, sondern sich auf zugespitzte Weise stellt.[7]

Der Text „Reflex Action and Theism" basiert auf einem Vortrag, den James 1881 am „Unitarian Ministers' Institute" in Princeton gehalten hat. Er hat eher den Charakter einer Gelegenheitsschrift, in der nicht jeder der aufgegriffenen Punkte zu einer ausführlichen Darstellung gelangt. Von daher erscheint es mir angebracht, im Zuge der Erläuterung auch auf entsprechende Ausführungen in den *Principles* Bezug zu nehmen, mit deren Abfassung James zu diesem Zeitpunkt bereits beauftragt war.[8]

Unter einem Reflex versteht man eine neuronal vermittelte, unwillkürliche und gleichförmige Reaktion auf einen spezifischen Reiz. Die neuronale Vermittlung zwischen Reiz und Reaktion bildet der sogenannte Reflexbogen. Die Physiologie, so hält James in den *Principles* fest, betrachtet einen Organismus als eine Maschine zur Umwandlung von Stimuli in Reaktionen („machine for converting stimuli into reactions", PP, 994). Jedes noch so komplexe Verhalten wird demnach als Ergebnis einer Verknüpfung neuronaler Prozesse angesehen. Diese Prozesse bestehen aus der Weiterleitung von Impulsen, die sich über bestimmte Nervenbahnen fortpflanzen und ihren Abschluss in einer bestimmten Reaktion finden.

> „The most complex habits, […] are, from the same point of view, nothing but *concatenated* discharges in the nerve-centres, due to the presence there of systems of reflex paths, so organized as to wake each other up successively – the impression produced by one muscular contraction serving as a stimulus to provoke the next, until a final impression inhibits the process and closes the chain." (PP, 112.)

Der Epiphänomenalismus bezüglich des Geistigen folgt aber nicht bereits aus der Annahme, dass jedes Verhalten eine solche neuronale Basis aufweist, sondern aus der Behauptung, dass das Verhalten auf der Ebene des physiologischen Geschehens voll-

---

[6] „It is far too little recognized how entirely the intellect is built up of practical interests. The theory of Evolution is beginning to do very good service by its reduction of all mentality to the type of reflex action." (PP, 941.) Es handelt es sich um ein Selbstzitat aus James' Aufsatz „Rationality, Activity and Faith", der 1882 im „Princeton Review" erschien. Vgl. ebd., Fußnote 26.

[7] „In conclusion, we might suggest that our study of reflex action finds its most important feature in the general psychological problem which it raises. How shall we look upon psychological phenomena? Shall we consider them as definite autonomous facts in nature or shall we look upon them as merely epiphenomenal attachments to such facts?" KANTOR 1922, 41.

[8] Der Vertrag zwischen James und dem Verleger Henry Holt wurde am 12. Juni 1878 unterzeichnet. Vgl. BOWERS 1981, 1533.

ständig beschrieben werden könne. Was auf der physiologischen Ebene geschieht, wenn ich das Fenster aufgrund des zunehmenden Lärmes auf der Straße schließe, kann in dem Schema des Reflexbogens ohne Bezug auf psychische Ereignisse beschrieben werden. Als Reiz kann man die Überschreitung eines bestimmten Lärmpegels annehmen und sämtliche neuronalen Bahnen beschreiben, die notwendig sind, um meine Muskeln so zu stimulieren, dass ich das Fenster schließe. Was in der Beschreibung jedoch fehlt, ist nach James der „terminus ad quem". Denn das Schließen des Fensters ist nicht irgendeine beliebige Reaktion, sondern eine, die den Zweck erfüllt, den Lärm zu minimieren. Diese Zweckvorstellung bestimmt das Verhalten und muss von daher als Teil der Reflexhandlung angesehen werden. James würde sicher nicht bestreiten, dass diese Vorstellung eine neuronale Grundlage hat. Es besteht aber kein Grund zur Annahme, dass die Kausalität allein auf der physiologischen Ebene stattfindet, so dass es folgerichtig erscheinen muss, die Vorstellung von einem mentalen Ereignis als Finalursache der Handlung zu begreifen.
In den *Principles* nennt James einen Bewusstseinsvorgang, der zwischen Reiz und Reaktion liegt, „voluntary act". Im Unterschied zur rein unwillkürlichen (instinktiven) Handlung ist jener durch Übung oder Erziehung erworben und kann somit auch modifiziert werden. Ausschlaggebend für die resultierende Handlung ist damit nicht allein die Art des Reizes, sondern zudem die bewusste Überlegung. An die Stelle einer unwillkürlichen stereotypen Reaktion tritt die Möglichkeit, eine Handlung auszuführen, deren Ziel wir selbst bestimmen.

> „It is purely the result of education, and is preceded by a consciousness of the purpose to be attained and a distinct mandate of the will. It is a ‚voluntary act'." (PP, 26.)

3.2.1 *„For behavior's sake and the sake of ends"*

Die Pointe der Lehre von der Reflexhandlung, wie sie in „Reflex Action and Theism" vorgestellt wird, besteht darin, Reflexhandlungen, insofern sie zweckgerichtet sind, als primär geistige Phänomene zu bestimmen. Was die Reaktion im Rahmen einer Reflexhandlung im Unterschied zu anderen Veränderungen aufgrund kausaler Einwirkung auf den Körper kennzeichnet, ist ihre Zweckgerichtetheit. Dies lässt sich bereits auf der Ebene unwillkürlicher Reflexhandlungen beobachten: Das Augenlid schließt sich dann, wenn ein Luftzug auf das Auge trifft, und es schließt sich, *um* das Auge zu schützen; dagegen zerbricht ein Knochen, wenn er einer hohen Belastung ausgesetzt wird, ohne dass dies einem weiteren Zweck dienen würde. Neuronale Prozesse, so James, sind stets Prozesse, die einen sinnlichen Eindruck in einen zielgerichteten Vorgang überführen.

> „For the entire nervous system *is* nothing but a system of paths between a sensory *terminus a quo* and a muscular, glandular, or other *terminus ad quem*." (PP, 113.)

Das Verhältnis von Reiz und Reaktion lässt sich von daher nicht in einem mechanistischen Modell fassen.[9] Auf der Ebene der Beschreibung wird dies daran ersichtlich, dass uns auch im Falle unwillkürlich ablaufender Reaktionen eine teleologische Interpretation sinnvoll erscheint.[10] Beginnend auf einer primitiven Stufe kann demnach dann von Geist gesprochen werden, sobald ein Organismus Eindrücke, die er aus der Außenwelt erfährt, in ein zweckgerichtetes Verhalten überführt. Dieser Zweck kann allgemein als das Wohl eines Organismus bestimmt werden.

> „The only use of the thoughts it [the current of life, K.T.] occasions while inside is to determine its direction to whichever of these organs shall, on the whole, under the circumstances actually present, act in the way most propitious to our welfare." (RAT, 92.)

Reflexe im engeren Sinne können als unwillkürlich ablaufende Formen einer zweckgerichteten Handlung bestimmt werden.

3.2.2 *Die triadische Struktur des Geistigen: „teleological mechanism"*

James verallgemeinert die Reflextheorie des Geistes nicht nur „nach unten", indem er jeden unwillkürlichen Reflex als geistig bezeichnet, sondern auch „nach oben", indem er annimmt, dass jede Form der Handlung die Struktur einer Reflexhandlung aufweist.

> „There is not one [action] which cannot be remotely, if not immediately, traced to an origin in some incoming impression of sense. [...] All action is thus *re*-action upon the outer world". (RAT, 92.)

In der Reflextheorie des Geistes wird der menschliche Geist als eine nicht zu reduzierende triadische Einheit aufgefasst, die erstens stets aus der Aufnahme von Reizen aus der Außenwelt besteht, zweitens aus der Strukturierung dieser Reize hinsichtlich eines Zieles und drittens einer Handlung, durch die dieses Ziel realisiert wird.

> „Any mind, constructed on the triadic-reflex pattern, must first get its impression from the object which it confronts; then define what this object is, and decide what active measures its presence demands; and finally react." (RAT, 98.)

---

[9] Zu einem ähnlichen Ergebnis kommt auch Kantor. Entscheidend ist für ihn aber nicht die teleologische Ausrichtung, sondern dass die Reaktion nur verstanden werden kann, wenn sie als „Gesamtreaktion" des Organismus angesehen wird: „A definite criterion for a psychological fact we have discovered in the intricate interconnection between a stimulus and a total reaction of an organism. Applying this criterion to reflexes we have found that such behavior must be considered as definite psychological phenomena, and further, we find that to study reflex actions as definite psychological facts not only enables us better to understand them but to appreciate the place they take in the adaptations of the organism, both as responses to specific stimuli and their settings, and as themselves stimuli and reactional backgrounds for our more complex behavior." KANTOR 1922, 41 f.

[10] Diese Erklärung scheint einer rein physiologischen Erklärung selbst dann überlegen, wenn die Reaktion keinen „wirklichen" Sinn mehr besitzt, wie etwa beim „Greifreflex" von Neugeborenen. Die neuronalen Prozesse geben keine Antwort darauf, weshalb das neugeborene Kind diesen Reflex ausführt, die evolutionäre Erklärung, die eine implizite Finilität besitzt, dagegen schon.

Das bedeutet zum einen, dass es nur dann zu geistigen Aktivitäten kommt, wenn der Organismus durch einen äußeren Reiz stimuliert wird und zum anderen jede geistige Aktivität auf einen Eindruck aus der Außenwelt zurückgeführt werden kann. James' Position kommt hier insofern mit dem klassischen Empirismus überein, als alles Geistige auf der Erfahrung mit der Außenwelt basiert. Anders als der klassische Sensualismus geht die Reflextheorie des Geistes jedoch nicht davon aus, dass die Eindrücke aus der Außenwelt einfach im Geist abgebildet werden. Die Vorstellung einer reinen Rezeptivität stellt eine theoretische Abstraktion dar, da der Geist das, was ihm begegnet, immer schon sogleich auf die Zu- bzw. Abträglichkeit hinsichtlich bestimmter Ziele beurteilt, um entsprechende Reaktionen in Gang zu setzen. Geistige Aktivitäten sind genuin mit einer Bewertung und einem Handlungsimpuls verbunden. Dabei kann der kognitive Akt der Bewertung einer Situation mehr oder weniger komplex sein. Doch egal, wieviel kognitive Arbeit die Reizverarbeitung erfordert, seinen Abschluss findet der Reflextheorie des Geistes zufolge ein geistiger Prozess immer in einer Handlung, durch die ein bestimmter Zweck erfüllt wird. Das bedeutet, dass kognitive Prozesse insgesamt stets zweckgerichtet sind. Die Handlung ist in diesem Sinn der Wahrnehmung und dem Denken funktional übergeordnet.

> „[...] perception and thinking are only there for behavior's sake." (RAT, 92.)

Die Wahrnehmung der Außenwelt erfolgt damit stets hinsichtlich der Ziele und Zwecke, die ein Organismus verfolgt. Wenn wir seine Reaktionen und sein Verhalten verstehen wollen, das er angesichts einer bestimmten Reizkonstellation an den Tag legt, dann müssen wir Hypothesen darüber anstellen, mit welchem Interesse er an seine Umwelt herantritt. Umgekehrt macht die Außenwelt für uns nur Sinn, wenn wir etwas mit ihr anfangen können. Der Geist funktioniert James zufolge als ein „teleologischer Mechanismus" („teleological mechanism", RAT, 94) und zwar immer und auf jeder Stufe von Komplexität.

Den drei Elementen der triadischen Einheit in der „Reflextheorie des Geistes" ordnet James nach dem Vorbild der klassischen Vermögenspsychologie[11] das Empfindungsvermögen, das Erkenntnisvermögen und das Strebevermögen zu. Nach der Bestimmung des Geistes als einem teleologischen Mechanismus ist das Strebevermögen dem Empfindungs- und Erkenntnisvermögen funktional übergeordnet.

> „The willing department of our nature, in short, dominates both the conceiving department and the feeling department". (RAT, 92.)

Das Streben findet seinen Ausdruck in einem bestimmten Verhalten, das der Erlangung eines bestimmten Zweckes dient. In der Bestimmung des „Willens" oder „Strebevermögens" wird also immer *etwas* gewollt und zwar derart, dass alle Aktivität auf eine Umsetzung gerichtet ist. Die Aussage, dass das Strebevermögen („willing department") die beiden anderen Vermögen beherrsche, ist damit nicht als ein irrationa-

---

[11] Die Annahme von drei Grundfunktionen der Seele und ihre Bezeichnung als Verstand, Gefühl und Wille geht auf Johann Nicolaus Tetens (1736–1805) zurück. Vgl. EISLER 1912, 744.

ler, „blinder“ Voluntarismus zu verstehen, sondern als analytischer Erweis eines Primats des „Vermögens der Zwecke“. Wenn es richtig ist, dass der menschliche Geist als „Re-Aktion“ auf seine Umwelt stets Verhaltensweisen hervorbringt, die einem bestimmten Zweck dienen, dann kann die Aktivität des Geistes nur begriffen werden, wenn man ihm solche Zwecke unterstellt. Umgekehrt gilt, dass jedes Verhalten, dessen Worumwillen nicht ersichtlich ist, sinnlos erscheinen muss.

Diese Auffassung richtet sich nicht zuletzt gegen die Vorstellung, nach der es ein reines Erkennen geben kann, das die Wirklichkeit an sich abbildet. Das Erkenntnisvermögen transformiert notwendigerweise die Eindrücke, die es aus der Welt erhält. Die erkannte Wirklichkeit ist immer auch eine Welt, die den Interessen unserer willentlichen Natur entspricht oder aber diesen entgegensteht. Das Erkenntnisvermögen („the conceiving or theorizing faculty“), so James, arbeitet ausschließlich der Zwecke wegen („functions *exclusively for the sake of ends*“, RAT, 94 f.). Es verwandelt die Welt der reinen Sinneseindrücke, in der es keine Zwecke gibt, in eine vollkommen andere Welt, nämlich die Welt unserer Begriffe, die aufgrund des Urteils der Zu- und Abträglichkeit hinsichtlich der Zwecke auch stets wertend sind. Diese Auffassung des menschlichen Erkennens und der Funktion von Begriffen, ist grundlegend für James' Auffassung, dass jede philosophisch-begriffliche Weltanschauung letztlich auf grundlegenden motivationalen Haltungen gegenüber der Wirklichkeit beruht.

> „It is a transformer of the world of our impressions into a totally different world, – the world of our conception; and the transformation is effected in the interests of our volitional nature, and for no other purpose whatsoever.“ (RAT, 95.)

3.2.3 *Die Pluralität der Interessen und die Plastizität der materiellen Wirklichkeit*

Die Interessen, mit denen wir an die Welt herantreten, können dabei ganz unterschiedlicher Natur sein. Die sinnlich vermittelte Form der Wirklichkeit weist eine gewisse Plastizität auf, die es ermöglicht, das sinnlich Gegebene nach ganz unterschiedlichen leitenden Vorstellungen zu strukturieren.

> „It shows itself plastic to many of our scientific, to many of our æsthetic, to many of our practical purposes and ends.“ (RAT , 96.)

Damit ist die Darstellung der Auffassung des menschlichen Geistes in dieser frühen Skizze James' an einen Punkt gelangt, an dem einige Implikationen für den weiteren Fortgang der Arbeit sichtbar werden. James begreift den Menschen als ein Wesen, das sich in der Wirklichkeit orientiert, indem es seine Umgebung nach bestimmten leitenden Zwecken organisiert. Sein Dasein bestimmt sich – um es einmal mit Heidegger zu sagen – primär aus der Zuhandenheit, durch die die Dinge ihren Wert und ihre Bedeutung beziehen. Von den einfachsten unwillkürlichen Reflexen bis zu einem komplexen Gebilde wie einem wissenschaftlichen Weltbild, so James, arbeitet unser kognitives Vermögen in Hinblick auf bestimmte Zwecke. Für James ist der Gedanke, dass das menschliche Erkennen auf ein reines Erkennen der Wirklichkeit abzielt ein

Trugbild. Von daher ist er immer wieder darum bemüht, die Motive zu ergründen, die hinter verschiedenen Konzeptionen der Wirklichkeit stehen.
Aus der Absage an die Möglichkeit, eine Wirklichkeit an sich zu erkennen, ergibt sich, dass wir es auch in der Philosophie immer mit „Weltanschauungen" zu tun haben. Doch damit verbindet sich bei James keine Entwertung der Philosophie. In der Philosophie bewegen wir uns auf einer Metaebene, die es ermöglicht, zwischen guten und weniger guten Weltanschauungen, die hinter den verschiedenen Wirklichkeitskonzepten stehen, zu unterscheiden. Die Philosophie wird auch nicht einem willkürlichen Fiktionalismus preisgegeben, da sich einerseits die materielle Wirklichkeit nicht auf beliebige Weise formen lässt und zum anderen die teleologische Ausrichtung des Menschen in seiner Natur, die auch ein Teil der Wirklichkeit ist, verankert bleibt.
Auch der Theismus bildet James zufolge hier keine Ausnahme. Die Vorstellung von der Realität Gottes ist als ein Konzept der Wirklichkeit zu verstehen, das unsere Auffassung der Wirklichkeit sowie unser Verhalten leitet. James argumentiert in „Reflex Action and Theism" dafür, dass der Theismus sich gegenüber anderen Weltanschauungen dadurch auszeichnet, dass seine grundlegenden Annahmen, der grundlegenden Verfassung des menschlichen Geistes in besonderer Weise entsprechen. Das Entsprechungsverhältnis von Realität und Geist bemisst sich am Kriterium der Rationalität, d. h. eine Weltsicht ist dann rational, wenn sie die Wirklichkeit in einer Weise darstellt, in der die Eindrücke, die wir aus der Außenwelt erhalten, integrierbar sind und so beschreibt, dass sie sich dem menschlichen Streben als zuträglich erweist. Die Vorstellung der göttlichen Natur allen Seins, so James' These, trägt diesem doppelten Anspruch der Rationalität im Vergleich zu allen Formen der Weltanschauung, die der Menschheit bislang zur Verfügung stehen, am weitesten Rechnung.

> „My thesis, in other words, is this: that *some* outward reality of a nature defined as God's nature must be defined, is the only ultimate object that is at the same time rational and possible for the human mind's contemplation." (RAT, 93.)

3.2.4 *Theismus als rationaler und möglicher Gegenstand des menschlichen Geistes*

James' umfassender Begriff der Rationalität („the word ‚rational' taken in its fullest sense", RAT, 106) kann anhand der vorangegangenen Ausführungen nun bereits schärfer konturiert werden. Der Begriff der Rationalität wird von James sowohl kriterial als auch graduell verwendet. Für diesen Text ist aber nur die graduelle Verwendung von Bedeutung. Das bedeutet, dass der Ausdruck nicht benutzt wird, um eine scharfe Grenze zwischen rational und irrational zu ziehen, sondern um etwas als mehr oder weniger rational respektive vernünftig zu kennzeichnen. Wir verfügen über eine Reihe von Rationalitätskriterien, wie etwa Konsistenz und Kohärenz, die jedoch nicht notwendig alle zugleich und nicht vollständig erfüllt sein müssen, damit wir etwas vernünftig nennen. Es genügt bspw., dass ein bestimmtes Maß an Kohärenz vorliegt, um einen Sachverhalt im Großen und Ganzen als vernünftig anzusehen, und umgekehrt führt nicht jeder Widerspruch zwangsläufig dazu, dass wir etwas als unvernünftig verwerfen. Je mehr Kriterien von Rationalität erfüllt sind und je weniger etwas den Ansprüchen von Rationalität widerspricht, desto vollständiger erscheint uns eine Sache als vernünftig. Und nur das, was uns vernünftig erscheint, erfährt auch unsere Billigung.

Kohärenz und Konsistenz sind insbesondere Kriterien dafür, ob wir einem Sachverhalt aus theoretischer Sicht zustimmen können. Für den Bereich der Theorie ist in dem triadischen Modell des menschlichen Geistes das „mittlere" der drei Vermögen, das Erkenntnisvermögen oder das „Vermögen der Begriffe" („theoretic or defining department") zuständig. Eine begrifflich konsistente und kohärente Sicht der Dinge, die sich uns darbietet, erfährt zunächst einmal unsere Zustimmung und vermittelt uns den Eindruck einer vernünftigen Sicht der Wirklichkeit.

Da James den menschlichen Geist strukturell als eine triadische Einheit begreift, ist die theoretische Rationalität jedoch nicht isoliert zu begreifen. Ein Konzept der Wirklichkeit, das den Kriterien der theoretischen Vernunft bestens entspricht, muss nicht auch denen der praktischen Vernunft genügen. Entspricht das Konzept der praktischen wie der theoretischen Vernunft auf nahezu perfekte Weise, kann es immer noch sein, dass es mit unserer Erfahrung kollidiert. Vollständige Rationalität kann nur entstehen, wenn alle drei Vermögen in ihrem Anspruch auf Rationalität zu ihrem Recht kommen. Das Empfindungsvermögen gibt vor, was ist und bildet somit den Rahmen, innerhalb dessen Wirklichkeit strukturiert werden kann. Eine Sicht der Wirklichkeit, die über den Rahmen des Möglichen hinausgeht, wird uns demnach niemals so vernünftig erscheinen, wie eine, die durch die sinnlich vermittelte Erfahrung gedeckt ist. Eine Sicht, die dem, was innerhalb des vorgegebenen Rahmens möglich ist, widerstreitet, wird keine Billigung erfahren, sondern als irrational oder phantastisch abgelehnt werden. Ebenso wenig billigen wir eine Sicht der Welt, durch die wir uns, in dem, was wir bezwecken wollen, dauerhaft enttäuscht sehen. Nur eine Sicht der Wirklichkeit, in der alle drei Vermögen zu ihrem Recht kommen, können wir voll und ganz billigen.

> „But so much I think you will grant me without argument – that all three departments of the mind alike have a vote in the matter, and that no conception will pass muster which violates any of their essential modes of activity, or which leaves them without a chance to work." (RAT, 100.)

Philosophie und Theologie bewegen sich auf der Ebene der Begriffe und sind nach James als Versuche anzusehen, eine umfassende Formel zu finden, in der den theoretischen Ansprüchen der Vernunft nach Konsistenz und Kohärenz maximal Rechnung getragen wird, ohne dabei die Erfahrung sowie das Worumwillen des Daseins außer Acht zu lassen. Es gilt die Spannung, die zwischen den einzelnen Polen besteht, in ein ausgeglichenes Verhältnis zu bringen. Dabei schwanken wir in unserer Auffassung darüber, wie die Welt im letzten beschaffen ist, immer wieder zwischen den einzelnen Polen, je nachdem, welchem wir gerade mehr Gewicht geben.

> „Either it [system of philosophy] has dropped out of its net some of our impressions of sense – what we call the facts of nature – or it has left the theoretic and defining department with a lot of inconsistencies and unmediated transitions on its hands; or else, finally, it has left some one or more of our fundamental active and emotional powers with no object outside of themselves to react-on or to live for.“ (Ebd.)

Die theistische Annahme, dass Gott existiert, zeichnet sich James zufolge gegenüber allen anderen metaphysischen Konzepten dadurch aus, dass es dem menschlichen Geist am weitestgehenden entspricht und zugleich als möglich gedacht werden kann („the most adequate possible object for minds framed like our own“, RAT, 93). Damit zeichnet er den Theismus als vernünftigste Auffassung der Wirklichkeit aus, über die wir bislang verfügen.

3.2.5 *Gott als tiefste Kraft personaler Natur*

Um für diese These argumentieren zu können, muss zunächst geklärt werden, was unter Gott zu verstehen ist. Um für die Vernünftigkeit des Theismus argumentieren zu können, genügt es James zufolge, von zwei Attributen auszugehen, die Gott essentiell zugesprochen werden müssen. Zum einen muss Gott als tiefste Kraft im Universum („deepest power in the universe“, RAT, 97) verstanden werden. Und diese Kraft muss zweitens als eine geistige Persönlichkeit („form of a mental personality“, ebd.) aufgefasst werden.

Das Personsein Gottes wird von James wiederum auf zweifache Weise qualifiziert. Zum einen ist es dadurch bestimmt, dass Gott über eine Innenperspektive verfügt und aus dieser heraus der Welt wertend gegenübertritt. Gott selbst verhält sich damit urteilend gegenüber dem, was in der Welt vor sich geht. Das Verhältnis der Entsprechung, das die Vernunft kennzeichnet, liegt darin, dass das, was Gott als gut und gerecht ansieht, auch das ist, was aus der menschlichen Perspektive letztlich als richtig („righteous“) und gut erscheint. Doch dem steht in gewisser Weise eine zweite, extrinsische Bestimmung des Personseins Gottes entgegen. So wie uns das Innere jeder anderen menschlichen Person nicht unmittelbar zugänglich ist, so ist es auch nicht möglich, die Perspektive Gottes einzunehmen und damit vollständig seinen Willen zu erkennen. Das bedeutet nicht, dass uns sein Wille vollständig verborgen bleibt, denn wir können den göttlichen Willen auf die gleiche Weise erkunden, wie wir die Intentionen anderer menschlicher Personen bis zu einem gewissen Punkt aus deren Verhalten ableiten können.

> „But, extrinsically considered, so to speak, God's personality is to be regarded, like any other personality, as something lying outside of my own and other than me, and whose existence I simply come upon and find.“ (RAT, 98.)

Die Rede von Gott als der tiefsten Kraft im Universum, die auf den ersten Blick sehr abstrakt erscheint, erhält erst durch das Attribut der Personalität seinen vollen Sinn. Gott ist in dieser Vorstellung die Instanz, durch die unsere wertende Sicht der Welt einen Anhalt in der (nicht-sinnlichen) Wirklichkeit erfährt. Da es sich zugleich um eine Person handelt, die wir nie vollständig zu fassen vermögen, sind wir aufgefordert, unsere Maßstäbe nicht absolut zu setzen, sondern den göttlichen Willen zu erforschen. Ob wir ihn gutheißen, uns gegen ihn auflehnen oder ihn schlicht nicht begreifen können, sind Haltungen des Glaubens.

> „A power not ourselves, then, which not only makes for righteousness, but means it, and which recognizes us – such is the definition which I think nobody will be inclined to dispute.“ (Ebd.)

3.2.6 *Warum alles, was hinter dem Theismus zurückbleibt, dem menschlichen Geist letztlich nicht rational erscheinen kann*

Der gelebte Theismus besteht in dem Glauben an eine prinzipielle Übereinstimmung zwischen menschlichem und göttlichem Willen, die aber nicht als Identität zwischen Gott und Mensch zu verstehen ist. James bestimmt den Theismus darüberhinaus als dasjenige Konzept der Wirklichkeit, das vom menschlichen Geist in seiner triadischen Struktur gebilligt werden kann, da es die Wirklichkeit als weitestgehend rational bestimmt und zugleich als möglich erscheint. Die Argumentation für diese These erfolgt ex negativo, d. h. James argumentiert für die Auffassung, dass alles, was hinter der Vorstellung Gottes zurückbleibt, nicht als rational erscheinen kann und alles, was über Gott hinausgeht als unmöglich angesehen wird.

> „Anything short of God is not rational, anything more than God is not possible, if the human mind be in truth the triadic structure of impression, reflection, and reaction which we at the outset allowed.“ (RAT, 93.)

Der erste Teil des Arguments stützt sich auf den Ausweis des Primats des Strebevermögens. Nur eine Wirklichkeit, in der es von Bedeutung ist, wonach wir unser Leben ausrichten und in der es eine Aussicht darauf gibt, dass unser Streben nicht umsonst ist, kann unsere Billigung erfahren. Dieser Punkt verweist auf das zurück, was im ersten Kapitel dieser Arbeit über den „strenuous mood“ gesagt wurde. Der Endzweck des menschlichen Lebens, so konnte man anhand der dort besprochenen Texte festhalten, besteht nach James in der Ausrichtung an Idealen, die das eigene Leben übersteigen, aber gleichfalls prinzipiell realisierbar sein müssen. Der Garant dafür, dass unser innigstes Bestreben nicht vergebens ist, so argumentiert James jetzt, liegt in einer postulierten Übereinstimmung von göttlichem und menschlichem Willen. Solange wir davon ausgehen müssen, dass die bestimmende Kraft des Universums, der Realisierung unseres innersten Strebens entgegensteht, leben wir in der Vorstellung, wie Sisyphus den Stein immer wieder nach oben wälzen müssen. Eine solche Wirklichkeit, so James, werden wir niemals so sehr billigen, wie eine Wirklichkeit, in der wir darauf vertrauen können, dass unser Streben irgendwann zu einem sinnvollen Abschluss geführt wird. Nur so würde aus der absurden Welt des Sisyphus letztlich eine vernünftige.

Materialismus und Agnostizismus sind als Auffassungen der Wirklichkeit anzusehen, die uns zwar in theoretischer Hinsicht vollkommen zufriedenstellen können, sich aber in praktischer Hinsicht gegenüber dem Theismus als defizitär erweisen.

> „Materialism and agnosticism, even were they true, could never gain universal and popular acceptance; for they both, alike, give a solution of things which is irrational to the practical third of our nature, and in which we can never volitionally feel at home.“ (RAT, 100 f.)

Der Materialismus steht bei James für die Überzeugung, dass es in der Natur selbst keinen Zweck gibt. Der Ablauf der Ereignisse in der Welt ist durch einen determinierten Ablauf kausaler Prozesse bestimmt. Der Eindruck der Zweckgerichtetheit entsteht nur, wenn wir unsere eigenen Zwecke, die der Materialismus allenfalls als Epiphänomene betrachtet, an die Wirklichkeit herantragen und ihr auf diese Weise sozusagen eine Teleologie aufpfropfen. Für die Materialisten verhält sich die Natur jedoch indifferent gegenüber diesen Zwecken. Es geht also mal und mal schlecht und es ist schlicht müßig, nach dem Sinn des Ganzen zu fragen. Der Agnostiker ist hier weniger dogmatisch, indem er die Frage, ob es vielleicht doch einen verborgenen Sinn gibt, offen lässt, aber er ist sich doch sicher, dass wir nichts über diesen Sinn wissen können und es von daher egal wäre, ob wir das eigene Leben nach einem solchen ausrichten. Beide Optionen, so hat die Thematisierung der Frage nach dem Sinn und der Bedeutung der eigenen Existenz ergeben, sind problematisch, da sie den tiefen menschlichen Antrieb nach der wahren Bedeutung des Lebens ins Leere laufen lassen.

Auf der Basis der Reflextheorie des Geistes wird nun deutlich, dass dieser Antrieb in der Natur des Geistes selbst liegt: Als geistige Wesen, oder weniger emphatisch ausgedrückt, als „teleologische Mechanismen“, können war gar nicht umhin, der sich uns präsentierenden Wirklichkeit einen Sinn zu unterstellen. Und aufgrund des Verlangens nach einer rationalen Weltsicht, d. h. einer Weltsicht, in der wir uns als sinnvoller Teil des Ganzen begreifen können, kommen wir nicht umhin, die Wirklichkeit entweder als irrational zu missbilligen oder davon auszugehen, dass sie im letzten so beschaffen ist, dass sie unsere volle Billigung erfahren kann und das bedeutet, dass es mit ihr und mit uns zum Guten bestellt ist, wenn wir unser Handeln an den höchsten Idealen ausrichten. An die Stelle der Orientierung an einem höchsten Ideal tritt in diesem Text die Ausrichtung am göttlichen Willen, der sich von ersterem darin unterscheidet, dass er nicht völlig in unserer Verfügung steht. Hier unterscheidet sich der religiöse Glaube vom „bedeutsamen“ Leben. Wie groß diese Differenz ist, wird sich am Ende dieser Untersuchung noch zeigen, wo deutlich wird, dass James die religiöse Erfahrung letztlich als einen Umsturz der natürlichen Wertordnung begreift.[12]

Wie bereits in „Is Life Worth Living?“ verweist James auch in diesem Text auf die Gefahr einer Lähmung bis hin zu einer Erkrankung des Gemüts, die dann auftritt,

[12] Vgl. unten, Kapitel 5.2.2.

wenn es nicht gelingt, im Denken zu einem vernünftigen Abschluss zu kommen. Das Bemühen um eine vernünftige Auffassung der Wirklichkeit im Ganzen zielt demnach nicht zuletzt auf die geistige Gesundheit des Menschen.

> „[…] the active powers left alone, with no proper object on which to vent their energy, must either atrophy, sicken, and die, or else by their pent-up convulsions and excitement keep the whole machinery in a fever until some less incommensurable solution, some more practically rational formula, shall provide a normal issue for the currents of the soul." (RAT, 101.)

3.2.7 *Warum alles, was über Gott hinausgeht, dem menschlichen Geist als nicht möglich erscheinen muss*

Unter einer philosophischen Konzeption, die über Gott hinausgeht, versteht James jede Vorstellung, die die Dualität zwischen Gott und dem, der an ihn glaubt („ultimate duality of God and his believer", RAT, 106) aufzuheben versucht und stattdessen eine substantielle Einheit behauptet. Dies ist dann der Fall, wenn das göttliche Gegenüber in das Subjekt hineingenommen wird.

> „[…] and if theism turns the *it* into a *thou* – so we may say that these other theories try to cover it with the mantle of the first person, and to make it a part of *me*." (Ebd.)

Damit wendet sich James nicht gegen die Erfahrung des emotionalen Einklangs mit Gott „sense of emotional reconciliation with God" (ebd.), wie sie in der Mystik von Bedeutung ist. Dabei handelt es sich für ihn vielmehr um die höchsten Momente des theistischen Bewusstseins, die auf der praktischen Ebene von enormer Bedeutung sind. Was James ablehnt, ist, allgemeine ontologische Schlussfolgerungen aus diesen Erfahrungen ziehen zu wollen. Für das Subjekt der Erfahrung sind diese Erfahrungen höchst bedeutsam, da sie nicht zuletzt ein hohes Maß an Evidenz und Gewissheit transportieren. Doch eine solche Vereinigung, in der sich das eigene Selbst aufzulösen scheint, ist nicht mit einer Form von substantieller Identität mit dem Göttlichen zu verwechseln.

> „But this consciousness of self-surrender, of absolute practical union between one's self and the divine object of one's contemplation, is a totally different thing from any sort of substantial identity." (Ebd.)

Eine Position, die eine substantielle Identität behauptet, bezeichnet James in diesem Text als gnostisch. In späteren Texten wie *A Pluralistic Universe* setzt sich James insbesondere mit dem absoluten Idealismus als einem Repräsentanten der gnostischen Auffassung auseinander. Der Unterschied gegenüber einer theistischen Mystik besteht darin, dass in der letzteren in der Erfahrung der Einheit die Eigenständigkeit und Andersheit des Göttlichen auch im Moment der höchsten Einheit nicht aufgehoben wird, sondern ein Moment dieser Erfahrung selbst darstellt.

Die gnostische Konzeption einer substantiellen Einswerdung von menschlichem Geist mit dem Göttlichen steht offenkundig im Widerspruch zur Bestimmung des Göttlichen als einer Person, wie sie James zuvor gegeben hat. Wenn man den Theismus über das Personsein Gottes einführt, dann kann die grundlegende Dualität nicht aufgegeben werden, ohne sich selbst dabei in Selbstwidersprüche zu verstricken. Der Theismus muss also auf der unaufhebbaren Eigenständigkeit von menschlichem und göttlichen Geist beharren. *Eine* Möglichkeit ist die, die Einheit als eine emotionale und praktische Einheit zu begreifen, durch die sich dann die theistische Mystik von einer gnostischen Position signifikant unterscheidet.

> „[...] it seems to me that the only sort of union creature with creator with which theism, properly so called, comports, is of this emotional and practical kind; and it is based unchangeably on the empirical fact that the thinking subject and the object thought are numerically two." (RAT , 106 f.)

Ein weiterer Punkt, in dem sich die theistische Mystik von einer gnostischen Position, etwa dem absoluten Idealismus, unterscheidet, besteht in der Frage nach der Beweisbarkeit. Während der absolute Idealismus von einer strengen Beweisbarkeit der Annahme Gottes ausgeht, hat der mystisch Erfahrene gar kein Interesse an einer rationalen Beweisbarkeit Gottes. Ihm genügt die Gewissheit, dass Gott da ist, die ihm aus der mystischen Erfahrung erwachsen ist.

Das Nachdenken über die Frage der Existenz Gottes, das sich auf der „mittleren Ebene" der Begriffe bewegt, wird, so James, in der mystischen Erfahrung völlig auf die Ebene des Strebevermögens umgelenkt („[t]he channels of department Three have drained those of department Two of their content", ebd.). Gott ist für den Mystiker kein Gegenstand des Denkens, sondern der emotionalen und willentlichen Hinwendung. Gotteserkenntnis liegt hier in dem Verlangen nach Gott und der Überzeugung, dass dieses Verlangen nicht unerwidert bleibt.

> „It is sufficient for him to know that he himself simply is, and needs God; and that behind this universe God simply is and will be forever, and will in some way hear his call." (RAT, 107.)

3.2.8 *Spekulatives*

Diese Vorrangstellung der emotionalen und willentlichen Kräfte gegenüber den begrifflich-diskursiven ist aber auch der Punkt, an dem der religiöse Glauben dem aufgeklärten und selbstdenkenden Menschen Schwierigkeiten bereitet und mitunter auf Skepsis und Ablehnung stößt. Aus dieser Perspektive erscheint der Theismus als eine primitive Weltsicht, die den Verstand opfert, um glücklich leben zu können. James wendet sich in seiner Auseinandersetzung mit dem Intellektualismus oder Rationalismus immer wieder entschieden gegen die Annahme, dass dem begrifflichen, schlussfolgernden Denken in allen Bereichen des Lebens ein Primat eingeräumt werden müsse. Dabei fällt er jedoch auch nicht in das andere Extrem, den Irrationalismus. Die Auffassung des menschlichen Geistes als einer unauflösbaren triadischen Einheit aus Empfindung, Diskursivität und Willen, die James hier im Rahmen seiner „Reflextheorie des Geistes" skizziert hat, macht deutlich, dass die Frage ob „Wille oder Verstand" keine sinnvolle Alternative darstellt. Es ist allein eine Frage der Gewichtung und diese ist, so wird im Laufe der weiteren Ausführungen insbesondere anhand von „The Will to Believe“ noch deutlich werden, immer auch abhängig davon, in welchen Kontexten wir unsere Entscheidungen treffen.

James schließt folgerichtig nicht aus, dass man auch auf dem Wege des begrifflichen Denkens zu religiösen Überzeugungen gelangen kann und spricht von daher einer gnostischen Systembildung, als deren jüngsten Vertreter er Hegel ansieht, dessen höchstes Bestreben in einem religiösen Bewusstsein („religious consciousness“, ebd.) liege, nicht ihre Legitimation ab. Allerdings kann es James zufolge niemals die reine Spekulation sein, die zur Annahme Gottes führt. Diese mag uns mit der Vorstellung Gottes vertraut machen, aber jede Spekulation basiert letztlich doch auf etwas, das uns einfach gegeben sein muss und das selbst nicht auf der Ebene des Begrifflichen liegt.

> „[...] I cannot reason myself out of the belief that however familiar and at home we might become with the character of that being, the bare being of it, the fact that it is there at all, must always be something blankly given and presupposed in order that conception may begin its work; must in short lie behind speculation, and not be enveloped in its sphere.“ (RAT, 110.)

Dieser Gedanke steht in Einklang mit der Reflextheorie des Geistes, nach der jede geistige Aktivität stets auch ein rezeptives Moment enthält. Auch wenn James in seinen späteren Schriften nicht mehr von einer solchen Theorie spricht, so hält er doch bis in seine späten Schriften zum radikalen Empirismus an diesem Doppelcharakter des Geistes, der dort als „reine Erfahrung“ gefasst wird, fest: Alles Geistige ist subjektabhängige Aktivität und objektabhängige Rezeptivität zugleich.

James kommt in diesem Aufsatz von der auf zahlreichen empirischen Studien basierenden Theorie der Reflexe zu einer Relativierung des begrifflichen Denkens gegenüber dem rezeptiven und dem willentlichen Vermögen. Er führt die empirische Wissenschaft ins Feld, um auf diese Weise den Rationalismus zu korrigieren und zugleich herauszustellen, dass der religiöse Glaube nicht vom Rationalismus abhängig ist, sondern auch auf der Grundlage der empirischen Wissenschaft – in diesem Fall der Physiologie – plausibilisiert werden kann.

Und dabei zeigt sich, dass der Mensch nicht die Eigenschaft verliert, ein mit Geist begabtes Wesen zu sein, wenn man das begriffliche Vermögen weniger stark gewichtet, als es der Rationalismus tut. Im Unterschied zu der Auffassung, dass diese Form der Rationalität die Spitze der Evolution darstellt, spekuliert James in „Reflex Action and Theism“ weiter, dass diese womöglich wieder an Bedeutung verlieren wird. Wahrscheinlicher als die stetige Fortentwicklung des „mittleren Vermögens“ erscheint es ihm, dass es letztlich unsere Fähigkeit ist, eine willentliche und moralische Einstellung gegenüber den Dingen zu entwickeln, durch die sich uns das Wesen der Dinge am tiefsten zu erkennen gibt („to the end of the time our power of moral and

volitional response to the nature of things will be the deepest organ of communication therewith we shall possess", RAT, 111).[13]
Zu welchen metaphysischen Überlegungen James die Auseinandersetzung mit dem Intellektualismus und dem absoluten Idealismus noch weiterhin führt, wird im Kapitel 5.1 dieser Arbeit eigens thematisiert werden. Anhand der Schrift *A Pluralistic Universe* (1909) wird dort der metaphysische Rahmen aufgezeigt, innerhalb dessen James die Vorstellung einer Einheit im Willen und einer Differenz in der Person einzulösen vermag.

3.2.9 *Das Kriterium der „Reichhaltigkeit"*

James wendet sich von Beginn an in seinen Überlegungen aber nicht nur gegen den Rationalismus, sondern auch gegen den klassischen Sinnesdatenempirismus. Für den traditionellen Empirismus Locke'scher und Hume'scher Prägung besteht die Basis unserer Erfahrung aus direkten Sinneseindrücken. Nach der „Reflextheorie des Geistes" kann der menschliche Geist jedoch nicht als ein weißes Blatt Papier aufgefasst werden, auf dem die Sinnescindrücke eins zu eins abgebildet werden. Die Transformation der Sinneseindrücke ist nach der „Reflextheorie des Geistes" als ein konstitutives Moment der Erfahrung von Wirklichkeit zu betrachten.
Die Vorstellung, man könne die Sinneseindrücke zu einem von teleologischen und willentlichen Momenten bereinigten Gesamtbild zusammenzufügen, stellt sich somit als eine Chimäre heraus. Der Gedanke, dass etwa die physikalische Weltbeschreibung als reine Wiedergabe einer vorgegebenen Ordnung zu verstehen ist, beruht demnach auf falschen Voraussetzungen. Jede systematische Ordnung der Welt, so James ist auf ein bestimmtes praktisches Interesse zurückzuführen, das sich in erster Linie an den Aspekten der Nützlichkeit („convenience") und der Freude („delight") orientiert, die dieses System mit sich bringt.

> „Physics is but one chapter in the great jugglery which our conceiving faculty is forever playing with the order of being as it presents itself to our reception. It transforms the unutterable dead level and continuum of the ‚given' world into an utterly unlike world of sharp differences and hierarchic subordinations for no other reason than to satisfy certain subjective passions we possess." (RAT, 103.)

Auf dem Hintergrund dieser Kritik am „Mythos des Gegebenen" läuft der Einwand ins Leere, dass der Theismus, weil er sich nicht an Fakten halte, sondern eine Wirklichkeit konstruiere, die letztlich allein auf dem Willen des Menschen beruhe, als unvernünftig gelten muss. Denn James macht ja selbst offenkundig, dass diese Sicht der Welt auf dem menschlichen Willen beruhe, doch er fügt hinzu, dass es ein Irrtum sei zu glauben, dass es andere Auffassungen der Wirklichkeit gibt, die die Realität an sich und „unverfälscht" abbilden. Der Wille, der uns eine bestimmte Sicht der Wirklichkeit nahe legt, ist vielmehr selbst ein Bestandteil dieser Wirklichkeit und unser

[13] Vgl. die Rede von der Bedeutung des „inneren Organs", oben, S. 41 sowie unten, S. 60.

Verhalten, das durch unsere Auffassung der Wirklichkeit geleitet ist, trägt zur Gestalt dieser Wirklichkeit bei.

Auf dieser Grundlage wird James in „The Will to Believe" sein zentrales Argument zur Rechtfertigung des religiösen Glaubens gewinnen. Wenn jede Form der systematischen Weltanschauung auf ein praktisches Interesse zurückgeht, kann der religiöse Glaube nicht aus dem Grund als ein bloßes Wunschdenken disqualifiziert werden, weil er an einer Realität festhält, die der Form von Realität entspricht, die wir im Innersten gutheißen. Der Vorzug des Festhaltens an einer theistischen Wirklichkeitsauffassung liegt vielmehr darin, dass uns diese zu einem Verhalten anhält, durch das die Welt ein wenig mehr zu einem Ort wird, der unserer Natur entspricht.

James spricht in „Reflex Action and Theism" von dem Kriterium „Reichhaltigkeit" („richness"), an dessen Stelle in späteren Schriften das Kriterium der „intimacy" tritt. Auf der Grundlage dieses Kriterium wird deutlich, dass eine wissenschaftliche Form der Weltbeschreibung, die alle subjektiven Faktoren systematisch auszuschließen versucht, der theistischen Konzeption diametral entgegensteht. Während das wissenschaftliche Weltbild eine Wirklichkeit präsentiert, die uns fremd erscheint, zeichnen die Religionen ein Bild der Wirklichkeit, das durch und durch anthropomorphistische Züge trägt.

Damit wendet sich James jedoch nicht gegen das wissenschaftliche Denken allgemein, sondern allein gegen die Annahme, dass sich eine wissenschaftliche Weltsicht dadurch als überlegen auszeichne, dass in ihr alle subjektiven Momente ausgeschaltet sind. James hält die zunehmende wissenschaftliche Verobjektivierung nicht für einen Fortschritt, sondern er sieht in der Verallgemeinerung des Postulats der Objektivität vielmehr eine fortschreitende geistige Barbarisierung („mental barbarization", RAT, 105).[14] Denn für James zeichnen sich die Menschen gegenüber den Tieren gerade durch ihren „überschäumenden Überfluss" („exuberant excess") an subjektiven Neigungen aus. Der kulturelle Fortschritt besteht im Unterschied zum evolutionären Überleben darin, die in der Natur einzigartigen Neigungen und Bedürfnisse des Menschen zu entfalten. Wissenschaft, Moral und Kunst beruhen auf menschlichen Neigungen, die für das Überleben nicht notwendig sind, aber einzigartige Leistungen hervorbringen. Wenn wir alles als irreal erklären, das seinen Ursprung im menschlichen Willen hat, ist die Welt arm, nämlich arm an Sinn. James' Kriterium der „Reichhaltigkeit" ist demnach letztlich als ein Kriterium der Sinnhaftigkeit zu betrachten.

Es ist interessant, sich daran zu erinnern, dass sich James mit diesem Appell, der geistigen Vielseitigkeit („mental completeness and all-sidedness") des Menschen vollständig gerecht zu werden, ursprünglich an Unitarier gerichtet hat. Deren Anspruch

---

[14] Diesen Gedanken greift James am Ende der *Varieties* wieder auf. Auf die Bedeutung dieser Verteidigung einer anthropozentrischen Auffassung der Wirklichkeit werde ich in Kapitel 4.8 der Arbeit noch ausführlich eingehen.

einer Vereinbarkeit von religiösem Glauben mit der Vernunft und Wissenschaft scheint nach James Gefahr zu laufen, sich an einem zu engen Szientismus und Rationalismus zu orientieren, der den Ansprüchen des Glaubens nicht mehr voll gerecht zu werden vermag. James schlägt vor, sich nicht allein um eine „theistische Wissenschaft" („theistic science") verdient zu machen, sondern auch eine „wissenschaftliche Theologie" („scientific theology") zu entwickeln, die mithilfe der Wissenschaft den Bereich der Wirklichkeit zu erschließen versucht, der sich aufgrund unserer Handlungsneigungen sowie unserer emotionalen Neigungen eröffnet.

> „May you, […] avert the formation of a narrow scientific tradition, and burst the bonds of any synthesis which would pretend to leave out of account those forms of being, those relations of reality, to which at present our active and emotional tendencies are our only avenues of approach." (Ebd.)

Der Gedanke einer „Reflextheorie des Geistes" wird von James unter dieser Bezeichnung nicht wieder aufgenommen. Man kann „Reflex Action and Theism" als eine Skizze betrachten, in der eine Reihe von zentralen Motiven, die für das religionsphilosophische Denken von James von Bedeutung sind, in der zugespitzten Formel der Reflextheorie auf den Punkt gebracht werden. Die Behandlung der „Reflextheorie des Geistes" sollte deutlich machen, dass es für James zum Wesen des menschlichen Geistes gehört, dass er stets auf die Realisierung eines Zweckes zielt. Als „teleologischer Mechanismus" stehen alle mentalen Funktionen im Dienste eines zielgerichteten Verhaltens. Das Geistige besitzt demnach im Unterschied zur Auffassung des Geistes als einem statischen und passiven „Spiegel der Natur"[15] einen dynamischen und aktiven Charakter. Auch wenn die „Reflextheorie des Geistes" in den *Principles* keine explizite Rolle mehr spielt, hält James an dieser Annahme auch dort fest.

Hinter der Rede von einer „impulsiven Natur" des Bewusstseins steht die dynamische Auffassung des menschlichen Geistes, die James in der Darstellung der „Reflextheorie des Geistes" verdeutlicht hat. Anhand von „Reflex Action and Theism" wurde deutlich, dass der Annahme einer übergeordneten Rolle des Strebevermögens ein besonderes Gewicht in der Rechtfertigung des Theismus zukommt. Die These der Überlegenheit des Theismus basiert dort letztlich darauf, dass das Strebevermögen beständig darauf lauert, sein Recht geltend zu machen („number Three lurks in ambush, ready to assert its rights", RAT, 101) und nur der Theismus dazu in der Lage ist, diesem Anspruch entgegen zu kommen. Denn nur der Theismus hält Antworten auf die letzten praktischen Fragen des Lebens parat, die wir begreifen können und die uns vernünftig erscheinen („always stands ready with the most practically rational solution it is possible to conceive", ebd.).

[15] Auch der Neopragmatist Richard Rorty unterzieht in seinem gleichnamigen Buch die Vorstellung des Bewusstseins als einem Spiegel der Realität einer eingehenden Kritik. Vgl. RORTY 1981.

3.3 Empfundene Rationalität: „The Sentiment of Rationality“

In seiner argumentativen Grundstruktur ist der Text „The Sentiment of Rationality“ dem von „Reflex Action and Theism“ recht ähnlich. Zunächst gibt James eine ausführliche Darstellung seines, auf dem empirischen Studium des menschlichen Geistes basierenden Verständnisses von Rationalität, das als ein Gefühl der Ruhe und des Einverständnisses eingeführt wird. Eine wesentliche Erweiterung gegenüber dem ersten Text besteht in der Einführung des Begriffs des Glaubens („faith“). In ihm findet James den adäquaten Ausdruck für das menschliche Vermögen zum Glauben, im Sinne eines Grundvertrauens in den erfolgreichen Ausgang unseres Bemühens, das sich weder von widrigen Bedingungen noch von Risiken irritieren lässt. Dieser Glaube wird zum entscheidenden Merkmal hinsichtlich der Rationalität einer philosophischen Weltanschauung. Der Grundgedanke findet sich dabei schon in „Reflex Action and Theism“ ausgedrückt: Nur eine Vorstellung von der Wirklichkeit im Ganzen, durch die wir statt zu verzweifeln, in die Lage kommen, daran festzuhalten, dass es im Letzten Sinn ergibt, wenn wir unserem Verlangen nach der Verwirklichung des Guten folgen, kann auch als vernünftig gelten. Mithilfe der Bestimmung des „faith“ gelingt es James dabei, das Primat der Praktikabilität gegenüber der spekulativen Kraft einer Vorstellung deutlich zu machen.

Eingeführt wird der Begriff des „faith“ dabei in „The Sentiment of Rationality“ völlig unabhängig vom religiösen Glauben im Sinne des Festhaltens an der „Gott-Hypothese“. Dass die Verbindung zum religiösen Glauben bei James jedoch selbst angelegt ist, ergibt sich bereits aus dem Vorwort zu dem Aufsatzband *The Will to Believe*. Denn dort heißt es, dass es in den ersten *vier* Essays des Bandes im Wesentlichen darum ginge, den religiösen Glauben zu verteidigen und zu rechtfertigen („defending and the legitimacy of religious faith“[16]). Und zu diesen vier Essays gehört neben „Is Life Worth Living?“, „Reflex Action and Theism“ und „The Will to Believe“ auch „The Sentiment of Rationality“. In „The Sentiment of Rationality“ kommt der „faith“ hinsichtlich James' ethischer Position des Meliorismus zum Tragen. Im Meliorismus möchten wir deshalb mit unserem Handeln zu einer Verbesserung des Ist-Zustandes beitragen, weil wir darauf vertrauen, dass sich auf diese Weise das „Gute“ verwirklichen lässt, obschon wir uns dessen nicht gewiss sein können. Dass diese ethische Grundhaltung nahe bei der des religiösen Glaubens liegt, wurde bereits anhand von „Is Life Worth Living?“ deutlich. So überrascht es auch nicht, dass James in „Will to Believe“ auf sehr ähnliche Weise dafür argumentiert, dass der religiöse Glaube gerechtfertigt ist, auch wenn er sich nicht beweisen lässt. In späteren Texten, so wird in Kapitel 5.4.3 noch deutlich werden, verbindet James die melioristische Position mit dem religiösen Glauben, indem er den Menschen als „Mitvollstrecker“ des göttlichen Willens betrachtet.

---

[16] JAMES: [1896] 1979, 7.

In den *Varieties* wird der „faith-state“ als ein Zustand bestimmt, der im Sprachgebrauch von „The Sentiment of Rationality“ als ein Zustand zu verstehen ist, in dem wir die Welt als vollkommen rational begreifen, der sich durch ein Gefühl der Hinlänglichkeit des gegenwärtigen Augenblicks („feeling of the sufficiency of the present moment“, SoR, 58) auszeichnet. Die Darstellung einiger zentraler Gedanken von „The Sentiment of Rationality“ sollen innerhalb dieser Arbeit dazu dienen, den Ursprung des James'schen Vernunftbegriffs zu verdeutlichen und den religiösen Glauben auf dem Hintergrund der Tatsache zu sehen, dass menschliches Verhalten viel damit zu tun hat, aufgrund eines Vertrauens in die Dinge zu handeln, ohne zuvor nach Gewissheit zu verlangen. Diese Einsicht ist zum einen von zentraler Bedeutung für das Verständnis einer pragmatistischen Auffassung der Religion als einer religiösen Grundhaltung und bildet zum anderen die Voraussetzung für James' Annahme, dass sich eine vernünftige Auffassung der Realität im Ganzen, die er „view“, „Weltanschauung“ oder in den *Varieties* „over-belief“ nennt, durch das Kriterium der „intimacy“, also der Vertrautheit oder inneren Verbundenheit, auszeichnet.

3.3.1 *Die subjektiven Merkmale des Rationalitätsgefühls*

Den Ausgangspunkt von „The Sentiment of Rationality“ bildet die Behauptung, dass Philosophie aus dem Verlangen hervorgehe, die ungeordnete Welt der Erfahrung auf dem Wege der Begrifflichkeit in eine rationalere Gestalt zu bringen.

> „What is the task which philosophers set themselves to perform; and why do they philosophize at all? Almost every one will immediately reply: They desire to attein a conception of the frame of things which shall on the whole be more rational than that somewhat chaotic view which every one by nature carries about with him under his hat.“ (SoR, 57.)

Dass der Philosoph derjenige ist, der sich selbst oder andere zu mehr Klarheit in seinen begrifflichen Festlegungen anhält, um auf diese Weise die gewöhnlich eher verworrenen Ansichten über die Welt in eine rationalere Form zu bringen, ist von Sokrates bis zur analytischen Philosophie des 20. Jahrhunderts ein gängiger Topos. Ungewöhnlich ist dagegen, worin James hier das wesentliche Element von Rationalität sieht: Die Rationalität von Begriffen oder Begriffssystemen bemisst sich daran, dass sie uns die Dinge auf eine Weise präsentieren, in der sie uns in einer bestimmten Weise affizieren, nämlich indem sie in uns ein Gefühl von Rationalität hervorrufen.

> „The only answer can be that he will recognize its rationality as he recognizes everything else, by certain subjective marks with which it affects him. When he gets the marks, he may know that he has got the rationality.“ (Ebd.)

Um ein Gefühl der Rationalität hervorrufen zu können, müssen philosophische Konzeptionen bestimmte Kriterien erfüllen. Diese Kriterien unterscheiden sich danach, welche Form der Rationalität vorliegt: Kriterien, die für die theoretische Form der Rationalität wichtig sind, wie etwa Konsistenz und Kohärenz in den terminologischen Festlegungen, sind für die praktische Rationalität weniger bedeutend. Mit seiner Bestimmung von Rationalität als einem starken Gefühl des Behagens, des Friedens und der Ruhe („[a] strong feeling of ease, peace, rest, is one of them." ebd.) setzt sich James auf signifikante Weise vom Rationalismus ab und zugleich dem Vorwurf aus, einen Irrationalismus zu vertreten. Rationalität bzw. Vernunft wird von James nicht als ein System von wahren Sätzen verstanden, sondern als ein regulatives Prinzip, das die Erfahrung leitet und das in der menschlichen Natur angelegt ist.

Geistige Prozesse versteht James in diesem frühen Aufsatz in Analogie zu physiologischen Abläufen. Das verbindende Element besteht in dem Modell eines Denk- bzw. Bewegungsflusses.[17] Dieser kann entweder ungehindert fließen, oder aber er wird gehemmt oder gar blockiert. Ein ungehinderter Ablauf, so macht James am Beispiel der Atmung deutlich, ist in der Regel mit keinerlei Empfindung verbunden. Aus diesem Grund handelt es sich dabei um einen Ablauf, der zumeist unterhalb der Schwelle unserer Aufmerksamkeit bleibt. So werden wir nur dann auf unsere Atmung aufmerksam, wenn wir bewusst unsere Aufmerksamkeit auf sie lenken. Werden wir jedoch am Atmen gehindert, dann treten eine Reihe intensiver Empfindungen auf, die sofort unsere gesamte Aufmerksamkeit auf sich ziehen. Diese Fokussierung führt zugleich zu einer Bündelung all unserer Kräfte, was wiederum zur Folge hat, dass wir kein anderes Ziel mehr verfolgen, als einen Weg zu finden, wie wir wieder ungehindert atmen können. Ähnlich dürfen wir uns nun nach James das Denken vorstellen: Solange wir im Denken nicht auf Schwierigkeiten treffen, bleibt es sozusagen unauffällig. Gerät der Denkfluss aber ins Stocken, etwa dadurch, dass sich eine Frage aufdrängt, für die wir keine Antwort haben, dann schiebt sich diese Frage in das Zentrum unserer Aufmerksamkeit und drängt nach einer Lösung, während alle anderen Aktivitäten nahezu brach liegen. Somatischen wie geistigen Abläufen ist also gemeinsam, dass wir uns dann, wenn sie ungehindert fließen können, in einer Art „anæsthetic state" (SoR, 58) befinden, d. h. wir empfinden sie nicht. Wenn wir uns in diesem Moment bewusst machen, was wir empfinden, dann stellen wir jenes „Genügen am gegenwärtigen Augenblick und seiner Absolutheit" fest, welches das Gefühl der Rationalität kennzeichnet. Es handelt sich um einen Moment, den wir in seinem Sosein einfach auf sich beruhen lassen können.

> „This feeling of the sufficiency of the present moment, of its absoluteness, – this absence of all need to explain it, account for it, or justify it, – is what I call the Sentiment of Rationality." (Ebd.)

3.3.2 *Das theoretische Vermögen: Denken im Fluss*

Eine Nähe zur Auffassung des Geistes als einer Trias aus Empfindung, Denken und Handeln in „Reflex Action and Theism" zeigt sich, wenn James auch in „The Sentiment of Rationality" festhält, dass die primäre Funktion des Denkens darin bestehe,

[17] Gegenüber dem Modell des „stream of thought", das James zehn Jahre später in den *Principles* vorlegt, bewegt sich James hier noch weit mehr auf dem Gebiet der Physiologie.

die in uns einströmenden Erfahrungen zu ordnen. Die Bestimmung, nach der das theoretische Vermögen allein dazu da ist, um eine Handlung zu initiieren, die dem Wohle des Organismus dient, wird hier jedoch modifiziert: Zwar bemisst sich die Güte einer Konzeption letztlich auch hier an Maßstäben der praktischen Vernunft, der Eigenwert der theoretischen Welterfassung liegt jedoch zunächst darin, dass sie ein ungehindertes Denken ermöglicht. Und das tut sie, indem sie die vielfältige Welt der sinnlichen Erfahrung auf einheitliche Begriffe und Prinzipien zurückführt. Das Ziel theoretischen Philosophierens besteht also darin, die Welt durch Begriffe in eine rationalere Form zu bringen.

> „As soon, in short, as we are enabled from any cause whatever to think with perfect fluency, the thing we think of seems to us pro tanto rational." (SoR, 58).

Es lassen sich verschiedene Methoden unterscheiden, die alle dazu dienen, Ordnung in die mannigfaltige und verworrene Welt der Erscheinungen zu bringen. Alle Methoden zielen primär darauf ab, die Vielfalt auf wenige, ihr zugrunde liegende Prinzipien zurückzuführen. Es geht darum, die Komplexität der Erscheinungswelt zu reduzieren, indem wir etwas als einen „Fall von" identifizieren können. Auf einer elementaren Stufe vollzieht sich dies in der Anwendung von Begriffen. Die begriffliche Erfassung der Welt dient James zufolge also dazu, ein dauerhaftes Gefühl von Rationalität entstehen zu lassen.

Es gibt wiederum verschiedene Arten, durch die wir konkrete Erfahrungen auf allgemeine Prinzipien zurückführen können. Eine Maxime der theoretischen Rationalität besteht darin, Prinzipien zu finden, die zum einen möglichst viele Dinge umfassen und zum anderen möglichst einfach sind. Den übergeordneten Zweck des theoretisierenden Verfahrens sieht James in der Möglichkeit der Kontingenzbewältigung. Begriffe und Theorien werden von ihm in einem explizit nicht-metaphorischen Sinn als „arbeitser-sparende Einrichtung" („labor-saving contrivance", ebd.) bezeichnet. Im Kern geht es der theoretischen Rationalität also darum, den dramatischen Reichtum der konkreten Welt („teeming and dramatic richness of the concrete world", SoR, 62) so zu ordnen, dass sich das Eine in der Vielfalt zu erkennen gibt.

Dieser philosophischen Leidenschaft par excellence dienen auf der Ebene der Begrifflichkeit etwa die Verfahren von Klassifikation und Abstraktion. Ein komplexeres Verfahren besteht im Aufstellen von Theorien, durch die sich auf dem Wege der Erklärung in der Disparatheit der Einzelerfahrungen eine Verbindung auf der Ebene der Ursachen oder Prinzipien sichtbar machen lässt. Und letztlich geht es dabei stets darum, so James, in jedem Ding denselben alten Freund in leicht veränderter Kleidung („the same old friend with a slightly altered dress", SoR, 59) wiedererkennen zu können.

3.3.3 *Das Eine versus das Viele*

Auf den ersten Blick scheint es, als müssten diese Vorgehensweisen hervorragend geeignet sein, um ein umfassendes Gefühl von Rationalität herzustellen. Dem steht jedoch – wie schon in „Reflex Action and Theism“ deutlich wurde – ein Sinn für die Realität der Erfahrungswirklichkeit gegenüber, der es verbietet, der Erfahrungswirklichkeit den Status des Realen abzuerkennen, indem wir die begriffliche Wirklichkeit an die Stelle des Reichtums der konkreten Welt setzen.

Wenn James davon ausgeht, dass das „Leben“ seinen Anspruch gegenüber der grauen Theorie stets geltend machen wird, dann versteht er das nicht als eine Opposition der Irrationalität des Lebens gegenüber einer Herrschaft des Verstandes. James geht stets vom „ganzen Menschen“ („entire man“) und dessen Bedürfnissen aus und in diesem findet sich neben der Leidenschaft zur Vereinfachung („passion for simplification“) auch die Leidenschaft der Unterscheidung („a sister passion, which in some minds – though they perhaps form the minority – is its rival. This is the passion for distinguishing“, SoR, 59). Der ganze Mensch, der beide „Leidenschaften“ in sich vereinigt, wird stets versuchen, eine Balance zwischen grauer Theorie und der konkreten Fülle des Lebens zu finden.[18] Der Rationalismus wie der traditionelle Empirismus stellen Vereinseitigungen des einen oder des anderen Prinzips dar. Der Rationalismus verabsolutiert das Prinzip der Einheit und degradiert die Vielfalt des Konkreten zugleich zur bloßen Erscheinung. Der traditionelle Empirismus vereinseitigt dagegen das Prinzip der unterscheidenden Betrachtung, wodurch er die Welt als eine „Sandhaufen-Welt“ („empirical sand-heap world“, SoR, 61), also eine Ansammlung von verbindungslosen atomisierten Einzelteilen vorstellt. Es kann entweder eine mehr oder minder ausgeprägte Sensibilität sein, die uns zum atomistischen Sensualisten oder zu einem monistischen Rationalisten macht oder aber eine bewusste Entscheidung hinsichtlich der Frage, welchem kognitiven Vermögen man den Vorzug gibt: der Differenzierung oder Synthetisierung.

Dieses Denkmotiv wird bis in die späten Schriften James' immer wiederkehren. Wie insbesondere im Kapitel 5.1 der Arbeit eingehender dargestellt werden wird, bildet es den Ausgangspunkt von James' metaphysischem „Pluralismus“, der sich auf der einen Seite in Opposition zu einem rationalistischen Monismus begibt und sich auf der anderen Seite gegenüber dem traditionellen sensualistischen Empirismus absetzt. Das „Eine und das Viele“[19] sind in gleicher Weise als real anzusehen, denn sie sind als Resultate der beiden Denkbewegungen der Vereinheitlichung und der Unterscheidung als Operationen unseres rationalen Umgangs mit der Welt zu sehen. James betrachtet Empirismus und Rationalismus als zwei gegenläufige Tendenzen des Weltzugangs,

---

[18] James zitiert an dieser Stelle im Original auf Deutsch aus Goethes Faust: „Grau, theurer Freund, ist alle Theorie / Und grün des Lebens goldner Baum.“ (SoR, 61).

[19] Das Thema wird von James häufiger aufgegriffen. In den Vorlesungen zum Pragmatismus widmet er das vierte Kapitel dem Thema „The One and the Many“.

die sich in der einen oder anderen Weise bewährt haben und einander nicht prinzipiell ausschließen. Zu Beginn von *Pragmatism* aus dem Jahr 1907 hält James fest, dass letztlich das Temperament jedes einzelnen Menschen die unausgesprochene Voraussetzung dafür bildet, ob wir mehr zur einen oder zur anderen Richtung neigen. Einflussreiche philosophische Denker wie Platon, Locke, Hegel oder Spencer zeichnen sich insbesondere dadurch aus, dass sie von Temperaments wegen zu eifrigen Verfechtern der einen oder anderen Tradition wurden. James' Anliegen liegt nicht in der Rechtfertigung der einen oder anderen Richtung, sondern auf diese wohl wirkmächtigste, aber zumeist ungenannte Prämisse philosophischer Diskussionen hinzuweisen.

> „Yet in the forum he can make no claim, on the bare ground of his temperament, to superior discernment or authority. There arises thus a certain insincerity in our philosophic discussions: the potentest of all our premises is never mentioned." (*Prag*, 11.)

3.3.4 *Positivismus, Theismus, Agnostizismus und Mystizismus als Haltungen gegenüber der ungelösten Frage nach dem Sein im Ganzen*

Neben der Schwierigkeit der faktischen Nichtreduzierbarkeit der konkreten Wirklichkeit, durch die der Geist in seinem Bestreben nach größtmöglicher Vereinheitlichung immer nur an ein vorläufiges Ziel gelangt, weist James noch auf ein weiteres inhärentes Problem der theoretischen Rationalität hin. Gesetzt den Fall, es wäre möglich, die Vision eines einheitlichen Systems zu verwirklichen, durch das alle Erscheinungen erklärt und somit der Prozess der Rückführung auf allgemeine Prinzipien zu einem zufriedenstellenden Abschluss gebracht werden könnte, so bliebe noch immer eine entscheidende Frage offen, nämlich die, wieso überhaupt etwas ist und nicht vielmehr nichts.

Solange diese Frage nach dem Grund allen Seins nicht beantwortet ist, kann James zufolge das Gefühl von Rationalität nicht vollständig sein, da diese Frage den Geist dann letztlich doch nicht zur Ruhe kommen lässt. Gerade der Rationalismus führt durch den Gedanken der Aufhebung des Mannigfaltigen in einer Totalität geradewegs zur extremsten Form ontologischer Verwunderung („the craving for further explanation, the ontologolical wonder-sickness, arises in its extremest forms, SoR, 63), die überhaupt denkbar ist.[20]

James betrachtet fünf Ansätze, die alle als Spielarten des Versuchs zu sehen sind, sich auf zufriedenstellende Art zu der Frage nach dem Grund von Allem zu verhalten. Die Möglichkeit, das Problem auf begrifflichem Wege zu lösen, schließt James an dieser

[20] Auch an dieser Stelle kann man auf eine interessante Parallele zu Wittgenstein verweisen, der die Grenze der intellektuellen Welterfassung wie folgt bestimmt: „Der Trieb zum Mystischen kommt von der Unbefriedigtheit unserer Wünsche durch die Wissenschaft. Wir *fühlen*, daß selbst wenn alle *möglichen* wissenschaftlichen Fragen beantwortet sind, *unser Problem noch gar nicht berührt ist*. Freilich bleibt eben keine Frage mehr; und eben dies ist die Antwort." WITTGENSTEIN: *Tagebücher 1914–1916*, Eintrag vom 25.05.1915, zitiert nach DERS. 1989b, 143. Vgl. auch: DERS.: Tractatus logico-philosophicus, 6.52.

Stelle aus, indem er erklärt, dass der letzte diesbezügliche Versuch Hegels als gescheitert angesehen werden müsse. In späteren Schriften wie *Pragmatism* oder *A Pluralistic Universe* wird James die Auseinandersetzung mit Hegel und Vertretern des absoluten Idealismus dann doch führen, doch diese Auseinandersetzung wird erst im Kapitel 5.1 dieser Arbeit Gegenstand der Diskussion sein. In „The Sentiment of Rationality" nimmt James zunächst jene Positionen in den Blick, die darin übereinkommen, dass es sich bei der Frage nach dem Grund allen Seins um ein Scheinproblem handelt, da sich das Denken hier unsinnigerweise über die Grenzen des Gegebenen hinausbewege.

3.3.4.1 Aktivismus – Beschaulichkeit als Spielarten des Positivismus

Die ersten beiden Positionen, die James anführt, stellen Spielarten des Positivismus dar. Der Positivismus setzt an die Stelle der metaphysischen Frage nach dem Grund des Seins das konkret Gegebene. Daraus lässt sich eine aktivistische oder eine kontemplative Konsequenz ziehen. Der Aktivismus ruft dazu auf, das Grübeln über die Frage nach dem Sein des Seienden in seiner Absolutheit auf sich beruhen zu lassen und an deren Stelle die Tat zu setzen. James' Replik auf diese Position ist eher polemischer Natur, wenn er schlicht festhält, dass sich diese Position nur graduell von der eines Bauern unterscheide. Der Unterschied bestehe allein darin, dass der Bauer dem, was er an Gegebenem vorfindet, einen unmittelbaren Nutzen abringt. Beim Aktivisten sei diese Haltung dagegen ein Produkt der Reflexion, die jedoch vor der Frage nach dem Grund allen Seins kapituliert habe und nun das Heil in der Aktion suche. Als Vertreter der „beschaulichen" Form des Positivismus nennt James den deutschen Positivisten Eugen Karl Dühring. Dühring geht davon aus, dass wir die Wirklichkeit vollständig erkennen und in ein einheitliches System bringen können. Jene „durchgängige Systematik" ist nach Dühring dann der „letzte und höchste Gegenstand aller Vertiefung in das Wesen der Welt, und ihre Pflege der einzige Cultus, der im Denken und Wollen nach dem abgestreiften Irrthümern der Völkerphantasien übrig bleibt."[21] Der Positivismus wendet sich demnach gegen jede Form der Transzendenz und zielt konsequenterweise auch auf die Abschaffung jeder praktischen Inanspruchnahme jeglicher Vorstellungen, die über das immanente System der Wirklichkeit hinausgehen.[22]

---

[21] DÜHRING 1875, 40.

[22] Diese dezidiert antireligiöse Linie führt Dühring in seiner zudem extrem rassistischen Schrift *Der Ersatz der Religion durch Vollkommeneres und die Ausscheidung alles Judenthums durch den modernen Volksgeist* (1883) aus, die in der dritten, umgearbeiteten Auflage aus dem Jahr 1906 den Titel *Der Ersatz der Religion durch Vollkommeneres und die Abstreifung des Asiatismus* trägt.

3.3.4.2 Theismus

Als dritte Möglichkeit dem Schrecken aus dem Wege zu gehen, die die letzte Frage nach dem „Warum" auszulösen vermag („blighting breath of ultimate Why?", SoR, 64), nennt James den Theismus. Der Theismus wird an dieser Stelle als unphilosophische oder rein theologische Variante des Positivismus dargestellt. An die Stelle des Verweises auf die pure Faktizität wird hier auf ein Göttliches „Fiat" als die Instanz verwiesen, über die weiter nichts mehr gesagt werden kann.

3.3.4.3 Agnostizismus

Die agnostische Position, wie sie in der Gestalt von Lotze, Renouvier und Hodgson vertreten wird, gesteht zwar zu, dass eine ungelöste Frage im Raum steht, antwortet aber ebenfalls mit einer dogmatischen Festsetzung, nämlich der, dass keine Antwort möglich sei. Begründet wird dies aus einer empiristisch-skeptizistischen Position heraus: Wir können immer nur Erfahrung von Seiendem, aber niemals eine Erfahrung vom Seienden als Ganzem haben, so dass wir über letzteres auch nichts wissen können. Demnach können wir nur sinnvoll auf Fragen antworten, die sich auf das beziehen, von dem wir etwas wissen können und das ist das Seiende und nicht das Sein als Ganzes. Was den Agnostizismus von der erkenntniskritischen Position unterscheidet, wie sie von Kant im Rahmen der theoretischen Vernunft ausgearbeitet wird, ist, dass er sich in diesen Aussagen gerade nicht auf das Gebiet der theoretischen Vernunft beschränkt, sondern daraus eine Lebenshaltung entwickelt, die James an dieser Stelle als die der harten Analysten und „Verstandesmenschen" (im Original auf Deutsch, SoR, 64) bezeichnet. Diese versuchen weder die Kluft ihres Denkens („abruptness of the confession") zu schließen noch uns mit unserem eigenen Unvermögen zu versöhnen.

3.3.4.4 Mystik

Die erkenntnistheoretische Position der „mystischen Geister" nimmt eine Zwischenstellung zwischen einer spekulativen Position auf der einen und der agnostischen Position auf der anderen Seite ein. Wie im Agnostizismus wird auch hier behauptet, dass eine Einsicht in das Ganze des Universums auf rein rationalem Wege nicht möglich sei. Doch daraus folgt nicht, dass es sich hierbei um eine prinzipielle Unerkennbarkeit handelt. „Mystisch" meint hier diejenige Position, die die Grenzen der theoretischen Vernunft zwar anerkennt, diese aber durch andere Formen der Erkenntnis zu übersteigen versucht.

> „But mediating attempts may be made by more mystical minds. The peace of rationality may be sought through ecstasy when logic fails." (SoR, 64 f.)

An die Stelle der ontologischen Spekulation des Philosophen tritt hier eine „ontologische Emotion“, in der das „Herz“ über dem Intellekt steht, so dass letzterer entweder kaum mehr relevant ist oder auf eine andere Ebene gehoben wird.

> „Ontological emotion so fills the soul that ontological speculation can no longer overlap it and put her girdle of interrogation-marks round existence.“ (SoR, 65.)

In diesem Vermögen, die Welt in augenblicklich vollkommener Akzeptanz zu erleben, kommen nach James religiöse Personen und Dichter wie Walt Whitman überein.

> „Even the least religious of men must have felt with Walt Whitman, when loafing in the grass on some transparent summer morning, that, swiftly arose and spread around him the peace and knowledge that pass all the argument of the earth.‘“ (Ebd.)

3.3.5 *Philosophie, Poesie, Mystik*

Diese Stelle wirft nochmals ein interessantes Licht auf James’ Philosophieverständnis. Die Aufgabe der Philosophie bestehe darin, auf begrifflichem Weg zu jenem „Gefühl der Hinlänglichkeit des gegenwärtigen Augenblicks“[23] zu führen, das von Poeten und Mystikern in Momenten gesteigerter Realitätserfahrung erlebt wird.
Doch auch der Poet macht es sich zur Aufgabe, seine Erfahrung durch den sprachlichen Ausdruck wiederzugeben. Auf jene Verbindung zwischen Philosophie und Poesie macht James auch in seinem Vortrag „Philosophical Conceptions and Practical Results“ (1898)[24] aufmerksam, in dem er ein knappes Jahrzehnt nach der Veröffentlichung von „The Sentiment of Rationality“ in Kalifornien die Philosophie des Pragmatismus zum ersten Mal unter diesem Namen einem breiten Publikum präsentiert. Philosophie und Poesie unterscheiden sich demnach zwar in der Art ihres Ausdrucks, doch haben sie beide die gleiche Funktion, nämlich, wie es James an dieser Stelle metaphorisch umschreibt: Sie dienen als Pfadfinder, die im Dickicht des sprachlichen Ausdrucks, die Worte und Gedanken zu formen vermögen, die das ausdrücken, was jeder im Innersten fühlen kann.

> „Philosophers are after all like poets. They are pathfinders. What every one can feel, what every one can know in the bone and the marrow of him, they sometimes can find words for and express. The words and thoughts of the philosophers are not exactly the words and thoughts of the poets – worse luck. But both have the same function.“[25]

Im wundersamen Wald der menschlichen Erfahrung schlagen sie Schneisen, die anderen zur Orientierung dienen können. Dabei wissen die Dichter und Philosophen aber selbst am besten, wie wenig von dem, was sich in diesem Wald befindet, mithilfe ihrer „Formeln“ entdeckt werden kann. Den Weg durch den Wald muss jeder selbst

[23] Mit dieser Bestimmung lehnt sich James explizit an Walt Whitman an. „When enjoying plenary freedom either in the way of motion or of thought, we are in a sort of anæsthetic state in which we might say with Walt Whitman, if we cared to say anything about ourselves at such times, ‚I am sufficient as I am‘.“ (SoR, 58.)

[24] In: McDermott 1977, 345–362.

[25] McDermott 1977, 346 f.

gehen, doch Philosophie und Poesie dienen sozusagen als Wegweiser, durch die wir erkennen, wo wir starten, in welche Richtung wir gehen und wohin wir gelangen können.

> „They give you somewhere to go from. They give you a direction and a place to reach."[26]

Was die Ausdruckskraft und die Erlebnisintensität von Poesie und Mystik betrifft, so steht ihnen die Philosophie mit ihrer „Gelehrsamkeit" um einiges nach. Doch wie James in „The Sentiment of Rationality" bemerkt, hat die philosophisch-begriffliche Erfassung der Wirklichkeit gegenüber der Mystik den Vorzug, dass sie die flüchtige emotionale Einsicht des Mystikers festigen und ihr zur Allgemeinheit verhelfen kann. Da der mystische Weltzugang nur wenigen Menschen offensteht und auch der Mystiker immer wieder Phasen der „Trockenheit" verspürt, in denen sich die Welt allein in ihrer rohen Faktizität („brute fact", SoR, 65) zeigt, scheint es unerlässlich, sich auch an einer begrifflichen Wahrheit orientieren zu können. Andererseits wird diese Begrifflichkeit zur bloßen Gelehrsamkeit, wenn ihr das mystische Moment einer emotionalen Verbundenheit mit der Welt fehlt.[27]

Die Exklusivität der mystischen Erfahrung wäre dann überwunden, so James, wenn es gelänge, eine systematische Methode zu entwickeln, die zu einer Einsicht in Form einer „ontologischen Emotion" führt. Ein Philosoph, der nicht dieses Ziel verfolgt und dem das Gefühl der Vernünftigkeit als Richtschnur der Wahrheit vollkommen fremd ist, ist für James nichts weiter als ein gelehrter Trottel („learned fool", SoR, 65). Damit zeigt sich, dass philosophische Begrifflichkeit und das Vermögen der direkten Einsicht des Mystikers bzw. des Poeten für James aufeinander verwiesen sind.

3.3.6 *Praktische Vernunft*

Was die theoretische Vernunft auf der Ebene des Denkens beansprucht, nämlich das Denken im Fluss zu halten, beansprucht die praktische Vernunft auf der Ebene des Handelns. Der Anspruch an Begriffe und Begriffssysteme, die aus der Perspektive der praktischen Vernunft als rational einzustufen sind, zeichnen sich dadurch aus, dass sie reibungslose Handlungsabläufe garantieren. Eine Möglichkeit, diese Funktion zu erfüllen, besteht darin, dass sie uns dazu verhelfen, aus einem bestehenden Zustand A heraus, Aussagen über einen zukünftigen Zustand A′ machen zu können. Das existen-

---

[26] Ebd., 347.

[27] Auch in den *Varieties* bezeichnet James die philosophisch-theologische Begrifflichkeit als sekundär gegenüber der Ebene der Erfahrung: „I do believe that feeling is the deeper source of religion, and that philosophic and theological formulas are secondary products, like translations of a text into another tongue." (VRE, 341.) Dennoch ist die begriffliche Ausformung unverzichtbar, um Religion haben zu können „These ideas will thus be essential to that individual's religion; – which is as much as to say that over-beliefs in various directions are absolutely indispensable, and that we should treat them with tenderness and tolerance so long as they are not intolerant themselves. As I have elsewhere written, the most interesting and valuable things about a man are usually his over-beliefs." (Ebd., 405.)

tielle Bedürfnis, dem eine philosophische Konzeption auf diese Weise entgegen kommt, ist der Wunsch, Ungewissheit über das, was in der Zukunft liegt, so weit als möglich zu verbannen.

> „I therefore propose this as the first practical requisite which a philosophic conception must satisfy: *It must, in a general way at least, banish uncertainty from the future.*" (SoR, 67.)[28]

Die Vertrautheit mit den Dingen, die dem Poeten in seinem Erleben augenblicklich aufleuchtet, kann auf philosophischem Wege durch eine Vertrautheit mit den Prinzipien der Abläufe der Natur erwachsen. Diese Vertrautheit betrifft zunächst einmal eine basale Stufe: Es geht darum, dass es möglich ist, unser Verhalten an der Welt auszurichten. In einer chaotischen Welt oder einer Welt, in der ein böser Demiurg unsere Absichten stets vereitelt, wäre das nicht der Fall. Das Erfahrungswissen und die daraus entwickelten Theorien über die Beschaffenheit der Natur, lehren uns aber, dass zuverlässige Prognosen möglich sind.

Die Idee der Uniformität der Natur hat in den Naturwissenschaften die Funktion eines Postulats. Diese Forderung der praktisch-forschenden Vernunft ist dabei, so James, nicht selten emotional konnotiert, da sie eng mit einem Bedürfnis nach umfassender Sicherheit verbunden ist. Denn der Gedanke, dass sich die Gesetze der Natur wandeln können, verunsichert uns, da uns das in unserem technischen Umgang mit der Natur ins Chaos stürzen würde.

James stellt an dieser Stelle die Hypothese auf, dass der Grund dafür, dass wir nach einer Vertrautheit mit der Welt streben, evolutionär bedingt ist. Auch bei Tieren könne man beobachten, dass sie durch ungewohnte Ereignisse irritiert seien und sich in einer vertrauten Umgebung offenkundig wohler fühlen. Nach James geht die Irritation mit einem Gefühl von Furcht und Faszination einher, durch die der Organismus so disponiert wird, alle Aufmerksamkeit auf die Frage zu verwenden, ob von diesem Ereignis eine Gefahr ausgeht oder ob es ihm einen Nutzen bringen könnte. Wenn dieser Vorgang abgeschlossen ist, stellt sich wieder ein Gefühl der Vertrautheit ein. Die Gefühle von Vertrautheit und Irritation dienen demnach der Ausbildung von Verhaltensgewohnheiten, die es ermöglichen, sich auch an veränderte Umweltbedingungen anzupassen.

---

[28] Hier zeigt sich, dass der Bezug auf das Handeln nicht mit einer Abwertung der Erkenntnisdimension einhergeht. Denn um von einer Struktur der Erwartung sprechen zu können, die sich erfüllen oder die enttäuscht werden kann, muss man eine handlungsleitende Idee voraussetzen. Nach Pape teilen die „beiden klassischen Pragmatisten" Peirce und James die Ansicht, dass „der Prozess der Erkenntnisgewinnung systematisch Priorität vor anderen Erfahrungsweisen hat." PAPE 2002, 354. Vgl. auch: „We must for this know definitely *what* we have to change, and thus theoretic truth must at all times come before practical application." James, William: Interview in [The] New York Times [1907], zitiert nach: MCDERMOTT 1977, 448 f.

3.3.7 *Optimismus – Pessimismus*

Die praktische Vernunft erschöpft sich aber nicht in dieser operativ-technischen Form, die zu tragfähigen Prognosen führt und der Ausbildung von Verhaltensgewohnheiten dient. Unser Verhalten zielt nicht nur darauf ab, in Übereinstimmung mit den Abläufen in unserer Umwelt zu handeln, sondern auch darauf, in ihr das zu verwirklichen, was unserem Wohl dient. Unsere Grundhaltung und unsere Grundorientierung im Verhalten hängt von daher entscheidend davon ab, ob wir meinen, dass uns das Streben nach dem Guten glücken wird oder ob uns dies prinzipiell versagt bleibt. Denn als Pessimisten werden wir versuchen, uns mit dem Scheitern zu arrangieren, als Optimisten dagegen hoffnungsfroh die Dinge in Angriff nehmen.

Die Gegenüberstellung Optimismus und Pessimismus, die damit aufgegriffen wird, gehört zu den zentralen Topoi in James' Denken. Dabei nimmt er sowohl die psychologische Bedeutung dieses Begriffspaares auf, nach der es die „gegensätzlichen Grenzwerte eines vor allem im Denken liegende[n] psychologischen oder vitalen Befindens bezeichnet"[29] als auch die metaphysische Frage, die sich im Zuge des neunzehnten Jahrhunderts von diesem Begriffspaar zu lösen begann. Die Verbindung gelingt James, indem er diese Termini zur Kennzeichnung von zwei Arten des psychischen Befindens verwendet, die aus unterschiedlichen metaphysischen Konzeptionen hervorgehen. Wie später anhand der Gegenüberstellung einer „Religion of Healthy-Mindedness" und einer Religion der „Sick Soul" in den *Varieties* noch deutlicher werden wird, geht James einerseits davon aus, dass Menschen eine unterschiedliche Begabung haben, Glück zu empfinden. Zum anderen wird die Grundstimmung, mit der jemand durchs Leben geht, jedoch auch entscheidend durch die Form seiner Weltanschauung bestimmt. Eine philosophische Weltanschauung, der wir voll zustimmen können, muss Grund zur Annahme geben, dass das „gute Prinzip" in der Welt mehr Kraft besitzt als das „schlechte". Als vollständig rational und damit allgemein akzeptabel kann für James nur eine philosophische Weltanschauung sein, die Grund für eine optimistische Grundhaltung liefert.

> „For a philosophy to succeed on a universal scale it must define the future *congruously with our spontaneous powers*." (SoR, 70.)

Eine Philosophie, die ein metaphysisches Prinzip festsetzt, in dem es immer einen Gegenspieler in der Welt oder in uns selbst gibt, der unsere guten Absichten im Letzten vereitelt – James nennt an dieser Stelle Schopenhauers „incurably vicious Will-substance" und Hartmanns „wicked jack-full-of-all-trades the Unconscious" (ebd.) –, kann uns faszinieren, doch die ernsthafte Annahme einer solchen Realität wäre kaum auszuhalten. Wie James in „Is Life Worth Living?" ausgeführt hat, lähmen solche „,metaphysischen Monster" auf Dauer entweder unsere gesamte Motivation oder aber wir begehren emotional gegen sie auf. In diesem Aufbegehren kann ein erster Schritt

[29] Vgl. [Red.] 1984, 1240.

liegen, sich mit dem Problem des Übels auf existentielle Weise zu konfrontieren und diesem gegenüber eine angemessene Grundhaltung zu entwickeln.
Im „Materialismus" sieht James eine philosophische Weltanschauung, in der sogar die Möglichkeit versperrt ist, uns als Heroen eines aussichtslosen Kampfes zu sehen. Diese für die Moderne charakteristische Erfahrung tiefster Verzweiflung angesichts völliger Leere und Sinnlosigkeit bringt James auf die prägnante Formel:

> „Better face the enemy than the eternal Void!" (SoR, 71.)

Die Position, für die James optiert, ist aber weder ein verklärter Optimismus noch die Haltung des Helden in einer absurden Welt. Um die Welt als vollkommen vernünftig zu empfinden, genügt die Aussicht, dass wir in unserem Streben nach dem Guten in dieser Welt nicht völlig ins Leere laufen.
Die Frage der Theodizee, in der die metaphysische Diskussion um den Optimismus, wie sie insbesondere im achtzehnten Jahrhundert geführt wurde, ihren Ursprung hat, wandelt sich bei James zur Frage, ob es sinnvoll ist, gut zu handeln, wenn nicht sicher ist, dass es einen Gott gibt. James' eigene Position des Meliorismus, nach der es entschieden auf das Handeln jedes einzelnen Menschen ankommt, ob wir in einer guten oder einer schlechten Welt leben, und auf die ich gleich noch näher eingehen werde, sucht ihren letzten Anhalt in einem suprahumanen Willen, der mit unserem Willen, das Gute zu verwirklichen, konform geht. Hier zeigt sich eine interessante geistesgeschichtliche Problemverschiebung, die sich begriffsgeschichtlich widerspiegelt: An die Stelle der metaphysisch-religiösen Bedeutung von „Optimismus", die insbesondere in der Folge der Auseinandersetzung mit Leibniz' Behandlung der Theodizeefrage dem Begriff seine Bestimmung gab, ist heute die individualpsychologische Bedeutung getreten. Dies hängt insbesondere damit zusammen, dass sie nicht mehr unabhängig davon gestellt wird, welche Rolle und Verantwortung jeder Einzelne sowie die Menschheit als Ganze trägt.
Dies hat Konsequenzen für das religiöse Selbstverständnis: Ein recht verstandener religiöser Glaube fragt nicht mehr nach einer Gewähr dafür, dass Gott am Ende alles richten wird, sondern danach, ob wir in der Überzeugung gerechtfertigt sind, dass wir auf der richtigen Seite stehen, wenn wir Gutes bewirken und so unseren Beitrag zu einer besseren Welt liefern. Es handelt sich dabei um eine subjektive Gewissheit, die James in diesem Text als „faith" bestimmt. Bevor dieser Begriff nun näher bestimmt wird, soll noch ein Blick auf die enge Verbindung geworfen werden, die James zwischen einem materialistischen Weltbild und dem Pessimismus knüpft.

3.3.8 *Materialismus und Pessimismus*

Unter „Materialismus" versteht James eine philosophische Position, nach der unsere subjektiven Antriebe für das allgemeine Weltgeschehen völlig ohne Bedeutung sind. Indem der Materialismus alle subjektiven Empfindungen zu reinen Nebenprodukten eines Kausalnexus erklärt, der unabhängig von diesen beschrieben und erklärt werden kann, zerfällt unsere Erfahrung in rein subjektive Zustände des Wünschens, Beabsichtigens, etc. auf der einen Seite und eine emotional indifferente, kausal determinierte Welt auf der anderen. Das widerspricht unserer ursprünglichen Intuition, dass die Dinge, die wir uns wünschen, in irgendeiner Weise auch objektiv wünschenswert sind oder die, die wir als schön empfinden, tatsächlich schön sind. Denn in gleicher Weise, wie wir die Gegenstände unserer sinnlichen Wahrnehmung als Ursache dieser Wahrnehmung begreifen, betrachten wir auch die Dinge, die in uns emotionale Empfindungen hervorrufen als deren reale Ursache.

> „Now what is called ‚extradition‘[30] is quite as characteristic of our emotions as of our senses: both point to an object as the cause of the present feeling. What an intensely objective reference lies in fear!“ (SoR, 71.)

Die Aussage des Materialismus, dass unsere emotionalen Empfindungen rein subjektiv seien und nichts mit der Qualität der Dinge selbst zu tun haben, bleibt nicht ohne Folgen für eine gewisse grundlegende Stimmung gegenüber der Welt im Ganzen. Wenn wir uns die Wirklichkeit so vorstellen, wie sie unter Abzug aller subjektiven Empfindungen beschaffen wäre, dann orientieren wir uns auch an dieser Form der Realität, in der Unterscheidungen von gut und schlecht oder zwischen schön und abstoßend keine Realität besitzen. Was würde wohl geschehen, so stellt James seinen Lesern gedanklich vor Augen, wenn jemand, der in ekstatischer Stimmung alles in der Welt als Quelle des Glücks erfährt, sich sagt, dass dies alles nichts sei als bloße Materie? – Sicher nichts anderes, als dass sich diese Gefühle schlagartig verflüchtigen und die Welt in Bedeutungslosigkeit versinkt.

Jede Philosophie, die erklärt, dass unsere Empfindungen keine Gültigkeit in der Frage besitzen, wie die Dinge wirklich sind, ruft ein Gefühl der Irrealität und Gleichgültigkeit hervor.

> „Any philosophy which annihilates the validity of the reference by explaining away its objects or translating them into terms of no emotional pertinency, leaves the mind with little to care or act for.“ (Ebd.)

Eine solche Position, wenn man sie tatsächlich zur Grundlage des eigenen Selbstverständnisses als einer handelnden Person macht (oder überhaupt machen kann), ist alles andere als zufriedenstellend, denn sie evoziert ein Gefühl einer namenlosen „*unheimlichkeit*“ (im Original auf Deutsch, ebd.). Ebenso wie wir postulieren, dass eine Welt, in der wir uns als Wissende begreifen, auch erkennbar ist, fordern wir auch, dass eine Welt, in der wir uns als Handelnde begreifen, sinnvolles Handeln zulässt, sowie dass unsere Emotionen etwas über die reale Beschaffenheit der Dinge aussagen.

> „We demand in it [the universe] a character for which our emotions and active propensities shall be a match“. (Ebd.)

---

[30] Der Begriff stammt ursprünglich aus der Psychologie der Wahrnehmung: „The process of localizing a sensation at a distance from the centre of sensation.“ *The Oxford Dictionary*, vol. 5 1989², 612.

Eine philosophische Weltanschauung, der wir auch auf der Ebene der Empfindungen zustimmen können, dürfte diese nicht zu bloßen inneren Befindlichkeiten erklären, die keinen Anhalt in der Welt haben.

Der Anspruch an eine Philosophie, die wir als „vernünftig" bezeichnen könnten, besteht demnach darin, dass sie dem Menschen als denkenden, handelnden und empfindenden Wesen gerecht wird. Sie müsste die Welt in ihrer Totalität in einer Weise darstellen, dass wir Grund zur Annahme haben, dass wir sie erkennen können, dass unsere Handlungen mit unseren Intentionen übereinstimmen (können) und es angemessen ist, ihr gegenüber eine Haltung der Hoffnung, der Bewunderung, des Ernstes oder dergleichen auszubilden. Oder um es kurz mit den Worten James' zu sagen: Die Botschaft jeder Philosophie, die in wirksamer Weise bei den Menschen Anklang findet, müsste lauten:

> „The inmost nature of the reality is congenial to *powers* which you possess." (SoR, 73.)

Demnach sieht James im Materialismus keine vernünftige Option für die Sicht des Ganzen. In seinem Buch *A Pluralistic Universe*, in dem James dreißig Jahre später diese Thematik wieder aufgreift, wird er aus diesem Grund gar nicht mehr diskutiert, sondern scheidet als Kandidat für eine vernünftige Metaphysik direkt aus.

An die Stelle des „Sentiment of Rationality" tritt in diesem späteren Text das Kriterium der „intimacy". Aufgrund dessen, dass der Materialismus das Psychische als etwas vollkommen Fremdes („a soil of outside passenger or alien") ansieht, ist er einem idealistischen Denken („spiritual way of thinking"), das postuliert, dass das Innere und Menschliche die rohe physische Wirklichkeit umschließen muss („the intimate and human must surround and underlie the brutal", PU, 16), diametral entgegengesetzt. Nur eine humane Form der Realität kann die „intimacy of view" erreichen, die für James später zu dem Merkmal einer überlegenen Form der Weltanschauung wird. Dieses Kriterium, das einer „Realität mit menschlichem Antlitz"[31] den Vorzug gibt, wird in „The Sentiment of Rationality" grundgelegt. Es erfährt in den späteren Schriften jedoch dahingehend eine Erweiterung, dass die Entsprechung zwischen menschlicher Natur und Realität nur dann vollständig gegeben ist, wenn die Annahme einer Realität höherer personaler Natur vorliegt. Auf diesen Gedanken sowie das Kriterium der „intimacy" werde ich im Verlauf der Arbeit noch mehrfach zu sprechen kommen.

3.4 „Faith"

Ein zentraler Unterschied zwischen der philosophischen und der christlichen Auffassung des Menschen, so James, liegt darin, dass die christliche Religion von jeher dem Glauben („faith") eine Beachtung schenkte, wohingegen die Philosophie in ihrem

[31] Hilary Putman, dessen Position des internen Realismus man mit dieser Wendung in Verbindung bringt, nimmt in dem Band *Realism with a Human Face* affirmativ Bezug auf James' Realitätsbegriff. Vgl. PUTNAM 1990, 236–241.

Anspruch, ihre Systeme auf absoluter Gewissheit zu gründen, den Glauben an den Rand gedrängt hat.

> „Now there is one element of our active nature which the Christian religion has emphatically recognized, but which philosophers as a rule have with great insincerity tried to huddle out of sight in their pretension to found systems of absolute certainty. I mean the element of faith." (SoR, 76.)

Obschon James in diesem Text den Terminus „faith" damit zwar unter ausdrücklichem Verweis auf den christlichen Glauben einführt, thematisiert er dieses Moment unserer „tätigen Natur" hier in einem allgemeineren Sinn. Es geht um die Frage, ob es gerechtfertigt ist, sich auf Überzeugungen zu stützen, die nicht gewiss sind.

Als „faith" wird von James allgemein das Festhalten an einer Überzeugung bestimmt, an der aus theoretischer Perspektive noch Zweifel möglich sind. Ob wir von etwas überzeugt sind, zeigt sich daran, dass wir bereit sind, diese Überzeugung zur Grundlage einer Handlung zu machen. „Faith" kann damit näher als die Bereitschaft bestimmt werden, zu handeln, wenn wir auf einen guten Ausgang vertrauen, obschon der Erfolg im Voraus nicht gesichert ist. Der „faith" ist als eine gut funktionierende Hypothese („working hypothesis", SoR, 79) anzusehen. Ohne solche hypothetischen Annahmen kommen wir weder im Handeln noch im Denken aus.

> „Faith means belief in something concerning which doubt is still theoretically possible; and as the test of belief is willingness to act, one may say that faith is the readiness to act in a cause of prosperous issue of which is not certified to us in advance." (SoR, 76.)

Auch wenn es sich demnach um eine ganz wesentliche Funktion des menschlichen Geistes handelt, an Überzeugungen festzuhalten, die nicht gesichert sind, und auf der Grundlage von Erwartungen, Wünschen und Hoffnungen zu handeln, die enttäuscht werden können, so wird ein solches Verhalten vonseiten der rationalistischen Philosophie oder auch der Wissenschaft mitunter als alogisch und verdammenswert („illogical and shameful") gebrandmarkt.[32] Das rührt James zufolge daher, dass es die Vertreter einer solchen Position versäumen, auf ihre eigenen Grundlagen zu reflektieren und in der Folge verurteilen, wovon sie selbst Gebrauch machen.

James setzt hier mit einer Form der Kritik am Szientismus ein, die auch im Zentrum der Rechtfertigung des religiösen Glaubens in „Will to Believe" steht. Auch die Wissenschaft, so James, geht von Annahmen aus, die nicht zu beweisen sind. Es geht James nicht darum, solche Postulate, wie etwa die Annahme der Gleichförmigkeit der Natur, als illegitim zu brandmarken, sondern zu zeigen, dass mit zweierlei Maß gemessen wird, wenn man auf dem Gebiet der Religion von einem „unmoralischen"

[32] Als einen herausragenden Vertreter einer solchen Position der „modern *Aufklärung*" (im Original auf deutsch, SoR, 77) nennt James neben anderen in „The Sentiment of Rationality" wie auch in „The Will to Believe" den britischen Philosophen und Mathematiker William Kingdon Clifford, dessen Essay „The Ethics of Belief" mit dem Satz endet: „It is wrong in all cases to believe on insufficient evidence; and where it is presumption to doubt and to investigate, there it is worse than presumption to believe." CLIFFORD [1877] 1999, 96.

Dogmatismus spricht und auf dem der Wissenschaft von Objektivität. Postulate erwachsen stets aus einem Interesse, sei es ein theoretisches oder ein emotionales.

> „Faith in religious dogma for which there is no outward proof, but which we are tempted to postulate for our emotional interests, just as we postulate the uniformity of nature for our intellectual interests, is branded by Professor Huxley as ‚the lowest depth of immorality'." (SoR, 77.)

3.4.1 *„Faith" als Verbindung zwischen Wissenschaft und religiösem Glauben*

Auf dem Wege einer wissenschaftstheoretischen Reflexion verweist James darauf, dass in dem Moment des Glaubens im Sinne eines Vertrauens auf eine hypothetische Annahme ein verbindendes Element zwischen Wissenschaft und religiösem Glauben vorliegt. Statt zwei vollkommen von einander unterschiedene Arten der Erkenntnis – Glauben und Wissen – und damit verbunden zwei unterschiedliche Arten von Gewissheit zu veranschlagen, wie es bei Vertretern des Fideismus sowie des Rationalismus in gleicher Weise geschieht, schlägt James vor, von dem Anspruch einer letzten Gewissheit auf beiden Seiten abzusehen, das Vermögen des Glaubens als gemeinsames grundlegendes Element anzuerkennen und das Verhältnis von Wissenschaft und religiösem Glauben neu zu überdenken.[33]

Nachdem James im Haupttext von „The Sentiment of Rationality" zunächst auf diese Weise Glauben und Wissenschaft in eine enge Verbindung gebracht hat, macht er in einer Fußnote jedoch auch auf einen entscheidenden Unterschied zwischen dem Prozess der Forschung und dem religiösen Glauben aufmerksam. Während die Wissenschaft in einem überindividuellen Prozess fortschreitet, hat der religiöse Glaube seinen Platz im existentiellen Vollzug eines Individuums. Der Fortschritt in der Wissenschaft führt *„in the long run"* (SoR, 79, Fn. 2) zu einem Zuwachs an gesicherten Aussagen, indem hier die Maxime befolgt wird, so lange nichts für wahr zu halten, als es nicht als verifiziert gelten kann. Dieser permanente skeptische Vorbehalt kann jedoch nicht auf den existentiellen Vollzug appliziert werden, da es im Leben nicht primär darum geht, keine Irrtümer zu begehen. In den entscheidenden Fragen

[33] Einen ganz ähnlichen Gedanken findet man bei Charles S. Peirce in dem Text „The Marriage of Science and Religion". Auch nach Peirce ist es an der Zeit, den Gedanken, dass Wissenschaft und Glauben einander ausschließen, aufzugeben. Wer aufgrund religiöser Erfahrungen zutiefst bewegt ist, so heißt es in „The Marriage of Science and Religion", wird das, was die Wissenschaft an Wahrheit zutage fördert, annehmen können, da es stets nur den Ausdruck, aber niemals den Kern seines religiösen Glaubens betrifft: „The day has come, however, when the man whom religious experience most devoutly moves can recognize the state of the case. While adhering to the essence of religion, and so far as possible to the church, which is all but essential, say, penessential, to it, he will cast aside that religious timidity that is forever prompting the church to recoil from the paths into which the Governor of history is leading the minds of men, a cowardice that has stood through the ages as the landmark and limit of her little faith, and will gladly go forward, sure that truth is not split into two warring doctrines, and that any change that knowledge can work in his faith can only affect its expression, but not the deep mystery expressed." PEIRCE [1893] 1935, § 6.432.

des Lebens steht man immer vor Entscheidungen, die James in „The Will to Believe" als „living options" bezeichnet. In diesen Fällen riskiert man immer etwas, egal ob man zweifelt, glaubt oder ablehnt.

> „[…] it is now or never with him [the individual man], for the long run which exists indeed for humanity, is not there for him. Let him doubt, believe, or deny, he runs his risk, and has the natural right to choose which one it shall be." (Ebd.)

Für James liegt das entscheidende Merkmal eines Glaubens, der in der modernen Welt angekommen ist, darin dass er sich von dem Anspruch „päpstlicher Gewissheit" verabschiedet. Es gibt keine hinreichenden Gründe oder unerschütterlichen Beweise für die Existenz Gottes, für die Unsterblichkeit, den freien Willen oder den absoluten Anspruch der Moral. Es liegt allein an uns, daran zu glauben oder zu zweifeln. Der moderne Gläubige unterscheidet sich vom Skeptiker darin, dass er innerlich davon überzeugt ist, dass es besser ist, an die Wahrheit all dessen zu glauben als nicht.

> „Now in such questions as God, immortality, absolute morality, and free-will, no non-papal believer at the present day pretends his faith to be of an essentially different complexion; he can always doubt his creed. But his intimate persuasion is that the odds in its favor are strong enough to warrant him in acting all along on the assumption of its truth." (SoR, 79.)

3.4.2 *Die grundlegende Frage im Leben: Ethischer Essentialismus oder ethischer Subjektivismus?*

Der „faith" kommt in all jenen Handlungen zum Tragen, die aus dem Vertrauen darauf hervorgehen, dass durch dieses Handeln ein kostbares Gut erreicht wird, das auf andere Weise notwendig verloren ginge. Die Frage, ob ein solches Vertrauen berechtigt ist, lässt sich nur rückwirkend beurteilen, denn ob eine Handlung glückt, lässt sich erst vom Resultat her beurteilen. Wir haben es hier mit jenen Fällen zu tun, die für die Argumentation in „The Will to Believe" wichtig werden, in denen der Glaube seine eigene Verifikation herbeiführt (*„faith creates its own verification*", SoR, 80).[34] Durch den „faith" können mögliche, gewünschte oder erhoffte Zustände Realität werden; ohne ihn bleiben alle ideellen Güter unsichtbar und wirkungslos. Aus diesem Grund wäre es einfach eine „ziemliche Eselei" („trebly asinine", SoR, 81), so James, die eigenen Wünsche, Hoffnungen und Erwartungen nicht als gute Gründe für das eigene Handeln zu begreifen und darauf zu vertrauen, dass sie erfüllt werden. Nehmen wir etwa an, so James, ein Bergsteiger käme in die missliche Lage, sich nur mit einem gewagten Sprung über einen Felsspalt aus einer ansonsten ausweglosen Situation retten zu können. Und er weiß in dem Moment nicht, ob er diesen Sprung schaffen kann. Doch niemand würde bestreiten, dass die größte Chance für den Bergsteiger darin besteht, fest daran zu glauben, dass sein Wunsch, sich auf diese Weise zu retten,

---

[34] Vgl. dazu WB, 28 f.: „His faith acts on the powers above him as a claim, and creates its own verification."

Wirklichkeit wird. An dieser Stelle bestimmt James den Glauben im Sinne von „faith" auch als „method of belief based on desire" (ebd.).

In den weiteren Ausführungen zur Rolle des „faith" im menschlichen Leben wird deutlich, dass dieser Begriff in enger Beziehung zu jener existentiellen Kraft steht, die James in den von mir in Kapitel 2 besprochenen Schriften den „strenuous mood" nannte. Dies wird insbesondere an der Stelle deutlich, an der James den moralischen Essentialismus dem moralischen Relativismus gegenüberstellt. Die Bedeutung der Frage, ob das Universum selbst moralisch verfasst sei oder nicht, kann man in James' Denken dabei kaum zu hoch ansetzen: Für ihn handelt es sich um die grundlegende Frage des Lebens überhaupt.

> „Let us now turn to the radical question of life – the question whether this is to be at bottom a moral or an unmoral universe – and see whether the method of faith may legitimately have a place there." (SoR, 84.)

Diese herausragende Bedeutung ergibt sich auf dem Hintergrund der bisherigen Ausführungen von selbst. Es handelt sich auch hier nicht um eine Frage, die nach einer theoretischen Antwort verlangt, sondern die sich in der ethischen Grundhaltung eines Menschen äußert. Derjenige, der annimmt, dass die Welt in sich moralisch verfasst sei („absolutist moralist"), wird sich in einer Reihe von Fällen anders verhalten als der, der nach einer subjektivistischen Ethik („subjective sort of moralism") lebt. Während der „ethische Subjektivist" das utilitaristische Prinzip einer Maximierung von Lustempfinden mittels Vermeidung von Unlust verfolgt, verfolgt der „ethische Absolutist" in seinem Streben ein höheres Ziel. Letzterer nimmt Unlust in Kauf, wenn dies der Aufrechterhaltung oder Beförderung einer in sich bestehenden Ordnung dient und beweist auf diese Weise einen Glauben an den Wert dieser Ordnung. Der „ethische Subjektivist", den James hier auch als „Epikureer" bezeichnet, zielt in seinem Verhalten auf einen Zustand der *„anæsthesia"* ab und stützt sich dabei auf die Überzeugung, dass das, was der ethische Absolutist in seiner Ernsthaftigkeit und mit seiner moralischen Kraft (*„moral energy"*) hervorbringt, letztlich nichts anderes sei als der oberflächliche Glanz einer Welt, die alles in allem äußerst bedeutungslos ist („superficial glaze upon a world of fundamentally trivial import", SoR, 87.).

Wer von beiden im Recht ist, kann man erst sagen, wenn der letzte Mensch sich für eine der beiden Haltungen entschieden hat. Solange es noch Anhänger einer absoluten Wertehierarchie gibt, so James, besteht diese auch, da sie im Verhalten des ethischen Absolutisten wirksam bleibt. Als falsch wird sich seine Annahme erst dann erweisen, wenn der letzte Mensch entschieden hat, dem Hedonismus zu folgen.[35] Was auf diese Weise verloren geht, sind nicht nur die „Werte", sondern eine ganze Lebensform, die,

[35] Diese Vision erinnert stark an Friedrich Nietzsches „letzten Menschen" in der fünften Vorrede von *Also sprach Zarathustra*: „Man hat sein Lüstchen für den Tag und sein Lüstchen für die Nacht: aber man ehrt die Gesundheit. ‚Wir haben das Glück erfunden' – sagen die letzten Menschen und blinzeln." NIETZSCHE [1883], hier zitiert nach der Ausgabe 1999, 20. Zum „Ausbleiben einer wechselseitigen Rezeption" zwischen Nietzsche und James, vgl. HINGST 1997, 4–12.

so wurde bereits deutlich, für James diejenige ist, die dem Menschen in seinem Bestreben nach Unbedingtheit am meisten entspricht. In diesem Streben geht es dem Menschen um nichts Geringeres als den je eigenen individuellen Beitrag zur Welt. Und je nach Qualität dieses Beitrages wird die Welt eine andere sein, so dass es richtig ist zu behaupten, dass es einen objektiven Unterschied in der Welt macht, wie sich der Einzelne entscheidet. Dabei hat der Einzelne es nicht selbst in der Hand, welche Auffassung sich am Ende als die überlegene zeigt. Der ethische Absolutist setzt auf die Mitwirkung der Anderen, ohne wissen zu können, wie sich diese entscheiden werden. Genau das ist der Punkt, an dem der „faith“ zum Tragen kommt.

> „Rather should we expect, that, in a question of this scope, the experience of the entire human race must make the verification, and that all the evidence will not be ‚in‘ till the final integration of things, when the last man has had his say and contributed his share to the still unfinished x.“ (SoR, 87.)

„Strenuous mood“ und „faith“ sind nicht identisch, aber sie konvergieren in der Frage, ob wir unser Leben auf ein unbedingtes höchstes Gut richten oder nicht. Wenn es für das Zustandekommen des höchsten Gutes unerlässlich ist, dass wir auch dazu beitragen, besteht die ethische Forderung, diesen Beitrag auch zu leisten. Während der „strenuous mood“ sozusagen die Durchhaltekraft liefert, eine solche Haltung auch dann zu bewahren, wenn es schwierig wird, steuert der „faith“ die moralische Energie bei, um nicht die Hoffnung zu verlieren.

Erscheint der „strenuous mood“ mitunter noch als eine rohe, indifferente Kraft, so beinhaltet der „faith“ bereits eine feste Überzeugung, die im Falle der Ethik lautet, dass diese Welt gut ist, wenn wir sie zu einer guten machen. Das bedeutet aber umgekehrt auch, dass die Welt nicht gut sein kann, wenn wir uns unmoralisch verhalten. Damit folgt aus dem Wunsch, das höchste Gut zu erreichen, notwendig auch ein unbedingtes Sollen.

> „But the highest good can be achieved only by our getting our proper life; and that can come about only by help of a moral energy born of the faith that in some way or other we shall succeed in getting it if we try pertinaciously enough. This world *is* good, we must say, since it is what we make it, – and we shall make it good.“ (SoR, 84.)

3.4.3 *Meliorismus*

Das Handeln auf der Grundlage des „faith“ ist somit in diesem Fall der rationalistischen Forderung nach Gewissheit rational überlegen. Eine Philosophie, die beanspruchen kann, menschlicher Rationalität in einem umfassenden Sinn gerecht zu werden, muss demnach dem Recht zu Glauben einen Platz einräumen.

Nach James' Auffassung von Philosophie als einer umfassend rationalen Form der Weltanschauung gibt diese uns nicht nur eine Vorstellung davon, wie die Welt ist, sondern auch, wie sie sein soll. Ein Grundzug der James'schen Philosophie besteht in der Überzeugung, dass diese Welt noch nicht fertig ist, sondern auf den Beitrag „x“ eines jeden zu einer offenen Wirklichkeit „M“ wartet. Da es niemals vollkommen sicher ist, ob die Welt „*M* + *x*"[36], die wir durch unseren Beitrag „x" herbeiführen wollen, tatsächlich verwirklicht wird, enthält ein solches Handeln immer auch ein Moment des Wagnisses, zumal die Kenntnis über „M" niemals vollständig ist.

Die Auffassung, nach der es entschieden vom Beitrag jedes Einzelnen abhängt, wie unsere Welt beschaffen ist, und es somit auch möglich ist, die Dinge zum Besseren zu lenken, ist kennzeichnend für James' Position des Meliorismus, den er in den Vorlesungen zum Pragmatismus weiter ausführt.[37] Er wird dort als der Mittelweg zwischen einem Pessimismus, der eine Errettung der Welt als unmöglich ansieht, und einem Optimismus, der eine solche Errettung mit Gewissheit annimmt, bestimmt.

> „Nevertheless there are unhappy men who think the salvation of the world impossible. Theirs is the doctrine known as pessimism. Optimism in turn would be the doctrine that thinks the world's salvation inevitable. Midway between the two there stands what may be called the doctrine of meliorism, tho it has hitherto figured less as a doctrine than as an attitude in human affairs." (Prag, 137.)

Der Meliorismus beruht zum einen auf der Überzeugung, dass die Welt so beschaffen ist, dass die Möglichkeit besteht, sie stetig zu verbessern. Darin widerspricht sie dem Pessimismus, der diese Möglichkeit dogmatisch ausschließt. Zudem stützt sich eine melioristische Haltung darauf, dass bereits viele Ansätze zu einer solchen Besserung bestehen, sei es in realisierter Form oder als ideale Vorstellung. Es bestehen *tatsächliche* Möglichkeiten („*live* possibilities", Prag, 137), die nur auf eine einzige Weise realisiert werden können, nämlich indem unser konkretes Handeln (*„our act*", Prag, 138) die Lücke zwischen Möglichkeit und Wirklichkeit schließt. Der Meliorismus widerspricht einem Optimismus, für den sich diese Lücke auch ohne unser Zutun schließt, indem er festhält, dass die Möglichkeit der „Errettung" der Welt verloren geht, wenn niemand etwas dazu beiträgt. Diese Aussage, die aus einer humanistischen Sicht als eine Banalität erscheinen mag, richtet sich vor allem gegen eine pseudoreligiöse Haltung, die in gnadenlosem Gottvertrauen in Passivität versinkt. Konsequenterweise kann James dann auch Gott nicht als denjenigen begreifen, der die Welt erlöst, wenn die Menschheit es versäumt hat. Nach der Bestimmung in *Pragmatism* ist Gott allenfalls als ein Helfer,[38] als der Erste unter Gleichen („one helper, *primus inter pares*", Prag, 143) zu betrachten. Das bedeutet aber nicht, dass dem Glauben an einen solchen, in seiner Macht begrenzten Gott keine Bedeutung zukäme. Wie dieser endliche Gott bei James genauer konzipiert ist, wird später anhand von *A Pluralistic Universe* in den Abschnitten 5.3 und 5.4 dieser Arbeit dargestellt.

James' Standpunkt, dass die Überzeugung der Realität Gottes im Sinne einer höheren Kraft, die wir zwar erfahren, aber nur vage begreifen können, eine rein ethisch-

---

[36] Diese Formel stammt von James, vgl. SoR, 86.

[37] Eine gute Darstellung dieser Position findet sich in SCHUBERT 2003, 73–75.

[38] Auch in der Bibel wird Gott insbesondere in den Psalmen häufig als Helfer apostrophiert (vgl. u. a.: Ps. 10,14; 40,18; 63, 8; 70,16). Aber auch im Neuen Testament findet sich diese Ansprache im Hebräerbrief 1,6: „Der Herr ist mein Helfer, ich fürchte mich nicht. Was können Menschen mir antun?"

humanistische Philosophie ergänzt, den er in den eben aufgegriffenen Passagen am Ende von *Pragmatism* formuliert, wird auch am Schluss von „The Sentiment of Rationality“ bereits angedeutet. Eine Philosophie, die allgemein als rational anerkannt werden kann, muss James zufolge immer auch ein wenig überschwänglich sein und mehr behaupten, als sie es vielleicht redlicher Weise tun kann. Sie muss bis zu einem gewissen Grad eine inhaltliche Metaphysik bieten, so möchte ich James an dieser Stelle verstehen, die formuliert, worauf wir hoffen können und wofür wir unsere Kräfte sinnvoll einsetzen können und sollen. Das kritische Moment einer solchen Philosophie liegt darin, deutlich zu machen, in welchen Fällen dem Glauben Platz eingeräumt werden kann und soll.

> „The ultimate philosophy, we may therefore conclude, must not be too strait-laced in form, must not in all its parts divide heresy from orthodoxy by too sharp line. There must be left over and above the propositions to be subscribed *ubique, semper, et ab omnibus*, another realm into which the stifled soul may escape and from pedantic scruples and indulge its own faith at its own risks; and all that can here be done will be to mark out distinctly the questions which fall within faith's sphere.“ (SoR, 89.)

3.5 Die impulsive Natur: Wille in den *Principles*

Die „Logik des Glaubens“, wie sie in der Darstellung des „faith“ in „The Sentiment of Rationality“ zum Ausdruck kommt, führt unmittelbar zur Rechtfertigung des Glaubens, wie sie in „The Will to Believe“ argumentativ durchgeführt wird. Im Unterschied zu „The Sentiment of Rationality“ widmet sich James in „The Will to Believe“ nicht mehr dem Glauben („faith“) im Allgemeinen, sondern speziell dem religiösen Glauben („religious faith“). In diesem Zusammenhang spricht er wiederholt davon, dass die Annahme religiöser Überzeugungen auf der willentlichen Natur („volitional nature“) basiere. Um deutlich machen zu können, dass dies der Rede von der Vernünftigkeit des Theismus, von der bislang die Rede war, keinesfalls widerstreitet, möchte ich nun zunächst unter Rückgriff auf die Darstellung des Willens in den *Principles* zeigen, welchen Platz James dem Willen im Prozess der Überzeugungsbildung einräumt.

Die folgenden Ausführungen über den Willen dienen zudem der weiteren Klärung von James' Begriff der Realität. Der Wille, so wurde in der Reflextheorie des Geistes deutlich, hat nicht nur eine Auswirkung auf die Art, wie wir handeln, sondern auch darauf, wie wir die Wirklichkeit sehen. Die Frage, ob dem religiösen Glauben etwas in der Realität entspricht und sein Gegenstand damit als wahr anzusehen ist, kann von daher im Sinne James' nur adäquat beantwortet werden, wenn man beachtet, welch enger Zusammenhang zwischen Wille und Realität besteht.

3.5.1 *Der Wille*

Bei der Einführung des Terminus des „Willens“ in den *Principles* wird zunächst auf eine wissenschaftlich präzise Definition verzichtet. Stattdessen geht James von einem alltäglichen Verständnis aus. Unter dem Phänomen des Willens, mit dem wir alle vertraut sind, verstehen wir in der Regel einen mentalen Zustand („mental state"), der wie das Wünschen („wish") ein Begehren („desire") kennzeichnet. Wunsch und Wille lassen sich hinsichtlich der subjektiven Einschätzung darüber unterscheiden, ob wir das, worauf unser Begehren gerichtet ist, auch erlangen können. Wenn wir sagen, dass wir etwas wollen, dann haben wir das Gefühl, dass es sich im Unterschied zu einem unerfüllbaren Wunsch um etwas handelt, das sich auch realisieren lässt, sei es unmittelbar oder in mehreren Schritten.

> „If with the desire there goes a sense that attainment is not possible, we simply *wish*; but if we believe that the end is in our power, we *will* that the desired feeling, having, or doing shall be real; and real it presently becomes, either immediately upon the willing or after certain preliminaries have been fulfilled." (PP, 1098.)

Etwas, was sich unmittelbar verwirklichen lässt, sind zum Beispiel Bewegungsabläufe. Der mentale Zustand, nach etwas greifen zu wollen, ist im Grunde nur im Rückblick von dem Akt des Greifens selbst zu unterscheiden. Anders als automatisch ablaufende Bewegungen, wie etwa der Herzschlag, können diese Handlungen jedoch modifiziert werden. Greifen kleine Kinder noch nach allem, was sie anfassen wollen, so lernen sie mit der Zeit, was sie nicht anfassen dürfen oder wann sie zuerst fragen müssen, bevor sie etwas in die Hand nehmen. Etwas zu sehen, das wir zu einem bestimmten Zweck in die Hand nehmen wollen, und danach zu greifen, bildet beim Erwachsenen in der Regel einen ununterbrochenen Handlungsablauf, in dem das Moment des Wollens erst in der Reflexion zu Bewusstsein kommt. Auch bei komplexeren geistigen Vorgängen ist der Wille nichts, was noch zusätzlich zum Erkennen einer Situation und dem Ausführen einer bestimmten Handlung hinzukäme. Dass wir willentliche Handlungen als etwas Spezielles ansehen, rührt daher, dass wir diese auf die Fälle einschränken, in denen der Handlung eine bewusste Entscheidung – ein „fiat" wie James schreibt – vorausgeht. James fasst den Terminus des Willens jedoch erheblich weiter. Willentliche Handlungen nennt James bereits solche, in denen die Vorstellung eines Handlungszieles genügt, damit eine Handlung erfolgt. Diese Form des Handelns wird als „ideo-motorisch" bezeichnet.

3.5.2 *Primäre und sekundäre Funktionen des Organismus*

Willentliche Handlungen sind entsprechend der terminologischen Festlegung von James dadurch bestimmt, dass sie durch die Vorstellung eines Handlungszieles geleitet sind. Sie sind jedoch nicht notwendig mit einer expliziten Entscheidung verbunden. Über die Abhängigkeit von einer Vorstellung werden die willentlichen Handlungen gegenüber den Reflexhandlungen im engeren Sinn abgegrenzt. Reflexhandlungen sowie auch Instinkthandlungen und emotionale Reaktionen werden in den *Principles* als „primäre Funktionen unseres Organismus" von den willentlichen Handlungen abgesetzt, die entsprechend als sekundäre Reaktionen bezeichnet werden. Als primär gelten die zuerst genannten Handlungen deshalb, weil sie die Voraussetzung für den Erwerb der sekundären Funktionen bilden.[39]

> „It follows from this that *voluntary movements must be secondary, not primary functions of our organism*. This is the first point to understand in the psychology of Volition. Reflex, instinctive, and emotional movements are all primary performances." (PP, 1099.)

Sekundäre Bewegungsabläufe werden erlernt, indem wir mithilfe bestimmter Bewegungsvorstellungen die primären Handlungen modifizieren und einüben. Sind sie einmal zur Gewohnheit geworden, dann bedarf es keiner expliziten Bewegungsvorstellungen mehr. Die Aufmerksamkeit, die zunächst notwendig war, um eine Handlung korrekt auszuführen, kann sich dann auf Ziele richten, die sich durch diese Handlung verwirklichen lässt. Sobald etwa ein Kind das Laufen erlernt hat, richtet es seine Aufmerksamkeit nicht mehr auf den Bewegungsablauf, sondern auf die Orte und Dinge, zu denen es nun hinlaufen möchte. In der Regel kümmern wir uns wenig um unsere Bewegungsabläufe selbst. Wichtig ist allein, dass sie ihren Zweck erfüllen, indem wir das erlangen, worauf sich unser Interesse richtet.

> „What interest us are the ends which the movement is to attain." (PP, 1127.)

In diesem Stadium sind die willentlichen Akte äußerlich nicht mehr von den primären Funktionen zu unterscheiden. Was sie unterscheidet, ist allein die prinzipielle Möglichkeit, die Reaktion zu modifizieren.

3.5.3 *Der Wille als „fiat" einer Entscheidung zwischen widerstreitenden Optionen*

Eine bewusste Entscheidung spielt nur in einer geringen Zahl der willentlichen Handlungen eine Rolle, nämlich dann, wenn mehrere konkurrierende Optionen vorliegen. Solange wir keine Entscheidung gefällt, also noch keiner der Optionen das „fiat" erteilt haben, befinden wir uns in einem Zustand innerer Unruhe. Dieses Gefühl der Unruhe erklärt James anhand eines energetischen Modells des Bewusstseins, das der „Reflextheorie des Geistes" sehr nahe kommt. Aufgrund seiner „impulsiven Natur" ist das Bewusstsein immer bestrebt, einen Abschluss in einer Handlung zu finden. Konkurrieren zwei Optionen, dann kommt es zu einer Blockade der motorischen Entladung („motor discharge"), was wir als jenes spezifische Gefühl innerer Unruhe wahrnehmen, das man Unentschlossenheit nennt („that peculiar feeling of inward unrest known as *indecision*", PP, 1136). Jeder Zustand der Unentschlossenheit drängt demnach nach einer Entscheidung. Diejenigen Vorstellungen, durch die die Entscheidung herbeigeführt wird, nennen wir Gründe oder Motive („*reasons* or *motives*", ebd.).

[39] Dies zeigt bereits, dass der religiöse Glaube stets mit Vorstellungen verbunden ist und er damit keine „reine Instinktreaktion" darstellt, sondern ein „willentlicher" Bewusstseinsakt, der jedoch stets eine primäre „Reaktion" voraussetzt.

Die Unterscheidung zwischen verschiedenen Typen der Entscheidung, die an dieser Stelle von James vorgenommen wird, soll dazu verhelfen, die Art der Entscheidung, die in „The Will to Believe“ als Glaubensakt bestimmt wird, näher zu charakterisieren. Ein rein vernünftiger Typus („reasonable type“) der Entscheidungsfindung liegt dann vor, wenn wir verschiedene Optionen in einem Prozess der Überlegung gegeneinander abwägen und dabei zu der Überzeugung gelangen, dass eine der Optionen eindeutig die beste sei. Es kann aber sein, dass dieser Abwägungsprozess nicht zu einem klaren Ergebnis führt, so dass der Handlungsimpuls weiterhin nicht zur Ausführung gelangt. Es gibt verschiedene Möglichkeiten, wie es in diesen Fällen dennoch zu einer Entscheidung kommt. Zum einen kann es passieren, dass ein weiterer Faktor äußerer oder innerer Natur auftritt, der den Ausschlag dafür gibt, die eine oder die andere zur Verfügung stehende Option zu verwirklichen. Charakteristisch für diesen Typus ist, dass es plötzlich zu einem Durchbruch kommt, der mit starken Affekten verbunden ist. Diese dammbruchartigen Momente, die besonders bei Menschen mit einer hohen Impulsivität und einem überaus aktiven Temperament („ebullient activity“, PP, 1140) zum Vorschein kommen, können James zufolge „Heldenhaftes“ hervorbringen, aber auch in die Katastrophe führen.

Ein anderer Ausweg aus dem argumentativen Patt herauszukommen, besteht in einer Neubewertung der widerstreitenden Optionen. Der Umbruch ereignet sich hier auf der Ebene der Wertehierarchie im Sinne eines umfassenden Wandels der Grundhaltung („mood“) gegenüber dem Leben. Von dieser Art des inneren Umbruchs war bereits im ersten Kapitel (2.3.2) die Rede, nämlich in dem Fall eines Wandels von einer Haltung, in der eine Person das Leben als locker und leicht („easy and careless“) betrachtet zu einer Haltung der Vernunft und Ernsthaftigkeit („sober and strenuous mood“). In den *Varieties* greift James auf dieses Modell zurück, um den Grundzug religiöser Erfahrung zu beschreiben.[40] So mag es nicht überraschen, dass bereits die Termini, die James in den *Principles* verwendet, z. T. eine religiöse Konnotation aufweisen: So ist die Rede von einem „Herzenswandel“ („change of heart“), von einer „Erweckung des Gewissens“ („awakenings of conscience“) sowie von einem qualitativen Sprung auf ein anderes Niveau („level“, PP 1140 f.).

Ein weiterer Typus der Entscheidung ist dadurch charakterisiert, dass mit ihr das Gefühl einhergeht, diese willentlich herbeigeführt zu haben. Dieser Willensakt im engeren Sinn wird von James als ein mentales Phänomen eigener Art betrachtet, das auf der subjektiven Seite dadurch gekennzeichnet ist, dass es mit einem Gefühl der Anstrengung („feeling of effort“)[41] verbunden ist. Ein solcher Willensakt kommt nur in intellektuellen Entscheidungsprozessen zum Tragen und zwar auch mitunter dann, wenn auf einem argumentativen Weg bereits eine Entscheidung gefällt wurde, doch

---

[40] Vgl. insbesondere den Beginn des Kapitels „Saintliness“ , VRE, 211–216.

[41] Die Ausführungen der *Principles* zu diesem Punkt gehen auf den Aufsatz „The Feeling of Effort“ aus dem Jahr 1880 zurück. Vgl. JAMES 1983, 83–124.

dieses Motiv zu schwach ist, um eine entsprechende Handlung in Gang zu setzen. Letzteres ist James zufolge insbesondere dann der Fall, wenn der Wille auf einen Gegenstand von hoher begrifflicher Abstraktion („highly abstract conceptions") gerichtet ist. Denn im Unterschied zu Gegenständen, die an instinktive Verhaltensweisen appellieren und in uns direkt Gefühle der Lust und Unlust auslösen, weisen abstrakte Vorstellungen eine gewisse Trägheit auf, so dass es einer zusätzlichen willentlichen Anstrengung bedarf.

> „Compared with these various objects, all far-off considerations, all highly-abstract conceptions, unaccustomed reasons, and motives foreign to the instinctive history of the race, have little or no impulsive power." (PP, 1143.)

Um abstrakten Vorstellungen zu folgen, ist insbesondere dann eine besondere Anstrengung notwendig, wenn diese mit Motiven konkurrieren, die instinktiv verankert sind. Nach James unterscheiden sich die Menschen nicht so sehr in der Bereitschaft, den höheren Vorstellungen folgen zu wollen, als vielmehr in dem Vermögen, ihre niederen Impulse überwinden zu können. Oftmals besitzen die idealen Vorstellungen gerade für jene Menschen eine besondere Bedeutung, die immer wieder damit konfrontiert sind, dass sie daran scheitern, jene niederen Motive zu überwinden und alte Gewohnheiten aufzubrechen.

> „No class of them have better sentiments or feel more constantly the difference between the higher and the lower path in life than the hopeless failures, the sentimentalists, the drunkards, the schemers, the ‚dead-beats,' whose life is one long contradiction between knowledge and action, and who, with full command of theory, never get to holding their limp characters erect." (PP, 1153.)

Unabhängig von der Fähigkeit, dem Weg, den wir einschlagen wollen, tatsächlich auch zu folgen, haben wir das Gefühl, dass die idealen Vorstellungen unser Handeln bestimmen *sollten*. Auf diese Weise lässt sich das Argument entkräften, das vonseiten der Gegner des „freien Willens" erhoben wird, wonach unsere Rede von einer willentlich ausgeführten Handlung nichts anderes sei als eine nachträgliche Etikettierung dessen, was wir sowieso aufgrund unserer Determiniertheit getan hätten. Denn wenn die Be-streiter des freien Willens im Recht wären, würde derjenige, der in seinem Handeln durch einen niederen Beweggrund bestimmt wurde, nachträglich behaupten, dass dies auch sein Wille war. Das Phänomen eines inneren Zwiespaltes dürfte es auf der Grundlage dieses Modells überhaupt nicht geben. Normalerweise reden wir aber nur dann von einer willentlichen Anstrengung, wenn ein solcher Widerstreit vorliegt. Wir fühlen die Begrenztheit unserer Willensstärke, wenn es uns nicht gelingt, das, was wir eigentlich tun wollen, auch zu tun. Wir haben in diesem Fall nicht etwa das Gefühl, unseren Idealen widerstanden zu haben, sondern dem einfacheren Weg gefolgt zu sein. Auch das Gefühl des Gelingens, das sich einstellt, wenn wir diejenige Handlungsweise verwirklichen, die wir auch gutheißen, weist auf eine natürliche

Neigung hin, unsere „idealen" Vorstellungen verwirklichen zu wollen. Die Parallele dieser Ausführungen zum „strenuous mood" liegt dabei auf der Hand.[42]

3.5.4 *Die meta-psychologische Dimension des freien Willens in den „Principles" und dem „Briefer Course"*

Für James stellt diese Beobachtung keinen Beweis für die Existenz eines „freien Willens" dar, sondern eine phänomenologische Basis für diese Annahme. Wenn man jedoch bereits die Realität dieser Phänomene bestreitet, kann die Frage, ob es einen freien Willen gibt, nicht sinnvoll gestellt werden. Relevant für die Frage nach dem freien Willen sind für James nur die Fälle einer willentlichen Handlung, die eine Willensanstrengung erfordern, und dieses Phänomen lässt sich nur erfassen, wenn wir die mentalen Vorstellungen und Wünsche der betreffenden Person mit berücksichtigen.[43] Die Mehrzahl unserer Entscheidungen, so hält James fest, ist jedoch nicht mit einer willentlichen Anstrengung verbunden. Zu der Auffassung, dass im Grunde jede Handlung auf einem Willensakt basieren müsse, gelangt man nur, wenn man das Bewusstsein als ein passives Organ versteht, das der Sammlung von Sinneseindrücken dient. Wenn man jedoch wie James die Auffassung vertritt, dass geistigen Zuständen per se ein Impuls zum Handeln innewohnt, dann stellt der Wille kein besonderes oder gar rätselhaftes Phänomen dar.

Die Frage, ob es einen freien Willen gibt, die James als „extrem einfach" („extremely simple")[44] bezeichnet, ist für ihn nicht mit Hilfe der Psychologie zu lösen. Dass die Frage einfach sei, meint aber nicht, dass sie sich leicht beantworten ließe, sondern dass die Antwort allein in einem simplen „ja" oder „nein" bestehen kann. Kompliziert wird die Frage oftmals dadurch, dass nicht klar ist, wonach eigentlich gefragt wird, da es eine ganze Reihe unterschiedlicher Ansichten darüber gibt, was unter einem freien Willen zu verstehen ist. Ein erster Schritt der Klärung besteht also darin, falsche Auffassungen aus dem Weg zu räumen und das Phänomen klar zu fassen.

James zufolge, so wurde bereits dargestellt, besteht ein Willensakt in der Entscheidung für eine Handlungsoption in dem Fall, in dem konfligierende Handlungsalternativen im Raum stehen und wir entscheiden müssen, um handeln zu können und wieder zur inneren Ruhe zu gelangen. Zu einer solchen Entscheidung kommen wir auf die oben genannten Weisen. Ein phänomenologischer Hinweis auf die Existenz des

---

[42] Vgl. „Not the saint, but the sinner that repenteth, is he to whom the full length and breadth, and height and depth, of life's meaning is revealed. Not the absence of vice, but vice there, and virtue holding her by the throat, seems the ideal human state." JAMES [1884]: The Dilemma of Determinism, in: DERS. 1896 [1979], 130 f.

[43] Das „Libet-Experiment" wäre demnach für James kein Beispiel, anhand dessen diese Frage diskutiert werden könnte, da es sich hier um eine ideo-motorische Handlung handelt, für die es deshalb keiner Willensanstrengung bedarf, da der Entscheidung, den eigenen Arm zu heben, nichts entgegensteht und damit keine bewusste Entscheidung (kein „fiat") erforderlich ist.

[44] JAMES [1892] 1984, 391. Es handelt sich dabei um eine überarbeitete und gekürzte Version der *Principles*, die als „undergraduate textbook version" erschienen ist. Vgl. BURKHARDT 1984, v.

freien Willens liegt dabei in dem Gefühl, dass unsere Entscheidung auf einer willentlichen Anstrengung beruht. Ein Bestreiter der Annahme des freien Willens würde dem entgegenhalten, dass ein solches Gefühl trügen kann und es sich in Wahrheit um eine determinierte Entscheidung handelt. Doch auch wenn es möglich wäre, diese Anstrengung zu messen, wäre die Frage nach der Existenz eines freien Willens noch nicht beantwortet. Denn entscheidend für das Vorliegen einer freien Willensentscheidung ist nicht die Frage, ob eine Anstrengung vorliegt, sondern ob diese Anstrengung Ursache für die Entscheidung und die aus ihr hervorgehenden Handlungen ist. Der Determinist könnte nämlich sagen, dass die Anstrengung den determinierten Prozess der Entscheidung nur begleitet, ohne aber den Ausgang zu beeinflussen. Die entscheidende Frage lautet von daher: Macht es einen Unterschied, ob wir eine Entscheidung willentlich herbeiführen oder handeln wir stets auf vorbestimmte Weise, unabhängig davon, ob wir eine Anstrengung verspüren oder nicht? Oder technischer ausgedrückt: Ist die Willensanstrengung als eine unabhängige Variable anzusehen?

> „[...] the only questions being, is the effort where it exists a fixed function of the *object*, which the latter imposes on the thought? or is it such an independent ‚variable' that with a constant object more or less of it may be made?" (PP, 1175.)

Doch diese Frage lässt sich nicht mehr auf der Ebene der Psychologie erweisen. Zu dieser Feststellung kommt James sowohl in den *Principles* als auch im *Briefer Course*, doch die Begründung, die er anführt, ist jeweils ein andere. In den *Principles* sieht James das Problem darin, dass es nicht möglich ist, die Antezedentien einer Entscheidung so zu bestimmen, dass sich aus ihnen eindeutig eine bestimmte Entscheidung prognostizieren ließe. Dass die tatsächliche Entscheidung von der prognostizierten abweicht, lässt sich damit immer sowohl mit der Annahme des freien Willens als auch der Annahme einer vernachlässigten Voraussetzung erklären.

Im *Briefer Course* konstatiert James dagegen kein methodisches Defizit, sondern die prinzipielle Schwierigkeit in der begrifflichen Bestimmung des freien Willens. Entscheidungen des freien Willens werden als individuelle, d. h. singuläre Ereignisse angesehen. Die Psychologie beschäftigt sich aber qua Wissenschaft nur mit den allgemeinen Gesetzen des Wollens. Wenn Entscheidungen also als individuelle Ereignisse angesehen werden, sind sie nicht Gegenstand der Wissenschaft; werden sie von der Wissenschaft auf allgemeine Gesetzmäßigkeiten zurückgeführt, dann kann es sich nicht um individuelle Willensentscheidungen handeln. Die Frage, ob es Entscheidungen dieser Art gibt, kann nicht auf der Ebene der Wissenschaft entschieden werden, da diese aus methodischen Gründen zumindest eine prinzipielle Erklärbarkeit unterstellt. Aus diesem Postulat heraus die Existenz des freien Willens als notwendig anzunehmendes Faktum in Abrede zu stellen, stellt für James eine Kompetenzüberschreitung dar.[45]

---

[45] JAMES [1892] 1984, 390–392.

In den *Principles* legt sich James zwar nicht darauf fest, dass Entscheidungen singuläre Ereignisse seien, aber auch hier hält er fest, dass die Frage, ob die Willensanstrengung nicht vollständig durch deren Objekte determiniert sei, nicht mehr in den Bereich der Wissenschaft fällt („science simply *stops*", PP, 1179). James verweist in einem der ersten Standardwerke der modernen Psychologie damit zugleich auch auf die Grenzen dieser Disziplin, indem er festhält, dass die Wissenschaft beständig daran erinnert werden muss, dass ihre Zweckvorstellungen nicht die einzigen sind, die für den Menschen relevant sind. Insofern die Annahme einer durchgängigen Kausalkette hier einen Nutzen bringt, ist es gerechtfertigt, von diesem Postulat auszugehen. James möchte dieses methodische Vorgehen jedoch in eine „weitere Ordnung" eingebunden sehen, in der dieses Postulat keinerlei Berechtigung hat.

> „[...] the order of uniform causation which she has use for, and is therefore right in postulating, may be enveloped in a wider order, on which she has no claims at all." (PP, 1179.)

Dass der Existenz des freien Willens aus der Sicht der Wissenschaft keine Bedeutung zukommt, da er kein möglicher Gegenstand ist, bedeutet also nicht, dass dieser Frage nicht aus einer anderen Perspektive, eine entscheidende Bedeutung zukommen kann. Eine Perspektive, aus der die Annahme der Existenz des freien Willens von Bedeutung ist, ist die der Moral. James fügt in den *Principles* einige Abschnitte darüber an, wie für die Existenz des freien Willens argumentiert werden kann. Diese ist aus dem Grund auch für das Thema dieser Arbeit von Interesse, weil James dabei auf die enge Parallele zwischen der Argumentation zugunsten der Rechtfertigung eines Festhaltens an der Existenz des freien Willens und der Entscheidung für den religiösen Glauben verweist.

3.5.5 *Skizze einer Rechtfertigung der Annahme des freien Willens und des religiösen Glaubens in den „Principles"*

Die logische Struktur dieser Argumentation kehrt in einer Reihe von philosophischen Abhandlungen, wie etwa in „The Will to Believe", „The Dilemma of Determinism" oder „The Moral Philosopher and the Moral World" wieder.

Zunächst macht James darauf aufmerksam, dass sich Wissenschaft und Ethik durch die Postulate unterscheiden, die jeweils für sie leitend sind. Der Determinismus der Wissenschaft geht aus dem Postulat hervor, dass es in der Welt keine Brüche gibt („one unbroken fact", PP, 1177) und sich jedes Ereignis prinzipiell aus seinen Antezedentien herleiten lässt. Aus der Perspektive der Moral wäre dieses Postulat ein Desaster. Ihre Forderung, dass das, was sein soll, auch möglich sein muss, erfordert die Annahme, dass der Fatalismus der Welt prinzipiell durchbrochen werden kann.

> „It is a moral postulate about the Universe, the postulate that what ought to be can be, and that bad acts cannot be fated, but that good ones must be possible in their place [...]." (Ebd.)

Beide Postulate haben ihre rationale Berechtigung auf dem je eigenen Gebiet. Einen objektiven Beweis dafür, welche der beiden widerstreitenden Positionen die richtige ist, scheint es nicht zu geben. Wenn die Frage damit unentschieden ist, spricht nichts dagegen, die eine oder andere Position zu entscheiden. Die Entscheidung für die Annahme des freien Willens kann dann als erster Akt der Existenz des freien Willens angesehen werden.[46] Und er ist zunächst einmal gerechtfertigt, weil es zum einen keine prima facie Gründe gegen diese Annahme gibt. Wenn wir uns als moralische Wesen verstehen wollen, ist er darüber hinaus rational gerechtfertigt, da Moral nur unter dieser Prämisse möglich ist.

> „But when scientific and moral postulates war thus with each other and objective proof is not to be had, the only course is voluntary choice, for scepticism itself, if systematic, is also voluntary choice. If, meanwhile, the will *be* undetermined, it would seem only fitting that the belief in its indetermination should be voluntarily chosen from amongst other possible beliefs. Freedom's first deed should be to affirm itself." (Ebd.)

In Bezug auf den freien Willen greift wieder jene Logik des „faith", die anhand von „The Sentiment of Rationality" beschrieben wurde. Einen freien Willen gibt es nur dann, wenn es jemanden gibt, der von ihm Gebrauch macht. Wäre es richtig, dass es keinen freien Willen gibt, dann könnten auch unser Wunsch und unsere Überzeugung, dass es ihn gibt, nichts an dem Fatalismus der Welt ändern. Eine Antwort auf die Frage, ob es einen freien Willen gibt, kann damit nur durch eine willentliche Annahme erlangt werden, so dass es nur folgerichtig ist, alles auf die Realität des freien Willens zu setzen, wenn wir möchten, dass es ihn gibt.

> „But the deepest question that is ever asked admits of no reply but the dumb turning of the will and tightening of our heart-strings as we say, ‚*Yes, I will even have it so!*'." (PP, 1181.)

Es handelt sich also nicht um eine theoretische, sondern um eine genuin praktische Frage, die die Haltung betrifft, mit der wir den Dingen begegnen. Von den Ausführungen an dieser Stelle der *Principles* lässt sich eine Verbindung zur Bestimmung des „strenuous mood" im ersten Kapitel ziehen. Nur, wer mit der Realität des freien Willens rechnet und dementsprechend handelt, wird jene „heroische Haltung" des „strenuous mood" annehmen, durch die menschliches Handeln in der Welt wirksam werden kann.

> „To it [the heroic mind], too, the objects are sinister and dreadful, unwelcome, incompatible with wished-for things. But it can face them if necessary, without for that losing its hold upon the rest of life." (PP, 1181 f.)

Von der existentiellen Dimension der Ethik ist es für James nur ein kurzer Weg zu einem existentiellen Verständnis der Religion. Religion und Ethik sind für ihn nicht im Sinne einer Konvergenz religiöser Inhalte, etwa in deren moralphilosophischer

[46] Die existentielle Bedeutung dieser Überzeugung für James wird anhand eines frühen Tagebucheintrags deutlich. In einer krisenhaften Stimmung fasst James aufgrund der Lektüre der Definition von Charles Renouvier folgenden Entschluss: „My first act of free will shall be to believe in free will." Tagebucheintrag vom 30. April, 1870, zitiert nach: McDermott 1977, 7.

oder metaphysischer Deutung, sondern auf der Ebene des moralischen und religiösen Lebens nah verwandt. James begreift das religiöse Leben in den *Principles* als eine Art Spitzenform des „heroischen Impetus" eines moralischen Absolutisten.[47]

> „Our religious life lies more, our practical life lies less, that it used to, on the perilous edge." (Ebd.)

Das gemeinsame Element von Moral und Religion besteht darin, dass beide Male ein Gut auf dem Spiel steht, das nur erlangt werden kann, wenn wir unseren Beitrag dazu leisten. Wenn wir es also tatsächlich wollen, dann müssen wir auch entsprechend handeln. Das bedeutet, dass wir stets bemüht sein müssen, den Anforderungen einer moralischen oder einer religiösen Lebensweise gerecht zu werden. James hält fest, dass unser sittliches Verhalten wie unsere Religion davon abhängen, in welchem Maße es uns gelingt, diesen Anforderungen zu entsprechen. Nur eine solche Form von Religiosität hat es verdient, als wohl überlegt („deliberate") angesehen zu werden. Das moralische wie das religiöse Leben ist als Antwort auf die bohrende Frage unseres Gewissens anzusehen, ob wir das Gute tun bzw. dem Willen Gottes entsprechen wollen oder nicht. Die Antwort besteht in der Bereitschaft, uns zu ihr zustimmend oder ablehnend zu verhalten.

> „We answer by *consents or non-consents* and not by words." (PP, 1182.)

Die entscheidende Form der Zustimmung, der „consent", liegt dabei James zufolge nicht mehr auf der Ebene eines bewussten Willensaktes, sondern wird als eine willentliche Zustimmung bestimmt, die aus der Tiefe unseres Selbst hervorgeht. Wie zuvor in „Reflex Action and Theism" kommt James auch in den *Principles* auf jene Ebene des Bewusstseins zu sprechen, aus der die „stummen Antworten" kommen, die als tiefste Form der Kommunikation mit dem Wesen der Dinge („deepest organs of communication with the nature of things", ebd.) angesehen werden kann.[48] Auch in den *Principles* bestimmt James damit Religion als Art zustimmende Antwort, bei der es nicht darum geht, dass sie sprachlich artikuliert wird, sondern darum, wie wir uns verhalten.

3.6 Der Wille im Prozess der Überzeugungsbildung

3.6.1 *Wille als „attend" und „consent"*

Ein zentraler Begriff an dieser Stelle war der der Zustimmung („consent"). Dieser lässt sich anhand der Ausführungen zur Willensanstrengung in den *Principles* noch etwas genauer bestimmen, so dass ich auf diese Passagen nochmals zurückkommen möchte. Eine Willensanstrengung, so wurde bereits deutlich, darf natürlich nicht mit

---

[47] In den *Varieties* ist es nicht mehr nur die Unerschütterlichkeit der Propheten, sondern auch die Sanftheit, Einfachheit und Unbeschwertheit der „Heiligen", die James als Idealtypus des religiösen Lebens anführt.

[48] Vgl. oben, S. 41 und S. 60.

der Muskelanstrengung verwechselt werden, die benötigt wird, um eine Handlung auszuführen. Eine willentliche Anstrengung ist dann erforderlich, wenn der Wille auf ein „schwieriges Objekt" („difficult object") gerichtet ist. Darunter ist eine ideale Vorstellung zu verstehen, deren Umsetzung in Konflikt zu anderen Willensstrebungen steht. Nur wenn es gelingt, der idealen Vorstellung dauerhaft den Vorrang gegenüber den konkurrierenden Vorstellungen, die ebenfalls an unsere willentlichen Neigungen appellieren, einzuräumen, kann diese handlungsbestimmend werden. Der Willensakt zielt genau auf jenen Zustand, in dem das „schwierige Objekt" voll und ganz unser Bewusstsein bestimmt. Wenn dies erreicht ist, dann erfolgen die entsprechenden Handlungsweisen auf der Basis eines rein physiologischen Geschehens von allein. Im Grunde handelt es sich um das gleiche Phänomen wie das einer ideomotorischen Bewegung.

> „The essential achievement of the will, in short, when it is most ‚voluntary,' is to ATTEND to a difficult object and hold it fast before the mind. The so-doing is the fiat; and it is a mere physiological incident that when the object is thus attended to, immediate motor consequences should ensue." (PP, 1166.)

Dahin gelangen wir, indem wir uns zunächst bemühen, alle Aufmerksamkeit auf das „schwierige Objekt" zu richten. Diese forcierte Bündelung der Aufmerksamkeit betrachtet James als das wesentliche Merkmal des Willens („*[e]ffort of attention is thus the essential phenomenon of will*", ebd.). Doch diese ist nicht Selbstzweck, sondern hat zum Ziel, so James weiter, dass eine Vorstellung sowie der Gegenstand, der in der Vorstellung repräsentiert ist, unsere Zustimmung („consent") gewinnt. Dies geschieht, indem wir beginnen, immer mehr Assoziationen zu dieser aufzubauen, so dass sie nach und nach ganz im Zentrum unseres Bewusstseins steht und auf diese Weise konkurrierende Optionen an den Rand drängt. Eine Vorstellung, die unser Bewusstsein voll und ganz ausfüllt, ist uns so gegenwärtig, dass sich das Gefühl der Zustimmung („feeling of consent") letztlich unwillkürlich einstellt. Die Zustimmung meint nichts anderes als voll und ganz von einer Vorstellung und dem, was wir mit ihr verbinden, in Beschlag genommen zu sein.

> „Such filling of the mind by an idea, with its congruous associates, *is* consent to the idea and to the fact which the idea represents." (PP, 1169.)

Auf diese Art der Zustimmung zu einer Vorstellung zielt jede Willensanstrengung. Es handelt sich um ein eigenständiges Phänomen, das aus der Perspektive der ersten Person als eine subjektive Erfahrung eigener Art („subjective experience *sui generis*", PP, 1172) wahrgenommen wird. Durch die Zustimmung zum Objekt des Willens wird dieses nicht nur handlungsbestimmend, sondern es gewinnt dadurch auch für uns an Realität. Darin liegt der entscheidende Unterschied zur reinen Fokussierung der Aufmerksamkeit. Zwar setzt der „consent" eine Fokussierung der Aufmerksamkeit voraus, aber nicht jedes Objekt, das wir zum Gegenstand unserer Aufmerksamkeit machen, gewinnt für uns in diesem Sinne an Realität und hat die Kraft, uns in unserem Handeln zu bestimmen.

3.6.2 *„Consent" und „belief"*

Im Zusammenhang mit der Bestimmung des „faith" im vierten Abschnitt dieses Kapitels wurde bereits deutlich, dass James auch den Begriff der Überzeugung („belief") zum einen über den subjektiven Zustand der Überzeugtheit von der Realität einer Vorstellung sowie die Bereitschaft aufgrund dieser Überzeugung zu handeln, bestimmt. Damit besteht offensichtlich eine enge Verbindung zwischen der Bestimmung des „consent" im Kontext des Willensaktes und einer Überzeugung. Auf diese begriffliche Konvergenz weist James selbst ausdrücklich hin (PP, 1172). Sowohl im Moment der „Zustimmung" als auch in der Überzeugung kommt es zu einer eigentümlichen Verbindung zwischen der Vorstellung und unserem Selbst, die dazu führt, dass wir von der Realität dieser Vorstellung vollkommen überzeugt sind (ebd.). Das Objekt unserer Überzeugung wie das Objekt unserer willentlichen Ausrichtung scheint uns nahezu zu „elektrifizieren" („makes as it were a certain electric connection with our Self", ebd.).[49] Der Zusammenhang zwischen dem „consent" auf der Ebene willentlicher Entscheidungen und der Überzeugung von der Realität einer Vorstellung kann auf der Grundlage des elften Kapitels der *Principles*, das die Überschrift „The Perception of Reality" trägt, weiter vertieft werden.

Von der Existenz einer Sache überzeugt zu sein, bedeutet nach der Festlegung, die James hier trifft, in die Wahrheit derjenigen Proposition einzuwilligen, die diese zum Ausdruck bringt.

> „Everyone knows the difference between imagining a thing and believing in its existence, between supposing a proposition and acquiescing in its truth." (PP, 913.)

Das Gefühl der Überzeugung, dass etwas wirklich ist, nennt James auch „sense of reality". Es zeigt sich in der Bereitschaft, zuzustimmen, dass es sich so verhält und nicht anders. Wo in der Willensentscheidung ein „fiat" erteilt wird, sagen wir auf der Ebene der Überzeugung, dass „etwas so ist" und nicht anders. Eine weitere Gemeinsamkeit zwischen der Überzeugung im Sinne einer Zustimmung zur Realität einer Vorstellung und dem Moment der Zustimmung in einem Willensakt besteht darin, dass das theoretische Nachdenken hier an ein Ende gelangt und widerstreitende Vorstellungen ihren Einfluss verlieren.

> „What characterizes both consent and belief is the cessation of theoretic agitation, though the advent of an idea which is inwardly stable, and fills the mind solidly to the exclusion of contradictory ideas." (PP, 913 f.)

Hinsichtlich der Relation zwischen Objekt und Selbst, so hält James gegen Ende des Kapitels „The Perception of Reality" fest, sind „will" und „belief" als zwei Namen für ein und dasselbe psychologische Phänomen[50] anzusehen.

---

[49] Diese Metapher verwendet James auch in dem Aufsatz „The Will to Believe": Eine Annahme, die James dort als „tote Option" bezeichnet, stellt im Unterschied zu einer Annahme, die als „lebendige Option" auftritt, keine elektrische Verbindung zu unserem inneren Wesen her („electric connection with your nature", WB, 14).

[50] Vgl. PP, 948.

An dieser Stelle wird deutlich, dass James in den *Principles* von Realität im Sinne eines subjektiven Realitätserlebens spricht. Es handelt sich dabei um einen graduierbaren Begriff, d. h. man kann davon sprechen, dass uns etwas als höchst real, weniger real oder irreal erscheint. Dies ist nicht zu verwechseln mit einer kriterialen Unterscheidung zwischen realen und irrealen Dingen, d. h. solchen Dingen, denen etwas in der Realität entspricht und solchen, die nur in unserer Vorstellung existieren. Diese beiden Ebenen sind aufeinander verwiesen, doch innerhalb der Grenzen der Psychologie, in denen sich die *Principles* weitgehend bewegen, geht es allein um die subjektive Seite unserer Auffassung von Realität.

Auf dieser Ebene lässt sich zeigen, dass solche Dinge für uns am ehesten Realität gewinnen, die uns in irgendeiner Weise emotional betreffen. Je mehr sie imstande sind, in uns eine emotionale Reaktion hervorzurufen und/oder an unseren Willen zu appellieren, desto mehr gewinnen sie für uns auch an Realität.[51] Für einen eifersüchtigen Menschen genügt bspw. ein minimales Indiz, um davon überzeugt zu sein, dass der Partner ein Verhältnis hat. Aufgrund dieser Überzeugung wird er sich verhalten, als wüsste er bereits, dass sein Partner ihn betrügt. James nennt als Beispiel Phasen der Depression, in der einer Person alles als gleichgültig erscheint, vermag nichts ihr Interesse zu erregen, so dass es nichts gibt, worauf sich ihre Aufmerksamkeit dauerhaft richtet und ihrem Handeln eine sinnvolle Richtung gibt. Hält ein solcher Zustand dauerhaft an, erscheinen die Dinge, die sie umgeben zunehmend irreal.

> „Those ideas, objects, considerations, which (in these lethargic states) fail to *get to* the will, fail to draw blood, seem, in so far forth, distant and unreal. The connection of the reality of things with their effectiveness as motives is a tale that has never yet been fully told." (PP, 1153.)

In gleicher Weise, wie die Rede von der Realität einer Vorstellung in den *Principles* zunächst davon abstrahiert, was dieser in der äußeren, d. h. extramentalen Wirklichkeit entspricht, so werden Überzeugungen in den *Principles* nicht nach ihrer Inhaltsseite untersucht, sondern als mentaler Zustand der Überzeugtheit oder des Überzeugtseins von einer Sache.

3.6.3 *„Doubt and belief"*

Der Zustand des Überzeugtseins („belief") wird von James also als mentaler Zustand bestimmt, in dem eine Vorstellung eine gewisse Stabilität erlangt, durch die andere konkurrierende Vorstellungen ausgeschaltet oder zumindest an den Rand der Aufmerksamkeit gedrängt werden. Auch der Unglaube („disbelief") stellt einen solchen stabilen mentalen Zustand dar, denn auch wer nicht an eine Sache glaubt, hat eine feste Überzeugung, nämlich die, dass es sich nicht so verhält.

---

[51] Das belegen auch neuere psychologische Studien wie etwa die von Luc Ciompi und Antonio Damasio. Vgl. u. a. CIOMPI 1997, DAMASIO 2000. Auch wird dem Zusammenhang von Emotionalität und Wirklichkeitserfassung gegenwärtig in der Forschung besondere Aufmerksamkeit entgegengebracht, was sich etwa an der Einrichtung des DFG-finanzierten „Exzellensclusters: Languages of Emotion" zeigt.

> „This inward stability of the mind's content is as characteristic of disbelief as of belief." (PP, 914.)

Das Gegenteil einer Überzeugung besteht nach dieser Unterscheidung nicht im Unglauben, sondern im Zweifel. Beim Zweifelnden kann man von einer instabilen geistigen Verfassung sprechen, die ihn zu immer neuen Überlegungen und Untersuchungen der Sache anhält. Überzeugtheit und Zweifel gehen mit unterschiedlichen affektiven Zuständen einher: der Zweifel mit einem Gefühl der Unruhe („unrest"), die Überzeugung mit einem völlig gegensätzlichen Gefühl, von dem James an dieser Stelle sagt, dass es sich nicht in Worte fassen lässt („the emotion of belief itself, perfectly distinct, but perfectly indescribable in words", ebd.). Die affektive Komponente des Zustandes tritt insbesondere bei extremen, mitunter pathologischen Fällen in den Vordergrund. Ein besonders starkes Gefühl der Evidenz lässt sich aber auch bspw. mithilfe von Drogen wie Alkohol oder Lachgas herstellen. Ein Extrem der anderen Art stellt ein Zustand dar, in dem jemandem alles fraglich erscheint. James spricht hier von einer „questioning mania" oder „*Grübelsucht*". Wie in Hofmannsthals „Brief des Lord Chandos an Francis Bacon" zerfallen in diesem Zustand alle Begriffe zu Staub,[52] so dass es nicht mehr gelingt, an einer Vorstellung festzuhalten, die nicht weiter hinterfragt und in Zweifel gezogen werden kann.

James kommt an dieser Stelle auch auf einen Zustand zu sprechen, der weder als Zweifel noch als „belief" angesehen werden kann. Es handelt sich um die Erfahrung der Melancholie, in der alles hohl, unwirklich und tot erscheint.

> „There is, it is true, another pathological state which is as far removed from doubt as from belief, and which some may prefer to consider the proper contrary of the latter state of mind. I refer to the feeling that everything is hollow, unreal, dead." (*PP*, 914 f.)

In den *Varieties* führt James eine ganze Reihe von Fallbeispielen an, in denen die drei unterschiedlichen Formen des Überzeugtseins – die Evidenz, der Zweifel und die Apathie – in mitunter extremer Form zum Ausdruck kommen. Dem Evidenzerleben widmet James dort ein ganzes Kapitel, das die Überschrift „The Reality of the Unseen" trägt, Verzweiflung und Melancholie werden im Zusammenhang mit dem Zustand der „kranken Seele" („sick soul") thematisiert. Doch bevor ich auf religiöse Überzeugungen im Besonderen zu sprechen komme, möchte ich die für die Theorie des Pragmatismus zentrale Struktur von „doubt-and-belief" noch weiter ausführen.

3.6.4 *„Belief" als affirmatives Urteil*

Ein Unterschied zwischen „Sich-etwas-Vorstellen" und „Von-etwas-überzeugt-Sein", besteht, so wurde bereits festgehalten, darin, dass wir das, wovon wir überzeugt sind

[52] „[…] die abstrakten Worte, deren sich doch die Zunge naturgemäß bedienen muß, um irgendwelches Urteil an den Tag zu geben, zerfielen mir im Munde wie modrige Pilze." HOFMANNSTHAL [1902] 1991, 48 f.

als real ansehen und der entsprechenden Proposition somit einen Wahrheitswert zusprechen würden.

> „In the case of acquiescence or belief, the object is not only apprehended by the mind, but is held to have reality.“ (PP, 913.)

James bestimmt die Überzeugung, oder besser gesagt, den Zustand der Überzeugtheit weiter als das kognitive Erfassen der Wirklichkeit. In diesem Zusammenhang wendet er sich gegen die „gewöhnliche Urteilstheorie“ („commonplace doctrine of ‚judgement‘“, PP, 916), nach der Affirmation, Negation oder der hypothetische Charakter einer Aussage in der Kopula stecken. Dagegen spricht, dass durch die Struktur von Subjekt, Kopula und Objekt allein der Inhalt – mit Frege könnte man sagen, der „Gedanke“ – formuliert wird, der sowohl Gegenstand einer Behauptung, einer Frage, eines Zweifels usw. sein kann. Die Kopula markiert eine Prädikation, durch die der Gegenstand der Aussage charakterisiert wird, ein Urteil hinsichtlich der Wahrheit des Ausgesagten, steckt dagegen nicht in ihr.
Das Urteil wird von James in explizitem Anschluss an Brentano als ein Akt des Urteilens bestimmt, der sich auf den Gegenstand einer Aussage richtet. Der „belief“ wird in diesem Zusammenhang weiter als affirmatives Urteil definiert, wobei die Zustimmung der Realität des Gegenstandes gilt:

> „‚Is it a real object? is this proposition a true proposition or not?‘ And in the answer *Yes* to *this* question lies that new psychic act which Brentano calls ‚judgment,‘ but which I prefer to call ‚belief‘.“ (PP, 916 f.)

Wenn wir die affirmative Haltung, die einen „belief“ auszeichnet, explizit machen, dann tun wir dies, indem wir dem Gegenstand der Aussage das Prädikat „real“ oder der Aussage das Prädikat „wahr“ beilegen. Die beiden Prädikate „wahr“ und „real“ sind nach James damit als Stellungnahmen eines urteilenden Subjektes gegenüber einer Aussage respektive dem Inhalt einer Aussage zu verstehen.
Nach James verfügen wir über eine ganze Reihe von Überzeugungen, an deren Wahrheit wir so selbstverständlich festhalten, dass sie uns in der Regel überhaupt nicht bewusst sind. Diese Überzeugungen bilden den unhinterfragten Hintergrund all unserer expliziten Stellungnahmen und Handlungen. Es handelt sich um ein vorreflexives, implizites Realitäts- und Wahrheitsverständnis, das in der Regel erst dann thematisch wird, wenn irgendetwas darin problematisch wird, wie etwa dann, wenn eine Sache einer anderen widerspricht. Denn es ist klar, dass zwei widersprechende Sachverhalte nicht zugleich wahr sein können.

> „The sense that anything we think of is unreal can only come, then, when that thing is contradicted by some other thing of which we think. *Any object which remains uncontradicted is ipso facto believed and posited as absolute reality.*“ (PP, 918.)

Zwar spricht James in dem angeführten Zitat von sich widersprechenden „Dingen“, aber es ist klar, dass es sich hier genaugenommen um Sachverhalte handelt, da sich „Dinge“ natürlich nicht widersprechen können. Ein Widerspruch entsteht da, wo ein und dieselbe Sache auf sich widersprechende Weise dargestellt wird. In diesem Fall müssen wir entscheiden, welche Darstellung wir als wahr ansehen, d. h. als diejenige, die die Realität zum Ausdruck bringt. Wurde das Prädikat „real“ bislang als graduierbarer Begriff verwendet, so kommt nun auf der Ebene des reflexiven Urteils die kriteriale Unterscheidung zwischen real und irreal sowie die zwischen wahr und falsch ins Spiel.

Die Unterscheidung zwischen real und irreal sowie die gesamte „Psychologie von Glaube, Unglaube und Zweifel“ („*the whole psychology of belief, disbelief, and doubt*“, PP, 920) basiert zum einen darauf, dass wir auf unterschiedliche Weise über ein und denselben Gegenstand urteilen und dann wählen können, woran wir festhalten und welche Ansichten wir verwerfen. Das woran wir festhalten, wird für uns zur Realität. Wir betrachten die Dinge, die diesen Status für uns besitzen als reale Dinge mit realen Eigenschaften, die es tatsächlich gibt. Alles andere bezeichnen wir als irreal. Diese Dinge existieren nicht in der Realität, obschon wir vielleicht auch mal anders darüber gedacht haben. Wenn wir von einem geflügelten Pferd träumen, so James, dann existiert das Pferd im Traum für uns. Wenn wir aber erwachen, kommen wir zu dem Urteil, dass Pferde in der Realität keine Flügel haben und das Pferd, von dem wir geträumt haben, ins Reich der Imagination gehört.

Von welchen Gegenständen und Eigenschaften wir sagen, dass sie real existieren, hängt James zufolge davon ab, für welchen ontologischen Rahmen wir uns entschieden haben. Wenn wir Träume, Fantasien oder Ideale als real betrachten, dann können sie auch einen Einfluss auf uns haben. James plädiert stets für einen möglichst reichen Realitätsbegriff, in dem möglichst viel von dem, was Gegenstand des Bewusstseins werden kann, auch einen Platz hat und nicht nur das, was übrig bleibt, wenn wir den Großteil bereits als irreal verworfen haben („*reductives* of the things judged unreal“, ebd.).

3.7 Der Realitätsbegriff der *Principles*

Ein philosophischer Grenzbegriff einer Realität, in der alles Platz hat, worauf wir intentional Bezug nehmen können, ist der philosophische Weltbegriff, den James mit dem Terminus „total world“ belegt. Ohne damit einen Anspruch auf Vollständigkeit zu erheben, nennt James an dieser Stelle eine Ontologie von sieben „Welten“, die dieser umfassende Weltbegriff in sich begreift: 1) die sinnlich erfassbare Welt oder die Welt der physischen Gegenstände, 2) die Welt der Naturwissenschaften, die von den sekundären Eigenschaften der Dinge abstrahiert und Welt (1) auf Gesetzmäßigkeiten zurückführt, 3) die Welt idealer Verhältnisbestimmungen, wie die der Logik, Mathematik, Ästhetik, Metaphysik und Ethik, 4) abstammungsbedingte Urbilder („idols of the tribe“, PP, 921), 5) übernatürliche Welten, zu denen James etwa die christlichen Vorstellungen von Himmel und Hölle, aber auch poetische Entwürfe, wie die Welt der „Illias“ zählt, 6) die unterschiedlichen Welten der individuellen Meinungen, die so zahlreich sind, wie die Menschen und 7) die Welt des Irrsinns.

3.7.1 *Sein ist kein reales Attribut*

Philosophische Fragen betreffen nicht selten, die Frage, welcher dieser „Welten" nun der Status einer letzten Form von Realität zukommt oder wie die Welt im letzten beschaffen ist. Sind etwa die sogenannten sekundären Qualitäten aus Welt (1) real oder handelt es sich dabei um bloß subjektive Erscheinungen, die „in Wirklichkeit" Ereignissen in Welt (2) entsprechen. James' philosophischer Realitätsbegriff kommt ohne solche normativen Festlegungen aus. Real ist hier sowohl der sinnliche Eindruck der Wärme zu nennen als auch die Bewegung der Teilchen in einem Körper, die wir uns durch wissenschaftliche Modelle veranschaulichen können. Die Frage ist vielmehr, was *für uns* mehr Realität besitzt, die Vorstellung von bewegten Teilchen oder das Wärmeempfinden. Wie wir diese Frage beantworten, hängt zunächst einmal davon ab, welche Welt für uns gerade mehr Relevanz besitzt. Der gleiche Forscher wird sich, solange er sich mit Thermodynamik befasst, voll und ganz auf die Realität wissenschaftlicher Modellbildung einlassen, wenn er aber in der Sonne sitzt, einfach nur die Wärme genießen. Wir müssen nicht bestreiten, dass der naturwissenschaftlichen Beschreibung etwas in der Wirklichkeit entspricht, um zugleich festhalten zu können, dass diese „Welt" für unsere Lebenswirklichkeit eine eher geringe Bedeutung hat. Umgekehrt kann eine wissenschaftliche Beschreibung nicht an die Stelle der sinnlich erfahrbaren Umwelt treten. Es gibt Kriterien, mit deren Hilfe wir diese unterschiedlichen Beschreibungs- und Sichtweisen von Wirklichkeit unterscheiden können, aber es lassen sich auch Korrelationen und Überschneidungen aufdecken, so dass es, je vorurteilsfreier man an die Dinge herangeht, desto schwieriger wird, irgendetwas über die Beschaffenheit der Realität schlechthin zu sagen.

Wenn wir aber von der Realität in einem nicht-philosophischen Sinn sprechen, dann meinen wir das, was unsere Lebenswirklichkeit bestimmt. Für den Verrückten ist nichts realer als seine Wahnvorstellungen, die sein ganzes Leben bestimmen. James definiert die Realität letztlich über die Art der Beziehung, in der etwas zu unserem „emotionalen und aktiven Leben" steht. Erregt etwas unser Interesse, so dass wir uns diesem Gegenstand voll und ganz zuwenden, dann ist er für uns real, insofern er unser Bewusstsein voll bestimmt.

> „[...] whenever an object so appeals to us that we turn to it, accept it, fill our mind with it, or practically take account of it, so far it is real for us, and we believe it." (PP, 924.)

Realität versteht James also im Sinne eines lebendigen Gegenwartsbezugs („living realities"). Auf einer philosophisch abstrakten Ebene können wir all jenen Dingen Realität zuschreiben, die Gegenstand des Denkens sein können. Doch als denkende und zugleich affektiv bestimmte Wesen, sind für uns insbesondere all jene Dinge real, die in einer Beziehung zu unseren voluntativen Kräften stehen (*„turn to* WITH A WILL", PP, 926). Die Eigenschaft real zu sein, verweist damit auf die Beziehung, in der ein Individuum zu dem Gegenstand seiner Überzeugung steht und nicht auf eine

Eigenschaft, die der Sache selbst zukommt. Wenn wir sagen, dass etwas real sei, dann schreiben wir der Wirklichkeit keine weitere Eigenschaften zu („adding reality does not enrich the picture“, PP, 925), sondern bringen damit zum Ausdruck, dass wir fest davon überzeugt sind, dass es sich so verhält. Den Status objektiver Realität erlangen „innere Gegenstände“, indem wir einen unmittelbaren Handlungsbezug herstellen.

> „The ‚stepping outside‘[53] of it is the establishment either of immediate practical relations between it and ourselves, or of relations between it and other objects with which we have immediate practical relations. Relations of this sort, which are as yet not transcended or superseded by others, are *ipso facto* real relations, and confer reality upon their objective term.“ (Ebd.)

Der Ursprung aller Realität liegt damit in der Subjektivität.

> „The fons et origo of all reality, whether from the absolute or the practical point of view, is thus subjective, is ourselves.“ (Ebd.)

Damit werden bereits in den *Principles* Subjektivität und Realität aufs engste verbunden. Was im radikalen Empirismus der Begriff der „Erfahrung“ leisten wird, leistet in den *Principles* das „interessierte Subjekt“, das durch emotionale wie aktive Bezugnahme eine eigene Realität hervorbringt.

> „The world of living realities as contrasted with unrealities is thus anchored in the Ego, considered as an active and emotional term. That is the hook from which the rest dangles, the absolute support.“ (PP, 926.)

Realität meint für James gerade nicht etwas, das für sich losgelöst von jeder subjektiven Bezugnahme existiert. Die Vorstellung einer solchen Welt existiert allenfalls in bestimmten Formen der Melancholie, in denen es nichts gibt, das uns angeht und bewegt („certain forms of melancholic perversion of the sensibilities and reactive powers, nothing touches us intimately, rouses us, or wakens natural feeling“, PP, 926 f.). Der Zustand, an nichts glauben zu können und auf diese Weise jeden Sinn für die Realität zu verlieren, stellt, so wurde insbesondere anhand des Textes „Is Life Worth Living?“ deutlich, für den Menschen eine existentielle Bedrohung dar. Von daher lag es von jeher im Bestreben der Menschen, herauszufinden, wo ihre wahren Interessen liegen („which things shall we call living realities and which not?“, PP, 928). Das

---

[53] James bezieht sich hier auf eine Stelle in Kants Kritik der reinen Vernunft (1787)[2], die der Widerlegung der Möglichkeit des ontologischen Gottesbeweises dient: „Unser Begriff von einem Gegenstande mag also enthalten, was und wie viel er wolle, so müssen wir doch aus ihm herausgehen, um diesem die Existenz zu ertheilen. Bei Gegenständen der Sinne geschieht dieses durch den Zusammenhang mit irgend einer meiner Wahrnehmungen nach empirischen Gesetzen; aber für Objecte des reinen Denkens ist ganz und gar kein Mittel, ihr Dasein zu erkennen, weil es gänzlich a priori erkannt werden müßte; unser Bewußtsein aller Existenz aber (es sei durch Wahrnehmung unmittelbar, oder durch Schlüsse, die etwas mit der Wahrnehmung verknüpfen) gehört ganz und gar zur Einheit der Erfahrung; und eine Existenz außer diesem Felde kann zwar nicht schlechterdings für unmöglich erklärt werden, sie ist aber eine Voraussetzung, die wir durch nichts rechtfertigen können.“ Kant: Kritik der reinen Vernunft, zweite Auflage, zitiert nach: KANT [1787] 1911, 402.

erklärt auch die Neigung des Menschen, in der Regel so weit als möglich von etwas überzeugt zu sein.

> „As a rule we believe as much as we can." (Ebd.)

Eine besondere Rolle in der Frage, worin die Lebendigkeit der Realität liegt, kommt der sinnlichen Erfahrung zu. Auch Dinge, die nicht sinnlicher Natur sind, wie etwa Freundschaft oder Liebe, bedürfen der sinnlichen Manifestation oder zumindest haben wir ein ausgesprochenes Verlangen danach.

3.7.2 *Realität und Emotion*

Doch wenn wir schon derart auf alles, was uns über unsere fünf Sinne vermittelt wird, fokussiert sind, wie viel mehr müssen wir dann auf Dinge fixiert sein, die uns sogar innerlich berühren, sei es positiv oder negativ (Lust und Schmerz). Im Grunde, so James, sind Emotionen Sinneserfahrungen.[54]

> „The quality of arousing emotion, of shaking, moving us or inciting us to action, has as much to do with our belief in an object's reality as the quality of giving pleasure or pain." (PP, 935.)

Emotionen beeinflussen in besonderer Weise, so wurde bereits festgehalten, was wir als real ansehen. Es ist diese sinnliche Dimension der Emotionen, mit deren Hilfe James die „bestechende Qualität" erklären möchte, aufgrund derer wir Objekten, die uns emotional betreffen, Realität zusprechen.

In den *Varieties* wird die außerordentliche Bedeutung der Emotionalität im Kontext religiöser Erfahrung deutlich werden. Der sinnlichen Komponente der Emotionen ist es zu verdanken, dass auch Vorstellungen in das Zentrum unserer Aufmerksamkeit treten, denen kein sinnliches Korrelat in der Erfahrungswirklichkeit entspricht. Emotionen weisen James zufolge eine intentionale Struktur auf und können sich auf sinnlich erfahrbare Gegenstände ebenso richten wie auf reine Vorstellungsobjekte. Diejenigen Objekte, zu denen wir in einer emotionalen Verbindung stehen, besitzen für uns oftmals eine ungeheure Präsenz. So ist uns bspw. eine verstorbene Person, die uns sehr nahe stand, in der Trauer möglicherweise präsenter als zuvor.

Doch James weist in diesem Zusammenhang auch darauf hin, dass wir auch unseren Emotionen nicht ausgeliefert sind und jeder Mensch, der Herr seiner selbst ist, von Vorstellungen, die ihm emotional nahegehen, Abstand nehmen kann. Der Punkt, der hier jedoch im Vordergrund steht, ist die impulsive Kraft, die einem Zustand der Überzeugt-heit innewohnt, der auf Emotionen beruht. Eine Überzeugung, die uns emotional angeht, bedarf keiner expliziten Zustimmung mehr, um handlungswirksam zu werden („*conceive with passion is ipso facto affirm*") und so kommt es, dass diese Überzeugungen eine Kraft entfalten, durch die zuweilen Prozesse in Gang gesetzt

---

[54] Über die Bedeutung von James' Emotionstheorie für das Konzept der religiösen Erfahrung habe ich mich an anderer Stelle in Auseinandersetzung mit PROUDFOOT 1985 befasst. Vgl. THÖRNER 2008.

werden können, die mitunter die Welt verändern. James nennt unter Rückgriff auf Walter Bagehot an dieser Stelle drei Beispiele, die alle in einem religiösen Kontext stehen: Er nennt den Kalifen „Omar“, der aus der Überzeugung heraus, dass alle Bücher, die etwas anderes enthalten, als im Koran enthalten ist, gefährlich seien, den Befehl erließ, alle Bücher der Bibliothek von Alexandrien verbrennen zu lassen,[55] sowie John Knox und Ignatius von Loyola, die aus ihrer anti-katholischen bzw. anti-protestantischen Agitation heraus den Fortgang der Geschichte entscheidend beeinflussten.

Die Bedeutung emotional begründeter Überzeugungen für den religiösen Glauben manifestiert sich aber auch in weniger großem Format. James geht davon aus, dass der hohe Grad der Überzeugtheit, der religiösen Überzeugungen sowie all jenen Überzeugungen innewohnt, die sich auf Vorstellungen beziehen, die nicht Gegenstand der sinnlichen Erfahrung werden können, sich darauf zurückführen lässt, dass sie mit einer körperlichen Erregung verbunden sind. Der Glaube an die Unsterblichkeit erhält seine Festigkeit aus dem physischen Schmerz, der oftmals mit der Trauer um eine nahestehende Person verbunden ist, der Glaube an Gott aus der emotionalen Unerträglichkeit der Sinnlosigkeit, die sich auftut, wenn wir diesen Gedanken fallen lassen.

> „The reason of the belief is undoubtedly the bodily commotion which the exciting idea sets up. ‚Nothing which I can feel like *that* can be false.‘ All our religious and supernatural beliefs are of this order. The surest warrant for immortality is the yearning of our bowels for our dear ones; for God, the sinking sense it gives us to imagine no such Providence or help.“ (PP, 936 f.)

Mit dem Hinweis auf diesen Zusammenhang zwischen Emotionalität und Realität im Sinne einer bedeutsamen und wirkungsvollen Präsenz von Bewusstseinsinhalten relativiert James die Bedeutung von Sinneseindrücken für die Überzeugungsbildung, die im Zentrum der empiristischen Theoriebildung steht.

Von Erfahrungen dieser Art war bereits im Zusammenhang mit dem mystischen Erleben in Kapitel 2.2.2 dieser Arbeit die Rede. Dort wurde anhand von „On a Certain Blindness in Human Beings“ dargestellt, dass sich die Bedeutsamkeit des Lebens in Momenten einer gesteigerten Realitätserfahrung zeigt[56] und darüber hinaus auf die Parallelen zu den Ausführungen zur Mystik in den *Varieties* verwiesen. Auch auf die von Josiah Royce übernommene Vorstellung einer „moral revolution“ wurde an dieser Stelle bereits aufmerksam gemacht.

---

[55] Dass es sich bei dieser Überlieferung aber vermutlich um eine Legende zum Zwecke innerislamischer Propaganda handelt, legen unter anderem die Ergebnisse in EL-ABBADI/ FATHALLAH 2008 nahe.

[56] Auch an dieser Stelle liegt ein Verweis auf Wittgensteins *Tractatus* nahe: „Es gibt allerdings Unaussprechliches. Dies *zeigt* sich, es ist das Mystische.“ WITTGENSTEIN 1989b, 6.522.

3.8 „The Reality of the Unseen"

An diesen Punkt der *Principles* lassen sich unmittelbar jene Annahmen anschließen, die James in den *Varieties* in dem Kapitel „The Reality of the Unseen" trifft. Auf der Ebene der psychologischen Phänomene kann zunächst festgehalten werden, dass sowohl jene Dinge, die uns sinnlich affizieren, als auch jene Gegenstände des Bewusstseins, die nicht sinnlich erfahrbar sind, in uns eine Reaktion auszulösen vermögen („elicit from us a *reaction*", VRE, 51), durch die wir eine bestimmte Haltung gegenüber diesem Gegenstand einnehmen. Die Realität, die die Gegenstände des Bewusstseins für uns haben, indem sie uns in unserem Denken, Fühlen und Tun bestimmen, hängt nicht davon ab, ob wir diese auch sinnlich erfahren können. Vielmehr sind Dinge, die der sinnlichen Erfahrung nicht zugänglich sind, unter Umständen sogar bestimmender. Der religiöse Glaube wird an dieser Stelle der *Varieties* ganz ähnlich wie in James' frühen bislang besprochenen Texte als jene Überzeugung bestimmt, nach der es eine „unsichtbare Ordnung" gibt und das höchste Gut darin besteht, uns selbst in Einklang mit dieser zu bringen.

> „Where one asked to characterize the life of religion in the broadest and most general terms possible, one might say that it consists of the belief that there is an unseen order, and that our supreme good lies in harmoniously adjusting ourselves thereto." (Ebd.)

Den Gegenstand des religiösen Glaubens bestimmt James weiterhin unter Rückgriff auf Immanuel Kant als eine Überzeugung, der eine Bedeutung „in *praktischer Hinsicht*" (im Original auf Deutsch, VRE, 52) zukommt. Der empiristische Einwand, dass dem religiösen Glauben nichts in der Realität entspricht und er damit bedeutungslos sei, da er nicht der sinnlichen Erfahrung zugänglich sei, entkräftet James mit dem Hinweis darauf, dass es ein allgemeines und wesentliches Merkmal des menschlichen Geistes darstellt, sich von Dingen bestimmen zu lassen, die nicht auf der Ebene der sinnlichen Erfahrung liegen.

> „This absolute determinability of our mind by abstractions is one of the cardinal facts in our human constitution". (VRE, 54.)

Ihre Realität liegt darin, dass sie einen Einfluss auf unser Verhalten haben. James geht hier von der Annahme aus, dass es einen allgemeinen Realitätssinn („sense of reality") gibt, der durch die Sinneseindrücke geweckt wird und sodann unser Verhalten beeinflusst.

> „[…] we might suppose the senses to waken our attitudes and conduct as they so habitually do, by first exciting this sense of reality". (VRE, 55.)

Aber es sind eben nicht *nur* unsere Sinne, die diesen Realitätssinn wecken können, auch Ideen vermögen dies zu leisten. Demnach unterscheiden sich diesem Modell zufolge die sinnlichen Eindrücke von den nicht-sinnlichen Ideen hinsichtlich ihrer Fähigkeit, Realität für uns zu besitzen, keineswegs. James demonstriert in diesem Kapitel anhand einer Reihe von Fallbeispielen, dass sich kaum bestreiten lässt, dass religiöse Überzeugungen in besonderer Weise dazu in der Lage sind, an diese Realitätsempfindung („reality-feeling", ebd.) zur rühren. Das mystische Erleben, so wurde bereits oben deutlich, besitzt für den, der über diese Erfahrungen verfügt, eine solch enorme Überzeugungskraft, dass er sie nur als echte Einsichten in die Wahrheit („genuine perceptions of truth") und als Offenbarungen einer Art von Realität betrachten kann, die kein Gegenargument zu entkräften vermag („revelations of a kind of reality which no adverse argument […] can expel from your belief", VRE, 66). Doch über ein solch überwätigendes mystisches Erleben, wie das jener Personen, die James in seinen Beispielen anführt, verfügen wohl die wenigsten Menschen. James geht zudem davon aus, dass es Menschen gibt, die Erfahrungen dieser Art überhaupt nicht kennen („one may be indeed entirely without them", ebd). An dieser Stelle kommt er bereits auf eine Annahme zu sprechen, der am Ende der *Varieties* noch eine besondere Bedeutung zukommen wird, nämlich der Hypothese, dass es sich bei der „Tiefe des Bewusstseins" um den Bereich des Unterbewussten handelt, der in diesen Fällen seinen Einfluss auf den Bereich des bewussten Erlebens geltend macht.

> „Your whole subconscious life, your impulses, your faiths, your need, you divinations, have prepared the premises, of which your consciousness now feels the weight of the result." (VRE, 67.)

Hier wird deutlich, dass James auch in den *Varieties* nicht zuletzt versucht, das Recht zu glauben gegenüber dem Rationalismus zu verteidigen. Er verteidigt die religiösen Überzeugungen gegenüber einem empiristischen Paradigma, wonach nur der sinnlich erfahrbare Teil der Wirklichkeit für uns Bedeutung besitzt sowie dem Paradigma des Materialismus, wonach nur die materiale Wirklichkeit kausal wirksam werden kann. Dieser Ansatz führt James letztlich zu einem „radikalen Empirismus", der die sensualistische Basis des klassischen Empirismus übersteigt und damit auch „supernaturalistischen Intuitionen" zu ihrem Recht verhilft. Diese beiden Punkte werden in Kapitel 4 noch weiter fortgeführt. Im nächsten Abschnitt werde ich zunächst mit dem Text „The Will to Believe" an die Verteidigung des Rechts zu glauben anknüpfen.

3.9 „The Will to Believe"

Hätte James seinen Aufsatz „The Will to Believe" tatsächlich „The Right to Believe" genannt, wie er es im Nachhinein für besser erachtet hat,[57] dann wäre damit zwar einerseits seine explizite Absicht, eine Rechtfertigung des Glaubens vorzulegen, bereits im Titel unmissverständlich ausgedrückt, andererseits ginge aber verloren, um welche Form von Glauben es James hier geht. James spricht hier vom Glauben weder als einem rein intellektuellen „Für-wahr-Halten" noch einem irrationalen Festhalten an Überzeugungen, von denen man weiß, dass sie nicht wahr sein können.[58] Die An-

[57] „I once wrote an essay on our right to believe, which I unluckily called the Will to Believe. All the critics neglecting the essay, pounced upon the title." (Prag, 124.)

[58] So das Zitat, das James einem Schuljungen in den Mund legt: „Faith is when you believe something that you know ain't true." (WB, 32.)

nahme von religiösen Überzeugungen stellt für ihn das Ergreifen einer Option in einer Frage dar, die nicht auf der Grundlage rationaler Erwägungen allein zu entscheiden ist. Was er erweisen möchte, ist die Rechtmäßigkeit eines willentlich angenommenen Glaubens („lawfulness of voluntarily adopted faith", WB, 13). Der Begriff des religiösen Glaubens, wie ihn James hier vorstellt, wird für all jene anstößig bleiben, die entweder an einer rationalen Beweisbarkeit des religiösen Glaubens festhalten oder die Legitimität der Annahme einer Hypothese, für die es keinen rational ausweisbaren Grund gibt, bestreiten. Daran hätte auch der Titel „The Right to Believe" nichts geändert.

Zu Beginn des Textes erklärt James ausdrücklich, ein „Essay zur Rechtfertigung des Glaubens" („essay in justification of faith", ebd.) vorlegen zu wollen. Er spielt dabei mit der Bedeutung von „justification", wenn er zunächst scherzhaft ankündigt, eine „Predigt über die Rechtfertigung durch den Glauben" („a sermon on justification by faith", ebd.) vortragen zu wollen. Durch das Wortspiel wird nebenbei eine interessante Problemverschiebung hinsichtlich des religiösen Glaubens deutlich: Es sind nicht mehr bestimmte Glaubensinhalte, wie etwa, was angemessen unter der Rechtfertigung durch den Glauben verstanden werden sollte, die der Klärung bedürfen, sondern der religiöse Glaube insgesamt wird zum Gegenstand der Rechtfertigung.

Die zentrale These des Textes „The Will to Believe" lautet, dass eine Entscheidung zwischen zwei Aussagen, die zueinander in dem Verhältnis einer echten Wahlalternative stehen, dann berechtigterweise aufgrund unserer emotionalen Natur getroffen werden kann und muss, wenn diese Wahl ihrer Natur nach nicht auf intellektuellem Weg getroffen werden kann.

> „The thesis I defend is, briefly stated, this: Our passional nature not only lawfully may, but must, decide an option between propositions, whenever it is a genuine option that cannot by its nature be decided on intellectual grounds". (WB, 20.)

Im Rückblick auf die vorangegangenen Ausführungen in diesem Kapitel soll nun Folgendes verdeutlicht werden: Unter einer willentlichen Annahme des Glaubens versteht James weder einen Fideismus, der verlangt, dass wir unsere Alltagsüberzeugungen an der Kirchentür ablegen. Der Wille zu Glauben wird von James auch in diesem Text als eine Forderung der praktischen Vernunft konzipiert, die keine „Hinterwelten" postuliert, sondern dem Menschen als einem empfindenden, handelnden und denkenden Wesen Rechnung trägt.

3.9.1 *„Genuine option"*

Einen Glauben anzunehmen, bedeutet nach James, eine willentliche Entscheidung im Falle einer echten Wahlalternative („genuine option") zu treffen, die von James mittels dreier Kriterien bestimmt wird. Eine Überzeugung kann nach James „lebendig" oder „tot" sein. Dies setzt einmal voraus, dass deren Bedeutung begriffen wird. Zudem ist zumindest eine minimale Bereitschaft vorausgesetzt, die Wahrheit der zur

Disposition stehenden Überzeugungen in Betracht zu ziehen. Die Frage, ob man an den Gott Shiva glaubt oder nicht, stellt einen Menschen, der niemals mit dem indischen Kulturkreis in Kontakt gekommen ist, nicht vor eine Wahl, bei der er beide Möglichkeiten ernsthaft erwägen könnte, da es für ihn überhaupt nicht in Betracht kommt, an Shiva zu glauben. Eine lebendige Wahlalternative („living option") besteht entsprechend nur dann, wenn das Subjekt der Entscheidung die Wahrheit beider Alternativen grundsätzlich in Betracht zieht.
Das nächste Kriterium ist das der Unvermeidbarkeit der Wahl („unavoidable / forced option"). Überzeugungen, die als Gegenstand einer echten Wahlalternative in Betracht kommen, sind von der Art, dass man sich der Festlegung auf die Wahrheit einer Alternative nicht enthalten kann. Vor die Alternative gestellt, einen Schirm zu nehmen oder nass zu werden, können wir uns auch entscheiden, das Haus gar nicht zu verlassen und auf diese Weise die Wahl umgehen. Wenn es aber darum geht, ob man Kinder haben möchte oder nicht, dann gibt es keine dritte Alternative und wir haben auch dann entschieden, wenn wir keine bewusste Entscheidung treffen.
Das dritte Kriterium der Bedeutsamkeit („momentous") meint, dass es um etwas geht, das einen besonderen Wert besitzt und unser Leben auf einzigartige Weise verändern könnte. Mit Hilfe dieses Kriteriums bringt James eine Voraussetzung ins Spiel, die auch in „Pascals Wette" entscheidend ist: Die echte Wahlalternative ist durch ein gewisses Ungleichgewicht der beiden Optionen gekennzeichnet: Entscheidet man sich für die Wahrheit der einen, dann besteht die Möglichkeit, dadurch ein kostbares Gut zu gewinnen, das man andernfalls notwendig verliert. Man hat damit die Wahl zwischen einem möglichen „Gewinn" und dem Verzicht auf diese Möglichkeit. James erkennt aber durchaus, dass diese reine Kalkulation in der Frage des religiösen Glaubens ungenügend ist. Denn damit daraus ein Argument für den religiösen Glauben werden kann, muss man bereits davon überzeugt sein, dass tatsächlich ein Gut auf dem Spiel steht, das alle anderen Güter übertrifft.

3.9.2 *Überzeugungen, bei denen die emotionale und willentliche Natur keine Rolle spielt bzw. spielen darf*

In den angeführten Beispielen ging es stets um Handlungsoptionen. Die Schwierigkeit der These, für die James in „The Will to Believe" argumentiert, besteht jedoch darin, dass nicht Handlungsalternativen zur Disposition stehen, sondern die Wahrheit von Aussagen. Über die Frage, ob wir darin gerechtfertigt sind, uns aufgrund dessen, dass wir ein bestimmtes Gut erlangen wollen, für die Handlung zu entscheiden, durch die wir dieses Gut auch erlangen können, dürfte wenig Dissens bestehen. Solange keine schwerwiegenden Einwände gegen diese Handlung sprechen und eine gute Chance besteht, Erfolg zu haben, ist der Wille, etwas zu erlangen, sicherlich ein guter Grund, sich dementsprechend für eine bestimmte Handlungsweise zu entscheiden. Dass wir den Willen hier als hinreichenden Grund ansehen, zeigt sich daran, dass wir

vielmehr im umgekehrten Fall, wenn jemand unter diesen Umständen nicht entsprechend handelt, nach Gründen fragen würden. Die praktische Form der Rationalität findet darin ihren Abschluss, so haben die vorangegangenen Ausführungen zu „Reflex Action and Theism" deutlich gemacht, dass wir die Handlungen, die wir als gut und sinnvoll betrachten, auch umsetzen. Zu dieser Umsetzung kommt es in einer willentlichen Handlung nur, wenn wir uns dazu entschließen, und zu einem Entschluss kommt es nur, wenn wir darauf vertrauen, dass wir die Handlung erfolgreich abschließen werden. Wie die Analyse des „faith" in „The Sentiment of Rationality" gezeigt hat, kann eine praktische Überzeugung nur dann wahr werden, wenn wir sie wahr machen. Dabei gilt es das Risiko und die Güte des möglichen Gewinns gegeneinander abzuwägen, aber man kann vernünftigerweise nicht raten, nur dann zu handeln, wenn ein Scheitern zu hundert Prozent ausgeschlossen werden kann.
James überträgt diese Überlegung nun auf die Ebene von Überzeugungen, indem er festhält, dass wir auch dann an der Wahrheit von Propositionen festhalten dürfen, wenn nicht ausgeschlossen werden kann, dass sie falsch sein könnten. Und dieses Vertrauen in Überzeugungen, die wir nicht vollständig beweisen können, wird auch dann nicht irrational, wenn es sich um Überzeugungen handelt, von denen wir wollen, dass sie wahr sind. Da Überzeugungen immer auch handlungsrelevant sind, ist es nach der Maßgabe der praktischen Vernunft sogar rationaler, von der Wahrheit jener Propositionen auszugehen, deren Wahrheit wir favorisieren. Eine Schwierigkeit dieser Argumentation liegt darin, dass wir Wahrheiten zwar theoretisch postulieren können, es aber Probleme bereitet, sich für die Wahrheit einer Aussage in dem Sinne zu entscheiden, dass wir dann tatsächlich von ihr überzeugt sind.
Es gibt, so James, tatsächlich eine Reihe von Überzeugungen, von deren Wahrheit wir uns nicht überzeugen können. So ist es nicht möglich, eine „dead option" willentlich zu einer „living option" zu machen. Denn eine Überzeugung ist nach James genau dann „tot", wenn keinerlei willentliche Neigung vorhanden ist, ihre Wahrheit in Betracht zu ziehen. Es ist demnach ausgeschlossen, jemanden, für den die Frage nach dem religiösen Glauben eine „tote Option" darstellt, durch einen Appell an den Willen überzeugen zu wollen. An diesem Punkt setzt James' Kritik an Pascals „Wette"[59] an. In diesem Abschnitt der „Pensées"[60] geht Pascal in seiner Argumentation für den christlichen Glauben wie James davon aus, dass sich dieser zwar nicht beweisen, aber doch als der Vernunft gemäß erweisen lässt. Zudem bestimmt auch Pascal die Entscheidung für oder gegen den Glauben als eine unvermeidliche Entscheidung. In Pascals Gedankenexperiment soll das fiktive Gegenüber von der Rationalität der Entscheidung für den religiösen Glauben überzeugt werden, indem diese Entscheidungssituation analog zu einer Entscheidung in einer Wette behandelt wird. In dieser gilt es abzuwägen, ob wir den ganzen Einsatz auf die Option des Glaubens

[59] Vgl. WB, 16 f.
[60] PASCAL [1670] (1992), Fragment 418 / 233.

oder des Nichtglaubens setzen. Im Fall, dass der religiöse Glaube zu einem glücklichen Leben führt, würden wir einen maximalen Gewinn erzielen, würden wir einen Verlust erleiden, wenn wir nicht auf dessen Wahrheit setzen. Auf die Option zu setzen, dass der religiöse Glaube sinnlos ist, bringt dagegen in keinem Fall einen Gewinn. Damit sei es vernünftiger, auf den Glauben zu setzen. Auch wenn James ebenfalls dafür argumentiert, dass es vernünftig ist, sich für den Glauben zu entscheiden, kritisiert er an Pascal, dass diese kalkulierende Form der Vernunft dem religiösen nicht angemessen sei. Wir merken intuitiv, dass es nicht richtig wäre, aus einer solchen Überlegung heraus, einen Glauben zu praktizieren, da dieser unecht oder bloß äußerlich bleiben würde. Der Sprecher in Pascals Schrift scheitert somit in dieser Episode aus guten Gründen an seinem Gegenüber. Denn was jenem fehlt, ist eine zumindest basale Neigung oder ein grundlegender Wille zu glauben.[61]

Der Wille ist zudem wirkungslos, wenn es um den weiten Bereich von Überzeugungen geht, die sich auf Sachverhalte beziehen, die von unseren Überzeugungen unabhängig sind. Auch wenn wir wollen, dass die Summe zweier Dollar-Noten in unserer Hosentasche hundert Dollar ergibt, so ändern wir dadurch natürlich nichts an der Realität und da wir das wissen, können wir auch nicht durch willentliche Anstrengung zu einer gegenteiligen Überzeugung kommen. Dies impliziert, dass religiöse Überzeugungen nicht auf den Bereich subjektunabhängiger Tatsachen bezogen sein können.

3.9.3 *Überzeugungen, in denen sich der Einfluss der willentlichen Natur zeigt*

Die These, dass es aber auch eine Reihe von Fällen gibt, in denen unsere „willentliche Natur" („willing nature") einen entscheidenden Einfluss darauf hat, was wir als wahr ansehen, untermauert James, indem er auf jene Bereiche verweist, in denen sich ein solcher Einfluss kaum bestreiten lässt, aber auch nicht als illegitim zu brandmarken ist. Mit dem Ausdruck „willentliche Natur", so stellt James hier klar, meint er nicht nur überlegte Willensakte („liberate volitions"), sondern all jene subjektiven Faktoren, durch die wir geneigt sind, eine bestimmte Überzeugung anzunehmen.[62]

Ein Bereich, in dem wir an Überzeugungen festhalten, deren Wahrheit durchaus nicht als gesichert angesehen werden kann, ist der gesamte Bereich der Meinungen („opinions"). Deren überzeugende Kraft beruht im Wesentlichen nur darauf, dass wir darauf vertrauen, dass die anderen mit ihren Urteilen richtig liegen, auch wenn jene, recht besehen, ebenfalls nur aufgrund dieses Vertrauens in den „Common-Sense" an ihnen festhalten.

---

[61] Genau darauf verweist aber auch Pascal, wenn er im gleichen Fragment festhält, dass die Unfähigkeit zu glauben, in den Leidenschaften („passions") liegt.

[62] „When I say ‚willing nature,' I do not mean only such deliberate volitions as may have set up habits of belief that we cannot now escape from, – I mean all such factors of belief as fear and hope, prejudice and passion, imitation and partisanship, the circumpressure of our caste and set." (WB, 18.)

„Our faith is faith in someone else's faith, and in the greatest matters this is most the case." (WB, 19.)

Der Verweis auf Tatsachen, die unabhängig von subjektiven Faktoren so sind wie im vorangegangenen Abschnitt, zielte auch auf die Wissenschaft. Diese sieht es als Maxime an, die Welt der objektiven Sachverhalte so zu präsentieren, wie sie tatsächlich, d. h. unabhängig von subjektiven Faktoren unserer Wahrnehmung, Meinung, etc., ist. In der Wissenschaft muss es von daher als „verwerflich" gelten, einer Hypothese aufgrund von persönlichen Präferenzen den Vorzug zu geben. Doch James korrigiert dieses Verständnis von Wissenschaft, indem er festhält, dass der Fortschritt in der Wissenschaft auch von Annahmen abhängt, bei denen es keinen Nachweis darüber gibt oder geben kann, ob es sich tatsächlich so verhält. Als Beispiel nennt James an dieser Stelle die Annahme der „Gleichförmigkeit natürlicher Abläufe" („uniformity of nature"). Ihre universelle Gültigkeit wird postuliert, ohne dass sie selbst Gegenstand einer empirischen Überprüfung werden kann. Umbrüche in der Wissenschaftsgeschichte scheinen genau in der Revision solcher Sätze zu liegen, die vormals unumstößlich schienen. Dass die emotionale und willentliche Natur im Fall solcher Paradigmenwechsel eine Rolle spielt, zeigt sich daran, dass ihre Durchsetzung meist von äußerst emotionalen Debatten begleitet wird.
Dass unsere Überzeugungen demnach in weiten Teilen auf unserer nicht-rationalen Natur („non-intellecual nature") beruhen, ist nach James weder als tadelnswert noch als pathologisch anzusehen, sondern als eine normale Eigenheit unseres Geistes („a normal element in making up our mind", WB, 20).

3.9.4 *Die Festlegung einer Überzeugung*

Eine Position, die sowohl dem Umstand Rechnung trägt, dass unsere Überzeugungen prima facie gerechtfertigt sind, auch wenn ihre Wahrheit nicht rational erwiesen ist, als auch der Tatsache, dass diese Überzeugungen nicht schon allein deshalb wahr sind, weil wir von ihrer Wahrheit überzeugt sind, ist diejenige, die James in „The Will to Believe" als die Grundhaltung des „Empiristen" bestimmt. Mit dieser Position schlägt James den pragmatistischen Mittelweg ein zwischen einem subjektivistischen Fundamentalismus, der subjektive Evidenzen als Wahrheiten ansieht und einem radikalen Skeptizismus, der die Möglichkeit, zu wahren Aussagen zu kommen, gänzlich ausschließt.[63]

[63] Auch Gustav Theodor Fechner, der insbesondere das metaphysische Denken von James beeinflusste, wie im Kapitel 5.3 dieser Arbeit deutlich werden wird, vertritt im Zuge seiner „induktiven Metaphysik" eine ähnliche Position. Die kommt insbesondere in der zweiten und dritten „Regel" der induktiven Metaphysik zum Ausdruck. Die erste wird als Regel der Fruchtbarkeit bestimmt und lautet wie folgt: „Ist ein Glaube wissenschaftlich begründet, so darf man ihn umso mehr annehmen, je beglückender er für den Menschen ist. Und die dritte Regel besagt: Die Wahrscheinlichkeit ist für einen Glauben um so größer, je länger er sich in der Geschichte gehalten hat, insbesondere, wenn er mit steigender Kultur an Verbreitung zunimmt." Hier nach HIRSCHBERGER 1981, 546.

Der Fundamentalist oder „Absolutist“ („absolutist“) wie James auch schreibt, kommt mit dem „Empiristen“ im Unterschied zum radikalen Skeptiker darin überein, dass es grundsätzlich möglich ist, zu einer wahren Auffassung der Wirklichkeit zu gelangen. Im Unterschied zum „Absolutisten der Wahrheit“ fügt der „Empirist“ jedoch einschränkend hinzu, dass wir aber niemals sicher wissen können, wann dies der Fall ist, d. h. er stellt jede Aussage unter einen fallibilistischen Vorbehalt. Für den „Empiristen“ gibt es kein Merkmal von Überzeugungen, das als sicherer Ausweis dafür gelten kann, dass unser „Für-wahr-Halten“ einer absoluten Wahrheit entspricht.[64] Das Gefühl der Evidenz wird von dem „Empiristen“ reflexiv eingeholt, was ihn davor bewahrt, das, was als evident erscheint als absolute Wahrheit zu betrachten. Der „Empirist“ betreibt eine Art intellektuelle Selbstdisziplinierung, denn wenn wir uns nicht auf der Ebene der Reflektion bewegen, sondern auf der unseres natürlichen Instinkts, so James, dogmatisieren auch die größten Empiristen wie unfehlbare Päpste.[65]
Doch James brandmarkt das „instinktive“ Verhalten, unsere Überzeugungen zunächst für wahr zu halten, keineswegs als illegitim, sondern gesteht ihm im Gegenteil sein volles Recht zu. Was jedoch den „Empiristen“ vom „Absolutisten“ unterscheidet, ist, dass ersterer stets den Unterschied zwischen der Ebene der subjektiven Evidenz und einer absoluten Wahrheit prinzipiell aufrecht erhält. Nach Auffassung des Empiristen ist es möglich, dass unsere Überzeugungen wahr sind, aber wir können nicht wissen, ob das der Fall ist. Da das menschliche Wissen stets vorläufig ist und sich unsere Überzeugungen damit immer noch als falsch erweisen können, kann es keine letzte Gewissheit geben. Der Gedanke der Wahrheit wird von James letztlich nicht als eine Eigenschaft verstanden, die konstatiert werden kann, sondern als leitendes Ideal, das das Verfahren der kontrollierten Reflexion in Gang hält.

> „I am, therefore, myself a complete empiricist so far as my theory of human knowledge goes. I live, to be sure, by the practical faith that we must go on experiencing and thinking over our experience, for only thus can our opinions grow more true“. (WB, 22.)

Wahrheitskriterien sind nach James also als Kriterien der Überprüfung zu sehen, aber nicht als Garanten einer absoluten Wahrheit. Es handelt sich um einen Grenzbegriff, der das unendlich weit entfernte Ideal unseres Denkens markiert („a mere aspiration or „*Grenzbegriff*“, marking the infinitely remote ideal of our thinking life“, WB, 23).[66] Die pragmatistische Pointe dieser Auffassung der Wahrheit liegt in der Absage

---

[64] „The absolutists in this matter say that we not only can attain to knowing truth, but we can *know when* we have attained to knowing it; while the empiricists think that although we may attain it, we cannot infallibly know when.“ (WB, 20.)

[65] Vgl. WB, 21.

[66] Nur *eine* Aussage untersteht für James nicht dem Vorbehalt des Fallibilismus, nämlich die, dass das gegenwärtige Bewusstsein existiert: „There is but one indefectibly certain truth, and that is the truth that pyrrhonistic scepticism itself leaves standing, – the truth that the present phenomenon of consciousness exists.“ (WB, 22.) Dieses Faktum ist die unhintergehbare Voraussetzung allen Philosophierens. Anders als für Descartes gibt es nach James jedoch nichts, was sich aus dieser Tatsache ableiten ließe. In „Does Consciousness Exist?“ wird James zwar dafür plädieren,

an ein letztes Kriterium oder eine letzte Instanz („*terminus a quo*") wie etwa die der Kohärenz, von Sinnesdaten oder Evidenzerlebnissen, die die Wahrheit einer Aussage verbürgen. Die Wahrheit oder besser gesagt die Güte einer Überzeugung bemisst sich vielmehr daran, was daraus folgt, („*terminus ad quem*", WB, 24),[67] wenn wir sie als wahr ansehen.

In dieser Festlegung liegt ein entscheidendes Element der gesamten Argumentation, in der es darum geht, Überzeugungen zu rechtfertigen, die wir aufgrund unserer willentlichen und leidenschaftlichen Natur („volitional and passional nature") geneigt sind, für wahr zu halten. Denn wenn es nicht entscheidend ist, woher unserer Überzeugungen stammen, sondern allein, ob sie sich im immerwährenden Prozess neuer Erfahrungen und Reflektionen als tragfähig und fruchtbar erweisen oder nicht, dann können Überzeugungen, die sich uns aufgrund unserer willentlichen Neigungen nahelegen, ebenso tragfähige Hypothesen abgeben wie Überzeugungen, die wir aufgrund rationaler Schlussfolgerungen gewonnen haben.

> „It matters not to an empiricist from what quarter an hypothesis may come to him [...] if the total drift of thinking continues to confirm it, that is what he means by its being true." (WB, 24.)

Im Unterschied zu den meist skeptisch gesinnten Vertretern des Fallibilismus geht James dem „Absolutisten" ein weites Stück entgegen, wenn er das „instinktive" Vertrauen in die Wahrheit unserer Überzeugungen als gerechtfertigt ansieht, solange es nicht mit einem absoluten Wahrheitsanspruch verbunden wird. Er befürwortet hier das zuversichtliche Prinzip „Glaube, dass es wahr ist!" („believe truth!"), solange nichts dagegen spricht, gegenüber der vorsichtigen Haltung „Vermeide den Irrtum!" („shun error!").[68]

James geht es hier zunächst um menschliche Grundhaltungen, die eine bestimmte emotionale Grundverfassung („expressions of our passional life", WB, 25) zum Ausdruck bringen, sich in allen Bereichen des Lebens zu erkennen geben und damit auch dem wissenschaftlichen Denken vorausliegen. Wer von Natur aus das Risiko scheut, so James, der wird auch auf intellektuellem Gebiet der Gefahr, sich zu irren, zu entrinnen versuchen, indem er sich beständig auf die Suche nach vollständiger Evidenz macht. Der „Empirist" im James'schen Sinne weiß, dass er sich jederzeit irren kann, aber das bringt ihn nicht davon ab, zuversichtlich daran festzuhalten, dass er im Großen und Ganzen schon richtig liegen wird.

---

die Rede vom Bewusstsein im Sinne einer Substanz, die allen Erfahrungen zugrunde liegt, fallen zu lassen. An die Stelle des Bewusstseins tritt hier die „reine Erfahrung", hinter die nicht zurückgegangen, die aber auch nicht in Zweifel gezogen werden kann. Vgl. JAMES [1904]: „Does Consciousness Exist?", in: DERS.: [1912] 1976: *Essays in Radical Empiricism*, 3–19.

[67] Vgl, dazu die Bestimmung der Wahrheit als einem „guiding principle" durch Peirce in seinem frühen Aufsatz „The Fixation of Belief". PEIRCE [1877] 1934, insbesondere § 5.358.

[68] „Believe truth! Shun error!-these, we see, are two materially different laws; and by choosing between them we may end by colouring differently our whole intellectual life." (WB, 24.)

„In a world where we are so certain to incur them in spite of all our caution, a certain lightness of heart seems healthier than this excessive nervousness on their behalf. At any rate, it seems the fittest thing for the empiricist philosopher." (Ebd.)

3.9.5 *Das Prinzip „belief truth" in Wissenschaft, Ethik und interpersonalen Beziehungen*

Auch wenn James gerade das Prinzip „Glaube, dass es wahr ist!" gegenüber dem Prinzip „Vermeide den Irrtum!" favorisiert hat, so wird im Folgenden deutlich, dass es nicht darum geht, ein Prinzip generell gegen das andere auszuspielen, sondern zu betrachten, wann es jeweils sinnvoll ist, sich an dem einen oder dem anderen zu orientieren. Er kommt dabei zunächst auf den Bereich der Wissenschaft zu sprechen, dann den Bereich der Ethik und in einem letzten Abschnitt auf den des religiösen Glaubens. Man kann in dieser Abfolge einen graduellen Übergang sehen, bei dem das Ideal der reinen Wissenschaft („purely judging mind", WB, 26) einen Pol bildet und die religiöse Grundentscheidung den anderen.

Gewöhnlich bewegen wir uns immer in einem Bereich dazwischen, in dem es nur darum gehen kann, eine skeptische Balance („sceptical balance", ebd.) zu halten zwischen dem starken Interesse an der Wahrheit und der gebotenen Vorsicht, nicht dem Irrtum zu verfallen. Als entscheidende Größe kommt hier das Kriterium der Bedeutsamkeit („momentous") ins Spiel. Fragen, von denen in unserem Leben nichts oder eher wenig abhängt, können wir offen lassen. Ob wir eine angemessene Theorie der Röntgenstrahlen haben oder nicht beispielsweise, ist für unser Leben im Regelfall nicht von Bedeutung, sondern befriedigt allenfalls ein rein theoretisches Interesse. Dies gilt aber nicht für den Forscher, der an einer solchen Theorie arbeitet. Ein emotional vollkommen unbeteiligter Forscher wäre nach James der größte Nichtsnutz, da ihm das lebhafte Interesse am Auffinden der Wahrheit fehlt, das jeden großen Forscher antreibt. Andererseits muss gerade der engagierte Forscher auf der Hut sein, nicht vorschnell eine Hypothese für wahr zu halten. Um diese Balance zu halten, so James, hat man in der Wissenschaft die Methode der Verifikation eingeführt.[69]

Aber nicht alle Annahmen, die in der Wissenschaft gemacht werden, unterliegen diesem Kriterium. Sie beinhaltet zudem Annahmen, die nicht dem Prüfstein der Verifikation unterworfen sind. So besteht eine zentrale leitende Annahme der Wissenschaft darin, dass alle Abläufe in der Natur notwendigen Gesetzmäßigkeiten folgen. Es handelt sich dabei um ein Postulat, das die neuzeitliche Wissenschaft leitet und dort auch seine Berechtigung hat. Das bedeutet nicht, dass es nicht auch singuläre Ereignisse geben kann, sondern nur, dass sie nicht in den Rahmen der modernen Wissenschaft fallen. Die Behauptung, dass alle Abläufe einer Gesetzmäßigkeit unterliegen, ist von

[69] „Science has organized this nervousness into a regular *technique*, her so-called method of verification; and she has fallen so deeply in love with the method that one may even say she has ceased to care for truth by itself at all. It is only truth as technically verified that interests her." (WB, 26 f.)

daher als ein szientistischer Dogmatismus anzusehen, solange man nicht in der Lage ist, Gründe zu liefern, die den Indeterminismus als Prinzip der Wirklichkeit ausschließen.

Bereits in der Wissenschaft spielen somit Annahmen eine Rolle, die strenggenommen nicht zu beweisen sind. Von noch größerer Bedeutung sind sie auf der Ebene des Handelns. Denn wie oben bereits dargelegt wurde, ist sinnvolles Handeln nur möglich, wenn wir prinzipiell davon ausgehen, damit das zu erreichen, was wir erreichen wollen.

> „In truths dependent on our personal action, then, faith based on desire is certainly a lawful and possibly an indispensable thing." (WB, 29.)

Neben der moralischen Grundsatzfrage, ob der ethische Subjektivist oder der ethische Absolutist im Recht ist, die James bereits in „The Sentiment of Rationality" aufgegriffen hat und die ich aus diesem Grund nicht nochmals aufnehmen möchte, betont James in „The Will to Believe" die Bedeutung der Fähigkeit, aufgrund nicht verifizierter Hypothesen zu agieren, auf der zwischenmenschlichen Ebene. Hier, so James, würden wir sämtliche Freundschaften und Liebesbeziehungen letztlich verlieren, wenn wir auf einen objektiven Beweis der Zuneigung warten, anstatt diese unter einem Vertrauensvorschuss zu erwidern. Darüber hinaus beruht jede Form sozialer Kooperation auf der mehr oder weniger blinden Annahme, dass alle anderen in der gleichen Weise ihren Pflichten nachkommen wie wir selbst.

> „A government, an army, a commercial system, a ship, a college, an athletic team, all exist on this condition, without which not only is nothing achieved, but nothing is even attempted." (Ebd.)[70]

3.9.6 *Der religiöse Glaube*

Um die willentliche Annahme des religiösen Glaubens als gerechtfertigt zu erweisen, muss zunächst einmal gezeigt werden, dass der religiöse Glaube zum einen eine „genuine option" darstellt und sich die Frage, ob der religiöse Glaube wahr ist, nicht auf intellektuellem Wege lösen lässt. Es wurde bereits deutlich, dass James den religiösen Glauben hier als einen Glauben bestimmt, der auf einem Verlangen basiert („faith based on desire", WB, 29). Der „faith" wurde in „The Sentiment of Rationality" als eine Überzeugtheit von einer Sache bestimmt, die, obschon theoretisch noch Zweifel möglich sind, zur Bereitschaft führt, auf der Grundlage dieser Überzeugung zu handeln.

Der Inhalt, auf den sich der „faith" bezieht, hat demnach einen hypothetischen Charakter. Der Gegenstand der „religiösen Hypothese" (ebd.) wird in „The Will to Believe" auf ganz ähnliche Weise bestimmt, wie später in den *Varieties* in dem Kapitel „The Reality of the Unseen". Zum einen besteht sie in der Überzeugung, dass es et-

---

[70] Diese Aussagen sind in jüngerer Zeit auch vonseiten der Volkswirtschaftslehre empirisch untersucht worden. Vgl. etwa: FEHR/ FISCHBACHER/ GÄCHTER 2002.

was gibt, das über die endliche Welt hinausgeht und zweitens, dass wir bereits in diesem Leben besser dran sind, wenn wir die erste Annahme für wahr halten.

> „First, she [the religion] says that the best things are the more eternal things, the overlapping things, the things in the universe that throw the last stone, so to speak, and say the final word. […] The second affirmation of religion is that we are better off even now if we believe her first affirmation to be true.“ (WB, 29 f.)

Dass es sich dabei um eine „living option“ handelt, stellt James sicher, indem er angibt, dass es ihm in seiner Argumentation allein um die Personen geht, die er als „the ‚saving remnant'“ (WB, 30) bezeichnet. Dieser Ausdruck, den James sicher bereits in humoristisch gebrochener Weise verwendet, spielt auf Jesaja 10,22[71] an. Ich denke, man kann darunter diejenigen Menschen verstehen, die die religiöse Hypothese ernsthaft in Betracht zu ziehen vermögen, da sie zum einen ihre Bedeutung erfassen können und es für sie nichts gibt, was dieser Möglichkeit prinzipiell widerspricht. Dass diese Entscheidung für das jeweilige Individuum von Bedeutung („momentous“) ist, wird von der religiösen Hypothese selbst postuliert. Wenn es wahr ist, dass es uns schon jetzt in eine bessere Lage versetzt, wenn wir den „ewigen Dingen“ mehr Wert zusprechen als den endlichen, dann würden wir auf die Möglichkeit verzichten, das bessere Leben zu wählen, was zudem eine einmalige Möglichkeit darstellt, als wir nur ein Leben haben. Aus dem Gesagten wird bereits ersichtlich, dass die Entscheidung eine zwingende („forced“) ist, denn die Formulierung der religiösen Hypothese stellt uns vor ein „Entweder-Oder“, das keine Möglichkeit der Enthaltung bietet, denn wenn wir uns nicht entscheiden, verlieren wir das hypothetische Gut auf jeden Fall. Damit ist die Annahme der religiösen Hypothese als eine echte Wahlalternative („genuine option“) bestimmt.

Dafür, dass sich die religiöse Hypothese nicht auf intellektuellem Weg lösen lässt, wird von James in diesem Text nicht eigens argumentiert. Für James führt offensichtlich kein Weg mehr hinter Kants Kritik der Gottesbeweise zurück. Dies lässt sich auf dem Hintergrund der bisherigen Ausführungen so erklären, dass James die religiöse Hypothese als Ausdruck einer Weltanschauung begreift, die das intellektuelle Vermögen zwar in sich begreift, doch über dieses hinausgeht. In der Annahme von Gütern, die über die endliche Welt hinausweisen, liegt ein Sprung auf das Unendliche, den nur die Vernunft im umfassenden Sinn und nicht das schlussfolgernde Denken allein zu leisten vermag. James zufolge bedeutet das aber nicht, dass damit der spekulative Weg versperrt wäre. Allerdings wird den Gegenständen der Spekulation nicht der Status eines beweisbaren Wissens zuerkannt, sondern der des Glaubens im Sinne eines Festhaltens an einer Forderung der menschlichen Vernunft, die theoretisch bezweifelt und zurückgewiesen werden kann.

---

[71] „Ein Rest kehrt um zum starken Gott, ein Rest von Jakob. Israel, wenn auch dein Volk so zahlreich ist wie der Sand am Meer – nur ein Rest von ihnen kehrt um. Die Vernichtung ist beschlossen, die Gerechtigkeit flutet heran.“ Jes. 10,21 f. nach der Einheitsübersetzung.

Daraus ergibt sich, dass das von den Vertretern des Wissenschaftsethos vertretene Prinzip, unter allen Umständen den Irrtum zu vermeiden, abgelehnt werden muss. Den religiösen Glauben aus dem Grund abzulehnen, dass es für ihn keine zureichende Evidenz gibt, ist nach James eine Forderung, die aus einer erkenntnistheoretischen Position heraus als obsolet angesehen werden kann. Aus der Sicht des Empiristen, wie ihn James zuvor eingeführt hat, kann es eine solche objektive Gewissheit in keinem Gebiet des Wissens geben. Im Bereich der empirischen Wissenschaften ist an dessen Stelle das Verfahren der Verifikation getreten, in dem die Wahrheit allein als Ideal des Forschungsprozesses dient. Der „Empirist" in dem hier von James eingeführten Sinn schließt nicht aus, dass die Wahrheit erkannt werden kann, er bestreitet jedoch, dass es Kriterien gibt, anhand derer eindeutig und für alle Zeit festgestellt werden kann, dass eine Aussage wahr ist. Im Fall des religiösen Glaubens stehen wir aber vor dem Dilemma, dass die Anerkennung der Wahrheit der Glaubensinhalte nicht vertagt werden kann und es auch nicht genügt, sie für wahrscheinlich zu halten. Wenn eine Zustimmung möglich sein soll – und dafür argumentiert James –, dann kann sie nicht auf einer rein intellektuellen Basis erfolgen. Diese ist vielmehr der willentlichen und emotionalen Zustimmung nachgeordnet, wobei sie jedoch auch in Widerspruch zu ihr steht.

Mit dieser Verteidigung des Rechts, einen religiösen Glauben anzunehmen, gegenüber dem rationalistisch-szientistischen Gebot, keine Überzeugung anzunehmen, die nicht unbezweifelbar erwiesen wäre, hat James im Grunde eingelöst, was er zu Anfang des Textes versprochen hat. Das wissenschaftliche Ethos, alles zu tun, um den Irrtum auszuschließen, stellt im Rahmen der Wissenschaft ein sinnvolles Postulat dar, im Alltag, auf der Ebene des Handels sowie der zwischenmenschlichen Beziehungen und letztlich der der Religion erweist sich diese Forderung jedoch als unvernünftig. James weist damit auf, dass die Warnung vor dem religiösen Glauben vonseiten des Szientismus keinesfalls „wissenschaftlich" ist, sondern aus einer rationalistisch-szientistischen Weltanschauung herrührt, die das Ethos der intellektuellen Redlichkeit an die oberste Stelle rückt. An der Entscheidung für diese Grundhaltung ist unsere emotionale Natur ebenso beteiligt wie in der Entscheidung für den religiösen Glauben. Anders als von Szientisten oftmals behauptet, stehen sich in der Entscheidung zwischen szientistischer und religiöser Grundhaltung nicht Intellekt und Leidenschaft („intellect against passion", WB, 30) gegenüber, sondern es ist jeweils eine bestimmte Form der Leidenschaft, die unser Handeln, Denken und Fühlen bestimmt.

Einen Vertreter einer solch szientistischen Position findet man im neueren Diskurs um die Religion in der Moderne in Ernst Tugendhat, der geradezu als Antipode gegenüber James auftritt, wenn er behauptet, dass Überzeugungen, die auf Wünschen beruhen, stets zu misstrauen sei.[72] James' Rede vom religiösen Glauben als einem auf einem Verlangen beruhenden Glauben („faith based on desire") als Wunschdenken zu

[72] Siehe oben, S. 18.

verstehen, wäre ein erhebliches Missverständnis. Indem es James zur Bedingung macht, dass die Annahme einer Überzeugung gar nicht erst zur Disposition steht, wenn es sich nicht um eine „living option“ handelt, kommen nur Überzeugungen in Betracht, die prinzipiell im Bereich des Möglichen liegen. Niemand, der ansonsten bei klarem Verstand ist, wird auf dem Gebiet der Religion an völlig absurde Dinge glauben – oder zumindest ist das nicht die Form des religiösen Glaubens, die James als gerechtfertigt ansieht. Darin liegt auch ein Grund für James' weitgehend ablehnende Haltung gegenüber religiösen Lehren. Diese sind nicht selten aus einem Kontext heraus entstanden, der uns so fremd ist, dass wir sie in einem wörtlichen Sinne nicht für wahr halten können. Religiöse Aussagen müssen an das anschließen, wovon wir bereits überzeugt sind, alles andere ist Aberglaube.

3.9.7 *Personalität*

Es liegt in der Logik des Glaubens („faith“), dass wir einen ersten Schritt tun müssen, um uns von der Wahrheit der Sache überzeugen zu können. Wie in zwischenmenschlichen Beziehungen, so James, müssen wir dieser Wahrheit auf halber Strecke entgegen kommen. So wie das permanente Misstrauen in die Zuneigung einer anderen Person gerade verhindert, dass wir uns mehr und mehr von der Echtheit dieser Zuneigung überzeugen können, wird auch der religiöse Glaube seine Evidenz verlieren, wenn wir ihn beständig hinterfragen.

Man mag an dieser Stelle einwenden, dass es einen erheblichen Unterschied darstellt, ob man es mit einer anderen Person zu tun hat oder mit dem Universum. Die meisten Menschen haben gelernt einer Person zu vertrauen, aber woher soll das Vertrauen auf etwas dermaßen Ungreifbares wie eine transzendente Wirklichkeit kommen? Hier kommt uns die Religion in der Gestalt des Theismus entgegen, indem die Aspekte des Ewigen und Vollkommenen in ihr in personaler Gestalt („personal form“) dargestellt werden. Auf diese Weise verwandelt sich das Universum von einem „bloßen Es“ („mere *It*“) zu einem „Du“ („*Thou*“, WB, 31), so dass jede Form der Beziehung, die zwischen Personen möglich ist, es auch hier ist.

Diese Vorstellungen sind für den Menschen deshalb attraktiv, da in ihnen die Ernsthaftigkeit, mit dem sie tief im Innern der Wirklichkeit im Ganzen gegenübertreten möchten, einen sinnvollen Anhalt findet. Denn wenn unser Festhalten an der Vorstellung, dass es einen Gott oder auch Götter gibt, das weder für unser logisches Verständnis noch für unser Leben einfach ist,[73] uns dazu anhält, dass wir dem Universum den größten Dienst erweisen, dann kommt das jenem Gefühl entgegen, dass unsere eigentliche Bestimmung genau darin liegt.

---

[73] Vgl. WB, 31.

3.9.8 *Zusammenfassung*

Im Zentrum von „The Will to Believe" steht die Verteidigung des Rechts, an religiösen Überzeugungen festzuhalten. Der Ausgangspunkt der Argumentation besteht in der Annahme, dass der religiöse Glaube als eine Entscheidung in einer „genuine option" dargestellt werden kann. In Rückgriff auf die Ausführungen über den Willen in den *Principles* kann dieser Prozess der willentlichen Annahme des religiösen Glaubens als derjenige Typus einer Willensentscheidung bestimmt werden, bei dem es nicht möglich ist, auf eine argumentative Weise zu einer Entscheidung zu gelangen. Die Frage ist nun, mit welchem Typus von Entscheidung wir es hier zu tun haben: Basiert der religiöse Glaube James zufolge auf einer Willensanstrengung oder handelt es sich um eine Um- oder Durchbruchserfahrung?

Diese Frage wird erst vollständig beantwortet werden können, wenn die „Konversion", die im Zentrum der *Varieties* steht, in Kapitel 4.7 dieser Arbeit besprochen wurde. Dann wird ersichtlich, dass die Doppeldeutigkeit der Rede von einem „Will to Believe", die zum einen als eine Neigung und zum anderen als eine Willensentscheidung verstanden werden kann, durchaus in der Natur der Sache liegt. Das „Sowohl als auch" in dieser Frage wurde bereits anhand der Darstellung der Struktur von Billigung („assent") und Zustimmung („consent") deutlich. Auf der Ebene der willentlichen Entscheidung können wir dahin gelangen, religiöse Überzeugungen zu billigen. Darin liegt sogar ein erster notwendiger Schritt, damit sie auch unsere volle Zustimmung erfahren und als Überzeugung in unserem Denken, Tun und Empfinden wirksam werden können. Der Punkt, an dem eine Überzeugung unsere volle Zustimmung („consent") erfährt, liegt jedoch mehr oder weniger im Dunkeln. Manchmal, so bemerkt James bereits in den *Principles*, arbeitet hier die Natur für uns.

> „Nature sometimes, and indeed not very infrequently, produces instantaneous conversions for us. She suddenly puts us in an active connection with objects of which she had till then left us cold." (PP, 948.)

Doch auch auf willkürlichem Wege können wir, wenn auch nur schrittweise, zu dem gleichen Ergebnis kommen. Dazu bedarf es des „eiskalten Entschlusses", eine Sache, von deren Realität wir keineswegs überzeugt sind, so zu behandeln, als sei sie wahr.

> „But gradually our will can lead us to same results by a very simple method: we need only in cold blood ACT as if the thing in question were real, and keep acting as if it were real, and it infallibly end by growing into such a connection with our life that it will become real. It will become so knit with habit and emotion that our interests in it will be those which characterize belief." (PP, 948 f.)

Diese Methode einer schrittweisen „Konversion",[74] so James weiter, greift auf dem Gebiet der Moral ebenso wie auf dem der Religion, was im Bereich der religiösen Unterweisung hinlänglich bekannt sei.

[74] Von einer „faith-ladder" spricht James auch in: „Faith and the Right to Believe" (1874), in: McDermott 1977, 737 sowie in: JAMES [1909] (1977), 148.

> „Those to whom ‚God‘ and ‚Duty‘ are now mere names can make them much more than that, if they make a little sacrifice to them every day. But all this is so well known in moral and religious education that I need say no more.“ (PP, 949.)

Im Zentrum der *Varieties* stehen genau jene Um- und Durchbruchserfahrungen, die James als „Konversion“ bezeichnet. James erklärt dieses Phänomen auf dem Hintergrund der Annahme eines subliminalen Bereichs des Selbst. Um zu einer angemessenen Interpretation dieser Aussagen kommen zu können, möchte ich im nächsten Kapitel zunächst auf James' Modell des Bewusstseins, des „stream of thought“, und seine darauf aufbauende Theorie des Selbst zu sprechen kommen. Auf dieser Grundlage lässt sich zeigen, dass James auch in den *Varieties* von empirischen Studien des menschlichen Geistes ausgeht, um dann letztlich den Rahmen der empirischen Psychologie zu überschreiten und die Basis für eine Metaphysik zu legen, die dann im letzten Kapitel unter Rückgriff auf *A Pluralistic Universe* dargestellt werden wird.

4 Die empirische Grundlage des Glaubens

4.1 Zwischen Scylla und Charybdis: Die Suche nach einer Alternative zu Assoziationspsychologie und Idealismus

Mit der Metapher des „stream of thought" bietet James in den *Principles* ein Modell an, das dazu dient, den menschlichen Geist auf eine Weise zu verstehen, die jenseits der traditionellen Dichotomie zwischen angelsächsischem Sinnesdatenempirismus auf der einen und kontinentalem Idealismus auf der anderen Seite steht. Indem sich James in Opposition zu einem atomistischen Sensualismus begibt, wendet er sich gegen einen nahezu selbstverständlichen Ausgangspunkt der Psychologie seiner Zeit, die vom englischen Empirismus Lockescher und Humescher Prägung seinen Ausgang nimmt, in der Kantischen Transzendentalphilosophie fortsetzt und mit Herbart Eingang in die Psychologie erhalten hat.

Doch James' Denken ist zu sehr der Empirie verpflichtet, um sich den Ansichten der klassischen Gegenposition, dem Intellektualismus oder Rationalismus, anschließen zu können. Bis in seine späten Schriften hinein wird er an dem empiristischen Grundsatz festhalten, dass alle Erkenntnis aus der Erfahrung stammt, jedoch konsequenter – oder wie James sagt „radikaler" – als jene Empiristen, die er kritisiert. Der klassische Empirismus, so möchte James demonstrieren, stützt sich nicht auf die Erfahrung selbst, sondern auf ein Konstrukt von Erfahrung. Je genauer man unter die Lupe nimmt, wie unsere Erfahrung beschaffen ist, desto absurder muss die Auffassung erscheinen, dass diese aus einzelnen Sinneseindrücken zusammengesetzt ist, die sich dann in Form von isolierten Vorstellungen im Geist festsetzen. Aus einer solchen Auffassung gehen vielmehr eine Reihe erkenntnistheoretischer Probleme hervor, die durch den konsequenten Rückgang auf die Erfahrung selbst erledigt werden können. Zu diesem Zwecke destruiert James zunächst jene „mythischen Entitäten" des klassischen Empirismus wie isolierte Sinnesdaten und Vorstellungen, von denen es heißt, dass sie ab und an in unser Bewusstsein treten, um dann wieder zu verschwinden.

> „A permanently existing ‚idea' or ‚Vorstellung' which makes its appearance before the footlights of consciousness at periodical intervals, is as mythological an entity as the Jack of Spades." (PP, 230.)

Doch die Kritik am „Mythos des Gegebenen" beinhaltet auch einen konstruktiven Aspekt, denn mit ihr eröffnet sich die Möglichkeit, die ganze Bandbreite dessen, was erfahren wird, ins wissenschaftliche und philosophische Bewusstsein zu rücken. Das ist zum einen im Sinne eines phänomenologischen Aufweises der Vielfalt menschlicher Erfahrungen zu verstehen, bei dem sich James der Methode der Introspektion bedient. Bildlich gesprochen könnte man sagen, dass James nicht bestreiten will, dass da *etwas* auf dem Foto ist, sondern darauf hinweist, dass diese Dinge, die wir klar benennen können, nicht das gesamte Foto füllen. Er wendet den Fokus auf den „Zwischenraum", der gleichfalls Gegenstand der Erfahrung ist, auch wenn er zumeist nicht im Zentrum der Aufmerksamkeit steht. Genauer handelt es sich dabei um jene Vielzahl von Relationen, durch die die Gegenstände miteinander verbunden sind und die wir wahrnehmen und nicht, wie klassische Empiristen und Rationalisten übereinstimmend behaupten, die von unserem Bewusstsein (nachträglich) geleistet werden. Den Sensualisten hält James also entgegen, dass unsere Empfindungen nicht nur aus einzelnen punktuellen Eindrücken bestehen, sondern ebenso aus Empfindungen der Relation („feeling of relation", PP, 237). Die Welt, wie wir sie wahrnehmen, besteht aus Tatsachen, die selbst Relationen beinhalten und zu anderen Tatsachen in Beziehung stehen. Wenn wir der Ansicht zustimmen, dass unser Tatsachenwissen aus der Erfahrung stammt, dann gibt es keinen plausiblen Grund, Relationen als weniger objektiv oder real anzusehen als „Gegenstände".

Der eben erwähnte „Mythos", nach dem unser Bewusstsein aus einzelnen Vorstellungen besteht, basiert allein auf gegenstandstheoretischen Voraussetzungen. Die Grundvorstellung ist die, dass sich Erfahrung von Wirklichkeit aus einer Reihe von distinkten Sinneseindrücken aufbaue, die einen „Abdruck" im Geist hinterlassen, der vom Geist als Vorstellung oder Idee festgehalten und „weiterverarbeitet" wird. Im Folgenden soll James' Kritik am klassischen Empirismus dargestellt werden, die an diesen gegenstandstheoretischen Voraussetzungen ansetzt.

4.1.1 *Das gegenstandstheoretische Paradigma des Sinnesdatenempirismus*

James führt zwei Irrtümer an, die dem gegenstandstheoretischen Paradigma auf den ersten Blick eine gewisse Plausibilität verleihen. Zum einen verwechselt der klassische Empirismus die Elemente des Denkens, zu denen wir gelangen, indem wir auf die Erfahrung reflexiv Bezug nehmen mit der primären Struktur der Erfahrungswirklichkeit. Zum Zweiten verleitet uns die Struktur unserer Sprache dazu, von einem Sprechen *über* Dinge auf das Vorhandensein klar unterscheidbarer Gegenstände in der Erfahrung zu schließen.

Mit dem ersten Kritikpunkt setzt James im Wesentlichen an der Assoziationspsychologie[1] an. Diese geht von der Vorstellung aus, dass wir die Wirklichkeit erfassen, indem die Gegenstände, die die Wirklichkeit konstituieren, regelmäßig auf unsere Sinne einwirken. Erfahrung besteht demnach aus distinkten Sinneseindrücken, die dann einzeln im Geist repräsentiert sind. Diese Vorstellung basiert jedoch auf einer Verwechslung. Zwar können wir in der Reflexion auf mentale Vorstellungen sagen, dass diese aus mehreren Elementen bestehen, auf die wir uns auch gesondert beziehen können. Das bedeutet aber nicht, wie der Empirismus in Gestalt der Assoziationspsy-

[1] So bezeichnet James, wie aus dem zehnten Kapitel „The Consciousness of the Self" (PP, 336 f.) hervorgeht, die Tradition von Locke und Hume, James und John Stuart Mill, Johann Friedrich Herbart, Hippolyte Taine und Daniel Greenleaf Thompson.

chologie fälschlicherweise annimmt, dass die Erfahrung selbst notwendig aus einzelnen Elementen aufgebaut sei.

> „The ordinary associationist-psychology supposes, in contrast with this, that whenever an object of thought contains many elements, the thought itself must be made up of just as many ideas, one idea for each element, and all fused together in appearance, but really separate." (PP, 267.)

Die Vorstellung, nach der sich die Erfahrung aus einem Konglomerat von einzelnen Sinneseindrücken zusammensetzt, beruht nach James auf der Verwechslung von distinkten Vorstellungen, die wir aus einem Akt der Reflexion gewinnen, mit der Struktur der unmittelbaren Erfahrungswirklichkeit. Erfahrung hat für James stets einen holistischen Charakter, die Vorstellung von einzelnen Sinneseindrücken ist dagegen das Ergebnis einer falschen Schlussfolgerung, so dass festzuhalten ist:

> „No one had ever had a simple sensation by itself." (PP, 219.)

Darüber hinaus ist die scheinbare Plausibilität der gegenstandstheoretischen Voraussetzungen der empiristischen Erkenntnistheorie für James in der Struktur unserer Sprache begründet. James begreift Sprache als einen Prozess der „Triangulation"[2], in dem wir mittels eines sprachlichen Ausdrucks auf einen Gegenstand Bezug nehmen. Der Gegenstand wird durch den Sprecher sprachlich repräsentiert. Da diese sprachliche Repräsentation von verschiedenen Sprechern verwendet werden kann, ist es zum einen möglich, dass sich mehrere Sprecher auf *einen* Gegenstand beziehen und zum anderen, sich selbst zu unterschiedlichen Zeitpunkten oder unter verschiedenen Voraussetzungen mittels der gleichen sprachlichen Repräsentation auf einen Gegenstand zu beziehen. Auf diese Weise erhält der Gegenstand unserer Rede scheinbar einen extramentalen Status. Der fehlerhafte Schluss besteht nun darin, von der Gleichheit der sprachlichen Repräsentation auf eine substantielle Gleichheit eines Gegenstandes in der Wirklichkeit zu schließen.

> „The judgment that my own past thought and my own present thought are of the same object is what makes *me* take the object out of either and project it by a sort of triangulation into an independent position, from which it may *appear* to both. *Sameness* in a multiplicity of objective appearances is thus the basis of our belief in realities outside of thought." (PP, 262.)

James wendet sich nicht gegen die Annahme des sprachphilosophischen Realismus, sondern gegen eine Verdopplung von Entitäten in der Welt. Diese kommt zustande, wenn wir vom sprachlichen Akt der Triangulation abstrahieren und die Formen der sprachlichen Artikulation zu sprachunabhängigen Objekten der äußeren Realität hypostasieren. Nach James haben wir es jedoch stets mit „subjects of discourse"[3] zu tun. Dass wir „über etwas" sprechen oder ein Wissen „von etwas" („knowing about")[4] haben, darf nicht zu der Annahme führen, dass es so etwas wie einen substantiellen Kern dieser Inhalte gibt, der als selbstständiges Objekt von diesen Akten zu trennen

---

[2] Vgl. PP, 262.
[3] Vgl. PP, 265.
[4] Vgl. PP, 652.

wäre. In einer solchen Hypostasierung sieht James einen verderblichen Gebrauch der Rede („vicious use of speech", PP, 265).

4.1.2 *Skeptizismus und Rationalismus als Konsequenzen des atomistischen Sensualismus*

Mit der Annahme, dass sich die menschliche Erfahrung aus punktuellen Sinneseindrücken aufbaue, handelt man sich eine Reihe von philosophischen Problemen ein. Ein zentrales Problem besteht in der Frage, wie garantiert werden kann, dass die Art, wie unser Geist die einzelnen Sinneseindrücke bzw. deren geistige Repräsentationen zueinander in Beziehung setzt, auch der Realität entspricht.

Einmal besteht die Möglichkeit, darauf aus einer skeptizistischen Position heraus zu antworten. Diese behauptet schlicht, dass es eine solche Garantie nicht geben kann. Über die einzelnen Gegenstände hinaus, die uns als Sinneseindrücke gegeben sind, können wir nichts über die Wirklichkeit als solche wissen. Denn da es unser Geist ist, der sie zueinander in Beziehung setzt, ist unsere Vorstellung der Wirklichkeit im Ganzen stets nur eine konstruierte Vorstellung. Ob die Zusammenhänge, die wir einer solchen Vorstellung eines Ganzen zugrunde legen, wie etwa eine kausale, zeitliche oder teleologische Ordnung der Dinge, real bestehen, können wir demnach nicht wissen.

Der Rationalismus oder Intellektualismus nimmt solche Relationen hingegen als reale Ordnungen an. Die Ebene, auf der wir diese Zusammenhänge erfassen können, ist im Rationalismus aber nicht die der Empirie. Es handelt sich vielmehr um eine Form der Einsicht, die gerade von der Ebene der sinnlichen Erfahrung gänzlich unterschieden werden muss. Rationalismus und Empirismus kommen in der Annahme überein, dass die Verbindungen zwischen den Dingen nicht Gegenstand der Erfahrung sind. Der Rationalismus hält aber daran fest, dass diese Verbindungen dennoch als Bestandteile der Wirklichkeit im Ganzen angesehen werden müssen und nimmt dies als Beweis dafür an, dass es das reine Denken sein muss, das diese Zusammenhänge erfasst. Er verlagert die Wirklichkeit der Relationen auf eine andere Ebene als die der Sinneserfahrung und betrachtet in der Konsequenz auch das Erfassen von Relationen als etwas, das sich gänzlich von der Sinneserfahrung unterscheidet, nämlich als einen „*actus purus* of Thought, Intellect, or Reason, all written with capitals and considered to mean something unutterably superior to any fact of sensibility whatever." (PP, 238.)

Die Auseinandersetzung mit dieser Position, die in Gestalt des absoluten Idealismus letztlich auch die Einsicht in das verbindende Prinzip des Weltganzen für möglich hält, beschäftigt James, wie im Kapitel 5.1 dieser Arbeit noch deutlich werden wird, bis in seine späten Schriften hinein. Die Position, die James als Antwort auf diese problematische epistemologische Ausgangslage in seinen späteren Schriften entwickelt, ist die eines Empirismus, der radikaler bei der Erfahrung ansetzt als der klassische Empirismus. Dabei hält er an dessen Ausgangspunkt fest: Nichts kann Gegenstand der Philosophie sein, das nicht auch direkt erfahrbar („direct experienced", ERE, 22) ist wie James in seinen Schriften zum „Radikalen Empirismus" formuliert.[5] Damit ist der Weg des Rationalismus, der auf der Grundlage einer Erkenntnis, die die Ebene der sinnlichen Erfahrung übersteigt, zu einer Einsicht in die Beschaffenheit des Ganzen gelangen möchte, ausgeschlossen. Dem Skeptizismus des klassischen Empirismus entgeht James, indem er einerseits einen holistischen an die Stelle des atomistischen Erfahrungsbegriffes setzt, der relationale Empfindungen mit umfasst und zum anderen den Monismus durch eine pluralistische Sicht ersetzt. Der erste Teil, d. h. die Struktur der Erfahrung als einer stets ganzheitlichen Erfahrung von relationalen Beziehungen, wird im Folgenden in der Darstellung des „stream of thought" einzulösen sein. Da die Beschaffenheit der Wirklichkeit selbst jedoch, wie James in den selbst *Principles* ausdrücklich anmerkt,[6] nicht in den Rahmen der Psychologie fällt, bietet der „stream of thought" allein ein Modell des Bewusstseins, nicht der Wirklichkeit. Zu einer Theorie der Realität wird das Modell des „stream of thought" dann später in James' Schriften zum radikalen Empirismus und in der metaphysischen Konzeption des „pluralistischen Universums".

4.2 Das Modell des „stream of thought"

Mit dem Modell des „stream of thought" entwickelt James in den *Principles* eine Sicht des menschlichen Geistes, die es ermöglichen soll, den Skeptizismus zu vermeiden und zugleich das Grunddiktum des Empirismus zu wahren, dass wir keine Kenntnis von etwas haben können, das außerhalb möglicher Erfahrung liegt. Der grundlegende Schritt besteht darin, die problematischen Voraussetzungen des klassischen Empirismus zurückzuweisen und eine alternative Sicht von Erfahrung zu etablieren. An die Stelle eines atomistischen Sensualismus tritt die Auffassung eines Erfahrungskontinuums und einer Totalität der Erfahrung, durch die sich die Notwendigkeit einer transempirischen Einsicht in die Zusammenhänge in der Welt erübrigt.

4.2.1 *Der Terminus „Stream of thought" und die Überwindung der vermögenspsychologischen Kategorien in den „Principles"*

Bevor ich auf die charakteristischen Merkmale des „stream of thought" zu sprechen komme, müssen einige grundlegende Termini schärfer konturiert werden. Zunächst

[5] Diese direkte Verbindung zwischen den *Principles* und den Schriften zum „radikalen Empirismus" zieht auch Krämer: „In seinen 1905 erschienenen Essays in Radical Empiricism greift James auf den Bewusstseinsstrom der Principles of Psychology (1890) zurück, transformiert ihn jedoch in einen allgemeiner verstandenen ‚Erfahrungsstrom'". KRÄMER 2006, 143.

[6] Vgl. PP, 265 f.

ist festzuhalten, dass der Ausdruck „stream of thought“ von James synonym zu den Ausdrücken „stream of consciousness“ und „subjective live“ verwendet wird.[7]
Der Begriff des „Denkens“ („thought“) wird in diesem Kontext in einem weiten Sinn verwendet, der weitgehend synonym zu dem des Bewusstseins ist. Die Rede von einem „stream of thought“ sollte von daher nicht dazu verleiten, einen entscheidenden Unterschied dieser Position gegenüber der cartesianischen Tradition zu übersehen: Bewusstsein besteht für James gerade nicht in einem reinen „Ich-Denke“, das in der Selbstreflexion auf sich selbst von allen Empfindungen absehen kann, sondern in einer Einheit aus „Ich-Denke“ und „Ich-Empfinde“.[8]
Denken („thought“) im engeren Sinne ist von dem Empfinden („feeling“) dadurch unterschieden, dass in einer Empfindung ein unmittelbarer Kontakt zur Außenwelt vorliegt, der im Denken fehlt. James setzt diese Unterscheidung auf einer rein physiologischen Beschreibungsebene an: Werden unsere Nerven von außen stimuliert, dann haben wir es mit Sinneseindrücken oder Wahrnehmungen zu tun. Ist unser Bewusstsein dagegen aktiv, ohne dass es gerade von außen stimuliert wird, dann handelt es sich um eine Denkaktivität.[9] Das menschliche Bewusstsein ist zunächst wesentlich an das sinnliche Erleben gebunden. Sinnliche Wahrnehmung und Erkennen sind im Modell des „stream of thought“ – wie schon im triadischen Modell des Geistes in „Reflex Action and Theism“ – nur auf analytischem Wege zu trennen. Empfinden und Denken bilden demnach eine Einheit, nämlich die Einheit des Bewusstseins. In Hinblick auf die Ausführungen in „Reflex Action and Theism“ fällt jedoch auf, dass James an dieser Stelle nicht auch von einem „I will“ spricht. Zwar behandelt er in den *Principles*, wie im vorangegangenen Kapitel dieser Arbeit ersichtlich wurde, auch den Willen, doch im Modell des „stream of thought“ selbst kommt dem Strebevermögen oder dem Vermögen der Zwecke auf den ersten Blick keine Bedeutung zu.
Allgemein ist dazu zunächst festzuhalten, dass in den *Principles* an die Stelle der klassischen vermögenspsychologischen Unterteilung in Verstand, Gefühl und Wille eine weitaus differenziertere Unterteilung des Mentalen getreten ist. Diese unterläuft dabei die klare Unterscheidbarkeit zwischen passiven und aktiven Fähigkeiten des Geistes. Dies wird beispielsweise daran ersichtlich, dass James in den *Principles* nicht mehr allgemein von Sinneseindrücken („impressions“) spricht, sondern diese in Empfindung („sensation“) und Wahrnehmung („perception“) unterteilt. Empfindungen haben die kognitive Funktion, uns die qualitative Beschaffenheit der Welt zu vermitteln. Im Leben eines Erwachsenen treten sie jedoch stets als Bestandteil von Wahrnehmungen auf.[10] Die Annahme reiner Empfindungen („pure sensations“) stellt

---

7 „A ‚river‘ or a ‚stream‘ are the metaphors by which it is most naturally described. *In talking of it hereafter, let us call it the stream of thought, of consciousness, or of subjective life.*“ (PP, 233.)

8 Vgl. PP, 221.

9 Vgl. PP, 652 f.

10 Vgl. PP, 651.

damit – zumindest, wenn wir von erwachsenen Menschen ausgehen – eine Abstraktion dar.

„A pure sensation is an abstractum". (PP, 653.)

Die Funktion der Empfindung ist die einer direkten Kenntnis eines Objektes („acquaintance-with *an object*", PP, 264). In der Wahrnehmung ist dagegen immer schon ein Wissen vorausgesetzt. Es handelt sich um ein Wissen über etwas („knowledge-about", ebd.), das mehr oder weniger komplex sein kann. Nimmt man also die beiden Aussagen, dass es zum einen keine reinen Empfindungen, sondern nur Wahrnehmungen gibt, die ein Empfindungsmoment beinhalten, sowie, dass Wahrnehmungen immer schon ein „Wissen über etwas" voraussetzen, dann wird deutlich, dass jedes Erfassen von Wirklichkeit eine geistige Aktivität darstellt, die sich grundlegend von einem reinen Eindruck unterscheidet.
Betrachtet man diese von der klassischen Vermögenspsychologie abweichende Unterteilung des Geistes genauer, dann zeigt sich, dass obschon in den *Principles* nicht mehr von einem „teleologischen Mechanismus" die Rede ist, das „voluntative Moment" des Geistes keineswegs verschwindet. Zu den Merkmalen des „stream of thought" gehört es nämlich, dass er stets auf etwas gerichtet ist. Aus der ganzen Mannigfaltigkeit der Eindrücke gelangen nur wenige Dinge ins Zentrum unserer Aufmerksamkeit. Es ist der „stream of thought" selbst, in dem sich eine Realität für uns konstituiert. Er wird damit zum „Ort der Entscheidung", in dem die Vielzahl simultaner Möglichkeiten („a theatre of simultaneous possibilities", PP, 277) sich zu einem konsistenten Ganzen verfestigt.
Die Abkehr vom empiristischen Paradigma einer atomistischen Basis der Erfahrung bedeutet, sich von dem Bild zu lösen, nach dem der menschliche Geist die Welt mosaikartig aus einzelnen Sinneseindrücken zusammensetzt. Viel eher gleicht die Tätigkeit des Geistes derjenigen eines Bildhauers, der aus unförmigem Empfindungsstoff eine Skulptur zum Vorschein bringt.[11]

4.3 Die Grundzüge des „stream of thought"

In der Erfahrung haben wir es also nicht mit einzelnen isolierten Sinneseindrücken oder Gegenständen zu tun, die dann im Bewusstsein abgebildet, zusammengesetzt und geordnet werden. Das Modell des „stream of thought" geht von einem Bewusstseinsstrom aus, in dem es keine unverbundenen Entitäten gibt, die nachträglich zusammengefügt werden müssten, sondern streng genommen noch nicht einmal klar umgrenzte Erfahrungsinhalte enthält.

[11] „The mind, in short, works on the data it receives very much as a sculptor works on his block of stone. In a sense the statue stood there from eternity. But there were a thousand different ones beside it, and the sculptor alone is to thank for having extricated this one from the rest." (PP, 277.)

> „Every thought we have of a given fact is, strictly speaking, unique, and only bears a resemblance of kind with our other thoughts of the same fact. When the identical fact recurs, we *must* think of it in a fresh manner, see it under a somewhat different angle, apprehend it in different relations from thosc in which it last appeared." (PP, 227.)

Die Einheit der Erfahrung muss in diesem Modell nicht erst gestiftet werden, sondern sie ist als grundlegendes Faktum des Bewusstseins selbst anzusehen. Die Vorstellung, dass es *im* Bewusstsein eine Vielzahl von Vorstellungen gäbe, die dann wiederum *durch* das Bewusstsein zueinander in Beziehung gesetzt werden, nennt James eine „Chimäre" (PP, 268). Was immer uns bewusst ist, wird uns in Form einer Einheit bewusst, nämlich in der Einheit eines subjektiven Bewusstseinszustandes (*„a single pulse of subjectivity, a single psychosis, feeling, or state of mind*", ebd.).
Das Modell des „stream of thought" soll dazu dienen, die basale Einheit des Bewusstseins zu veranschaulichen, durch die sich die Annahme einer synthetisierenden Leistung des „Ego" im Bewusstsein erübrigt. Seine Plausibilität bezieht das Modell des Bewusstseinsstromes jedoch nicht allein aus den Schwächen des atomistischen Sensualismus. James versucht zudem auf dem Wege der Introspektion[12] und der Phänomenbeschreibung Evidenz für den prozesshaften Charakter des Denkens zu schaffen, d. h. dafür, dass sich das Denken stets im Fluss befindet („that *thought goes on*", PP, 220).

4.3.1 *Das isolierte personale Bewusstsein: „Thought tends to personal form"*

James nennt fünf Charakteristika, die den „stream of thought" kennzeichnen. Mit dem ersten Merkmal, dass das Denken zu einer personalen Verfassung neige (*„thought tends to personal form*"), wird die Grundlage für die Theorie des Selbst gelegt, die Gegenstand des nächsten Kapitels der *Principles* sowie des nächsten Abschnitts meiner Arbeit sein wird. Gewöhnlich begegnet uns Bewusstsein in zweierlei Form: entweder in der Gestalt eines konkreten „Du" oder in der des eigenen „Ichs".[13]
Das Bewusstsein erster Person unterscheidet sich dabei von dem der zweiten Person auf signifikante Weise. Das „Ich" ist an die Perspektive der ersten Person gekoppelt, die uns in der Form des Bewusstseins, die uns als „Du" begegnet, prinzipiell verborgen bleibt. Die im ersten Kapitel der Arbeit thematisierte genuine Blindheit für das „Binnenleben" (2.2) der Anderen hat ihren Ursprung in diesem Merkmal der Struktur des menschlichen Bewusstseins. Die Perspektive der ersten Person ist nicht reduzierbar. Sie kann weder in eine Beschreibung dritter Person überführt noch in ein höheres Bewusstsein aufgelöst werden. Nach dieser Auffassung gibt es in der Welt eine Vielzahl von „Ichs" und mit ihnen verbunden eine Pluralität von Perspektiven. Die Subjektivität des Bewusstseins im Sinne einer irreduziblen Perspektive der ersten Person stellt für James ein genuines Faktum in der Welt dar. Es ist die Vorstellung einer Welt

---

[12] Zur Introspektion bei James vgl. das Kapitel „Introspection and Consciousness", in: MYERS 1986, 72–80.

[13] Vgl. PP, 221.

voller „Bewusstseins-Inseln", die genau einen „blinden Fleck" haben, nämlich die Blindheit für die Gedanken und Empfindungen des „Du".

> „Absolute insulation, irreducible pluralism, is the law." (PP, 221.)

Von den Gedanken und Empfindungen der Anderen können wir uns eine Vorstellung machen und sie ihnen zuschreiben. Doch die Vorstellung einer Empfindung und die Zuschreibung eines Gedanken unterscheiden sich von dem Haben von Gedanken und Empfindungen aus der Perspektive der ersten Person James zufolge auf qualitative Weise. So konstruiert er in den *Principles* das Beispiel von Peter und Paul, die zusammen aufwachen und dabei wieder eine Verbindung zu dem herstellen, was ihr Bewusstsein am Tag zuvor im wachen Zustand beschäftigte. Die Vorstellung, dass Peter dabei versehentlich an die Erinnerungen von Paul anknüpft, erscheint uns absurd, wenn nicht gar gespenstisch.[14] Während Peter sich an seine eigenen Bewusstseinsakte erinnern kann, kann er diejenigen von Paul nur rekonstruieren. Die Inhalte des eigenen Denkens sind James zufolge dadurch gekennzeichnet, dass sie von einem Gefühl der Wärme und Vertrautheit („intimacy") durchzogen sind. In der Reflexion auf den eigenen Bewusstseinsstrom handelt es sich um einen genuinen Akt, der an die Perspektive der ersten Person gebunden ist. In gleicher Weise, wie wir den Schmerz anderer zwar nachempfinden, aber nur selbst einen Schmerz direkt empfinden können, können wir die Bewusstseinsinhalte der Anderen zwar erfassen, aber nicht haben. Dies zeigt sich exemplarisch am Phänomen des Erinnerns.

> „Remembrance is like direct feeling; its object is suffused with warmth and intimacy to which no object of mere conception attains. The quality of warmth and intimacy is what Peter's present thought also possesses for itself." (PP, 232.)

Das Merkmal der „intimacy", das bereits in Kapitel 2 dieser Arbeit hinsichtlich des Gefühls der Rationalität sowie der Güte von Weltanschauungen thematisch wurde, tritt damit nun ein weiteres Mal als Kennzeichen der Perspektive der ersten Person auf. Doch woher stammen eigentlich diese Gefühle? Die Analogie zur Sinneserfahrung legt nahe, dass auch die Wärme und Vertrautheit des eigenen Bewusstseinsstromes eine physiologische Basis hat. Diese Annahme wird von James zwar nicht negiert,[15] doch er ist nicht der Ansicht, dass die Selbstzuschreibung allein auf das Gefühl reduziert werden kann, es immer mit demselben „alten Körper" zu tun zu haben („feeling of the same old body always there", PP, 235). Wie sich im darauffolgenden Kapitel „The Consciousness of the Self" zeigen wird, bildet der leibliche Aspekt unseres Selbst zwar ein basales Moment unseres Selbstbezugs, aber es ist nicht das einzige. Entscheidend für das Gefühl der Wärme und Vertrautheit ist vielmehr, dass die Gegenstände des Bewusstsein in einer Bewusstseinskontinuität stehen.

---

[14] Das unheimliche Gefühl, das mit dieser denkbaren Möglichkeit einhergeht, macht sich bspw. David Lynch in seinem Film „Lost Highway" zunutze.

[15] James behauptet keine notwendige Verbindung zwischen Leiblichkeit und Denken. Entscheidend für die Möglichkeit des Denkens ist allein die Kontinuität des Bewusstseins.

„*Whatever* the content of the ego may be, it is habitually felt *with* everything else by us humans, and must form a *liaison* between all the things of which we become successively aware.“ (Ebd.)

4.3.2 *Die Persistenz des Bewusstseinsstromes*

Die beiden nächsten Charakteristika, die James aufführt, lassen sich hinsichtlich des Merkmals der Persistenz des personalen Bewusstseins zusammenfassen. Damit soll der Sachverhalt bezeichnet werden, dass das personale Bewusstsein einerseits stets im Wandel begriffen ist, sich andererseits durch eine grundlegende Kontinuität auszeichnet, die die Identität des personalen Bewusstseins gewährleistet.[16]

Die einführende systematische Einordnung des Modells des „stream of thought“ hat bereits gezeigt, dass James ein statisches Modell des Bewusstseins, etwa nach dem Vorbild einer Bühne, auf der unsere Vorstellungen auf- und wieder abtreten, ablehnt. Dass wir auf bestimmte Vorstellungen als identische unter unterschiedlichen Bedingungen wieder zugreifen können, ist ein Ergebnis von Reflexion und Sprache und nichts, das einfach „im Kopf“ gegeben ist. Dabei unterliegen diese Vorstellungen einem stetigen Wandel. Jede Vorstellung ist damit zu einem gewissen Grad neu: „we *must* think of it in a fresh manner, see it under a somewhat different angle, apprehend it in different relations from those in which it last appeared.“ (PP, 227.)

So wie man niemals zweimal in denselben Fluss steigen kann, sind unsere Vorstellung und Erfahrungen niemals ganz die gleichen, auch wenn wir sie zu anderen in Verbindung setzen. Unser Geist erfährt durch jede Erfahrung eine Veränderung oder wie James formuliert: Wir werden durch jede Erfahrung „runderneuert“ („experience is remoulding us every moment“, PP, 228). Dabei knüpft jede neue Erfahrung an den Stand der gegenwärtigen Erfahrung an und nimmt diesen mit auf („our mental reaction on every given thing is really a resultant of our experience of the whole world up to that date“, ebd.).

Dass wir dennoch in der Lage sind, die Identität von Bewusstseinsgegenständen zu erfassen, ergibt sich aus der Möglichkeit, sich reflexiv auf die Gegenstände des Bewusstseinsstromes zu beziehen und ihn aufgrund bestimmter Merkmale als identisch zu bestimmen. Dies gilt für James, wie ich in der Theorie des Selbst noch ausführen werde, in gleicher Weise für die Identität von Gegenständen wie auch für die Identität von Personen. Die Kriterien der Identität sind dabei weder einheitlich noch immer eindeutig zu bestimmen. Starke Kriterien der Identität sind etwa raum-zeitliche Kontinuität bei physischen Objekten oder psychische Kontinuität bei Personen.

Die Kontinuität des Bewusstseins besteht über die sich verändernden Bewusstseinsinhalte hinweg. Dabei besitzt dieses „subjektive Leben“ eine Kontinuität, die auf einer tieferen Ebene zu liegen scheint als die Kontinuitäten dessen, *was* uns bewusst ist. Die subjekttheoretische Pointe des Modells des „stream of thought“ besteht in der

[16] Im Wortlaut heißt es: „Within each personal consciousness thought is always changing“ und „Within each personal consciousness thought is sensibly continuous“. (PP, 220.)

Aussage, dass diese Kontinuität als ein oder vielmehr als *das* grundlegende Wesensmerkmal von Bewusstsein anzusehen ist. Wenn wir von einem Bewusstseinsstrom sprechen, dann bedeutet das, dass wir es mit einer basalen Einheit zu tun haben und nicht mit etwas, das aus einzelnen Teilen zusammengesetzt ist.

> „Consciousness, then, does not appear to itself chopped up in bits. [...] It is nothing jointed; it flows." (PP, 233.)

4.3.3 *Die Bildung von Bewusstseinsepisoden und die Fähigkeit der Protension*

Die Vorstellung, dass sich das Bewusstsein aus bestimmten Bewusstseinsepisoden zusammensetzt, kann auf die Tendenz des Denkens zurückgeführt werden, nach einer Beständigkeit der Bewusstseinsinhalte zu streben. Die Phasen des Übergangs entziehen sich dadurch zumeist unserer Aufmerksamkeit. Dieses Charakteristikum gewährleistet, dass in dem Modell des „stream of thought" das Bewusstsein nicht in ein reines Fließen überführt wird und so dem introspektiv vermittelten Eindruck von Bewusstseinsepisoden Rechnung getragen wird. Es gibt in diesem Strom sowohl substantielle Anteile („substantive parts") wie flüchtige, transitive Anteile („transitive parts"). Dabei wohnt den transitiven Phasen offenbar die Tendenz inne, wieder in einen Zustand des Verweilens („resting-places") überzugehen. Dies ist der Grund, weshalb die Phasen des Übergangs sich unserer introspektiven Aufmerksamkeit in der Regel entziehen. Sobald das Denken wieder in einen Zustand der Stabilität übergegangen ist, scheint der Prozess, der dahin geführt hat, zu verschwinden.[17]

Ein weiteres Charakteristikum des menschlichen Geistes ist das der Protension. Wenn uns jemand etwa zuruft „Schau!", dann sind wir ganz darauf ausgerichtet, einen visuellen Reiz zu empfangen und wären wohl ziemlich überrascht, wenn dann bspw. ein Knall ertönt. Das bedeutet, dass unser Bewusstsein nicht nur von tatsächlich gegenwärtigen Gegenständen bestimmt wird, sondern auch von Erwartungen und Bewusstseinsneigungen („feelings of tendencies", PP, 240). Wir antizipieren in der Erwartung bereits bestimmte Sinneseindrücke, „although no positive impression is yet there". (PP, 243.)

4.3.4 *Die kognitive Funktion des Bewusstseins*

Ein weiteres Merkmal des Bewusstseins liegt darin, dass es sich auf Dinge zu beziehen vermag, die als bewusstseinsunabhängig erscheinen.[18] In der Art, durch die wir uns kognitiv auf Gegenstände beziehen können, unterscheidet James zwischen dem Kennen von etwas („acquaintance-with") und dem Wissen über etwas („knowledge-about", PP, 264). Wenn eine Person bspw. einen unangenehmen Geschmack im Ra-

---

[17] „[...] the transitive parts [...] are but flights to a conclusion, stopping them to look at them before the conclusion is reached is really annihilating them." (PP, 236.)

[18] Im Wortlaut: „*Human thought appears to deal with objects independent of itself; that is, it is cognitive, or possesses the function of knowing*". (PP, 262.)

chen spürt, dann kennt sie das Gefühl („acquaintance-with"), auch wenn sie es nicht als Sodbrennen klassifizieren kann. Wenn ein Arzt diese Diagnose stellt, dann weiß die Person, dass sie Sodbrennen hat („knowlcdgc-about"). In Regel wissen wir, womit wir es zu tun haben und wir wissen zudem, dass wir es wissen.[19]

Aufgrund dieser Fähigkeit, auf die Inhalte unserer kognitiven Akte reflektieren und urteilend zu ihnen Stellung nehmen zu können, ist es möglich, sich auf einen Gegenstand unter verschiedenen Bedingungen zu beziehen und ihn als denselben zu identifizieren. Auf diese Weise gelangen wir dazu, zwischen der subjektiven Erscheinung des Gegenstandes in unserem Bewusstsein und einer bewusstseinsunabhängigen Existenz dieses Gegenstandes zu unterscheiden. Der intentionale Gegenstand erhält dann den Status einer Realität außerhalb des Bewusstseins.

> „*Sameness* in a multiplicity of objective appearances is thus the basis of our belief in realities outside of thought." (PP, 262.)

4.3.5 *Die Wahl eines normativen Standpunktes*

Mit dem fünften und letzten Merkmal des Bewusstseins kommt der Wille im Sinne eines Vermögens der Zwecke wieder mit ins Spiel. Worauf sich das Bewusstsein richtet, ist keineswegs zufällig, sondern stets von Interessen geleitet. Das bedeutet, dass wir den Dingen nie neutral gegenüberstehen.[20]

Dass sich das Bewusstsein niemals zugleich auf alles richten kann, sondern nur auf einen begrenzten Bereich dessen, was sich als möglicher Gegenstand darbietet, ist konstitutiv dafür, dass überhaupt *etwas* Gegenstand des Bewusstseins werden kann. Bewusstsein besitzt demnach immer die Struktur von Fokus und Horizont. Der Prozess der „Selektion"[21] bestimmter Daten beginnt bereits auf der Stufe des Organischen. Über die Sinne vermögen Lebewesen nur ein bestimmtes Spektrum der Gesamtheit der physischen Welt wahrzunehmen. Unter der Fülle der Sinnesdaten wecken wiederum nur jene die Aufmerksamkeit eines Organismus, die für ihn von Bedeutung sein könnte. Zudem wohnt dem Bewusstsein nach James eine gewisse Form der Typisierung inne. So entwickelt der Geist Kriterien, die festlegen, wie etwas in der Regel oder idealerweise beschaffen ist und was dagegen eher als kontingente Modifikation dieser idealen Erscheinung anzusehen ist. Darüber hinaus bestimmen Erfahrungen, Interessen und Gewohnheiten darüber, was wir wahrnehmen. So werden drei Personen, die das gleiche Land bereisen, mit ganz unterschiedlichen Eindrücken zurückkommen, da bereits die Erfahrungen auf der Reise von den je individuellen Interessen geleitet sind, durch die sich aus der Masse an Eindrücken jene Erlebnisse konstituieren, über die jeder anschließend zu berichten weiß.[22]

---

[19] Vgl. PP, 263.

[20] Im Wortlaut: „*It is always interested more in one part of its object than in another, and welcomes and rejects, or chooses, all the while it thinks.*" (PP, 273.)

[21] Vgl. PP, 273–277 f.

[22] Vgl. PP, 275 f.

Nach James vollzieht sich dieses Verfahren der Selektion, nicht nur auf der Ebene der sinnlichen Wahrnehmung, sondern setzt sich auf der des schlussfolgernden Denkens („reasoning“) fort.[23] Und es setzt sich weiter fort auf der Ebene des Handelns. Mit unserem Handeln entscheiden wir uns immer für eine Form von Wirklichkeit, nämlich der, die wir durch unser Handeln hervorbringen. Nach James ist der Mensch niemals auf eine Option festgelegt, sondern immer vor eine Wahl gestellt. Das gilt demnach auch für sein moralisches Verhalten, wo er sich zumal in schwierigen Fällen entscheiden muss, „what being he shall resolve to become.“ (PP, 277.)

Das Prinzip der Selektion durchzieht somit alle Ebenen des Bewusstseins. Es gewährleistet, dass unter all den Möglichkeiten ein bestimmter Ausschnitt der Fülle der Wirklichkeit für uns Realität gewinnt. Im Rückblick auf diese Analyse wird deutlich, dass sich der Geist auf jeder Stufe mit einer Fülle simultaner Möglichkeiten konfrontiert sieht.[24] Das Bewusstsein besteht wesentlich in der Funktion, aus diesen Möglichkeiten eine Auslese zu treffen.

> „Consciousness consists in the comparison of these with each other, the selection of some, and the suppression of the rest by the reinforcing and inhibiting agency of attention.“ (Ebd.)

Wie wir die Realität erfassen, ist demnach zu einem Teil durch die spezifische Beschaffenheit des menschlichen Organismus vorbestimmt. Doch diese Festlegung wird von James nicht so sehr als Einschränkung, sondern vielmehr als eine Basis gesehen, von der aus wir die Wirklichkeit auf je individuelle Weise erfassen können.

Der menschliche Geist ist James' Auffassung zufolge niemals vollständig determiniert, sondern er schafft sich seine Wirklichkeit aus den ihm zur Verfügung stehenden Möglichkeiten, in dem er sich für bestimmte Optionen entscheidet und damit andere ausschließt. James sieht hier eine Form von koevolutionärem Verhalten, durch das sich verschiedene Lebensformen verschiedene Wirklichkeitsbereiche schaffen – und sich dabei eben nicht allein den vorgegebenen Bedingungen anpassen.

> „But all the while the world *we* feel and live in will be that which our ancestors and we, by slowly cumulative strokes of choice, have extricated out of this, like sculptors, by simply rejecting certain portions of the given stuff. [...] Other minds, other worlds from the same monotonous and inexpressive chaos! [...] How different must be the worlds in the consciousness of ant, cuttle-fish, or crab!“ (Ebd.)

4.4 Die Theorie des „Selbst“ in den *Principles*

Ging es bisher weitgehend nur um formale Bestimmungen des personalen Bewusstseins, so wird dieses im darauffolgenden Kapitel „The Consciousness of Self“ sozusagen mit Persönlichkeit gefüllt. Der „nackte Bewusstseinsstrom“ ist in seiner konkreten Gestalt immer das Bewusstsein einer bestimmten Person, die sich selbst über materielle Dinge („material self“), über ihre soziale Umgebung („social self“) und

---

[23] „[…] Reasoning is but another form of the selective activity of the mind.“ (PP, 276.)

[24] Siehe oben, S. 8.

ihre psychischen Fähigkeiten und Dispositionen („spiritual self") bestimmt und auf diese Weise eine individuelle Identität ausbildet. Die individualpsychologischen Ausführungen zum empirischen Selbst, das James „Me" nennt, enthalten zwei Punkte, die religionsphilosophisch von Bedeutung sind. Zum einen spricht James in diesem Abschnitt explizit von Gott als einem „idealen sozialen Selbst" („ideal social self") oder „Great Companion", zu dem die Menschen im Gebet in Kontakt treten. Zum anderen bietet die Analyse der Veränderungen des Selbst („mutations of the self") die Grundlage für das Verständnis des Phänomens der Konversion oder Bekehrung, das in den *Varieties* eine zentrale Stellung einnehmen wird.

4.4.1 *Das empirische Selbst („Me")*

Das empirische Selbst gewinnt seine Bestimmung aus den Dingen, die es in einem weiten Sinn sein Eigen nennt („*a man's Self is the sum total of all that he* CAN *call his*", PP, 279): seinen Körper, seine geistigen Fähigkeiten, seine Kleidung, seine Familie, seine gesellschaftliche Stellung, die sich nicht zuletzt im Bankkonto und der eigenen Yacht widerspiegelt, wie James vergnüglicher Weise hinzufügt.[25]
Wenn man sich die verschiedenen Aspekte des empirischen Selbst als konzentrische Kreise vorstellt, so bildet der Körper das Zentrum.[26] Ein weiterer Ring konstituiert sich aus der Aufmerksamkeit und Achtung, die wir durch unsere Mitmenschen erfahren. Im Zusammenhang mit dieser Aussage entwickelt James den Gedanken, dass die Vorstellung Gottes als ein ideales Gegenüber, ein „ideal social self" oder „Great Companion" verstanden werden könne. Dieser Gedanke findet sich in James' Werk nur an dieser Stelle ausgeführt.[27] Dennoch ist er meiner Auffassung nach nicht als marginal anzusehen. Nachdem ich den Gedanken des „idealen Selbst" („ideal self") entwickelt habe, möchte ich zeigen, dass er in variierter Form, nämlich in Gestalt einer inneren Gemeinschaft oder eines Gesprächs mit einer Macht, die als göttlich betrachtet wird („communion or conversation with the power recognized as divine", VRE, 365) von James wieder in den *Varieties* aufgegriffen wird. Das Bindeglied zwischen diesen beiden Vorstellungen besteht in der Bedeutung des Gebets.

4.4.2 *„Ideal social Self"*

Die Ausbildung unseres Selbst ist nach James tief in der menschlichen Natur verankert. Die Gegenstände, die das „Me" konstituieren, sind James zufolge Gegenstände, in denen sich instinktive Präferenzen mit den wichtigsten praktischen Interessen des

---

[25] Vgl. PP, 279.

[26] „The central part of the *me* is the feeling of the body and of the adjustments in the head; and in the feeling of the body should be included that of the general emotional tones and tendencies, for at bottom these are but the habits in which organic activities and sensibilities run." (PP, 8,1, 351.)

[27] Stichpunktartig ist er auch in einer Vorlesungsnotiz zu finden, siehe unten, S. 20.

Lebens miteinander verbinden („objects of instinctive preferences coupled with the most important practical interests of life", PP, 281).

Menschen sind als „gesellige Tiere" nicht nur gern mit ihresgleichen zusammen, sondern darüber hinaus hängt das Selbstbewusstsein des Menschen in einem hohen Grad von der Wahrnehmung und Anerkennung vonseiten der Mitmenschen ab. Dementsprechend haben Menschen eine angeborene Neigung, nach deren Aufmerksamkeit zu streben („innate propensity to get ourselves noticed", ebd.).

Der an dieser Stelle von James formulierte Gedanke, dass es von der Anerkennung der anderen Individuen abhängt, wie viele soziale Identitäten wir ausbilden („*a man has as many social selves as there are individuals who recognize him* and carry an image of him in their mind", PP, 281 f.), wird im Werk von George Herbert Mead zu einer sozialpsychologischen Rollentheorie weiterentwickelt. Im Zentrum der Konstitution des sozialen Selbst steht der Rollenkonflikt, der als Konflikt zwischen der Rolle, die jemand einnimmt und für die er Anerkennung gewinnt, und einem idealen Gegenüber, dessen Anerkennung imaginiert wird, konzipiert wird. Der grundlegende Unterschied zwischen Mead und James besteht in der Art und Weise, wie dieses ideale Gegenüber konzipiert wird. Während es sich bei Mead um einen verallgemeinerten Anderen („generalized other") handelt, an dessen imaginierten normativen Erwartungen sich das Individuum in seinem eigenen Verhalten in der Gemeinschaft orientiert[28], handelt es sich bei James um die Vorstellung eines höheren Selbst.

So sehr wir uns auch bemühen, wir werden doch nie die Achtung aller gewinnen können, da die verschiedenen Erwartungen häufig in Konflikt zueinander stehen. Auf der Ebene des sozialen Miteinanders kann es von daher – ganz wie auf der materiellen Ebene auch – erforderlich sein, dass wir ein gegenwärtiges Übel, nämlich in diesem Fall eine seelische Verletzung, auf uns nehmen, um etwas zu erreichen, das uns als ein höheres Gut erscheint. So kann es sein, dass wir uns aus einem bestimmten vertrauten sozialen Kontext lösen, vielleicht sogar den Ärger und Spott der Freunde und Familie auf uns ziehen, um für etwas einzutreten, das uns wichtig ist und für das wir aus eigener Sicht Anerkennung verdient hätten. Möglicherweise erhalten wir diese Anerkennung auch von anderen Menschen, aber zunächst ist der Verlust der sozialen Anerkennung, so James, eine seelische Verletzung, die die denkbar grausamsten körperlichen Folterqualen bei weitem übertreffen.[29] Wenn wir unsere soziale Anerkennung aufs Spiel setzen, dann erfordert dies in einem besonders hohen Maße die Fähigkeit, darauf zu vertrauen, dass wir das Richtige tun und uns gewiss eine höhere Form der Anerkennung erhalten werden, wenn wir daran festhalten. Dabei entwickeln Menschen James zufolge oftmals die Vorstellung eines idealen Gegenübers. Im Extremfall können sie vollständig auf die *reale* Anerkennung ihrer Mitmenschen verzich-

---

[28] Vgl. George Herber MEAD (1967), insbesondere 152-164.

[29] Vgl. PP, 281.

ten, solange sie davon nur überzeugt sind, dass sie in den Augen eines „idealen sozialen Selbst“ Anerkennung *verdient*.

> „Yet still the emotion that beckons me on is indubitably the pursuit of an ideal social self, of a self that is at least *worthy* of approving recognition by the highest *possible* judging companion, if such companion there be.“ (PP, 300 f.)

Eine besondere Bedeutung erlangt diese Fähigkeit, auf die Anerkennung eines idealen Gegenübers zu vertrauen dann, wenn sich die eigenen Einstellungen auf moralischer oder religiöser Ebene stark wandeln. Denn im gewohnten sozialen Umfeld wird dieser „Gesinnungswandel“ zumeist auf Skepsis und Ablehnung stoßen. Der Schmerz der Ablehnung vonseiten des nächsten sozialen Umfeldes ist so groß, dass dieser kaum zu ertragen wäre, wenn uns die Vorstellung eines idealen Selbst nicht darin bestärken würde, an unseren Zielen festzuhalten.[30]

4.4.3 *Die individualpsychologische Interpretation des Gebets in den „Principles“*

Die Vorstellung des idealen Selbst kann bei James jedoch nicht auf die Funktion eines „Lückenbüßers“ reduziert werden. Das ideale Selbst, das unterschiedliche Namen tragen kann – „God, the Absolute Mind, the ‚Great Companion'“[31] (PP, 301) – , ist nach James das wahre („true“), innerste („intimate“), höchste („ultimate“) und beständige Selbst („permanent Me“), nach dessen Verwirklichung es im Innersten strebt.

Aus der Perspektive der Individualpsychologie liegt das höchste erstrebenswerte Gut, d. h. der letzte Telos des Lebens in der Verwirklichung eines idealen Selbst, das unser tatsächliches, kontextuell verhaftetes Selbst übersteigt. In diesem Bestreben liegt der Antrieb zu einer stetigen Verbesserung des eigenen Selbst, die jedoch nicht in einem rigoristischen Sinn allein aus eigener Anstrengung heraus erfolgt, sondern im Vertrauen aus dem realen Austausch mit einem höheren Selbst. Diesen Prozess bestimmt James in den *Principles* als Gebet.

James begreift das Beten als eine menschliche Konstante, an der sich solange nichts ändern wird, als es nicht auf unvorhersehbare Weise zu einer grundlegenden Veränderung der geistigen Verfassung des Menschen kommt. Der Umstand, dass wir als Menschen, wie James meint, gar nicht anders können, als zu beten, ist für ihn das eigentliche Explanandum und nicht so sehr die Frage, ob das Beten effizient sei, die in der Thematisierung des Gebets auch zu James' Lebzeiten bereits im Vordergrund stand. Die Erklärung, die James an dieser Stelle gibt, besteht in der Annahme, dass das konkrete Selbst des Menschen im Innersten ein soziales Selbst ist, das sein adäquates Gegenüber allein in einer idealen Welt finden kann.

---

[30] Vgl. PP, 300.

[31] Diese Bestimmung findet sich auch bei Alfred N. Whitehead: „God is the great companion – the fellow sufferer who understands.“ WHITEHEAD [1929] 1978: *Process and Reality*, 351, hier zitiert nach COBB 2008, 410.

„The impulse to pray is a necessary consequence of the fact that whilst the innermost of the empirical selves of a man is a Self of the *social* sort, it yet can find its only adequate *Socius* in an ideal world.“ (Ebd.)

Vor den Augen dieses idealen Beobachters („sense of an ideal specator“, ebd.) wollen wir letztlich bestehen können, was die soziale Anerkennung im Hier und Jetzt zwar nicht ausschließt, aber nicht erforderlich macht, solange wir auf die Realität dieses idealen Gegenübers in einer idealen Welt vertrauen. Wenn es gelingt, das eigene Selbst in einer Weise so zu formen, dass es letztlich vor einem „höchsten Tribunal“ bestehen kann und somit der höchsten Anerkennung würdig ist, dann kann auch der sozial Geächtete in dem Bewusstsein leben, Würde zu haben.[32] Obschon James davon ausgeht, dass menschliche Individuen im Innersten stets als ein „soziales Selbst“ zu begreifen sind, nimmt er nicht an, dass alle Menschen auch in gleicher Weise die Verpflichtung verspüren, vor dem „Tribunal“ des idealen Selbst bestehen zu müssen. Möglicherweise entscheidet aber die Intensität dieses Gefühls der Verpflichtung darüber, welchen Grad der Religiosität eine Person ausbildet.

„It is a much more essential part of the consciousness of some men that of others. Those who have the most of it are possibly the most *religious* men. “ (Ebd.)

In Hinblick auf das Religionsverständnis, das James in den *Varieties* entwickelt, sind diese Ausführungen in den *Principles* bereits höchst aufschlussreich. Auch dort begreift James Religiosität als eine Entwicklung des Selbst, in dessen Verlauf, das individuelle Selbst immer wieder aufgebrochen wird und sich in der Beziehung auf ein ideales personales Gegenüber selbst transzendiert. In den *Varieties* bestimmt James diesen Prozess, der als Gebet im eigentlichen Sinn begriffen werden kann, darüber hinaus als Wesen der Religion überhaupt („the very soul and essence of religion“, VRE, 365). Dabei schließt er spezifische Formen des Gebets, wie etwa das Bittgebet, an dem sich die von ihm kritisierte Debatte der Effizienz des Betens zumeist entzündet, nicht aus, sondern verweist darauf, dass diese allgemeiner als Formen einer „inneren Gemeinschaft“ oder „Konversation“ mit einer Macht, die als eine göttliche anerkannt wird,[33] betrachtet werden sollten.

In seinen Ausführungen zum Gebet lehnt sich James eng an die Bestimmung des protestantischen Theologen Auguste Sabatier an, den er an dieser Stelle auch ausgiebig zitiert. Sabatier, dem das Verdienst zugeschrieben wird, Schleiermachers Theorie der Religion in Frankreich bekannt gemacht zu haben,[34] dient James in zwei Punkten als Folie seiner eigenen Auffassung: Zum einen geht auch Sabatier von jenem weiten Begriff des Gebets als einer wechselseitigen Beziehung zwischen dem menschlichen Bewusstsein und Gott aus. Zudem bestimmt Sabatier wie James das Gebet als

---

[32] „All progress of the social Self is the substitution of higher tribunals for lower; this ideal tribunal is the highest […]. The humblest outcast on this earth can feel himself to be real and valid by means of this higher recognition.“ (PP, 301.)

[33] Vgl. oben, S. 152.

[34] Vgl. „Sabatier, Auguste“, in: LIVINGSTON (ed.) 2005, 1442.

Differentia specifica von Religion überhaupt, indem er aufgrund dieses Merkmals – im Gefolge Schleiermachers – die Religion von der Moral und der Ästhetik als eigenständige Erscheinung absetzt.

> „It is prayer that distinguishes the religious phenomenon from such similar or neighboring phenomena as purely moral or æsthetic sentiment. [...] Wherever this interior prayer is lacking, there is no religion; wherever, on the other hand, this prayer rises and stirs the soul, even in the absence of forms or of doctrines, we have living religion.“ (VRE, 366).

Auch die weitere Bestimmung dieser eigentümlichen Modifikation des Bewusstseins als einer Bewegung der Seele auf einen höheren Teil des Universums, von dem wir selbst in unserer Existenz abhängen und zu dem wir uns in ein personales Verhältnis setzen und die Gegenwart von einer geheimnisvollen Kraft verspüren,[35] zeigt deutliche Parallelen zu James' eigenen Formulierungen. Und in der Tat betrachtet James seine eigenen Analysen in den *Varieties* als Beleg für Sabatiers Auffassung.[36] In den *Varieties* verbindet sich die Bestimmung des Gebets, die in den *Principles* in den Grenzen der Individualpsychologie verharrt, mit einer an Schleiermacher angelehnten Vorstellung der Beziehung der menschlichen Seele zu einem höheren Teil des Universums, die zur Differentia specifica von Religion überhaupt erklärt wird. Was ihn dabei aber wiederum von der Schleiermacherschen Rede von einem zunächst „neutralen“ Universum unterscheidet,[37] ist, dass das Gebet – und damit auch der Kern der Religion – stets einen Austausch auf personaler Ebene darstellt, indem sich das menschliche Individuum in seinem „innersten Selbst“ an ein höheres personales Gegenüber richtet. Die Vorstellung, dass dieses „höhere“ oder „ideale“ Selbst dabei im Gebet nicht als eine abstrakte, fremde und völlig unerreichbare Idealisierung erscheint, sondern als ein vertrauter Gefährte, der der einzige ist, der mich so sieht, wie ich bin und mich versteht, wird nochmals in einer Vorlesungsnotiz aus dem Jahr 1902 deutlich, wo James seine Ausführungen aus den eben erschienenen *Varieties* nochmals an die der *Principles* rückzubinden scheint, wenn es heißt:

> „*Somewhere* in this world I must be recognized for what I am. The Individual takes *refuge* in his religion, escapes from the falsehood of the common intellectualized classifications of him by his fellows.God is his only adequate understander and companion.“[38]

[35] „Religion is nothing if it be not the vital act by which the entire mind seeks to save itself by clinging to the principle from which it draws its life. This act is prayer, by which term I understand [...] the very movement itself of the soul, putting itself in a personal relation of contact with the mysterious power of which it feels the presence – it may be even before it has a name by which to call it.“ (VRE, 366.)

[36] Vgl. VRE, 366.

[37] In diesem Punkt unterscheidet sich James auch wesentlich von anderen Denkern aus dem Kontext der „American Philosophy“ wie Ralph Waldo Emerson sowie von George Santanyana. Vgl. OLIVER 2001, 148–151.

[38] JAMES [1902]: Summer School of Theology Lectures on ‚Intellect and Feeling in Religion‘, in: JAMES 1988, 94.

4.4.4 *„The spiritual Self"*

Im Modell des Selbst bleibt noch die dritte Ebene des Selbst zu ergänzen, die James „Spiritual Self" nennt. Unter dem „Spiritual Self", soweit es dem empirischen Teil des Ichs, also dem „Me" angehört, versteht James die konkreten psychischen Fähigkeiten und Dispositionen eines Menschen. Zu diesen werden etwa intellektuelle Fähigkeiten, wie die Fähigkeit zur Unterscheidung und Argumentation, moralische Eigenschaften, das Gewissen und die spezifische Willensstärke gezählt. Diese Ebene des Selbst zeichnet sich insbesondere durch ihre Beständigkeit aus, die die Identität eines Menschen im Kern bestimmt. Die Beständigkeit („persistence"), von der hier die Rede ist, ist jedoch als eine relative zu verstehen, da sich auch auf dieser Ebene ein grundlegender Wandel vollziehen kann, ohne dass die entsprechenden Personen dabei ihre Identität verlieren würden. Veränderungen dieser Art sind jedoch so tiefgreifend, dass man von einem Menschen, der einen solchen Wandel durchlaufen hat, mitunter sagt, dass er sich selbst fremd geworden sei.

> „Only when these are altered is a man said to be *alienatus a se*." (PP, 283.)

Auf diese Form der Veränderung des Selbst werde ich in der Behandlung der Konversion in den *Varieties* zurückkommen und dort auch eine psychologische Erklärung solcher Phänomene liefern. Diese rekurriert auf einen Bereich des Selbst, den James in den *Principles* noch nicht eigens thematisiert, nämlich den Bereich des Unterbewussten. Die Frage nach der Identität des Selbst führt zunächst unmittelbar zur Bestimmung des „I", das James in seiner Theorie des Selbst dem „Me" zur Seite stellt.

4.5 „The pure Ego"

Bislang sind die drei Komponenten zur Darstellung gekommen, die das Selbst oder „Me" konstituieren: das materielle, das soziale und das geistige Selbst. Doch zum Selbstbewusstsein gehört neben diesen material bestimmten Bestandteilen des Selbst auch eine formale Seite, die James „I" nennt.

Die Rede von einer personalen Identität impliziert, dass es einen Teil des Bewusstseins gibt, der durch allen Wandel des empirischen Selbst hindurch identisch bleibt. Von allen Ebenen, von denen bislang die Rede war, wurde jedoch gesagt, dass sie einem Wandel unterliegen. Diese Tatsache legt es nahe, die Existenz einer zusätzlichen Ebene zu postulieren, die entweder als Träger der akzidentiellen Eigenschaften des Bewusstseins fungiert oder als Subjekt einer synthetisierenden Leistung verstanden wird. Genau diese Vorstellungen einer Ich-Substanz oder eines Ich-Akteurs lehnt James jedoch ab. Dabei setzt er sich mit drei traditionellen Positionen auseinander: Erstens mit einer Position, die mit dem Begriff der Seele als einer Substanz (Aristoteles, Thomas von Aquin) operiert, zweitens mit der Assoziationspsychologie (Hume), die die Annahme einer Seelensubstanz zurückweist und drittens mit der transzendentalphilosophischen Vorstellung eines synthetisierenden Egos. Diesen Konzeptionen setzt James sein eigenes Konzept des „I“ oder „Pure Ego“ entgegen, das seine Grundlage im Modell des „stream of thought“ hat.

4.5.1 *Kritik am substantiellen Seelenbegriff – Unsterblichkeit*

Die Annahme einer Seelensubstanz hat nach James keinerlei explikatorischen Wert und ist somit zumindest aus theoretischer Sicht überflüssig. Wenn mit der Rede von der „Seele“ nicht mehr gemeint ist als die Tatsache, dass man es nicht weiter erklären kann, weshalb Denken und Gehirnprozesse gleichzeitig auftreten („the coming of thought, when brain-processes occur“, PP, 327), dann ist diese Rede harmlos, bringt aber auch keinen Gewinn.

Dagegen erscheint James die Annahme einer „anima mundi“ aus metaphysischer Sicht durchaus vielversprechend und weniger problematisch als der Gedanke, dass die Welt mit vollkommen individualisierten Seelen („absolutely indivdual souls“, ebd.) bevölkert sei. Die Vorstellung, dass das individuelle Bewusstsein nicht mit dem Ich-Bewusstsein endet, sondern in eine weitere Form geistiger Realität übergeht, bildet den spekulativen Ausgangspunkt des metaphysischen Ansatzes, vom dem her James insbesondere in *A Pluralistic Universe* seine Vorstellung eines endlichen Gottes etablieren wird. Aus der Perspektive der Psychologie erteilt James dem Seelenbegriff jedoch zunächst eine Absage.

Auch der Gedanke, dass die Vorstellung einer substantiellen Seele notwendig sei, um die Hoffnung auf ein ewiges Leben zu gewährleisten, weist James zurück. Die metaphysische Konzeption „atom-like simplicity in simplicity of their substance *in sæcula sæculorum*“ (PP, 330), so James, könne hier nicht viel leisten, da die bloße Persistenz dieser Substanz an sich zunächst überhaupt nichts garantiere. Unsere Hoffnung auf ein Weiterleben nach dem Tode richte sich auf ganz andere Inhalte, die nicht notwendig an die Vorstellung einer substantiellen Seele gebunden sind. Und so könne man es auch nicht dem Verzicht auf einen substantiellen Seelenbegriff anlasten, dass moderne Menschen wenig mit der Vorstellung eines Jüngsten Gerichts anfangen können. James diagnostiziert hier vielmehr einen allgemeinen Wandel im menschlichen Denken, bei dem für die meisten Menschen an die Stelle des Wunsches nach einer ultimativen Vergeltung die Hoffnung auf eine stetige Entwicklung zum Besseren getreten sei. Das „Gericht“ findet in dieser Vorstellung immer schon statt, nämlich jeweils konkret dann, wenn das „Gute“ sich gegenüber dem „Bösen“ durchsetzt. Der Gedanke der Unsterblichkeit besteht nach James für den modernen Menschen wesentlich in dem Bewusstsein, durch unseren konkreten Einsatz in diesem teleologischen Prozess, sich als der Unsterblichkeit würdig zu erweisen.

> „We believe ourselves immortal because we believe ourselves *fit for immortality* “. (Ebd.)

Damit lässt sich auch aus moralisch-praktischer Sicht kein Argument für die Existenz einer substantiellen Seele gewinnen.

4.5.2 *Auf halber Strecke: die Assoziationstheorie*

Mit der Vorstellung einer absoluten Einheit der Seele, die jedem Akt des Bewusstseins zugrunde liegt, gehen auch Empiristen wie Locke und Hume ins Gericht, indem sie darauf verweisen, dass eine solche Annahme nicht zu verifizieren ist. Wenn wir die metaphysischen Annahmen außen vor lassen, so meint Hume, dann werden wir in der Selbstreflexion gewahr, dass unser Ich nichts ist als ein Bündel verschiedener Perzeptionen.[39] James' Kritik, auf die ich bereits in der systematischen Einordnung des „stream of thought" zu sprechen kam, besteht in der Bestreitung der atomistischen Grundlage des klassischen Empirismus. Nach James gibt es keinen plausiblen Grund für die Annahme, dass die Erfahrung von Kontinuität und Einheit weniger real sein soll als die von einzelnen Gegenständen.[40] James folgt dem klassischen Empirismus in seiner Kritik an der apodiktischen Annahme von Substanzen, die sich nicht empirisch ausweisen lassen. Dazu gehört sowohl die Annahme einer Seelensubstanz sowie die einer Weltsubstanz. Daraus, dass man die Realität solcher Totalitäten in Frage stellt, folgt aber nicht, dass jegliche Form von Einheit als irreal zu betrachten ist.

4.5.3 *Die transzendentalphilosophische Annahme des „Ich denke" und die idealistischen Folgen der Synthesistheorie des Urteils*

Die Transzendentalphilosophie kann als Versuch gesehen werden, am Erfahrungsbegriff des atomistischen Sensualismus festzuhalten und zugleich dessen skeptische Konsequenzen vermeiden zu wollen. Auch Kant geht von einer chaotischen Mannigfaltigkeit der sinnlichen Erscheinungen aus. Die Einheit der Erfahrung basiert hier auf den Kategorien der Anschauung und des Verstandes und findet ihren „höchsten Punkt" in der „synthetischen Einheit der Apperzeption" oder der „transzendentalen Einheit des Selbstbewusstseins".[41]

James' Kritik an der Transzendentalphilosophie ist zum einen eine Kritik an deren atomistischer Ausgangsbasis, die sie mit dem klassischen Empirismus teilt. Zum anderen ist es eine Kritik an der idealistischen „Weiterführung" Kants, die ihren Ursprung in einer gewissen Ambiguität in der Auffassung des „Ich-denke" hat. So kann Kants „Ego" einerseits als Träger einer synthetisierenden Tätigkeit verstanden werden oder als ein Vermittlungsgeschehen („event", PP, 345). James bemerkt, dass der

[39] James nimmt hier Bezug auf Humes „Bündeltheorie" der personalen Identität. HUME 1739: *Treatise of Human Nature* vol. 1, part iv, section vi, 439: „But setting aside some metaphysicians of this kind, I may venture to affirm of the rest of mankind, that they are nothing but a bundle or collection of different perceptions, which succeed each other with an inconceivable rapidity, and are in a perpetual flux."

[40] „The unity of the parts of the stream is just as ‚real' a connection as their diversity is a real separation". (PP, 334.)

[41] Vgl. KANT 1787: *Kritik der reinen Vernunft*, erste Abtheilung, zweites Hauptstück, zweiter Abschnitt, §16: Von der ursprünglichen Einheit der Apperception.

Sprachgebrauch die Annahme einer Tätigkeit zwar nahelegt, aber der Sache nach wohl nicht gemeint sei.[42] Denn Kant betont ja gerade, dass das „Ich denke“, das all meine Vorstellungen begleiten können muss, nicht die Annahme einer substantiellen Seele impliziere. Versteht man Kants Rede vom „Ich denke“ allein als das Prinzip, in dem „das Viele“ von einem Bewusstsein gewusst wird, dann kommt er mit James' Begriff des „Denkens“ vollends überein.

Das Modell des „stream of thought“ vermeidet dabei Kants terminologische Ambiguität, denn es kommt ohne die Annahme eines Egos aus, das sozusagen die ganze Maschinerie des Erkenntnisapparats zusammenhalten muss. Und jene Funktion einer Gewährleistung der Einheit der Erfahrung war es, die den nachkantischen Idealismus dazu veranlasste, Kants völlig deflationierte Rede von einem „Ego“ plötzlich wieder ins Gegenteil zu verkehren.

> „[The Ego] was reserved for [Kants] Fichtean and Hegelian successors to call it the first Principle of Philosophy, to spell its name in capitals and pronounce it with adoration, to act, in short, as if they were going up in a balloon, whenever the notion of it crossed their mind.“ (Ebd.)

Die genuine Einheit des Denkens hier wird auf dem Hintergrund der Vorstellung einer synthetisierenden Leistung zu einem Synthesisgeschehen hypostasiert, die im absoluten Idealismus realistisch gewendet wird, so dass die Vorstellung eines absoluten Bewusstseins unabwendbar erscheint. Auf James' Auseinandersetzung und Überwindung des absoluten Idealismus werde ich noch gesondert eingehen. An dieser Stelle bleibt festzuhalten, dass sich in James' Modell des „stream of thought“ der Gedanke einer synthetisierenden Leistung des Egos erübrigt, indem der sensualistische Atomismus des klassischen Empirismus durch einen holistischen Erfahrungsbegriff ersetzt wird. Auf der Ebene des „stream of thought“ kommt dem „I“ keinerlei explikative Funktion zu, denn alles, was es hier zu sagen gibt, ist, dass sich das Denken stets fortsetzt („that thought goes on“, PP, 220). Aber dieses Denken ist das Denken eines „Ichs“, das in der Reflexion auf sich als den Denkenden Bezug nehmen kann. In diesem Urteil, dass ich es bin, der denkt, hat die Rede vom „Ich“ dann auch James zufolge seinen legitimen Ort.

4.5.4 *Das „pure Ego“ als Möglichkeit, ein personales Selbst auszubilden*

Das „I“, von dem bei James die Rede ist, meint die Möglichkeit zur reflexiven Bezugnahme auf sich selbst als den, der denkt. Der wesentliche Unterschied zwischen James und Kant in diesem Punkt ist der, dass für Kant das Denken notwendig mit Selbstbewusstsein verbunden ist, für James kann es dagegen kontingenterweise hinzukommen. Das Denken wird von ihm zwar stets personal bestimmt, doch das bedeutet nicht, dass der Denkende einen Begriff von sich selbst als dem Denkenden haben muss. Diese beiden Ebenen, so erklärt James in einer Fußnote im Kontext zur Kritik

[42] Vgl., PP, 345.

an der Transzendentalphilosophie, seien weder bei Kant noch seinen Nachfolgern je klar unterschieden worden.[43]

Die Möglichkeit auf sich als Denkenden Bezug nehmen zu können, ermöglicht es, ein personales Selbst auszubilden. Die Identität des Selbst ist damit nicht schon im Denken gegeben, sondern vollzieht sich im Prozess der Selbstreflexion. Sie besteht etwa in dem Urteil, dass ich jetzt die gleiche Person bin, wie die, die ich gestern war. Diesem Urteil wohnt dabei nichts Mysteriöses inne, denn sie ist von der allgemeinen Art eines Identitätsurteils. In einem Identitätsurteil identifizieren wir aufgrund bestimmter Kriterien etwas als dasselbe. Das Urteil, dass ich jetzt dieselbe Person bin wie gestern, beruht demnach darauf, dass ich mich als dieselbe Person aufgrund bestimmter Kriterien identifizieren kann. Eine solche Identifikation ist sowohl aus der Perspektive der ersten wie aus der der dritten Person möglich, doch es gibt Merkmale, die nur der ersten Person zur Verfügung stehen. So sind meine Empfindungen und Gedanken nur mir selbst unmittelbar zugängig.[44]

Die Fähigkeit, Empfindungen und Gedanken als die meinen zu begreifen, ist aber weder das entscheidende Kriterium personaler Identität schlechthin noch gegen Irrtum gefeit. In Fällen massiver psychischer Beeinträchtigungen, wie etwa im Fall der Schizophrenie können Menschen hinsichtlich dessen irren, was sie tatsächlich erlebt haben und wer sie wirklich sind.

Die metaphysische Motivation an der Konzeption der Seele als einer Substanz festzuhalten, ist die Annahme, dass die Rede von personaler Identität nach einem unveränderlichen Element verlangt, das zu dem sich wandelnden empirischen Selbst hinzukommt. Die Konzeption des empirischen Selbst, die James vorschlägt, umgeht ein solches Postulat. Denn ein Träger der sich wandelnden Ich-Eigenschaften muss nur dann postuliert werden, wenn man die personale Identität absolut fasst. James hingegen begreift das Kriterium der personalen Identität explizit als relativ („only be a relative identity", PP, 352).

Das Konzept personaler Identität verlangt demnach weder nach einem unveränderlichen Element, das zu dem sich wandelnden empirischen Selbst hinzukommt, noch ist sie bei James als Reflexion auf jene formale Einheit des Denkens zu verstehen, die James als „I" bestimmt. Um mich heute als dieselbe Person zu identifizieren, die ich gestern war, bedarf es nichts weiter als eines gewissen Maßes an beharrlichen Eigenschaften, die das empirische Selbst als wesentlich zu sich gehörig ansieht, damit sich das urteilende „Ich" so auf das empirische Selbst beziehen kann, dass es sich als mit sich identisch wahrnimmt.

Die Frage, worauf sich das Urteil der Identität der eigenen Person dabei bezieht, wurde in der Darstellung des empirischen Selbst („Me") gegeben. Meine Gedanken und

---

[43] „That the Object must be known to something which thinks, and that it must be known to something which thinks that it thinks, are treated by [by Kant and his successors] as identical necessities, – by what logic, does not appear." (PP, 342, Fn. 31.)

[44] Vgl. PP, 318.

Empfindungen unterscheiden sich von den Gedanken und Empfindungen, die ich anderen zuschreibe, durch ein qualitatives Merkmal, das James wie zuvor als Innigkeit („intimacy") oder Wärme („warmth") bestimmt. Dieses Merkmal haftet all jenen Dingen an, von denen James zuvor gesagt hat, dass sie unser Selbst konstituieren: unserem Körper, unseren Erinnerungen, Vorstellungen und inneren Einstellungen, dem, was unser materielles, soziales und geistiges Selbst konstituiert.

> „For, whatever the thought we are criticising may think about its present self, that self comes to its acquaintance, or is actually felt, with warmth and intimacy." (Ebd.)

Aber nicht alle Gedanken und Empfindungen, die wir einmal hatten, besitzen das Kriterium der Innigkeit und Wärme. An die Empfindungen unserer Kindheit haben wir in der Regel so gut wie keine Erinnerungen. Das Selbst, das wir als Kind waren, können wir demnach auch nicht in unser gegenwärtiges Selbst integrieren. Durch Erzählungen und in Zuschreibungen Dritter lassen wir uns vielleicht davon überzeugen, dass wir dies und jenes als Kind getan und gesagt haben, doch wir selbst sind nicht in der Lage dieses Identitätsurteil zu fällen. James geht es damit gerade nicht um eine abstrakte Form der Identität eines menschlichen Lebewesens von seiner Geburt bis zu seinem Tode, sondern um den lebendigen Selbstbezug, in dem all das als zu sich gehörig wahrgenommen wird, was in uns das Gefühl von Innigkeit und Wärme auslöst. Es ist die Kontinuität dieser Empfindung, die die personale Identität konstituiert. Solange sich auf dieser Grundlage ein nur vage bestimmtes Band an Kontinuität festmachen lässt, sind wir in der Lage, auch Brüche in unser Selbst zu integrieren.

Auf dem Hintergrund der Darstellung des „stream of thought" sowie der Theorie des Selbst in den *Principles* sollen nun zentrale Passagen der *Varieties* interpretiert werden. Zunächst werde ich mit einigen wichtigen Vorbemerkungen in die *Varieties* einführen, um dann im Anschluss die zwei zentralen Bestandteile der Theorie der religiösen Erfahrung auf dem Hintergrund der *Principles* zu entwickeln und zu interpretieren. Es handelt sich dabei zum einen um die Darstellung der Konversion auf dem Hintergrund der Theorie der personalen Identität und zum anderen um den Ansatz zu einer realistischen Auffassung der religiösen Erfahrung auf dem Hintergrund des radikalen Empirismus, der seinen Ursprung in dem Modell des „stream of thought" hat.

4.6 Von den *Principles* zu den *Varieties*

Zwischen dem Erscheinen der *Principles* und den *Varieties* liegt ein gutes Jahrzehnt, so dass es nicht unmittelbar auf der Hand liegt, diese Werke zueinander in Beziehung zu setzen, zumal das Genre ein gänzlich verschiedenes ist. Wurden die *Principles* als Studienbuch der Psychologie konzipiert, so handelt es sich bei den *Varieties* um eine Vortragsreihe, die James im Rahmen der Gifford Lectures 1901/1902 gehalten hat.

Bereits 1896 hatte man versucht, James als Referent für die Gifford Lectures zu gewinnen. Dieser zeigte sich darüber zwar erfreut, bat jedoch um einen späteren Termin, um mehr Zeit für die Vorbereitung zu haben. Neben der Ehre, die sich mit der Einladung verband, freute sich James nicht zuletzt über die damit verbundene Vorgabe, über einen Gegenstand der natürlichen Religion zu lesen.[45] Aus dem Briefwechsel geht hervor, dass sich für ihn hier die Möglichkeit bot, an einem Thema zu arbeiten, zu dem er schon immer einmal in einer systematischen Weise arbeiten wollte, ohne dass sich ihm die Gelegenheit dazu bot.[46] Überschwänglich versprach James sein Bestes zu geben und zu diesem Anlass sein „last will and testament on religious matters“ [47] abfassen zu wollen. Auch eine Reihe von James-Interpreten heben die persönliche Bedeutung, die die Arbeit an den *Varieties* für James selbst hat, hervor. So etwa Marty, der die *Varieties* als Einlösung eines Versprechens gegenüber seinem Vater Henry James Sr. ansieht.[48]

Über die Herangehensweise an den Gegenstand der „natürlichen Religion“ war sich James schon bald im Klaren: Sowohl psychologische als auch metaphysische Betrachtungen sollen darin ihren Platz finden.[49] Als James von seiner Einladung zu den Gifford Lectures erfuhr, war er in Harvard, wo er von 1885 bis 1892 sowohl Psychologie als auch Philosophie unterrichtete, bereits vollständig zur philosophischen Fakultät gewechselt.[50] Über diesen Wechsel bemerkt Alkana, dass es eine Ironie der Wissenschaftsgeschichte sei, dass sich James' Wechsel zur Philosophie dem Umstand verdankt, dass es ihm erfolgreich gelungen war, die empirische Psychologie als selbständige Disziplin neben der Philosophie zu etablieren.[51] Nach Alkana liegt das besondere Verdienst von James' Arbeit auf dem Gebiet der empirischen Psychologie in einer Abgrenzung gegenüber der Philosophie. Demnach sind die Modelle des menschlichen Geistes, die er in dieser Zeit entwickelt hat, im Kontext der Bemühung

---

[45] Die Gifford Lectures gehen auf das Testament des Juristen Adam Lord Gifford zurück. Die seit 1888 an den schottischen Universitäten Edinburgh, Glasgow, St. Andrews und Aberdeen gehaltenen Vortragsreihen renommierter Wissenschaftler sollen nach der Intention des Stifters die „natürliche Theologie“, verstanden als eine Wissenschaft, die sich nicht auf Offenbarung beruft, befördern.

[46] Vgl. William James an Andrew Seth (Pringle-Pattison) am 25. Januar 1897, in: BOWERS 1985, 520.

[47] William James an Andrew Seth (Pringle-Pattison) am 7. Februar 1897, zitiert nach: ebd., 521.

[48] „In fact, James saw *Varieties of Religious Experience* as a carrying-out of a pledge. He once promised his father that someday he would deal in a sustained way with religion.“ MARTY 1985b, xiii.

[49] „I must spend the time in composing twenty lectures which I have to deliver at Edinburgh on the subject entitled ‚Natural Religion‘; but which (as I interpret it) gives an opportunity for a certain amount of psychology and a certain amount of metaphysics.“ William James an Pillon am 31. Mai 1899, zitiert nach BOWERS 1985, 525.

[50] James lehrte seit 1882 Psychologie und Philosophie, ab 1892 gab er den Lehrstuhl der Psychologie auf eigenen Wunsch auf.

[51] Vgl. ALKANA 1997, 106.

zu sehen, sich von den traditionellen Denkkategorien der Philosophie mithilfe neuerer Denkansätze aus dem Bereich der experimentellen Psychologie zu lösen. Die Fragestellungen, die James' Denken weiterhin motivieren, sind jedoch philosophische und diese können nicht Gegenstand jener Form der Psychologie sein, deren Grenzen James in den *Principles* festgelegt hat. Es lässt sich darüber hinaus beobachten, dass James an bestimmten Denkmodellen, die er im Rahmen der Psychologie entwickelt hat, auch in seinen späteren Schriften zur Philosophie festhält und sie entsprechend weiter entwickelt. Dass er dabei die methodischen Grenzen, die ihm im Bereich einer empirisch-wissenschaftlich verfahrenden Psychologie gegeben sind, hinter sich lassen kann, eröffnet die Möglichkeit, die existentielle und ethische Dimension, die insbesondere die „Talks to Students" kennzeichnen, in sein Denken zu integrieren. Mit Marty kann man darauf verweisen, dass die religiöse Thematik dabei im Grunde mehr oder weniger alle Phasen des James'schen Werkes durchzieht:

> „The religious theme courses through James's work, implicitly in his masterwork of 1890, Principles of Psychology, explicitly in his usually and easily misunderstood Will to Believe (1897), and somewhere in between these extremes in the complex Pluralistic Universe (1909)."[52]

4.6.1 *Religionspsychologie zur Wende zum 20. Jahrhundert und James' Ansatz des „doppelten Blicks"*

Die Untersuchung religiöser Phänomene mit den Mitteln der empirischen Psychologie war zur Wende zum 20. Jahrhundert einerseits gerade ein wenig in Mode gekommen, zum anderen aber auch recht umstritten. James' Ansatz kann bereits als Versuch einer Vermittlung zwischen den Fronten des medizinischen Materialismus und den Gegnern jeglicher Form von psychologischer Betrachtung auf dem Gebiet der Religion angesehen werden.

Wichtige Quellen waren für James dabei insbesondere die Forschungen der amerikanischen Psychologen Starbuck, Leuba und Myers.[53] Zu Starbucks *Psychology of Religion* (1899) hat James ein Vorwort verfasst und von Leuba übernimmt er den Ausdruck des „faith-state". Der Begriff des „subliminal consciousness", auf den sich James an zentraler Stelle in den *Varieties* bezieht, war zumindest einem Fachpublikum bereits bekannt, nachdem Myers in den Jahren 1891–1895 eine gleichnamige Artikelserie veröffentlicht hatte.[54]

---

[52] MARTY 1985b, xiii.

[53] Eine ausführliche Studie zu Grandville Stanley Hall, James Henry Leuba und Edwin Diller Starbuck bietet HUXEL 2000.

[54] MYERS 1891–1895. James merkt in seiner Funktion des Präsidenten der „Society of Psychical Research" im Jahr 1896 an: „In Mr. Myers''s papers on these subjects we see, for the first time in the history if men's dealings with occult matters, the whole range of them brought together, illustrated copiously with unpublished contemporary data, and treated in a thourougly scientific way. […] Mr. Myers methodological treatment of them by classes series and is the first great step towards overcoming the distaste of orthodox science to look at them." JAMES 1896, 6 f.

Die vorbehaltlose empirische Forschung, die darauf abzielt, religiöse Phänomene auf natürliche Weise erklären zu können, steht in Konflikt zu der Annahme eines supranaturalen Ursprungs dieser Phänomene. Solche Erklärungen werden insbesondere dann als anstößig empfunden, wenn sie das religiöse Leben pathologisieren, indem sie religiöse Phänomene auf krankhafte Zustände geistiger oder körperlicher Art zurückführen. Diese Tendenz eines „material medicalism", wie James solche reduktionistischen Ansätze bezeichnet, wurde zur Jahrhundertwende vor allem durch Untersuchungen französischer Psychologen gestützt, da sich diese vorrangig mit extremen und pathologischen Erscheinungen im Kontext religiöser Praktiken beschäftigte. Auch für James war von Beginn an klar, dass sich seine Untersuchungen in einem gewissen Umfang auf dem Gebiet der Psychologie bewegen werden.[55] Auch macht er sich explizit die Methode zu eigen, extreme Formen religiösen Erlebens in den Mittelpunkt zu stellen, was häufig kritisiert wurde.[56]

Psychologie ist für James jedoch eine Wissenschaft, die sowohl kausal erklärend als auch phänomenologisch beschreibend verfährt.[57] Es geht also einerseits darum, das geistige Leben via Introspektion bzw. Narration verstehend nachzuvollziehen sowie andererseits darum, die Bedingungen des Entstehens geistiger Phänomene mittels wissenschaftlicher Theoriebildung zu erklären. Dieser „doppelte Blick" auf psychische Phänomene kennzeichnet bereits die *Principles*. Weite Passagen des Buches beschäftigen sich mit den physiologischen Bedingungen psychischer Phänomene, ohne die Beschreibung des subjektiven psychischen Erlebens zu vernachlässigen. Alkana[58] erkennt in dieser doppelten Herangehensweise die Möglichkeit einer wechselseitigen Kritik der Methoden. Die kritische Funktion einer Pluralität von Methoden wird von James selbst in *Briefer Course* hervorgehoben. Auf der Grundlage dieses Textes lässt sich aber auch zeigen, dass James nicht, wie Alkana meint, an dem Versuch gescheitert ist, eine privilegierte Methode der Psychologie zu etablieren, sondern nie die Absicht verfolgte, die Psychologie auf *eine* methodische Grundlage zu stellen, da nämlich auf diese Weise gerade die kritische Funktion verloren ginge. Gerade eine

---

[55] Vgl. William James an Pillon am 31. Mai 1899, zitiert nach BOWERS 1985, 525.

[56] Dass WOBBERMIN für die deutsche Übertragung, die 1907 unter dem Titel „Die religiöse Erfahrung in ihrer Mannigfaltigkeit" erschien, den Untertitel „Materialien und Studien zu einer Psychologie und Pathologie des religiösen Lebens" wählte, der deutlich von dem englischen „A study in human nature" abweicht, dürfte die Rezeption dabei nicht unwesentlich gelenkt haben. Mit der Rezeption durch Ernst Troeltsch scheint sich der Topos zu etablieren, dass James' Verdienst „nur psychologischer Natur" sein kann, aber nichts zur Wahrheitsfrage beitrage. Siehe Einleitung, oben S, 4.

[57] „Psychology is the Science of Mental Life, both of its phenomena and of their conditions." (PP, 15.)

[58] ALKANA 1997, 109: „This lack of resolution characterizes *The Principles*. James uses two opposed psychological viewpoints to create a mutual critique. [...] Because neither overcomes the other and because the two prevalent viewpoints could not be unified, *The Principles* ironically fails in its search for the proper basis of psychology. Neither the philosophical conception of the individual nor the materialist stress on the body adequately defines the disciplinary subject matter."

junge Disziplin wie die empirische Psychologie, so James, könne sich auf diese Weise davor schützen, in ihrer Forschung von unhinterfragten metaphysischen Annahmen auszugehen.

> „When, the, we talk of ‚psychology as a natural science,' we must not assume that that means a sort of psychology that stands at last on solid grounds. It means just the reverse; it means a psychology particularly fragile, and into which the waters of metaphysical criticism leak at every joint, a psychology of whose elementary assumptions and data must be reconsidered in wider connections and translated into other terms."[59]

Auch der Ansatz, den James in den *Varieties* verfolgt, liegt ganz auf dieser Linie. Verschiedene Zugangsweisen dienen dazu, religiöse Phänomene besser zu verstehen. Von daher versucht James in der einleitenden Vorlesung der *Varieties* zum einen, Vorbehalte gegenüber einer kausal-erklärenden Herangehensweise abzubauen. Zugleich gibt er zu verstehen, dass dieser Blick allein nicht genügt, um das Wesen der Religion zu begreifen. Weshalb es beider Betrachtungsweisen bedarf, macht James anhand der Unterscheidung zwischen Existenz- und Werturteil („existential judgement/spiritual judgment"[60]) deutlich. Existenzurteile beziehen sich auf die faktischen Umstände und Ursachen, die das Zustandekommen religiöser Phänomene bedingen. Sie werden so als Vorkommnisse in der natürlichen Welt behandelt, die auf natürlichen Voraussetzungen beruhen.[61]

Genau diese Betrachtungsweise ist es, der insbesondere Menschen, die sich als religiös verstehen, mit einem gewissen Affront begegnen, denn sie befürchten, dass auf diese Weise religiös konnotierte Erscheinungen auf natürliche Erscheinungen zurückgeführt werden sollen. Die Verteidigung des religiösen Eigenwertes wird dann auf der Berufung auf einen supranaturalistischen Ursprung dieser Phänomene aufgebaut. Auf diese Weise werden diese Phänomene zwar gegenüber Angriffen des Naturalismus immunisiert, allerdings zu dem Preis eines schroffen Gegensatzes zwischen natürlichen und übernatürlichen Elementen der Wirklichkeit, der nur gesetzt, aber nicht begründet werden kann.

James zieht an dieser Stelle die Parallele zur historisch-kritischen Betrachtung der Bibel. Auch diese ist bei Gläubigen auf Widerstand gestoßen, da sie befürchteten, dass durch die Klärung der historisch-faktischen Umstände der Entstehung der Bibel deren Offenbarungscharakter verloren ginge. Die schlichte Behauptung, dass die Bibel ein Buch sei, das von dieser Methode ausgenommen werden müsse, da sie das Wort Gottes enthalte, wirke jedoch auf einen Menschen, der sich auch als Angehöriger einer wissenschaftlich aufgeklärten Kultur versteht, höchst unbefriedigend. Zudem sei festzuhalten, dass diese Form der Apologetik einem Irrtum aufsitze. Die Bibel als Offenbarung zu bezeichnen, so James, ist ein Urteil, dass sich nicht auf der

---

[59] JAMES [1892] 1984, 400.

[60] Es handelt sich dabei explizit um eine Übersetzung aus dem Deutschen. Vgl. VRE, 13.

[61] „Every religious phenomenon has its history and its derivation from natural antecedents." (VRE, 13.)

Ebene der Fakten, sondern der des Wertes bewegt, und somit können faktische Aussagen über die Bibel niemals den Wert der Bibel als Offenbarung schmälern.
Ebenso verhält es sich mit dem Wert religiöser Erfahrungen. Zu wissen, welche physiologischen oder individualpsychologischen Dispositionen das Auftreten bestimmter mentaler Zustände begünstigen, sagt nichts darüber aus, ob deren Einfluss auf das Leben eines Menschen gut oder schlecht ist. Macht man sich also die Unterscheidung zwischen Tatsachen- und Werturteil klar, dann wird deutlich, dass der Wert religiöser Phänomene weder durch deren Ursprung zu begründen noch zu bestreiten ist. Denn das, was man auf der Ebene der reinen Faktizität über sie aussagen kann, genügt nicht, um ihren Wert zu bestimmen („the existential facts by themselves are insufficient for determining the value", VRE, 14). Die Kriterien über den Wert der Bibel oder den religiöser Erfahrungen können nicht auf der Ebene der Fakten beantwortet werden. Dass sie unmittelbar einleuchten, aus philosophischer Sicht vernünftig erscheinen und sich auf einer moralischen Ebene als nützlich erweisen, stelle James zufolge hier die einzigen verfügbaren Kriterien dar.[62]
Eine Frage, die sich dann jedoch stellt, ist, welcher Erkenntnisgewinn vonseiten der Religionspsychologie zu erwarten ist, wenn religiöse Phänomene in die Wertsphäre fallen, die Psychologie hier aber gar keine Auskunft geben kann. Für James besitzt die religionspsychologische Betrachtungsweise eine wichtige heuristische Funktion. Indem wir religiös konnotierte Phänomene in Beziehung zu nicht-religiös konnotierten Phänomenen setzen, treten Ähnlichkeiten und Unterschiede hervor, die zwischen diesen bestehen. James betrachtet Religion als Teil der menschlichen Natur.[63] Religiöse Erfahrung oder „Erfahrung von Religion" („experience of religion", VRE, 157) wird als eine spezifische Gestalt menschlicher Erfahrung behandelt, die sich anhand bestimmter Merkmale von anderen Erfahrungen unterscheiden lässt, aber auch bestimmte Merkmale mit Erfahrungen anderer Art teilt. Die psychologische Herangehensweise kann hier als Basis dienen, um die Einbettung der religiösen Erfahrung in der menschlichen Natur aufzuweisen und nicht dem Duktus des Singulären und Unerklärlichen zu verfallen. Die Methode besteht also darin, religiöse Phänomene mit anderen psychischen Phänomenen zu vergleichen, um auf diese Weise die Ähnlichkeiten und Unterschiede, sozusagen „Familienähnlichkeiten" im Sinne Wittgensteins, bestimmen zu können.

> „The mass of collateral phenomena, morbid or healthy, with which the various religious phenomena must be compared in order to understand then better, forms what in the slang of pedagogics is termed ‚the apperceiving mass' by which we comprehend them." (VRE, 29.)

---

[62] „Immediate luminousness, in short, philosophical reasonableness, and moral helpfulness are the only available criteria." (VRE, 23.)

[63] Das zeigt sich nicht zuletzt daran, dass die *Varieties* den Untertitel *A Study in Human Nature* tragen.

Dieser Ansatz wendet sich damit gegen Strategien der Immunisierung, die zum einen verhindern, dass religiöse Menschen sich selbst besser verstehen, und zum anderen, dass Personen, die sich nicht als religiös begreifen, Erfahrungen dieser Art verständlich gemacht werden können. Nicht zuletzt trägt James auf diese Weise zu einer Annäherung zwischen Religion und Wissenschaft bei.

Dieser integrative Ansatz erfordert nicht nur eine methodologische, sondern auch eine terminologische Offenheit. Dabei kann sich James mit der schon zu seiner Zeit selbstverständlichen Rede von Religion und religiöser Erfahrung auf eine begriffliche Vorarbeit stützen, die im 18. und 19. Jahrhundert geleistet wurde. James macht sich die Weite des Religionsbegriffes zunutze, indem er in der zweiten Vorlesung „Circumscription of the Topic" die Definitionen, die den Gang seiner Untersuchung leiten sollen, gezielt vage hält.

James bestimmt Religion zunächst als grundlegende Lebenshaltung oder genauer als die gesamte Reaktion eines Menschen auf das Leben („a man's total reaction upon life", VRE, 36). In einer anderen Bestimmung scheint sich James an Schleiermacher anzulehnen, wenn er Religion bestimmt als *„the feelings, acts, and experiences of individual men in their solitude, so far as they apprehend themselves to stand in relation to whatever they may consider the divine.*" (VRE, 34.)

Es wäre ein Missverständnis, diese Bestimmungen als das „letzte Wort über Religion" zu betrachten, das James dem Veranstalter der Gifford Lectures versprochen hat. Sie bilden lediglich den Ausgangspunkt einer Untersuchung, die empirisch verfährt, dabei aber die Wertebene im Sinne der Bedeutung der Religion für das Leben nicht außer Acht lässt und an deren Ende James zu einer weitaus elaborierteren Auffassungen von Religion gelangt.

> „In my first lecture, defending the empirical method, I foretold that whatever conclusions we might come to could be reached by spiritual judgments only, appreciations of the significance for life of religion, taken ‚on the whole'. Our conclusions cannot be as sharp as dogmatic conclusions would be, but I will formulate them, when the time comes, as sharply as I can." (VRE, 382.)

Seine „Schlussfolgerungen" legt James in der letzten von insgesamt zwanzig Vorlesungen bzw. Kapiteln dar. Auf dem Hintergrund der Ausführungen über die Theorie des menschlichen Geistes, wie sie James in und im Umfeld der *Principles* entwirft, soll diese knappe und dichte Darstellung am Ende der *Varieties* nun eingehender erläutert werden.

4.7 Konversion

Die Theorie der religiösen Erfahrung, die James in den *Varieties* entwickelt, ist in weiten Teilen eine Theorie der Transformation des Selbst. Im Zentrum steht die Religion der „Zweimalgeborenen“[64], die den Prozess der „Konversion“ durchlaufen haben. Dieser führt im Falle einer religiösen Erfahrung von einem Zustand „religiöser Melancholie“, die in den *Varieties* als Zustand der „kranken Seele“ („sick soul“) zur Darstellung gelangt, über eine Phase innerer Zerrissenheit, bei der James von einem gespaltenen Selbst („divided self“) spricht, in einen Zustand inneren Glücks, in dem der Glaube an Gott eine zentrale Stellung einnimmt. Diesen Prozess möchte ich zu den Ausführungen zur Theorie des Selbst in Beziehung setzen, die James in den *Principles* entwickelt hat, um deutlich zu machen, wie und weshalb James' Konzept der religiösen Erfahrung als ein Prozess der Ausbildung eines religiösen Selbstverständnisses verstanden werden kann.

Ein zentraler Punkt in der Darstellung der Theorie des Selbst in den *Principles* bestand in der Zurückweisung der Behauptung, dass es notwendig sei, ein unwandelbares „Ur-Ich“ („Arch-Ego“, PP, 322) zu postulieren, das dem veränderlichen empirischen Selbst zugrunde liegt. Die Theorie des Selbst, die James in den *Principles* entwirft, setzt lediglich zwei Annahmen voraus: Zum einen die Existenz eines persistenten Bewusstseinsstromes und zum anderen die Fähigkeit, auf diesen urteilend Bezug nehmen und dabei ein Bewusstsein von sich selbst als einer und derselben Person entwickeln zu können. Eine Person hat einen bestimmten Leib, sie wählt ihre Kleidung, sie steht in Beziehung zu ihren Mitmenschen und weiß um ihre Gewohnheiten und Einstellungen. Personale Identität besteht nach James in dem Urteil, dass dieses vielschichtige, komplexe Selbst, das sich beständig verändert, eine Form der Beständigkeit aufweist. Diese Beständigkeit liegt, wie oben deutlich wurde, in einem lebendigen Selbstbezug, der aus der Perspektive der ersten Person als ein Gefühl der Wärme und Vertrautheit bewusst wird.

Dass diese Empfindung nicht unumstößlich ist und es zu Selbstzuschreibungen kommen kann, die aus der Perspektive von Dritten als fehlerhaft erkannt werden, wird in Fällen krankhafter Veränderungen der Selbstwahrnehmung deutlich. In den *Principles* führt James Fälle von Persönlichkeitsspaltung an, bei der die Betreffenden mehrere Identitäten ausbilden. Aber auch innerhalb einer biographischen Entwicklung, die wir nicht als pathologisch bezeichnen würden, kann es zu solch einschneidenden Transformationen des Selbst kommen, dass das Gefühl der personalen Identität verloren geht und ein Gefühl der inneren Zerrissenheit entsteht. James begreift diese Phase als ein Ringen des „alten“ mit dem „neuen Selbst“. Die Fähigkeit des Selbst, sich weiter zu entwickeln, geht mit einer gewissen Fragilität einher, durch die eine starke Sehnsucht nach dem Gefühl der Vertrautheit entsteht. Das Gefühl, in diesen Momenten dennoch einen Halt zu finden, der jedoch nicht in uns selbst liegt, sondern unser Selbst transzendiert, bestimmt James zufolge das Wesen dessen, was er unter „religiöser Erfahrung“ begreift.

---

[64] Den Begriff übernimmt James von Francis W. Newman, dem Bruder von John Henry Newman. Vgl. VRE, 73.

4.7.1 *Religion der Einmalgeborenen und der „Zweimalgeborenen"*

Der Prozess der Selbstspaltung und der Wiedergewinnung innerer Einheit kennzeichnet die Form von Religiosität, die James die Religion der „Zweimalgeborenen" nennt. Dieser widmet er zwar den größten Teil seiner Untersuchung, doch das bedeutet nicht, dass er diese Form der Religiosität mit Religion überhaupt gleichsetzt. Religion ist für James zunächst auf fundamentale Weise mit dem menschlichen Glücksstreben verbunden.

> „[...] even more in the religious life than in the moral life, happiness and unhappiness seem to be the poles round which the interest revolves." (VRE, 71.)

In Hinblick auf dieses Streben nach Glück lassen sich dann zwei Typen von Religiosität unterscheiden: Eine einfache („simple") Form, die James als „religion of healthy-mindedness" oder auch als Religion der Einmalgeborenen („once-born") bezeichnet, und eine komplexe, die aus einer Erfahrung der Konversion hervorgeht und entsprechend Religion der „Zweimalgeborenen" („twice-born") genannt wird. Die Unterscheidung ist zunächst rein deskriptiv und bezieht sich auf die Komplexität des Weges, dessen es bedarf, damit ein Individuum „Religion erfährt". Entscheidend ist dabei die Ausgangsbasis: James unterscheidet idealtypisch (und mitunter überspitzt) zwischen Personen, die er als „healthy-minded" bezeichnet und Menschen, die zumindest phasenweise mit einer „sick soul" durchs Leben gehen. Der Unterschied zwischen den gesunden und den kranken Seelen liegt in der Haltung zu der Frage des Übels in der Welt. Für die ersten handelt es sich um eine Frage der Einstellung, ob wir die Welt als gut oder schlecht ansehen und für die anderen geht es in dieser Frage um etwas Grundlegenderes und Allgemeineres.[65]

Mit der „religion of the healthy-minded" nimmt James jedoch weniger auf jene sonnigen Gemüter Bezug, „who seem to have started in life with a bottle or two champagne inscribed to their credit" (VRE, 115), sondern auf Anhänger der sogenannten „Mind-Cure-Bewegung". Diese ist James zufolge ein Kind jenes fortschritts- und wissenschaftsgläubigen Zeitgeistes, der davon überzeugt ist, dass auch das Glück auf methodischem Wege herstellbar sei. Diese Methoden zielen darauf ab, möglichst alle negativen Aspekte des Daseins aus dem Weg zu räumen oder da, wo dies nicht möglich ist, strategisch auszublenden. Anhand von „What Makes a Life Significant?" wurde bereits verdeutlich, weshalb James wenig von diesem Weg hält: Auch wenn es gelingen könnte, die negativen Seiten unserer Existenz dauerhaft auszublenden, so wären wir immer noch mit dem „brute man" in uns selbst konfrontiert, der seine Erfüllung nicht in einer Rundumwohlfühloase findet, sondern in der Ausbildung eines „strenuous mood". Der Weg der „Zweimalgeborenen", so wird noch deutlicher werden, führt zu jener Ernsthaftigkeit und jener Durchsetzkraft, mit der wir allem, was uns widerfährt mit Ernsthaftigkeit, Zuversicht und Entschlossenheit entgegengehen

[65] VRE, 114.

und nicht in eine rosarote Parallelwelt flüchten, wie es im Extremfall die Anhänger der „Mind-Cure-Bewegung“[66] tun.

Die kranke Seele kam bereits im ersten Kapitel dieser Arbeit in den Blick. Wie in „Is Live Worth Living?“ besteht die „Krankheit“ der Seele auch in den *Varieties* in einem Leiden an der Realität des Übels in der Welt. Nicht diese oder jene negative Erfahrung ist Anlass zur Verzweiflung, sondern die Ohnmacht angesichts *des Übels* überhaupt, das den betreffenden Personen nicht selten in substantivierter Form eines Bösen in der Welt begegnet. Wie in „Is Life Worth Living?“ nimmt James in den *Varieties* also einen krankhaften Zustand der Seele an, der eines komplexen Weges der Heilung bedarf. Dieses seelische Leiden wurde in den frühen Schriften als Ausbleiben einer religiösen Antwort auf ein religiöses Verlangen gefasst. Dieses Verlangen kann nun näher als das Streben nach dauerhaftem Glück bestimmt werden.

Wenn der kranken Seele ihr tiefes Verlangen nach dem Guten bewusst wird, sie aber zugleich von der Realität des Übels in der Welt überwältigt wird, gerät sie einen Zustand der Zerrissenheit. Sie möchte an das Gute glauben, kann es aber nicht. Der Weg der „Gesundung“ besteht darin, zu einem Welt- und Selbstverständnis zu gelangen, das das Verlangen nach Glück und Vollkommenheit mit der Realität von Unrecht und Leiden in der Welt zu vereinbaren vermag. Dies geschieht in zwei Schritten: In einem ersten Schritt entdeckt das Individuum, dass „das Gute“ in ihm selbst angelegt ist. In einem zweiten Schritt bejaht es diesen besseren Teil seines Selbst und identifiziert sich mit ihm, indem es begreift, dass das eigene Selbst in eine höhere Form der Realität übergeht, in der es auch dann Halt findet, wenn alles Hiesige in sich zusammenstürzt.

> „He becomes conscious that this higher part is conterminous and continuous with a MORE of the same quality, which is operative in the universe outside of him, and which he can keep in working touch with, and in a fashion get on board of and save himself when all his lower being has gone to pieces in the wreck.“ (VRE, 400.)

Damit ist die religiöse Erfahrung der „Zweimalgeborenen“ in ihrer Grundstruktur beschrieben. In ihr sind zwei Elemente miteinander verbunden, die bislang getrennt voneinander zu Darstellung kamen: zum einen das existentielle Leiden an einer unvollkommenen Wirklichkeit und zum anderen eine Theorie des Selbst, nach der dieses in der Lage ist, sich selbst zu transzendieren. Im Folgenden sollen die einzelnen Elemente dieses Prozesses der religiösen Umkehr näher bestimmt werden.

4.7.2 *Leidensschwelle: Optimismus – Pessimismus*

James bietet in den *Varieties* zunächst ein Modell an, das erklären soll, weshalb es Menschen gibt, die „das Böse“ als einen fundamentalen Fehler in der Natur des Men-

[66] Selbstverständlich handelt es sich hier um eine Überzeichnung dieser Bewegung, aus der nicht zuletzt wesentliche Impulse zu einer produktiven Verbindung zwischen Religion und Psychotherapie hervorgegangen sind und heute etwa unter „spiritual care“ firmiert.

schen betrachten, der von ihm selbst nicht behoben werden kann, sondern etwas darstellt, das einer übernatürlichen Heilung bedarf („supernatural remedy“, VRE, 114), während andere diese Vorstellung nicht entwickeln. Dieses Modell operiert mit dem Begriff der „Schwelle“ („threshold“), der aus dem Bereich der Physiologie entlehnt ist. Dort bezeichnet der Schwellenwert den Wert, den ein bestimmter Reiz annehmen muss, damit eine Reaktion des Organismus ausgelöst wird. Analog spricht James von einer Angst- oder Leidensschwelle. Diese Schwelle kann von Mensch zu Mensch unterschiedlich sein, so dass unter den gleichen äußeren Bedingungen sich einige Menschen gewöhnlich auf „the sunny side of their misery-line“ (VRE, 115) befinden, während andere, nämlich die Schwermütigen und Melancholiker auf der anderen Seite der Leidensschwelle leben. Wie hoch oder niedrig diese Schwelle beim Einzelnen liegt, ist zum einen eine Sache der Veranlagung. Aus ihr ergibt sich, dass Menschen, die unter ganz ähnlichen Bedingungen leben, zu ganz unterschiedlichen Auffassungen über die Wirklichkeit im Ganzen gelangen. Einem Menschen, der von Natur aus eher angst- und sorgenfrei durchs Leben geht, werden auch manche Niederlagen und Schicksalsschläge weniger anhaben. Während er an seinem Optimismus festhält, wird jemand, der ganz Ähnliches erlebt hat, aber mit einer niedrigen Leidensschwelle ausgestattet ist, diesen Optimismus wohl eher beargwöhnen oder bewundern. Umgekehrt bestimmt aber auch die Art, wie wir die Welt sehen, wie wir Leid und Unrecht empfinden. Der Unglückliche sieht sich in seinem Pessimismus durch jedes neue Übel, das er oder auch jemand anderes erfährt, bestätigt. Auf der anderen Seite relativiert sich das größte Unrecht, wenn wir von der Realität einer umfassenden immerwährenden moralischen Ordnung („eternal moral order“) ausgehen, verwandelt sich das größte Leiden, wenn man ihm Sinn und Bedeutung beilegen kann und die Verzweiflung über die eigene moralische Unvollkommenheit verschwindet, wenn wir uns dennoch der Anerkennung durch ein höchstes Tribunal als würdig erachten.

Die „kranke Seele“ besitzt zumeist eine niedrige Leidensschwelle oder positiv ausgedrückt: Sie besitzt eine hohe Sensibilität gegenüber Leid und Unrecht. Von daher ist sie geneigt, eine eher pessimistische Weltsicht anzunehmen und es wird ihr nicht schwer fallen, Belege zu finden, die diese Haltung rechtfertigen. In James' religionsphilosophischen Schriften lassen sich zwei Wege unterscheiden, die aus diesem Zustand herausführen können: Entweder es gelingt, sich am eigenen Schopf zu packen und sich für die Annahme einer neuen Sicht der Welt zu entscheiden, in der das Ewige und Vollkommene das letzte Wort hat – diese Variante einer willentlichen Entscheidung für den Glauben wurde von James in dem Aufsatz „The Will to Believe“ demonstriert. Oder die Seele wird durch einen „deus ex machina“ aus dem Sumpf gezogen – dieser passive Prozess der Errettung, durch den die Welt der kranken Seele wortwörtlich zum Guten gewendet wird, ist zentraler Gegenstand der *Varieties*.[67]

[67] Auf diesen inneren Zusammenhang zwischen den *Varieties* und „The Will to Believe“ macht auch POSSENTI 2007 in ihrem Aufsatz „Education and Conversion“ aufmerksam, indem sie

4.7.3 *Die Bestimmung der religiösen Konversion in den „Varieties" und in „The Energies of Men"*

Wer „Religion findet", so James, der gelangt in einen Zustand der Einheit. Doch die Religion wird zugleich lediglich als *ein* Weg bestimmt, zu dieser Einheit zu finden. Sie basiert auf einem allgemeinen psychologischen Prozess, der nicht notwendig eine religiöse Form annehmen muss.[68] Dieser allgemeine psychologische Prozess ist der einer Entwicklung des Selbst, die in den *Varieties* zunächst als eine Vereinigung widerstreitender Neigungen unseres Selbst bestimmt wird. Je breiter gefächert die verschiedenen Bestrebungen eines Menschen sind, desto mehr Mühe kostet es, „auf Linie" zu bleiben und die inneren Versuchungen und Anfechtungen zu überwinden.[69]
Die religiöse Konversion ist als eine spezifische Form dieser Entwicklung des Selbst zu begreifen. Neben der religiösen Form spricht James in einem Text, der nach den *Varieties* entstanden ist, nämlich „The Energies of Men", zudem von politischen und philosophischen Konversionen, die sich alle dadurch auszeichnen, dass in ihnen „Energien" zum Durchbruch gelangen („bound energies are let loose"[70]) und der Geist in *eine* Richtung gelenkt wird. Als ein besonderes Charakteristikum der religiösen Konversion nennt James in diesem Text den Umstand, dass es Jahre dauern kann, bis religiöse Vorstellungen zum Durchbruch kommen und es dann scheint, dass sie völlig unvermittelt ihre Wirkung verbreiten. Dieser plötzliche Umschlagspunkt macht die religiöse Umkehr zu einem Phänomen, das uns dann vielmehr als ein wunderbarer Akt der Gnade erscheint denn als ein natürlicher Vorgang. Doch unabhängig von der Frage, auf welche Weise es zu diesem Durchbruch kommt: Am Ende eröffnen sich für das Individuum ganz neue Dimensionen der Weltbejahung („new range of ‚yeses'", ebd.).
Diese Charakterisierung der religiösen Umkehr als einem mehr oder weniger unvermittelten Durchbruch, als einem Freiwerden von Kräften, als einer umfassenden Bejahung und insbesondere als Einigung widerstreitender Willensstrebungen, findet sich auch in den *Varieties* wieder. Im Unterschied zu den Ausführungen in „The Energies of Men" macht James in den *Varieties* jedoch darauf aufmerksam, dass es aber nicht die Art des Verlaufs dieses Prozesses ist, die die religiöse Umkehr in ihrem Wesen bestimmt ist. Dieser kann plötzlich sein, aber auch graduell verlaufen. Was eine Konversion zu einer *religiösen* Umkehr macht, ist, dass sie sich vollzieht, indem sie sich als Konsequenz des „firmer hold upon religious realities" (VRE, 157) vonseiten des Betreffenden vollzieht.

---

auf die Theorie des Selbst und zudem auf das vierte Kapitel „Habit" in den *Principles* zurückgreift.

[68] VRE, 146.

[69] VRE, 142.

[70] JAMES [1906]: The Energies of Men, zitiert nach: DERS. 1982, 143.

4.7.4 *„The subliminal Self"*

Entscheidend für den Prozess der religiösen Konversion ist demnach nicht, dass sie abrupt erfolgt. Eine religiöse Konversion kann auch schrittweise erfolgen, was dann der Fall ist, wenn sie aus einer willentlichen Anstrengung hervorgeht. Die psychologische Basis beider Formen, so macht James in den *Varieties* deutlich, ist im Grunde die gleiche, nur die Ebene des Bewusstseins ist ein andere. In Anlehnung an Starbuck unterscheidet James zwar zunächst zwischen dem „willentlichen Typus („volitional type"), der graduell verläuft und dem „Typus der Selbstaufgabe" („type by self-surrender"), der mit einer unvermittelten Art der Konversion einhergeht. Beide Typen beruhen auf einem „Willen zum Glauben" mit dem Unterschied, dass es sich beim ersten Typus um eine bewusste Willensanstrengung handelt und beim zweiten um einen Prozess der Willensausrichtung, die sich unterhalb der Ebene des Bewusstseins vollzieht. Aber auch diese Typisierung kann, so James im weiteren Verlauf der Ausführungen, jedoch nicht so trennscharf durchgehalten werden, da auch die graduelle, willentliche Konversion keineswegs linear verläuft. Phasen, in denen alle Mühe ohne Erfolg bleibt, sind darin ebenso üblich wie plötzliche Sprünge.

James erklärt dieses Phänomen anhand der hypothetischen Annahme eines unterbewussten Bereiches unseres Selbst, mit dessen Erforschung zum Zeitpunkt der Entstehung der *Varieties* gerade erst begonnen worden war. Auch eine stockende und dann wieder sprunghafte Entwicklung, so die Annahme, verläuft im Grunde linear, nur nicht immer auf der Ebene des Bewusstseins. Bestimmte Phasen der Entwicklung vollziehen sich auf der Ebene des subliminalen Bereichs des Bewusstseins, der uns nicht bewusst ist, aber Einfluss auf die Bereiche hat, die uns bewusst sind. Bei genauerem Hinsehen zeigt sich also, dass zwischen den genannten Typen keine radikale Trennung existiert. Denn so wie das „Unterbewusste" auch in der willentlichen Konversion beteiligt ist, geht auch den abrupten Fällen einer Konversion durch Selbstaufgabe ein intensives inneres Ringen voraus. Von daher liegt in der Unvermitteltheit der Bekehrung kein Ausweis einer überlegenen Form der Frömmigkeit, sondern sie ist ein Indiz dafür, dass die betreffende Person über ein besonders reges unterbewusstes Selbst („active subliminal self") verfügt.[71] Der „Wert der Heiligkeit" muss sich erst im weiteren Leben des Individuums erweisen.[72]

Die Konversion, egal auf welcher Ebene des Bewusstseins sie sich vollzieht, ist dabei als eine Bündelung divergierender Willensstrebungen zu verstehen. Wenn es sich dabei um konfligierende Strebungen handelt, ist dies nur möglich, wenn es gelingt, einem bestimmten Streben das Primat einzuräumen. In diesem Streben geht es immer um ein Gut. Wir haben es in der Konversion demnach wieder mit einer Art Entscheidung für ein bestimmtes Gut zu tun. Um welche Form der Entscheidung es sich im

---

[71] James verweist in diesem Zusammenhang auf eine entsprechende Studie von George Albert Coe. Vgl. COE 1900.

[72] Vgl. VRE, 197.

Falle der Hinwendung zum religiösen Glauben handelt, wurde bereits anhand von „The Will to Believe“ deutlich, nämlich um eine „genuine option“. Das Gut ist die Überzeugung von der Realität Gottes oder die Überzeugung, dass es eine tiefere Kraft des Universums gibt, die gut ist, insofern sie unsere innersten Anliegen teilt.
In der religiösen Konversion, wie sie James in den *Varieties* beschreibt, ist es nicht mehr die Überzeugung selbst, die so bestechend ist, dass sie uns von ihrer Realität überzeugt, sondern die Erkenntnis, dass der Kern dieses Guten in uns selbst liegt, so dass es nur darum gehen kann, dieses zum leitenden Prinzip unseres neuen Selbst zu machen.

4.7.5 *Bewusstseinsfeld*

Was in der „Geburt“ dieses neuen Selbst geschieht, kann man auf einer weniger fundamentalen Ebene des Selbst verdeutlichen. Dabei lässt sich an den Punkt der Veränderung des „Spiritual Self“ in den *Principles* anknüpfen. Dort sprach James davon, dass eine solche Veränderung des Selbst so grundlegend ist, dass man mitunter sagt, dass jemand nicht mehr er selbst sei. Ein entsprechendes Beispiel führt James nun in den *Varieties* an. Wenn der Präsident der Vereinigten Staaten in seinen Ferien das Weiße Haus verlässt, um in der Wildnis zu campieren und zu fischen, dann legt er nicht nur eine andere Kleidung an, sondern lässt ein Großteil derjenigen Haltungen, Gedanken und Empfindungen zurück, die ihn in seinem Amt begleiten. Zwischen dem Naturburschen („son of nature“) und dem ernsthaften Staatsdiener („strenuous magistrate“) besteht ein solch großer Unterschied, dass man auch sagt, dass der Präsident beim Fischen ein ganz anderer Mensch sei. Anhand dieses Beispiels zeigt James auf, dass die Frage, wer wir sind, zum einen wesentlich davon abhängt, in welchen Kontexten wir uns gerade bewegen. Dabei „ist“ das Selbst jedoch auch stets „mehr“ als das aktuelle Selbst. Der „Naturbursche“ schlummert sozusagen auch noch in dem Präsidenten, wenn er wieder seinen Amtsgeschäften nachgeht und möglicherweise überkommt ihn dabei ab und an das Gefühl, gerade in einer falschen Welt zu sein sowie die Sehnsucht, wieder in die freie Natur zurückzukehren.
Dass der Präsident dann nicht sofort alles stehen und liegen lässt, erklärt James in den *Varieties* mithilfe der Metapher des Bewusstseinsfeldes. Momentane Launen, die jedoch ohne Folgen bleiben, rühren von den Außenbezirken unseres Bewusstseins her („outskirts of the mind“). Diejenigen Motive, die unser wirkliches Selbst („real self“) und damit auch unsere aktuellen Handlungen bestimmen, stehen dagegen im Zentrum. Im Laufe des Lebens verschieben sich diese Zentren. Wir kommen mit neuen Vorstellungen in Berührung, die allmählich beginnen, einen Einfluss auf unser Tun und Denken zu gewinnen. Andere Vorstellungen verlieren dagegen an Kraft oder werden an den Rand gedrängt, wenn sie zu anderen Vorstellungen in Konflikt stehen, die wir gutheißen und von denen wir möchten, dass sie unser Handeln bestimmen.

Die Ausführungen über den Zusammenhang zwischen Willen und Realität im zweiten Kapitel haben gezeigt, dass diejenigen Vorstellungen, denen wir unsere Zustimmung erteilt haben, mehr und mehr an Realität gewinnen, bis wir letztlich unseren „consent“ erteilen und sie für uns eine völlige Evidenz besitzen. Im Falle der religiösen Konversion sind es religiöse Überzeugungen, die auf diese Art für uns an Realität gewinnen und handlungsleitend werden.

> „To say that a man is ‚converted' means, in these terms, that religious ideas, previously peripheral in his consciousness, now take a central place, and that religious aims form the habitual centre of his energy.“ (VRE, 162.)

Voraussetzung für die religiöse Konversion ist dabei, so wurde zuvor bereits anhand von „The Will to Believe“ und „The Energies of Men“ deutlich, dass es sich um ein Individuum handelt, für den die Realität religiöser Vorstellungen überhaupt im Bereich des Möglichen liegt. Auch auf dem Weg der Konversion kann niemand von religiösen Vorstellungen überzeugt werden, von deren Falschheit er überzeugt ist oder die für ihn nicht den geringsten Sinn ergeben.

Der Vorteil der Vorstellung des Bewusstseins als einem Feld, die James zufolge zu dieser Zeit im Bereiche der psychologischen Literatur gerade in Mode kam,[73] liegt in der Unbestimmtheit der Grenzen zwischen dem Bereich des Bewussten und dem des Unterbewussten. Die strenge Dichotomie zwischen leitenden und wirkungslosen Vorstellungs- und Empfindungsgruppen wird damit aufgebrochen. Nach diesem Modell gibt es Vorstellungen, die im Zentrum des Bewusstseins stehen und unser aktuelles Selbst in seinem Denken, Fühlen und Handeln bestimmen. Vorstellungen, die sich momentan am Rand befinden, sind jedoch nicht vollkommen isoliert von unserem bewussten Erleben. Es ergibt sich eine gewisse Kontinuität zwischen dem, was im Zentrum unserer Aufmerksamkeit steht und den Interessen, die gerade ganz am Rand stehen. Die marginalen Vorstellungen können zum einen in das Zentrum hineinspielen. Es gibt aber auch Erfahrungen, die wir nicht bewusst wahrnehmen und die dennoch in der Peripherie des Bewusstseins festgehalten werden. Da das Feld nicht statisch ist, sondern es zu Fluktuationen zwischen den inneren und äußeren Bereichen kommt, können Vorstellungen und Empfindungen, die an die Ränder abgewandert sind, ins Zentrum wandern und wirksam werden sowie umgekehrt leitende Vorstellungen und Empfindungen an die Peripherie abwandern und ihre Wirksamkeit verlieren.

Mit dem Rückgriff auf das Unterbewusstsein deutet James in den *Varieties* den Prozess der religiösen Konversion auf dem Hintergrund einer wissenschaftlichen Hypothese, für die zu dieser Zeit bereits einige beeindruckende Belege vorlagen.[74] Auch

---

[73] Vgl. VRE, 188.

[74] So etwa auf dem Gebiet der Hysterie, wo es gelungen war, Erinnerungen, die in den Bereich des Unterbewussten gesunken waren, als Ursache hysterischer Störungen auszuweisen. Vgl. insbesondere die Studien von Josef BREUER und Sigmund FREUD über die Behandlung der Patientin „Anna O“, die 1895 gemeinsam als *Studien über Hysterie* erschienen.

auf dem Gebiet der religiösen Konversion kann James bereits auf einige Studien einschlägiger Autoren zurückgreifen, so etwa auf Edwin D. Starbucks *Psychology of Religion* (1899), George A. Coes *Spiritual Life* (1900) und James Henry Leubas Artikel „Psychology of Religious Phenomena“ (1896).[75] James setzt sich mit deren Ansätzen in den *Varieties* aber auch durchaus kritisch auseinander. In diesem Zusammenhang betont er ein weiteres Mal, dass mit solchen Studien, die nach psychologischen Erklärungsansätzen der religiösen Konversion suchen, deren Wert überhaupt nicht berührt wird, da sich dieser nur anhand der Früchte fürs Leben („*fruits for life*“, VRE, 193) ermessen lässt.

James bleibt auch skeptisch gegenüber der Annahme, dass allgemeine Theorien darüber, aufgrund welcher Faktoren es zu Verlagerungen innerhalb des Bewusstseinsfeldes kommt, den Einzelfall wirklich erklären können.[76] Dennoch lassen sich Faktoren anführen, die offenkundig einen Wandel, durch den das „*gewohnheitsmäßige Zentrum*“ der Energien einer Person sich ändert, herbeizuführen vermögen.

Die Abgrenzung der religiösen Konversion von den Veränderungen des Selbst, die James innerhalb des Kapitels „The Consciousness of the Self“ in den *Principles* anführt, soll verdeutlichen, dass James' Hypothese, dass das Unterbewusste an der religiösen Konversion beteiligt ist, nicht mit der Behauptung zu verwechseln ist, dass es sich dabei um völlig unwillkürliche Prozesse handelt. James' Rede von einem gespaltenen Selbst („divided self“) in den *Varieties* ist nicht mit einer pathologischen Form der Persönlichkeitsspaltung zu verwechseln. An dem Prozess der Konversion, der zu einer einheitlichen Ausrichtung des Willens führt, können zwar unterbewusste Prozesse beteiligt sein, dennoch handelt es sich nicht um einen unwillkürlichen Prozess, wie die folgende Gegenüberstellung der Ausführungen der *Principles* und denen der *Varieties* verdeutlichen soll.

4.7.6 *Sprunghafte Veränderungen („mutations“) des Selbst in den „Principles“*

Zu einem gewissen Grad „erfinden“ sich alle Menschen hin und wieder neu. So bilden etwa unsere Erinnerungen kein festes Datenpaket, auf das wir zurückgreifen, wenn wir etwa jemandem erzählen, wer wir sind. Dinge und Ereignisse, die einmal zu unserer Vergangenheit zählten, werden vergessen und mitunter „erinnern“ wir uns an Dinge, die wir tatsächlich nie erlebt haben. Die Geschichten, die wir über uns selbst erzählen, sind stets auch ein Stück fiktionaler Natur – und das nicht nur bei Literaten.

> „It is next to impossible to get a story of this sort accurate in all its details, although it is the inessential details that suffer the most change. Dickens and Balzac were said to have constantly mingled their fictions with their real experiences.“ (PP, 353 f.)

---

[75] Vgl. dazu auch WHITE 2008.

[76] „[…] psychology […] can give a general description of what happens, she is unable in a given case to account accurately for all the single forces at work.“ (VRE, 162 f.)

Dessen war sich James also sicherlich bewusst, wenn er seine Untersuchung der religiösen Erfahrung in den *Varieties* in weiten Teilen auf autobiographisches Material aufbaut.

In den *Principles* kommt James nur am Rande auf den Bereich des Subliminalen zu sprechen, nämlich im Kontext der Möglichkeit, das Selbst auf dem Weg der Hypnose zu manipulieren. Interessanterweise spricht James dabei hier noch von dem „Unbewussten" („unconsciousness", PP, 358), ein Terminus, den er in den *Varieties* explizit ablehnt.[77]

Von den beiden genannten Phänomenbereichen sind pathologische Fälle der Persönlichkeitsspaltung zu unterscheiden, die stets spontan erfolgen. James kann sich hier auf eine Analyse des deutschen Psychologen Wilhelm Griesinger (1817–68) stützen, der als Begründer der Psychiatrie in Deutschland gilt. Griesinger deutet solche Erfahrungen als eine Überlastung des Vermögens, bestimmte Erlebnisse in unser altes Selbst zu integrieren. Sie stehen „dem alten Ich[78] als ein fremdes, oft Staunen und Schrecken erregendes Du gegenüber. Oft wird ihr Eindringen in die alten Vorstellungskreise als Inbesitznahme des alten Ich von einer dunkeln, überwältigenden Macht empfunden und die Thatsache solcher Besitznahme in phantastischen Bildern bezeichnet."[79] Der „Widerstreit (des alten Ich) gegen die neuen, nicht adäquaten Vorstellungsmassen", der von „peinlichen Empfindungskämpfen, von affectartigen Zuständen, von heftigen Gemüthsbewegungen begleitet"[80] ist, findet seinen Ausdruck in dem Gefühl einer externen Überwältigung unseres Selbst. Oft wird dieser Zustand von Halluzinationen begleitet: Die betroffenen Personen hören Stimmen, treffen auf Doppelgänger oder dämonische Gestalten.

Wenn das, was einem Menschen zustößt, völlig außerhalb des Bereiches liegt, den er als Bestandteil des eigenen Erlebens akzeptieren kann, dann kann es zur Persönlichkeitsspaltung kommen. James führt in den *Principles* eine Reihe von Fallbeispielen an und skizziert Erklärungsansätze von Théodule Ribot und Pierre Janet.[81] Auch sie gehen davon aus, dass es dann zur Persönlichkeitsspaltung kommt, wenn bestimmte Empfindungen nicht in das Selbst integriert werden können. Da Empfindungen stets mit einer Reihe von Vorstellungen und Erinnerungen verknüpft sind, so hebt insbesondere Janet hervor,[82] werden auch diese von der betreffenden Person nicht mehr als

---

[77] James wendet sich ausdrücklich gegen die Annahme eines „Unbewussten" – jedoch nicht des Unterbewussten – mit der Begründung, dass etwas, das absolut außerhalb des Bewusstseins liegt, auch niemals Gegenstand des Bewusstseins werden kann („what is absolutely extra-marginal is absolutely non-existent, and cannot be a fact of consciousness at all," VRE, 190).

[78] James überträgt das deutsche „Ich" bei Griesinger in seiner Übersetzung dieses Abschnittes, den er in die *Principles* aufnimmt, entsprechend seiner eigenen terminologischen Festlegungen mit „old familiar *me*". (PP, 8,1, 355.)

[79] GRIESINGER 1867, 49 f.

[80] Ebd, 50.

[81] Eine Auseinandersetzung James' mit dem Ansatz von Janet findet sich auch in „The Hidden Self" (1890), in: JAMES (1983), 247–268.

[82] Vgl. insbesondere PP, 364 f.

Bestandteil ihres Selbst angesehen. Wenn es nicht gelingt, diese Erlebnisse und die damit verbundenen Vorstellungen und Empfindungen zu verdrängen, dann werden sie auf ein anderes Selbst übertragen. In der Persönlichkeitsspaltung können die verschiedenen Personen zwar zueinander in Beziehung treten, aber sie betrachten sich nicht als ein und dieselbe Person.

Auch das Phänomen der Besessenheit („possession"), des automatischen Schreibens und die Fähigkeit als Medium zu wirken, werden von James mit dem Modell des alternierenden Selbst beschrieben. Das alte Selbst, das die personale Identität einer Person konstituiert, erfährt in allen diesen Fällen eine derartige Erweiterung, dass es ihm nicht möglich ist, die neuen Erfahrungen unmittelbar in das Konzept des eigenen Selbst zu integrieren.

In den meisten Fällen wird der Zustand der Gespaltenheit in einem allmählichen Prozess bewältigt, indem die Barrieren, die die Integration verhinderten, abgebaut oder schließlich doch überwunden werden. Aus dem Zustand der Gespaltenheit geht in diesem Fall ein erweitertes Selbstverständnis hervor. Der so erreichte Zustand innerer Harmonie ist dann stabil, wenn es keine Teilbereiche des Erlebens mehr gibt, die von der Person aus ihrem Selbstverständnis ausgelagert werden. Es gibt aber auch Fälle, in denen eine Person auf abrupte Weise ein vollkommen neues Selbst ausbildet, das dann dauerhaft an die Stelle der alten Person tritt. Diese Identitäten sind jedoch instabil, da das verdrängte alte Selbst wieder „geweckt" werden kann.

4.7.7 *Der Selbstwandel in den* Varieties

Im Unterschied dazu wird die Gespaltenheit von James in den *Varieties* nicht als eine unwillkürlich auftretende Persönlichkeitsspaltung im psychiatrischen Sinn verstanden, in der die verschiedenen Identitäten auf verschiedene Personen übertragen werden, sondern als Zustand, indem es nicht gelingt, dauerhaft *ein* „Zentrum" unseres Selbst zu etablieren. Dieser Zustand kann, wie James in den Ausführungen zum gespaltenen Selbst („divided self") in der achten Vorlesung darlegt, jedoch durchaus pathologische Züge tragen. Während die betroffenen Personen in einem ständigen Kampf mit sich selbst stehen, entwickeln sie mitunter ein starkes Schuldbewusstsein oder einen Selbsthass, der bis zum Wunsch der Selbsttötung gehen kann. An einem solchen Punkt tiefster Verzweiflung liegt es nicht in der Macht des betreffenden Subjektes seine innere Einheit wieder zu erlangen. Kommt es dann zur Konversion, erscheint diese dem Betreffenden von daher nicht selten als Eingriff einer externen Macht, die ihn von den tiefsten seelischen Qualen erlöst. Mithilfe des Modells des Bewusstseinsfeldes gelingt es aber, diesen Prozess zumindest auf einer psychologischen Ebene so zu erklären, dass dabei nicht auf die Annahme einer übermenschlichen Macht zurückgegriffen werden muss. Wie oben bereits dargestellt wurde, wird nach dem Modell des Bewusstseinsfeldes das reale Selbst von jenen Interessen und Vorstellungen geleitet, die gerade im Zentrum dieses Feldes stehen.

In dem Zustand der Gespaltenheit konkurrieren zwei Gruppen von Vorstellungen und Empfindungen um den Platz im Zentrum. James begreift das hier als einen Konflikt zwischen einem „alten Selbst“ mit all seinen Verhaltensgewohnheiten und gewohnten Vorstellungsverbindungen und einem „neuen Selbst“, das diese Gewohnheiten aufbrechen und allmählich das Zentrum unserer Identität bilden möchte. Eine solche Umgestaltung der Verhaltensgewohnheiten („habit“) wird immer dann notwendig, wenn sie nicht mehr mit der Umwelt oder unseren inneren Bedürfnissen übereinstimmen. Wir entwickeln dann eine Vorstellung von einem Selbst, das den neuen Erfahrungen, Wünschen und Anforderungen, die sich uns aufdrängen, besser entspricht, und bemühen uns, diese neuen Denk- und Verhaltensgewohnheiten fest im Zentrum unseres Bewusstseins zu etablieren, damit sie auf diese Weisen unser Denken, Fühlen und Handeln bestimmen und wir wieder eins mit uns und unserer Umwelt werden.

Der entscheidende Unterschied zwischen einer Persönlichkeitsspaltung und der Festigung eines neuen gewohnheitsmäßigen Zentrums der eigenen „Energien“ („*habitual centre of [...] personl energy*“, VRE, 162) besteht darin, dass letztere auf dem Weg einer willentlichen Anstrengung erfolgt, der eine bewusste Entscheidung vorausgeht. Eine solche Entscheidung ist im Falle der Schizophrenie nicht möglich. Dabei darf die Rede von einer willentlichen Entscheidung bei James wiederum nicht im Sinne eines Dezisionismus verstanden werden. An ihr beteiligt sind, wie anhand der Darstellung verschiedener Typen von Willensentscheidung im zweiten Kapitel dieser Arbeit deutlich wurde, insbesondere Emotionen. Die Liebe zu ihrem Kind, so ein Beispiel, das James in dem Kapitel zur „Heiligkeit“ in *Varieties* anführt, vermag aus einer jungen Frau, die bislang keine Ambitionen zeigte, Pflichten und Verantwortung zu übernehmen, einen fürsorglichen und verantwortungsbewussten Menschen zu machen.[83] Institutionelle Formen von Religion, so zeigt James weiter auf, ritualisieren diese Emotionen und geben auf diese Weise einer natürlichen Anlage des Menschen eine feste Form. Starbuck ist in seinen Studien zu dem Ergebnis gelangt, dass die Bekehrung junger Menschen evangelikaler Kreise auf dem „normalen“ Verlauf der Entwicklung in der Adoleszenzphase basiert.[84] Insbesondere im Zuge der Erweckungsbewegungen kommt es zur Ausbildung fester Methoden, die auf die Konversion „ganz normaler“ Menschen hinwirken. „Höllenpredigten“ und Gewissensermahnungen wirken James zufolge darauf hin, in den Menschen Gefühle der Angst und der Schuld zu wecken, die in ihnen den Wunsch nach „Erlösung“ wecken und sie dazu veranlassen, alles dafür zu tun. James sieht in diesem methodischen Hinwirken auf bestimmte mentale Ereignisse jedoch nicht den Kern der religiösen Erfahrung, sondern nur eine Nachahmung der Entwicklung, die viele Glaubenszeugen selbst durchlaufen haben.

[83] Vgl. VRE, 212.

[84] STARBUCK 1899.

4.7.8 *Selbstaufgabe*

Eine Einwilligung in den Prozess der religiösen Konversion liegt bei dem Typus von Bekehrung vor, den James den „type by self-surrender" nennt. Auf den ersten Blick erscheint das merkwürdig, zumal James in den *Varieties* unter ausdrücklicher Bezugnahme auf seinen früheren Aufsatz „Will to Believe" angibt, dass der Wille zum Glauben niemals so weit reichen kann, dass man in der Lage wäre, sich mit bloßer Willenskraft aus dem Zustand tiefer innerer Zerrissenheit in den einer heiteren Zuversicht, die den religiösen Glauben charakterisiert, hinüberzuretten.[85] Denn der Zustand der „Zerrissenheit" ist ja gerade dadurch gekennzeichnet, zwar glauben zu wollen, es aber nicht zu können. Würde man die betreffende Person in dieser Lage auffordern, ein wenig mehr Willen aufzubringen, würde diese wohl allenfalls zynisch lächeln, aber nichts dergleichen tun können.

Was James unter dem Moment der Selbstaufgabe versteht und in wie fern dieser Typus der Konversion ebenfalls als willentlich bezeichnet werden kann, lässt sich auf dem Hintergrund des Modells des Bewusstseinsfeldes erklären. Im Zentrum des Bewusstseins des Verzweifelten steht das Übel, sei es in der Gestalt von Leid und Unrecht in der Welt oder in der Gestalt der eigenen Sündhaftigkeit und Schwäche. Es ist diese „egoistische Besorgnis der kranken Seele" (VRE, 174), die es verhindert, dass andere Emotionen, Vorstellungen und Handlungsweisen ins Zentrum des Bewusstseinsfeldes gelangen. Je stärker die betreffende Person ihren Fokus auf dieses Dilemma richtet, desto unwahrscheinlicher wird es, dass sie sich selbst daraus befreien kann. Nach James gibt es zwei Möglichkeiten: Zum einen kann es sein, dass etwas geschieht, was in der betreffenden Person positive Affekte auslöst und so Angst und Kummer ihren dominanten Einfluss verlieren. Eine andere Möglichkeit ist die, dass der Betreffende schlicht in einen Zustand der Erschöpfung gerät, in dem die emotionalen Zentren im Gehirn ihre Funktion einstellen („emotional brain-centres strike work", ebd.). In diesem Moment wird es möglich, dass Vorstellungen und Emotionen vom „Rand" des Bewusstseins wieder an Einfluss gewinnen. Damit ist auch der „type by self-surrender" kein unwillkürlicher Prozess, da er auf einem starken „Willen zum Glauben" beruht, der jedoch so blockiert war, dass er nicht zum Durchbruch gelangen konnte, solange die Blockaden nicht gelöst wurden.

Ohne den grundlegenden Willen zum Glauben, würde auch durch das Moment der „Selbstaufgabe" eine „dead option" niemals zu einer „living option". Doch dieser Typus von Bekehrung geht jedoch oftmals mit unwillkürlichen und unkontrollierbaren Bewusstseinsphänomenen wie Automatismen, Visionen, Verzückungen und Besessenheit einher, was sicherlich nicht an letzter Stelle dazu beigetragen hat, dass religiöse Konversionen in die Nähe pathologischer Erscheinungen gerückt wurden. So

[85] Vgl. VRE, 174.

kommt es, dass auch eine aufgeklärte Religionskritik häufig ihre Aufmerksamkeit auf diese Phänomene fokussiert.[86]

4.7.9 *„Faith-state"*

Am Ende führt die religiöse Konversion in einen Zustand, den Leuba als „faith-state" bezeichnet. James übernimmt von Leuba zwar die Merkmale, die diesen Zustand kennzeichnen, doch er gibt an, dass man besser von einem „ „state of assurance" (VRE, 201) sprechen würde, um eine Mehrdeutigkeit zu vermeiden. Dieser lässt sich anhand von drei zentralen Merkmalen charakterisieren: 1) durch eine grundlegende Bejahung des Daseins („*willingsness to be*", ebd.), 2) durch das Gefühl, die Wahrheit von Dingen zu erfassen, die wir zuvor nicht kannten, das insbesondere die Mystik kennzeichnet und 3) eine wahrnehmbare Veränderung der objektiven Wirklichkeit, durch die sich das Gefühl der Fremdheit und der Irrealität gegenüber der Wirklichkeit, die den Zustand der Melancholie kennzeichnete, ins Gegenteil wendet, also alles vertraut und zutiefst real oder präsent erscheint.

In insgesamt drei Vorlesungen zur „Heiligkeit" (XI–XIII) führt James eine Reihe von biographischen Dokumenten an, die die Veränderung in der Persönlichkeitsstruktur eines Menschen dokumentieren, der auf dem Wege einer religiösen Erfahrung in einen Zustand des „faith-state" gelangt ist. In diesem Zusammenhang verwendet James wieder den Ausdruck „strenuous mood", den er hier als ein Modus des affektiven Lebens charakterisiert, in dem das „energetische" Zentrum einer Person so geformt wird, dass sie in der Lage ist, mitunter große Schwierigkeiten zu überwinden, indem sie eisern an ihren Zielen festhält.[87] Synonym steht an dieser Stelle auch der Terminus „earnestness", der explizit als eine „willingness to live with energy, though energy bring pain" (VRE, 214) bestimmt wird. Es ist der „strenuous mood", der den Unterschied zwischen einem bloßen Wünschen und einem ernsthaften Wollen macht. Die Möglichkeit, unsere idealen Vorstellungen ins Zentrum unseres Selbst zu rücken und sie dadurch wirksam werden zu lassen, gibt der Konversion ihren „revolutionären" und mitunter sozialreformerischen Charakter.[88]

---

[86] Bereits während der „Ersten Großen Erweckungsbewegung" („First Great Awakening") auf dem nordamerikanischen Kontinent fokussierte sich die Kritik von Gegnern der Bewegung wie Charles Chauncy auf diese Phänomene. Sie wurden als Ausweis dafür angesehen, dass es sich hier um eine niedere Form von Religiosität handelt, die den Intellekt vernachlässigt. Eine behutsame Unterscheidung, wie sie etwa von Jonathan Edwards in „Religious Affection" geleistet wurde, den auch James in den *Varieties* heranzieht, kann dazu verhelfen, problematische Seiten dieser Form von Religiosität zu erkennen, ohne diese dabei gänzlich zu verdammen. Siehe dazu auch TAVES 1999 sowie THÖRNER 2007.

[87] An dieser Stelle tritt deutlich hervor, dass James' Bestimmung des „strenuous mood" das meint, was in der Scholastik als der iraszible Affekt bestimmt wird. Vgl. etwa Thomas von AQUIN: Summa Theologica, I, 81, 2.

[88] Dieser Aspekt wird nicht zuletzt anhand des Einflusses der Great Awakenings deutlich. Möglicherweise zeigt sich hier ein Grundzug, der das religiöse und politische Selbstverständnis der Vereinigten Staaten in gleicher Weise charakterisiert. Vgl. MARTY 1984a.

> „That whole raft of cowardly obstructions, which in tame persons and dull moods are sovereign impediments to action, sinks away at once. Our conventionality, our shyness, laziness, and stinginess, our demands for precedent and permission, for guarantee and surety, our small suspicions, timidities, despairs, where are they now?“ (VRE, 215.)

4.7.10 *Zusammenfassung*

Das Streben nach Glück, das James zufolge alle Religionen kennzeichnet, kommt im Prozess der religiösen Erfahrung insofern zu einem Abschluss, als das religiöse Subjekt durch den Prozess der Konversion in einen Zustand der absoluten Weltbejahung gelangt und dabei die Überzeugung gewinnt, dass letztlich das „Gute“, mit dem es sich selbst als einem höheren Teil seiner Selbst identifiziert, letztlich die entscheidende Kraft im Universum darstellt.

So nennt James am Ende der *Varieties* drei Überzeugungen, die als maßgeblich für das religiöse Leben anzusehen sind. Es handelt sich 1) um die Überzeugung, dass es mit der „sichtbaren Welt“, deren Ungenügen wir empfinden, nicht getan ist, sondern diese nur ein Teil eines „geistigeren Universums“ („more spiritual universe“, VRE, 382) ist, von dem her die sichtbare Welt ihre wesentliche Bedeutung erfährt, 2) um die Überzeugung, dass unsere wahre Bestimmung („true end“, ebd.) darin liegt, mit diesem Teil des Universums in ein harmonisches Verhältnis zu gelangen und 3) um die Überzeugung, dass das Gebet oder die innere Gemeinschaft („inner communion“, ebd.) mit dieser geistigen Realität einen realen Einfluss auf die phänomenale Wirklichkeit hat.

Die religiöse Konversion ist in der Bestimmung, die James gibt, deshalb als Annahme eines religiösen Selbstverständnisses zu sehen, da sie vom Selbst ihren Ausgang nimmt. Entscheidend ist jedoch, dass die Überzeugungen, die hierbei eine Rolle spielen, Annahmen über die Beschaffenheit der Realität enthalten.

Diese Annahmen haben zwar ebenso wenig wie die Annahme der „Mystiker“ eine Beweiskraft für diejenigen, die nicht über die Erfahrung der Konversion oder mystische Erfahrungen verfügen. Dennoch liefern sie Hypothesen, die wir ernsthaft in Erwägung ziehen können.

> „Mystical states indeed wield no authority due simply to their being mystical states. […] They offer us *hypotheses*, hypotheses which we may voluntarily ignore, but which as thinkers we cannot possibly upset. The supernaturalism and optimism to which they would persuade us may, interpreted in one way or another, be after all the truest of insights into the meaning of this life.“ (VRE, 339.)

In *A Pluralistic Universe* wird James genau den Versuch unternehmen, die religiöse Weltsicht der „Zweimalgeborenen“ zur Grundlage einer supranaturalistischen „Weltanschauung“ zu machen. Doch bevor ich darauf in Kapitel 5 zu sprechen komme, werde ich nun noch auf einen Aspekt der *Varieties* eingehen, der diese realistische Wendung mit vorbereitet, nämlich den methodischen Individualismus dieser Untersuchung.

4.8 Der „Individualismus" der *Varieties*

Die Grundlage der *Varieties* bildet ein breites Spektrum an Erfahrungsberichten. Darunter fallen insbesondere autobiographische Skizzen sowie psychologische Fallstudien. Entscheidend ist, dass sie das religiöse Erleben aus der Innensicht des Subjekts zum Ausdruck bringen. James' methodische Vorentscheidung, bei den „Empfindungen, Handlungen und Erfahrungen einzelner Menschen" anzusetzen, die sich selbst als in Beziehung zu etwas Göttlichem stehend begreifen („*feelings, acts, and experiences of individual men [...] as they apprehend themselves to stand in relation to whatever they may consider the divine*", VRE, 34), wurde nicht selten als Ausdruck einer modernen individualistischen Religiosität interpretiert.[89] Eine solche Sicht greift jedoch, wie ich nun zeigen möchte, zu kurz. Der Zugang zur Religion über das Studium der Erfahrungen religiöser Individuen verdankt sich zum einen James' religionspsychologischer Herangehensweise an den Gegenstand. Dabei gilt es, auf der Grundlage einer Sammlung empirischer „Daten" zu einer Hypothese zu gelangen, auf deren Grundlage die aufgezeigten Phänomene erklärt werden können. Das bedeutet aber nicht, dass die *Varieties* als eine rein religionspsychologische Studie anzusehen sind. Vielmehr möchte James selbst, wie ich gleich zeigen werde, seine religionspsychologische Hypothese als einen Beitrag zur Religionswissenschaft („science of religion") verstanden wissen.

James' methodische Herangehensweise zur Religion über die Erfahrungen des religiösen Subjektes hat aber noch einen anderen Grund, der aus philosophischer Perspektive der interessantere und folgenreichere ist. James wählt diesen Zugang, da er der Überzeugung ist, dass der religiöse Glaube nicht adäquat erfasst und eine religiöse Weltsicht nicht angemessen verstanden werden können, wenn man versucht, diese unabhängig vom subjektiven Lebensvollzug der Menschen zu begreifen. Aus diesem Grund geht jede Theorie der Religion, die sich dem Anspruch verpflichtet sieht, von der subjektiven Ebene der Erfahrung abzusehen, am Kern der Religion vorbei. Diese These bringt James in seiner Auseinandersetzung mit dem sogenannten Ansatz einer „survival theory" (VRE, 393) zum Ausdruck. Der Begriff der „survivals" wurde durch den britischen Anthropologen Edward Burnett Tylor geprägt. Er geht von dem Gedanken einer „kulturellen Evolution" aus und bestimmt einige Merkmale der heutigen Kultur als Überbleibsel aus einer früheren kulturellen Entwicklungsstufe, die in sogenannten „revivals" wieder erstarken können.[90] James wendet sich in diesen Pas-

[89] Vgl. oben, S. 9.

[90] „Among evidence aiding us to trace the course which the civilization of the world has actually followed, is that great class of facts to denote which I have found it convenient to introduce the term ‚survivals.' These are processes, customs, opinions, and so forth, which have been carried on by force of habit into a new state of society different from that in which they had their original home, and they thus remain as proofs and examples of an older condition of culture out of which a newer has been evolved." TYLOR 1871: *Primitive Culture* vol. 1, 14 f.

sagen gegen die Auffassung, dass die religiöse Weltsicht als ein solches Überbleibsel auf der Stufe der wissenschaftlichen Weltanschauung zu betrachten sei.
Der zentrale Unterschied zwischen der religiösen und der wissenschaftlichen Weltsicht besteht nach James darin, dass letztere jede Form des Anthropomorphismus ablehnt, während die Religion dieser „Deanthropomorphisierung" („deanthropomorphization", ebd.) zuwider zu laufen scheint. Während aus dem wissenschaftlichen Weltbild alle Elemente getilgt werden, die als subjektive Zutat des Menschen gelten, stellt die Religion ein „monumentales Kapitel in der Geschichte des menschlichen Egoismus"[91] dar. In den Religionen steht ein Wesen an der Spitze der kosmologischen Ordnung, das sich des Schicksals des Einzelnen annimmt oder wie es James prägnant formuliert: „[T]he religious individual tells you that the divine meets him on the basis of his personal concerns." (VRE, 387.)[92]
Die moderne „Naturwissenschaft" weist eine solche Sicht zurück. Sie sieht vom Einzelfall ab und kann sich allenfalls einen Gott denken, der im Sinne des Deismus für das Gesamte zuständig ist, aber nicht auf die Befindlichkeiten der einzelnen Individuen eingeht.[93] Die „Naturwissenschaft" („Science of Nature", VRE, 387), von der James hier spricht, meint insbesondere jene Form des materialistischen Szientismus, wie er etwa von Clifford vertreten wurde. Alle Abläufe in der Welt werden dort als ein zielloses Treiben von Atomen verstanden. Dass es in der Natur irgendein letztes Ziel gibt, auf das sie sich hinbewegt, das wir erfassen und gutheißen können, wird hier bestritten.[94] Gegenüber diesem Kosmos können die Menschen weder Sympathie noch Antipathie empfinden, da die Abläufe in der Natur in keinerlei Verbindung zu dem stehen, was sie hoffen und erbitten. Die inneren Regungen, die die Subjektivität menschlicher Individuen bestimmt, schwimmen allenfalls als „Epiphänomene" auf dem gewaltigen kosmischen Geschehen mit, ohne es in irgendeiner Form zu beeinflussen. Unser eigenes Selbst erscheint unter diesen Vorzeichen als episodenhaft auftretendes Nebenprodukt des Zusammenwirkens blinder Kräfte.

> „The bubbles on the foam which coats a stormy sea are floating episodes, made and unmade by the forces of the wind and water. Our private selves are like those bubbles, – epiphenomena, as Clifford, I believe, ingeniously called them; their destinies weigh nothing and determine nothing in the world's irremediable currents of events." (VRE, 390.)

Indem Religionen ein Bild der Welt zeichnen, in der der Mensch von jeher in einer Wechselbeziehung zu den höchsten Mächten steht, deren Eingreifen in die Welt im-

---

[91] Vgl. VRE, 387.

[92] Man kann hier etwa als Beleg an Psalm 139,16 denken: „Deine Augen sahen mich, da ich noch unbereitet war, und waren alle Tage auf dein Buch geschrieben, die noch werden sollten und derselben keiner da war" oder auch an Sure 50:16: „Und wahrlich, Wir erschufen den Menschen, und Wir wissen, was er in seinem Innern hegt; und Wir sind ihm näher als (seine) Halsschlagader."

[93] Vgl. VRE, 390.

[94] Vgl. VRE, 388.

mer auch eine Reaktion gegenüber dem Verhalten der Menschen darstellt, halten sie sich aus der Sicht des materialistischen Szientisten an Vorstellungen fest, die nichts weiter sind als Überreste aus einer vorwissenschaftlichen Zeit. Denn der Gedanke, dass die Menschen den Gang der Welt durch ihre Handlungen mit gestalten, je nachdem wie sich mit irgendwelchen spontan agierenden transzendenten Mächten verbünden, steht dem Determinismus des materialistischen Szientismus diametral entgegen.

Doch James zufolge würde jede Religion ihren Kern verlieren, wenn sie auf solche Vorstellungen verzichtet. Doch für ihn gibt es prima facie auch keinen Grund, dass die religiöse Weltsicht, die man insofern durchaus als „primitiv" bezeichnen kann, dass sich in ihr ein unmittelbarer Weltbezug widerspiegelt, der nicht von den Gefühlen, Wünschen und Bedürfnissen abstrahiert, mit denen Menschen an die Wirklichkeit herantreten, weniger angemessen ist als die wissenschaftliche Weltsicht. James macht hier vielmehr genau die entgegengesetzte Position stark, nach der die wissenschaftliche Weltsicht eine defizitäre und oberflächliche Beschreibung der Wirklichkeit bietet, indem sie die Fülle der Wirklichkeit, die sich im direkten Weltbezug zeigt, ignoriert. Die Begründung für diese These, die James an dieser Stelle anführt, lautet, dass wir es, solange wir vom Universum und dem Allgemeinen sprechen, immer nur mit Symbolen der Realität zu tun („symbols of reality", VRE, 393) haben und nicht mit der Wirklichkeit selbst. Wir haben es erst dann mit Realitäten „*with realities in the completest sense of the term*" zu tun, „*as soon as we deal with private and personal phenomena as such*" (ebd.). Demnach ist die wissenschaftliche Beschreibung der Wirklichkeit gegenüber der konkreten Lebenswelt defizitär. Auf die weitergehende Begründung, die James an dieser Stelle für diese Behauptung anführt, werde ich im nächsten Abschnitt noch weiter eingehen. Zunächst soll jedoch der wissenschaftstheoretische Kontext ein wenig mehr präzisiert werden, innerhalb dessen James diese Position etabliert.

4.8.1 *Religionswissenschaft*

Die Religionswissenschaft („science of religion"), zu der James mit den *Varieties* einen Beitrag leisten möchte, bildete um die Jahrhundertwerde noch keine eigenständige akademische Disziplin. Zum Zeitpunkt des Entstehens der *Varieties* waren aber bereits Werke wie Max Müllers *Introduction to the Science of Religion* (1873) oder Frazers *The Golden Bough* (1890) erschienen, die die weitere Ausrichtung des Faches entscheidend mitprägten. Das Credo, unter dem die wesentlich ethnologisch und linguistisch ausgerichtete Beschäftigung mit Religion steht, ist das der Wissenschaftlichkeit.[95] Aufgrund des damit verbundenen Standpunktes der Objektivität kommt sie in der Regel zu der Schlussfolgerung, dass das, was Religionen über die Wirklichkeit aussagen, nicht im eigentlichen Sinne wahr sein kann, sondern eine subjektivistische,

[95] Vgl. dazu auch GRAF 2004.

anthropomorphistische Sicht der Wirklichkeit liefert, die aus der Sicht der Wissenschaft als primitiv und unaufgeklärt gelten muss. Gegen einen solchen Zugang wendet sich James, wie später auch Wittgenstein in seiner Kritik an Frazer,[96] mit aller Entschiedenheit. Denn die Überlegenheit der wissenschaftlichen Weltsicht gegenüber der religiösen ergibt sich keineswegs von selbst. In dem Anspruch, die Wirklichkeit im Ganzen auf der Grundlage eines rigiden Materialismus beschreiben zu können, zeigt sich für James vielmehr eine unreflektierte Übertragung des szientistischen Paradigmas auf alle Bereiche der menschlichen Wirklichkeit, die schwerwiegende Konflikte auf der Ebene des menschlichen Selbstverständnisses nach sich zieht. Diese treten immer dann hervor, wenn ein rigider Determinismus auf die menschliche Lebenswirklichkeit übertragen wird, die stets durch die individuellen Belange und Ziele strukturiert ist und sich kaum mit der Vorstellung vereinbaren lässt, dass diesen keinerlei Bedeutung zukommt, da alle Abläufe durch Gesetzmäßigkeiten, die auf einer tieferen Ebene als der des Geistes angesiedelt sind, bestimmt werden. Diese Annahme steht insbesondere in Widerspruch zu der den Religionen eigenen Überzeugung, dass die tiefste Kraft, die den Lauf der Dinge bestimmt, in einer ganz engen Verbindung zu den „personal concerns“ (VRE, 387) der Menschen steht. Diese Unvereinbarkeit wird James zufolge von den Menschen als eine spürbare Diskrepanz erlebt, die ihr Leben durchzieht. Denn im Grunde, so formuliert James in *Pragmatism* in prägnanter Weise, möchten die Menschen beides: sich die Haltung der wissenschaftlichen Redlichkeit zu eigen machen und zugleich an ihren religiösen Intuitionen festhalten. Das fundamentale Dilemma der Philosophie seiner Zeit besteht James zufolge darin, dass die Fragen der Wissenschaft und die Fragen nach Sinn und Wert des Lebens als „hoffnungslos“ voneinander getrennt erscheinen.[97]

Dieses Dilemma, das James in *Pragmatism* zugespitzt formuliert, wird von ihm jedoch nicht als ein notwendiges, sondern als ein vorübergehendes begriffen. Auch die abschließenden Ausführungen der *Varieties* sind auf diesem Hintergrund zu verstehen. Daraus wird verständlich, dass es für James keinen Widerspruch darstellt, auf der einen Seite die religiöse Weltsicht gegen den Universalanspruch des Szientismus zu verteidigen und auf der anderen durch eine psychologische Erklärung religiöser Phänomene selbst eine wissenschaftliche Auffassung der Religion zu etablieren. Die *Varieties* werden nicht zu Unrecht oftmals als Klassiker der Religionspsychologie gehandelt und unter psychologischen Gesichtspunkten rezipiert und diskutiert.[98] Die *Varieties* enthalten eine psychologische Erklärung des Phänomens der religiösen Erfahrung, doch es lässt sich zeigen, dass James über diese wissenschaftliche Erklärung der Religion bewusst hinausgeht.

---

[96] Vgl. WITTGENSTEIN 1989a: „Bemerkungen über Frazers ‚Golden Bough‘“.

[97] Vgl. Prag, 17 sowie oben, S. 16, Fußnote 5. Zur Interpretation dieser Diagnose auf dem Hintergrund des Diskurses der Moderne, vgl. THÖRNER 2009.

[98] Vgl. oben, S. 6.

Die psychologische Erklärung der religiösen Erfahrung, die James am Ende der *Varieties* anbietet, begreift er als einen Beitrag zur Religionswissenschaft, die er als *eine* Instanz der Vermittlung zwischen Religion und Wissenschaft ansieht. Die Religionswissenschaft sollte sich des Urteils, ob die religiöse Weltsicht wahr ist oder nicht, enthalten. Ihr kommt vielmehr die möglichst unparteiische Aufgabe zu, aus den Lehren der verschiedenen Religionen einen gemeinsamen Kern „auszusieben" und in Begriffe zu fassen, die aus der Sicht der Wissenschaft keinen Anstoß erregen. Durch diese „Versöhnungsthese" käme sie ihrer Verpflichtung nach, die Religion an die Wissenschaft anschlussfähig zu halten,[99] ohne darüber hinaus etwas über den Wahrheitsgehalt religiöser Überzeugungen sagen zu müssen. Die religionswissenschaftliche Arbeit hat James zufolge eine Art vorübergehende Brückenfunktion, durch die eine Kommunikation zwischen Religion und Wissenschaft wieder hergestellt werden soll. Die „Versöhnungsthese" kann aber, wie gleich noch deutlich wird, nicht an die Stelle jener persönlichen Überzeugungen treten, die James „over-belief" nennt.

Dem religionswissenschaftlichen Anspruch einer Diskursvermittlung kommt James nach, indem er am Ende der *Varieties* eine Hypothese zum Verständnis der religiösen Erfahrung formuliert, die auf dem damaligen Stand der Psychologie basiert. Insofern können die *Varieties* als eine religionswissenschaftliche Untersuchung auf dem Fundament der Psychologie angesehen werden. James' religionswissenschaftliche Hypothese basiert auf der Annahme eines Bereichs des Unterbewussten, das in der religiösen Erfahrung wirksam wird. Die religiöse Erfahrung ist dadurch gekennzeichnet, dass in ihr Kräfte wirksam werden, die wir als heilsam erfahren und die wir als einen Einfluss höherer Art wahrnehmen. Die religionswissenschaftliche Hypothese besagt, dass es sich dabei um den Einfluss eines höheren Vermögens handelt, das in uns selbst liegt. Damit wird dem Gefühl, von etwas bestimmt zu werden, das über unser gegenwärtiges Selbst hinausgeht, völlig Rechnung getragen, ohne sich darauf festzulegen, wie dieses „weitere Selbst" näher zu charakterisieren ist.

> „In the religious life the control is felt as ‚higher'; but since on our hypothesis it is primarily the higher faculties of our own hidden mind which are controlling, the sense of union with the power beyond us is a sense of something, not merely apparently, but literally true." (VRE, 402.)

Als eine Versöhnungsthese kann diese Hypothese deshalb betrachtet werden, da sie zum einen der Wissenschaft nicht widerspricht, sondern sich auf aktuelle Untersuchungen, wie sie etwa von Myers auf dem Gebiet des Unterbewussten vorangetrieben wurden, stützt. Indem sie aber offen lässt, wie „weit" dieses „höhere Selbst" reicht, lässt sie auch die Möglichkeit zu, dass es sich auch um eine wie auch immer näher zu bestimmende Vereinigung mit Gott handelt. Die Theologie könne ohne Weiteres an diese Hypothese anknüpfen, der zufolge es buchstäblich wahr ist, dass das bewusste Selbst hier von einer externen Macht bewegt wird.

---

[99] „[O]ne of the duties of the science of religion is to keep religion in connexion with the rest of Science". (VRE, 402.)

4.8.2 *„Over-belief"*

Doch James bleibt in den *Varieties* nicht auf dieser Ebene stehen, sondern macht zugleich auch auf die Grenzen dieser religionswissenschaftlichen Hypothese aufmerksam. Mit ihr bietet James eine These an, die mit dem aktuellen Stand der Wissenschaft konform geht und somit unserem wissenschaftlich geprägten Weltbild nicht widerspricht. Doch diese Hypothese tritt nicht an die Stelle dessen, was James den „over-belief" eines Individuums nennt. Der „over-belief" drückt jene Überzeugungen aus, die das Individuum selbst von dem hat, was ihm in der religiösen Erfahrungen widerfahren ist. James betrachtet Religion primär als eine Frage der Lebensausrichtung. Da die Frage, wie wir leben, jedoch wesentlich davon abhängt, welche Überzeugungen wir haben, betrachtet James den „over-belief" als „das Interessanteste und Kostbarste", das man von einem Menschen kennen kann.[100]

Für das Individuum selbst hat der „over-belief" die Funktion, der Realität dessen, was ihm im Prozess der religiösen Erfahrung widerfährt, habhaft zu werden. Das, was sich ihm hier sozusagen als „Geschenk" auftut („opens itself as a gift", VRE, 405), würde sich James zufolge verlieren, wenn es nicht in irgendeiner Weise intellektuell erfasst werden kann. Denn nur wenn man sich einen Begriff davon machen kann, *was* einem da begegnet ist, erscheint eine Erfahrung als real. Eine vollständige Erfahrung ist für James auch immer eine Erfahrung von etwas; eine rein subjektive Erfahrung wäre nichts als Empfindung. Im „over-belief" kommt zum Ausdruck, worauf das religiöse Individuum sein Leben stützt. Er kann mehr oder weniger stark an traditionelle religiöse Vorstellungen angelehnt sein. Entscheidend ist, dass es sich um eine Vorstellung handelt, von deren Realität das Individuum fest überzeugt ist. Der Status des „over-belief" ist damit nicht der einer Hypothese, sondern der einer festen Überzeugung („belief"), die für das Handeln, Denken und Fühlen eines Individuums grundlegend ist. Der „over-belief" ist ein zentraler und unverzichtbarer Bestandteil der Religion eines jeden Individuums.

> „These ideas will thus be essential to that individual's religion; – which is as much as to say that over-beliefs [...] are absolutely indispensible [...]." (Ebd.)

Im Anschluss an die religionswissenschaftliche Hypothese formuliert auch James eine Auffassung der Wirklichkeit, die er ausdrücklich auch als seinen eigenen „over-belief" kennzeichnet. Dieser „over-belief" lässt sich mit dem, was das Studium der religiösen Erfahrung auf phänomenaler Ebene gezeigt hat, ebenso in Übereinstimmung bringen wie die religionspsychologische Hypothese. Während sich letztere jedoch innerhalb der Grenzen der Wissenschaft bewegt, führt der „over-belief" in den Bereich der Spekulation.

Die „Tatsache", dass sich in der religiösen Erfahrung ein kontinuierlicher Übergang zwischen dem bewussten Leben einer Person und einem umfassenderen Selbst zeigt, von dem eine Erfahrung der Rettung ausgeht („*the fact that the conscious person is*

---

[100] Vgl. VRE, 405.

continuous with a wider self through which saving experiences come", ebd.), stützt James zufolge die Überzeugung, dass es neben der „sinnlichen und bloß verstehbaren Welt" („sensible and merely ‚understandable' world", VRE, 406) noch eine weitere Form der Wirklichkeit gibt. Die Vorstellung, die James daran anknüpfend formuliert, ist die, dass unsere Existenz in der sinnlichen Welt an ihren äußersten „Rändern" in eine weitere Dimension des Seins („dimension of existence", ebd.) einmündet, mit dem wir uns in unserem Inneren mehr verbunden fühlen („more intimate", ebd.) als mit der sichtbaren Welt. Die „natürliche Bezeichnung" für diesen weiteren Teil des Universums, so James, sei der Name „Gott". [101]

Bei dieser Erfahrung mit einem höheren Bereich der Wirklichkeit handelt es ich offenkundig nicht um eine sinnliche Form der Erfahrung. Auch ein intellektuelles Erfassen scheint James nicht im Sinn zu haben, wenn er jenen Bereich der Wirklichkeit der „bloß ‚verstehbaren' Welt" entgegensetzt. Es handelt sich vielmehr um eine grundlegende Erfahrung eines lebendigen Austauschs mit einem personalen Gegenüber. Dieser gewinnt für uns in der empirischen Welt dadurch an Realität, dass in dieser Kommunikation etwas geschieht, was Auswirkungen auf unser empirisches Selbst hat,[102] was sich darin äußert, dass wir zu „neuen Menschen" werden („turn into new men", ebd.) und dementsprechend unserer Umwelt auf andere Weise gegenübertreten und in ihr agieren.

Wenn man James in diesem Schritt folgt, dann hat das weitreichende philosophische Konsequenzen. Denn wenn wahr ist, dass in der empirischen Welt Wirkungen hervorgebracht werden, deren Ursache nicht in der natürlichen Welt liegen, dann werden wir notwendig zu Vertretern eines Supranaturalismus, da es nicht möglich ist, solche Wirkungen anzuerkennen und zugleich die Realität der Ursache zu leugnen.

> „But that which produces effects within another reality must be termed reality itself, so I feel as if we had no philosophic excuse for calling the unseen or msystiacal world unreal." (Ebd.)

Dies kommt in einer Überzeugung zum Ausdruck, die man James zufolge als „instinktiven Glauben der Menschheit" bezeichnen könnte, nämlich die Überzeugung, dass Gott real ist, weil er reale Wirkungen hervorbringt.[103] Doch der Name „Gott" bezeichnet mehr als den übernatürlichen Urheber menschlicher Gebets- und Einheitserfahrungen; er steht vielmehr für eine ganz neue Auffassung der Wirklichkeit im Ganzen.

> „God, meaning only what enters into the religious man's experience of union, falls short of being an hypothesis of this more useful order. " (Ebd.)

Menschen, die eine religiöse Erfahrung durchlaufen haben, kommen dadurch zumeist unwillkürlich zu weitreichenderen Überzeugungen als der, dass sie selbst errettet

---

[101] Vgl. VRE, 406.

[102] „When we commune with it, work is actually done upon our finite personality". (Ebd.)

[103] VRE, 407.

wurden oder dergleichen. So sind sie oftmals davon überzeugt, dass nicht nur sie selbst, sondern das gesamte Universum sicher in Gottes Hand liege. So wie sie selbst „Schiffbruch erlitten“ haben und dennoch leben, so wird auch das Universum fortbestehen, falls diese Welt tatsächlich – wie nicht zuletzt die Wissenschaft prophezeit –, irgendwann ausbrennen und in Kälte erstarren wird. Hier zeigt sich, was James konkret meint, wenn er sagt, dass der Theismus nicht wie der Materialismus zur Verzweiflung führt, sondern von einer ungeheuren Zuversicht bestimmt ist, indem der eigene Weg der inneren Heilung mit der Überzeugung einer universalen Heilsentwicklung einhergeht. Der Theismus ist damit mehr als eine „rosigere Sicht“ der Welt. Er postuliert neue Tatsachen („postulator of new *facts*“, ebd.), die die Grenzen der natürlichen Welt definitiv überschreiten, wenn es von diesen heißt, dass sie aus dem Einfluss einer supranaturalen Wirklichkeit hervorgehen. Damit ist klar, dass eine religiöse Weltsicht die Wirklichkeit in einer Weise fassen muss, dass in ihr solche Interventionen innerhalb des Kausalnexus möglich sind.

Im Unterschied zu den frühen Texten argumentiert James in den *Varieties* nicht mehr allein dafür, der religiösen Weltsicht aus Erwägungen der praktischen Vernunft heraus den Vorzug zu geben, sondern zudem aus epistemologischen Gründen. Dies geschieht auf dem Fundament einer Kritik am materialistischen Szientismus, der für sich beansprucht, die Gesamtheit der Wirklichkeit zu erfassen. Der Schwachpunkt dieser Position, auf den James am Ende der *Varieties* verweist, besteht aber darin, dass er bestimmte Bereiche der erfahrbaren Welt, nämlich alles, was rein subjektiv erscheint, ausklammert. Dass die Religion dies nicht tut, betrachtet James nicht als einen wissenschaftlich unaufgeklärten Restbestand in der Entwicklung der Menschheit, sondern als eine Sicht der Realität, die gemessen an der Gesamtheit dessen, was in der menschlichen Erfahrung zum Ausdruck kommt, vollständiger ist. Wenn wir der Gesamtheit der menschlichen Erfahrungswirklichkeit in unserer Auffassung darüber, wie die Wirklichkeit im Ganzen beschaffen ist, ein Recht einräumen, dann führt uns nicht zuletzt das Phänomen der religiösen Erfahrung über die Grenzen des wissenschaftlichen Naturalismus hinaus.

> „[...] the total expression of human experience, as I view it objectively, invincibly urges me beyond the narrow ‚scientific‘ bounds.“ (VRE, 408.)

4.8.3 *Radikaler Empirismus*

Diesen Grundsatz, dass wir nur dann zu einer angemessenen Sicht der Wirklichkeit im Ganzen kommen können, wenn wir allen menschlichen Erfahrungen das Recht einräumen, eine Erfahrung von Realität zu sein, bestimmt James an anderer Stelle als die Grundhaltung des „radikalen Empirismus“. In den *Essays in Radical Empiricism* heißt es, dass eine Philosophie, die sich selbst als „radikalen Empirismus“ begreift, in ihrer Auffassung der Wirklichkeit im Ganzen weder ein Element zulassen darf, das nicht unmittelbar erfahren wurde, noch irgendein Element ausschließen darf, das unmittelbar erfahren wird („neither admit into its constructions any element that is not directly experienced, nor exclude from them any element that is directly experienced“, ERE, 22). Aber nicht nur in Hinblick auf diese methodologische Maxime verweisen die *Varieties* bereits auf die Formulierung des „radikalen Empirismus“ in jenen Aufsätzen aus den Jahren 1904/05, die Ralph Barton Perry posthum im Jahr 1912 unter dem Titel *Essays in Radical Empiricism* veröffentlichte. Die *Varieties* nehmen zudem in Hinblick auf den Terminus der „reinen Erfahrung“, der in diesen Essays entfaltet wird, eine interessante Zwischenposition zwischen der Bewusstseinsphilosophie des „stream of thought“ in den *Principles* und der Erfahrungsmetaphysik der *Essays in Radical Empiricism* ein. Auf diesen Punkt, der bereits zum letzten Kapitel dieser Arbeit überleitet, werde ich gleich eingehen. Zuvor möchte ich belegen, dass der radikale Empirismus der *Varieties* nicht allein auf jene Überlegungen hinweist, die James in seinen späten Schriften ausführt, sondern auch zurück auf die frühen religionsphilosophischen Schriften in dem Sammelband *The Will to Believe*. Denn bereits in der Einleitung zu diesem Band aus dem Jahr 1897 wird der „radikale Empirismus“ von James in Gestalt eines epistemologischen Grundsatzes eingeführt.

> „It has seemed to me that theses addresses might now be worthy of collection in a volume, as they shed explanatory light upon each other, and taken together express a tolerable definite philosophic attitude in a very untechnical way. Were I obliged to give a short name to the attitude in question, I should call it that of *radical empiricism*“.[104]

Der Ausdruck „Empirismus“ steht in der Einleitung zu *Will to Believe* für eine fallibilistische Grundhaltung, nach der alle Sätze, die wir aus der Erfahrung ableiten, niemals als vollständig gesichert gelten können, da es immer möglich ist, dass sie auf der Grundlage zukünftiger Erfahrungen modifiziert werden müssen. Der Zusatz „radikal“ steht für die Überzeugung, dass die metaphysische Annahme des Monismus als rein hypothetisch oder als ein „*Grenzbegriff*“[105] zu betrachten ist. „Monismus“ steht bei James für eine Auffassung der Wirklichkeit im Ganzen als einer einheitlichen, starren und unveränderbaren Substanz oder Prinzip, während der „Pluralismus“ für den er in seinen späten Schriften argumentieren wird, für eine Auffassung steht, die die Wirklichkeit als eine in sich differenzierte, sich in stetiger Entwicklung befindliche und damit offene Struktur begreift. Der „Empirismus“ unterscheidet sich von anderen Formen des Empirismus wie dem Positivismus, dem Agnostizismus oder dem wissenschaftlichen Naturalismus, die James als „half-way empiricism“[106] bezeichnet, also insofern als diese einen Monismus zugrunde legen, obschon sich ein solcher nicht aus der Empirie ableiten lässt. Zwar lässt sich der Monismus aus der Sicht des radikalen Empiristen auch letztlich nicht widerlegen, doch erscheint ihm die

---

104 JAMES [1896] 1979, 5.
105 Im Original auf Deutsch, ebd, 6.
106 Ebd., 5.

Annahme des Pluralismus naheliegender, da die gesamte Erfahrungswirklichkeit prima facie pluralistisch erscheint.[107]

Die Differenz zwischen einer Philosophie, für die die monistische Grundannahme leitend ist und einer, die von einem Pluralismus ausgeht, bezeichnet James an dieser Stelle als den vermutlich bedeutendsten Unterschied in der Philosophie überhaupt. Im Unterschied zum Monismus, in dem letztlich alles auf ein einheitliches Prinzip zurückgeführt wird, räumt der radikale Empirismus der Pluralität der Erfahrungswirklichkeit stets einen Vorrang gegenüber dem „Ganzen" ein und zieht in Betracht, dass sich in der Undurchsichtigkeit („opacity") der konkreten endlichen Erfahrung gerade das Wesen von Wirklichkeit selbst widerspiegelt. Das „Prinzip" der Wirklichkeit wäre demnach ihre Undurchdringlichkeit, die daher rührt, dass in ihr „Zufall, Freiheit, Spontaneität oder das Böse"[108] oder wie auch immer wir es nennen möchten wirksam sind, wodurch sich diese aber auch zugleich einem rein verstandesmäßigen Zugang entzieht. Denn der Verstand zeigt uns die Wirklichkeit stets unter einer bestimmten leitenden Hinsicht oder Perspektive. Der verstandesmäßige Zugang zur Wirklichkeit erlaubt es uns, diese unter dem Gesichtspunkt der Allgemeinheit zu erfassen. Doch genau dabei bleibt ihm nach Ansicht des radikalen Empiristen auch immer etwas verborgen, nämlich das, was als reines Faktum und rein Gegebenes auftritt („[s]omething is always mere fact and *giveness*"). Nach Ansicht des radikalen Empiristen ist es von daher ein Irrtum, zu glauben, dass wir mittels des Verstandes die Perspektivität der Welterfassung überwinden könnten. Genau diesen Weg beschreitet aber die Philosophie in Gestalt des Rationalismus, in dem er dem Begriff eine höhere Form der Wirklichkeit zuerkennt als der konkreten Erfahrung. James tritt bereits in *Will to Believe* für eine Philosophie ein, die die Wirklichkeit unter der Perspektive der Konkretheit und Endlichkeit betrachtet. Da monistische Annahmen immer wieder dazu verleiten, die Wirklichkeit aus der Warte eines absoluten Standpunktes heraus reinterpretieren zu wollen, gibt James einem Pluralismus den Vorzug, der immer wieder seinen Ausgang bei der Vielfalt der phänomenalen Erscheinung nimmt. Auf diese Weise kommen auch Erscheinungen in den Blick, die der Rationalismus in der Regel ausspart: die wirklichen Möglichkeiten („real possibilites"), echte Unbestimmtheit („real indeterminations"), das Böse in seiner konkreten Gestalt („real evil"), die echten Krisen, Katastrophen und Fluchtbewegungen im Leben („real crises, catastrophes, and escapes"), das ethische Leben in seiner konkreten Gestalt („a real moral life") sowie ein wirklicher Gott („a real God").

Der radikale Empirismus erstreckt sich demnach auf alle Gebiete der Philosophie. Auch die praktische Philosophie sowie die philosophische Rede von Gott sollten James zufolge nicht weiter unter dem Primat des Rationalismus stehen, sondern ihren Ausgang immer wieder in der konkreten Erfahrung suchen und der „Ungeschliffen-

---

107 „*Primâ facie* the world is a pluralism". (Ebd.)

108 Vgl. Ebd., 6.

heit" („crudity") der konkreten Erfahrungswirklichkeit Rechnung tragen. Das Ziel einer Philosophie, die sich als radikaler Empirismus versteht, ist es nicht, das „Alogische" zu überwinden, sondern dieses in die eigene Auffassung der Wirklichkeit zu integrieren.

Wie sich in *A Pluralistic Universe* zeigen wird, kann das auch bedeuten, dass die Grenzen der bisherigen Logik überschritten werden müssen. James gibt im Vowort zu dem Band *The Will to Believe* an, dass die darin versammelten Texte, zu denen neben dem Essay „The Will to Believe" auch „Is Life Worth Living?", „Reflex Action and Theism" und „The Sentiment of Rationality" gehören, als Illustrationen dieser Haltung zu verstehen sind. Doch die Rechtfertigung des religiösen Glaubens, so wurde in der Behandlung dieser Texte deutlich, erfolgt nicht auf der Grundlage des radikalen Empirismus, sondern aus einer praktischen Argumentation heraus. Der radikale Empirismus kann in den religionsphilosophischenTexten, die in *The Will to Believe* versammelt sind, nicht als Grundlage der Rechtfertigung des Glaubens herangezogen werden, da in diesen Texten, wie James selbst anmerkt, nicht für die Gültigkeit des radikalen Empirismus argumentiert wird.[109]

4.8.4 *Radikaler Empirismus in den „Varieties"*

In den *Varieties* verhält sich das anders. Denn hier skizziert James zunächst eine Theorie der Realität, auf deren Grundlage das Primat der unmittelbaren Erfahrungswirklichkeit als gerechtfertigt gelten muss. Auf dieser Basis wendet sich James gegen den Anspruch des wissenschaftlichen Naturalismus, die Wirklichkeit in ihrer Gesamtheit zu erfassen und schafft somit einen Raum für die Annahme, dass religiöse Überzeugungen, die aus religiösen Erfahrungen herrühren, Erfahrungen einer Realität eigener Art sind.

James' These, mit der er sich gegen den Anspruch des wissenschaftlichen Naturalismus richtet, die Realität im Ganzen zu erfassen, lautet, dass dessen objektive Sicht der Wirklichkeit, die von der Fülle der Erfahrungswirklichkeit abstrahiert, defizitär sei. Denn auch wenn der subjektive Teil der Erfahrung gegenüber der Unermesslichkeit des objektiven Teils flüchtig und blass erscheint, so könne dieser doch niemals ausgelassen oder verdrängt werden.

Die Begründung, die James an dieser Stelle für diese Behauptung gibt, lautet, dass die Welt der Erfahrung stets aus zwei Teilen bestehe, nämlich einem objektiven und einem subjektiven Teil.[110] Unter dem objektiven Teil versteht James all das, woran wir zu einem bestimmten Zeitpunkt denken. Der subjektive Teil bezeichnet den inneren Zustand, in dem sich das Denken ereignet („inner ‚state' in which the thinking comes to pass", VRE, 393). Diesen Teil nennt James den eigentlichen Teil unserer Erfah-

[109] Zwar kann man Madden zugestehen, dass die detaillierten Analysen zum „radikalen Empirismus", die man in den *Essays in Radical Empiricism* findet, nicht notwendig sind, um den Essay „The Will to Believe" zu verstehen. Dass sie aber schlicht irrelevant seien, wie Madden sagt, trifft nach meinem Verständnis nicht zu. Vgl. MADDEN 1979, xii.

[110] VRE, 393.

rung („the very experience itself", ebd.). Denn während die Gegenstände, an die wir denken, zu uns in einem externalen Verhältnis stehen und wir nur „geistige Bilder" („ideal pictures") von ihnen haben, lässt sich die Realität der Erfahrung nicht von der des inneren Zustandes unterscheiden, in dem sich die Erfahrung vollzieht („the inner state is our very experience itself; its reality and that of our experience are one", ebd.). Also kurz: Der innere Zustand der Erfahrung und die Realität der Erfahrung sind identisch.

Den „inneren Zustand" charakterisiert James näher als einen Komplex, der sich auf analytischem Wege in folgende Bestandteile zergliedern lässt: in ein Bewusstseinsfeld, dessen Objekt, das empfunden oder an das gedacht wird, eine Einstellung gegenüber diesem Objekt sowie die Wahrnehmung vonseiten eines Selbst, das diese Einstellung einnimmt („[a] conscious field *plus* its object as felt or thought of *plus* an attitude towards the object *plus* the sense of a self to whom the attitude belongs", ebd.). Diese konkrete Erfahrung erster Person bestimmt James als „*full* fact", gegenüber dem das Objekt als hohl und abstrakt erscheint.

Im „full fact" selbst bilden die genannten Elemente eine Einheit. Der Ausdruck dient an dieser Stelle nicht zuletzt der Überwindung des Subjekt-Objekt-Dualismus, der der Rede von einem Bewusstsein und den Gegenständen des Bewusstseins anhängt. James verabschiedet sich spätestens an diesem Punkt der *Varieties* von einer dualistischen Form von Bewusstseinsphilosophie, wenn es dort heißt, dass das, was soeben als „full fact" bestimmt wurde, nicht allein das menschliche Bewusstsein charakterisiert, sondern die gesamte Realität durchzieht.

> „It is *full* fact even though it be an insignificant fact; it is of the *kind* to which all realities whatsoever must belong; the motor currents of the world run through the like of it; it is on the line connecting real events with real events." (Ebd.)

Danach ist jener „full fact", den James zunächst in der bewusstseinsphilosophischen Terminologie der *Principles* bestimmt hat, nicht mehr nur als eine Tatsache des menschlichen Bewusstseins anzusehen, sondern als eine grundlegende Bestimmung der Wirklichkeit selbst. Diesen Gedanken verfolgt James später in den *Essays in Radical Empiricism* weiter. Der Urstoff („primal stuff"), der alle Wirklichkeit durchzieht, der von der Art des „full fact", d. h. von der Art des Bewusstseins sein muss, wird dort als „reine Erfahrung" bestimmt („primal stuff or material in the world, a stuff of which everything is composed, and [...] we call that stuff ‚pure experience'", ERE, 4), auf die ich in Kapitel 5.1 nochmals zurückkommen werde.

Es wird deutlich, dass James an dieser Stelle der *Varieties* von einer phänomenologischen Beschreibung des menschlichen Bewusstseins zu metaphysischen Aussagen über die Beschaffenheit der Realität im Ganzen übergeht. Eine Konsequenz aus dieser Annahme über die grundlegende Beschaffenheit der Realität lautet, dass die wissenschaftliche Weltauffassung, die von allen subjektiven Merkmalen der Wirklichkeit abstrahiert, nicht den Anspruch erheben kann, ein vollständiges Bild der Wirklichkeit zu geben. Denn wenn es richtig ist, dass die „Achse der Realität" ausschließlich durch

„Orte der Selbstbezogenheit“ („axis of reality runs solely through the egotistic places“, VRE, 394) läuft, dann werden diese „Orte“ im wissenschaftlichen Naturalismus methodisch ausgespart, wenn dieser von allen subjektiven Elemente abstrahiert.

Es ist die menschliche Erfahrung selbst, in der sich uns unmittelbar zeigt, dass diese aus objektiven und subjektiven Elementen besteht. Um diese Dimension der Wirklichkeit in den Vordergrund zu heben, hat James den Zugang zur Religion über die Erfahrung des Einzelnen gewählt.[111] Nur auf diese Weise haben wir Zugang zu jener Innenseite des Erlebens, die James „Gefühl“ („feeling“, VRE, 395) nennt und in der wir die Realität „in nuce“ zu erfassen vermögen („the only place in the world in which we can catch real fact in the making“, ebd.). Nach James liegt der gewaltige Fehler („egregious mistake“, VRE, 394) in der Forderung nach einer objektiven Sicht der Welt darin, dass wir auf diese Weise von genau jenen Fragen absehen, die unser Leben im Ganzen betreffen. Auf diese Lebensfragen gibt die Wissenschaft ihrer inneren Natur gemäß keine Antworten. Doch nur dann, so James weiter, wenn wir diese Fragen als echte Fragen („genuin questions“, ebd.) begreifen, eröffnet sich unserem Denken ein Bereich, durch den es tiefgreifend („profound“, ebd.) wird. Die Religion ist nach James der Ort, in dem diese Fragen verhandelt werden. Und das ist James zufolge der Grund, weshalb sie in der menschlichen Geschichte notwendigerweise immer eine Rolle spielen muss („[r]eligion [...] must necessarily play an eternal part in human history“, VRE, 396). Die eben skizzierte allgemeine Theorie der Realität in den *Varieties* eröffnet die Möglichkeit, diese Fragen nicht als etwas anzusehen, das dem Gang der Welt nur äußerlich angehört oder metaphorisch gesprochen, lediglich auf den Wellen der natürlichen Welt mitgetragen wird, sondern als etwas, das diesen Gang im Innern bestimmt.

4.8.5 *Der Theismus und der Gedanke eines pluralistischen Universums in den „Varieties“*

Im Nachwort der *Varieties* skizziert James die Umrisse einer Auffassung der Wirklichkeit im Ganzen, die der Realität der religiösen Erfahrung Rechnung trägt und ihre metaphysischen Implikationen anzeigt.

Religiöse Erfahrungen sind James zufolge durch zwei Stadien bestimmt: Im ersten Stadium hat das Individuum das Gefühl, dass mit ihm etwas nicht stimmt; das zweite Stadium besteht in dem Gefühl, dass wir von dieser Unstimmigkeit befreit werden, wenn wir in Verbindung zu einem höheren personalen Wesen treten. In der religiösen Erfahrung wird dem Individuum bewusst, dass ein „höherer“ Teil seines Selbst kontinuierlich in ein angrenzendes Selbst übergeht, bei dem es sozusagen an Bord gehen kann, wenn es selbst Schiffbruch erleidet.[112]

---

[111] „You see now why I have been so individualistic throughout theses lectures“. (VRE, 395.)

[112] Vgl. VRE, 400 sowie oben S. 175.

Die Ausführungen in den *Varieties* bleiben nicht bei einer subjekttheoretischen Interpretation der religiösen Erfahrung stehen. Der höhere Teil, mit dem sich das Selbst identifiziert, transzendiert das Selbst vollständig und zwar nicht mehr wie in den *Principles* auf ein ideales Selbst hin, sondern auf einen weiteren Teil des Universums. Die „pragmatistische Sicht der Religion"[113] trägt dieser Erfahrung Rechnung, indem sie annimmt, dass Religionen tatsächlich auf einen Tatsachenbereich eigener Art rekurrieren, der personaler Natur ist. Und das bedeutet, dass als metaphysischer Rahmen nur ein theistisches Konzept in Betracht kommen kann.

Zur Bestimmung der religiösen Erfahrung gehört es auch, dass das religiöse Subjekt der Überzeugung ist, dass seine Verwandlung aus einem supranaturalen Einfluss herrührt. Damit muss eine kausale Interaktion zwischen dem natürlichen und dem übernatürlichen Bereich der Wirklichkeit möglich sein. Diese Position bestimmt James im Nachwort zu den *Varieties* als einen „stückhaften Supranaturalismus" („piecemeal supernaturalism", VRE, 409). Dieser unterscheidet sich von einem „vergeistigten Supranaturalismus" („refined supernaturalism", ebd.), der zwar eine Wirklichkeit, die über die natürliche Welt hinausreicht, annimmt, die Möglichkeit eines Einflusses auf die phänomenale Wirklichkeit jedoch negiert. Der „vergeistigte Supranaturalismus", so die Kritik kommt dem Naturalismus zu weit entgegen, wenn er dessen Annahme einer in sich abgeschlossenen natürlichen Welt teilt und daneben schlicht noch eine weitere Form von Wirklichkeit postuliert, nämlich die, die die Religion beschreibt. Ein Zusammenhang dieser beiden Sphären geht dann zumeist mit der Aura des „Unbegreiflichen" einher, da es dabei den Hiatus von Endlichem und Unendlichem oder wie immer man ihn konstruiert, zu überwinden gilt. Doch dieses Gefühl des unendlichen Abstandes, ist nicht das Gefühl des vertrauten Umganges mit dem Göttlichen, das James zufolge das Leben derjenigen charakterisiert, die den Prozess der religiösen Erfahrung durchlaufen haben und den James in den *Varieties* als Gebet bestimmt. Gebet als Wesen der Religion meint damit nichts anderes als jenen heilsamen Einfluss der Gemeinschaft mit einem höheren Selbst, der auch in der religiösen Erfahrung der Konversion zum Tragen kommt und der auf keine andere Weise erlangt werden kann („regenerative effects unattainable in other ways", VRE, 412). Das Phänomen der „prayerful communion", VRE, 411 f.) lässt sich nicht mit einem vergeistigten Supranaturalismus einholen, so dass James sich am Ende der *Varieties* für jene Form entscheidet, die er als „peacemeal" kennzeichnet und durch die sich sein religionsphilosophischer Ansatz auf signifikante Weise von idealistischen Ansätzen unterscheidet.

Das zweite Charakteristikum der metaphysischen Skizze, die James im Nachwort der *Varieties* darlegt, lässt sich nicht direkt aus den zentralen Merkmalen der religiösen Erfahrung herleiten. Diese bezeuge zwar unzweideutig, dass es sich um die Erfahrung

[113] Vgl. VRE, 408.

der Einheit mit *etwas* handelt, das größer ist als wir selbst,[114] aber es lassen sich daraus nur schwerlich weitere wesentliche Eigenschaften dieses „etwas“ ableiten. Die Auffassung, dass es sich um einen unendlichen und allumfassenden Gott handelt, lässt sich mit der religiösen Erfahrung ebenso vereinbaren wie die Vorstellung, dass es sich um einen endlichen Gott handelt.

Dass sich James gegen die Annahme entscheidet, dass es sich um einen unendlichen und allumfassenden Gott handelt, die er als monistische Annahme kennzeichnet, beruht auf einer moralphilosophischen Intuition. Die pluralistische Auffassung, nach der es denkbar ist, dass es sich bei dem weiteren Bereich der Wirklichkeit nur um ein größeres und gottähnliches Selbst handelt oder auch um mehrere Götter, aber eben nicht um einen unendlichen Gott, nimmt die Intuition auf, dass die Errettung der Welt kein Selbstläufer ist, sondern es auf den Beitrag jedes Einzelnen ankommt.

> „The ordinary moralistic state of mind makes the salvation of the world conditional upon the success with which each unit does its part.“ (VRE, 414.)

Die pluralistische Hypothese („pluralistic hypothesis“, ebd.), dass die religiöse Erfahrung nicht von der Realität eines absoluten Gottes zeugt, sondern von der eines personalen Wesens, resultiert aus James' Bemühen, den Theismus mit einem Meliorismus in Einklang zu bringen, der bereits in frühen Texten wie „The Sentiment of Rationality“ eine große Rolle spielte und insbesondere in *Pragmatism* wieder aufgegriffen wird, nachdem dieser Gedanke in den *Varieties* nur in knapper Form zur Sprache kommt. Die Zurückweisung der Vorstellung des Absoluten verweist auch insofern auf die Bestimmung des „faith“ in „The Sentiment of Rationality“ zurück, als James damit auch in den *Varieties* den Glauben durch den Grundton der Hoffnung bestimmt und nicht durch ein Gefühl absoluter Sicherheit. Dabei kommt er dem Wesenszug des Menschen, ein Leben im „strenuous mood“ leben zu wollen, vollkommen entgegen oder wie James am Ende der *Varieties* formuliert:

> „No fact in human nature is more characteristic than its willingness to live on a chance.“ (Ebd.)

Sowohl die Annahme einer höheren Form des übermenschlichen Bewusstseins, zu dem das menschliche Bewusstsein in Verbindung steht als auch der Gedanke, dass es sich bei diesem Wesen um ein endliches handeln muss, um der Intuition Rechnung zu tragen, dass unsere Entscheidungen und unser Bemühen nicht irrelevant sein dürfen für den Fortgang dieser Welt, werden von James in seinem letzten Werk, *A Pluralistic Universe*, wieder aufgegriffen. Damit kann dieses Buch als Einlösung jenes Versprechens angesehen werden, das James am Ende der *Varieties* gibt, auf die Fragen,

[114] VRE, 413.

die am Ende der *Varieties* offen geblieben sind, in einem weiteren Buch zurückzukommen.[115]

[115] „But all these statements are unsatisfactory from their brevity, and I can only say that I hope return to the same questions in another book." (VRE, 414).

5 Von der Kritik am Intellektualismus zum endlichen Gott des pluralistischen Universums

A Pluralistic Universe geht auf die Hibbert Lectures zurück, die James im Mai 1908 am Manchester-College in Oxford gehalten hat.[1] Die Behandlung der Frage nach der Realität eines „höheren Selbst“ und der Frage, in welcher Gestalt sich eine theistische Auffassung der Wirklichkeit mit der sittlichen Autonomie des menschlichen Individuums vereinbaren lässt, steht hier vor einem anderen Hintergrund als in den *Varieties*. Mit den Schriften zum radikalen Empirismus, die James in den Jahren 1904/05 für das *Journal of Philosophy, Psychology and Scientific Methods* verfasst hat, hat sich der Problemhorizont seines Denkens verschoben. Dies zeigt sich am deutlichsten an den „Gegnern“, an denen er sich abarbeitet. Ging es von den frühen Schriften bis zu den *Varieties* immer wieder darum, religiöse Überzeugungen gegenüber dem Szientismus und die religiöse Weltsicht gegenüber dem Materialismus bzw. Naturalismus zu verteidigen, so geht es in *A Pluralistic Universe* nun vor allem darum, zu einer metaphysischen Konzeption zu gelangen, die Probleme vermeidet, mit denen sich der absolute Idealismus konfrontiert sieht. Wie James selbst in *A Pluralistic Universe* schreibt, schien ihm der absolute Idealismus über einen langen Zeitraum hinweg die attraktivste metaphysische Konzeption zu sein. Der Grund für die Attraktivität des absoluten Idealismus besteht für James darin, dass dieser – im Gegensatz zum Materialismus – zwei Grundintuitionen von James' Denken aufzunehmen vermag: Zum einen, dass die Wirklichkeit selbst von „Bewusstsein“ oder wie es in den *Essays in Radical Empiricism* heißt, von „reiner Erfahrung“ („pure experience“) durchzogen ist und zum anderen, dass es ein höheres personales Wesen gibt, zu dem die Menschen in einer inneren geistigen Verbindung stehen. Damit stellt der absolute Idealismus zudem eine philosophische Weltanschauung dar, die in hohem Maße dem Kriterium der „intimacy“ entspricht. Weshalb sich der absolute Idealismus für James dennoch nicht als zufriedenstellend erwies, soll nun zunächst im Einzelnen geklärt werden, um dann zur Darstellung von James' alternativer Konzeption eines pluralistischen Universums und der Vorstellung eines endlichen Gottes zu gelangen.

[1] James erhielt 1907 eine Einladung zum Thema „The Present Situation in Philosophy“. Vgl. BERNSTEIN 1977, xi.

5.1 Der radikale Empirismus in der Auseinandersetzung mit dem absoluten Idealismus Oxforder Provenienz

5.1.1 *Die Rückweisung der „mind-stuff theory" und der Vorstellung des „absoluten Geistes"*

Den Ausgangspunkt von *A Pluralistic Universe* bilden zwei Fragen, auf deren inneren Zusammenhang James selbst verweist.[2] Zum einen geht es um die Frage, wie es zu verstehen ist, dass ein Bewusstseinszustand einerseits eine Einheit bildet, obschon er andererseits aus verschiedenen Komponenten zusammengesetzt erscheint. Die zweite Frage bewegt sich auf der Ebene der Spekulation und betrifft die Möglichkeit eines kohärenten Theismus, der weder dualistisch verfährt, indem er die Sphäre des Menschen durch eine unüberbrückbare Kluft von der göttlichen Sphäre trennt noch in der Spielart des Monismus beide Sphären in irgendeiner Weise als identisch erklärt. Wird etwa das Absolute mit der Gesamtheit aller endlichen Geister identifiziert, dann ergibt sich hier das gleiche Problem der Zusammensetzung wie in der Rede von der Zusammensetzung des Bewusstseins aus verschiedenen Bewusstseinselementen: Denn wenn Bewusstsein eine Einheit für sich bildet, wie kann es dann zugleich Bestandteil eines umfassenderen Bewusstseins sein, das wiederum selbst eine Einheit für sich bildet?

Die Frage der Zusammensetzung von Bewusstseinszuständen hat James bereits in den *Principles* beschäftigt. Im sechsten Kapitel mit dem Titel „The Mind-Stuff Theory" verwirft er dort die Vorstellung der Assoziationspsychologie, wonach sich komplexe Bewusstseinszustände aus einfachen Bewusstseinselementen zusammensetzen. Die Begründung lautet knapp, dass eine solche Theorie nicht intelligibel sei („mind-stuff theory, in short, is unintelligible", PP, 164), da einzelne Vorstellungen, egal in welcher Weise man sie gruppiert, immer einzelne Vorstellungen bleiben. Hier zeigt sich James zufolge, dass das atomistische Modell, dessen sich die „mind-stuff Theory" bedient, nicht auf das Bewusstsein angewandt werden kann: Während die Eigenschaften eines Moleküls wie etwa H_2O als Kombination der Eigenschaften der einzelnen Atome in ihrer neuen Position innerhalb der Zusammensetzung verstanden werden können und Wasser in diesem Sinn auch kein neues „Etwas" ist, bilden Bewusstseinszustände eine Einheit für sich, die nicht aus der Kombination verschiedener Elemente heraus erklärt werden kann.

> „Since indubitably such states do exist, they must exist as single new facts, effects, possibly, as the spiritualist say, on the Soul (we will not decide that point here), but at any rate independent and integral, and not compounded of physic atoms". (PP, 164.)

[2] „The difficulty seemed to be the same, you remember, whether we took it in psychology as the composition of the finite states of mind out of simpler finite states, or in metaphysics as the composition of the absolute mind out of finite minds in general." (PU, 127.)

James wendet also gegenüber den Vertretern der Assoziationstheorie ein, dass die Einheit komplexerer Vorstellungen und Gefühle nicht durch Zusammensetzung erklärbar sei, sondern als etwas genuin Neues verstanden werden muss. Damit stellt sich James aber nur vorläufig auf die Seite der, wie es hier heißt, „Spiritualisten". Denn unter den „Spiritualisten" versteht James, wie aus dem eben angeführten Zitat hervorgeht, jene Denker, die von der Existenz der Seele ausgehen und so die Einheit der Bewusstseinszustände mittels der Annahme einer Seelensubstanz erklären. Und diesen Weg, so wurde oben deutlich,[3] lehnt James an späterer Stelle ebenfalls in den *Principles* ab.

In *A Pluralistic Universe* kommt James auf die gerade angeführte Stelle in den *Principles* zurück, indem er bemerkt, dass seine damalige Entscheidung, komplexe Vorstellungen und Gedanken als psychische Einheiten („psychic units", PU, 87) zu begreifen und die Möglichkeit einer Zusammensetzung durch Einzelteile zu bestreiten, zugleich eine Entscheidung gegen den Standpunkt des absoluten Idealismus war. Das erklärt sich dadurch, dass der absoluten Idealismus James' Auffassung zufolge das Verhältnis zwischen dem „absoluten Geist" – kurz dem „Absoluten" oder auch „Gott" – zum menschlichen Geist nach jenem Modell der Zusammensetzung zu begreifen versucht, das James bereits auf der Ebene des Mentalen als nicht intelligibel abgelehnt hat. Auf der Ebene der Metaphysik kehren im absoluten Idealismus also die gleichen Schwierigkeiten wieder, die James mit der Absage an das Kompositionsmodell auf der Ebene der Theorie des Bewusstseins vermeiden wollte. Damit stellt der absolute Idealismus zunächst keine Option dar, wenn es darum geht, seinen philosophischen Überlegungen einen metaphysischen Abschluss zu geben.

Im Rückblick war es für James in den *Principles* zunächst wichtig, an dem Merkmal der „perseity" des phänomenalen Bewusstseins festzuhalten. Das gegenwärtige Bewusstsein weist zwar eine Vielzahl von Beziehungen zu anderen Bewusstseinszuständen auf – zu früheren und nachfolgenden (PU, 129 f.) sowie zu präsenten und weniger präsenten (PU, 130) – und dennoch ist es uns stets als Einheit gegenwärtig. In den *Principles* hat James der Eigenschaft der „perseity" das Primat eingeräumt, ohne dabei die Frage, wie die einzelnen Bewusstseinszustände zusammenhängen auf einer begrifflichen Ebene zu klären. Er hat vielmehr mit dem „stream of thought" ein Modell angeboten, das beide Merkmale – das der „perseity" wie das der Verbundenheit – zu demonstrieren vermag. Dies ist hinreichend für den Anspruch der *Principles*, die in erster Linie als Lehrbuch der empirischen Psychologie dienen sollten. Doch es zeigt sich nun in *A Pluralistic Universe*, dass sich James bereits damals jener philosophischen Anschlussfragen vollauf bewusst war, die sich daraus ergaben, dass er sowohl den Ansatz der Assoziationspsychologie als auch die Annahme einer substantiellen Seele verworfen hatte. Es wird nun auch deutlich, dass es nicht nur der metaphysischen Enthaltsamkeit der *Principles* geschuldet ist, dass er sich dort nicht auf

[3] Vgl. oben, S. 127.

eine idealistische Position festlegte. In *A Pluralistic Universe* spricht James davon, dass er sich in einem Trilemma befand: Er wollte weder hinter Kants Kritik am substantiellen Seelenbegriff zurück noch sich auf die nicht intelligible Position der Assoziationspsychologie verpflichten; aber auch die idealistische Lösung stellte sich für ihn als Sackgasse dar und zwar einmal aus einem theoretischen Grund und einmal aus praktischen Gründen: Der theoretische Grund liegt in dem genannten ungeklärten problematischen Verhältnis zwischen absolutem und endlichem Geist, das James zufolge, wie nun gleich gezeigt werden soll, nicht konsistent beschrieben werden kann. Die praktischen und religionsphilosophischen Gründe, nämlich der implizite Determinismus einerseits und das Problem der Theodizee andererseits, sind Gegenstand des dritten Abschnitts dieses Kapitels.

5.1.2 *Die Auseinandersetzung mit dem absoluten Idealismus*

Dass James dennoch mit dem Idealismus als Alternative geliebäugelt hat, liegt zum einen daran, dass dieser noch eher als ein geeigneter Kandidat erscheinen musste, um seiner Intuition von der Realität einer höheren Form von Bewusstsein gerecht zu werden als ein rigider Sinnesdatenempirismus. James' intensivere Beschäftigung mit dem absoluten Idealismus steht darüber hinaus im Zusammenhang mit seinem „radikalen Empirismus", der nach einer metaphysischen Grundlegung verlangt.[4] Jene Metaphysik steckt dann nicht zuletzt den Rahmen für eine Konzeption des Theismus, den James auf der Grundlage der religiösen Erfahrung etabliert.
Mit der Bestimmung des „stream of thought" hat James in den *Principles* ein Modell des Geistes entwickelt, ohne sich dabei um die Lösung begriffslogischer und metaphysischer Schwierigkeiten zu bemühen. Im Rahmen der Psychologie genügte es ihm, einen Kontrapunkt zur „mind-stuff theory" zu setzen, indem er Bewusstsein stets als Einheit voneinander unterscheidbarer psychischer Tatsachen begreift. Anhand der Bestimmung des „full fact" am Ende der *Varieties* wurde jedoch deutlich, dass er weiter daran gearbeitet hat, jene merkwürdige Diskontinuität des Bewusstseins, die das ganze Sein durchzieht, nämlich die zwischen Subjekt und Objekt, zu überbrücken. Zu einer vorläufigen Lösung gelangt er in den *Essays in Radical Empiricism*, indem er hier in enger Anlehnung an die Charakterisierung des „full fact" die „reine Erfahrung" („pure experience") als Grundstoff der Wirklichkeit bestimmt.

[4] Dass James offenbar explizit von dem Vorhaben sprach, im Anschluss an seine *Essays in Radical Empiricism* eine Metaphysik zu verfassen, geht aus einem Brief des japanischen Philosophen Nishida Kitarô hervor, der 1907 bei Suzuki Daisetsu anfragt: „In letzter Zeit finde ich die Theorie der Pure Experience von William James und anderen sehr interessant – Er sagt, er schreibt eine ‚Metaphysics', aber bis jetzt ist sie noch nicht fertig, oder?" Hier zitiert nach: DEMMEL 2004, 115. Vgl. zudem den Brief von William James an Henri Bergson vom 14. Dezember 1902: „[…] I am going […] to write a general system of metaphysics which in many of its fundamental ideas agrees closely with what you have set forth". Zitiert nach BERNSTEIN 1977, xii.

Der radikale Empirismus hat seine Grundlage in der Maxime, alles, was Gegenstand der Erfahrung ist, in eine möglichst umfassende Beschreibung der Wirklichkeit zu integrieren. Diese Forderung beruht wiederum auf der Überzeugung, dass uns die Realität in der Subjektivität der unmittelbaren Erfahrungswirklichkeit in nuce und in ihrer ganzen Fülle gegeben ist, der gegenüber jede begrifflich-intellektuelle Erfassung der Wirklichkeit defizitär bleibt. Die Fülle der direkten Erfahrung – so hat die Bestimmung des „full fact" in den *Varieties* gezeigt – ist immer mit von jenen subjektiven qualitativen Erfahrungsmomenten durchzogen, von denen die wissenschaftliche Weltsicht so weit als möglich abstrahiert. Das Gleiche gilt auch für die Bestimmung des Begriffs der „pure experience", den James in den *Essays in Radical Empiricism* einführt. Was in den *Varieties* in der Ersetzung des „stream of thought" durch die Vorstellung der subjektiven Erfahrung als einem „full fact", der die gesamte Wirklichkeit durchzieht, angedeutet ist, wird in den *Essays in Radical Empiricism* nun systematisch durchgeführt[5]: James lässt hier die Vorstellung der klassischen Bewusstseinsphilosophie hinter sich, nach der sich Bewusstsein und objektive Wirklichkeit als zwei Entitäten unterschiedlicher Art gegenüberstehen, indem er sich von der Rede vom „Bewusstsein" gänzlich verabschiedet.

> „For twenty years past I have mistrusted ‚consciousness' as an entity; […]. It seems to me the time is ripe for it to be openly and universally discarded." (ERE, 4.)

An die Stelle des Bewusstseins tritt die „reine Erfahrung" („pure experience"), die nicht mehr wie der „full fact" durch einen Doppelcharakter von subjektiven und objektiven Bestandteilen beschrieben wird, sondern als neutral hinsichtlich dieser Unterscheidung gefasst wird. Es geht James in den *Essays in Radical Empiricism* in erster Linie darum, den epistemologischen Dualismus zwischen dem Erkannten („the known") und dem Bewusstsein als dem Erkennenden („the knower") zu durchbrechen. Diese Subjekt-Objekt-Unterscheidung, die James zufolge insbesondere im Neukantianismus als ursprünglich gegeben angesehen wird, ist seiner Auffassung nach vielmehr als ein sekundäres Produkt der Reflektion auf eine Funktion – nämlich die des Erkennens („knowing") – zu betrachten, die diese Unterscheidung selbst nicht enthält. D. h. wir können zwar zwischen dem Erkennenden und dem Erkannten unterscheiden, jedoch nur auf reflexivem analytischem Weg. Tatsächlich gegeben ist aber allein das Erkennen, in dem es diese Unterscheidung nicht gibt. Die Rede vom Bewusstsein und seinem Objekt ist James zufolge allein einer Hypostasierung dieser beiden Momente des Erkennens zu Entitäten eigener Art geschuldet. James fasst schließlich Erkennen als *eine* mögliche Form der Verbindung, die der „primäre Stoff" der „reinen Erfahrung" eingehen kann.

---

[5] Insbesondere in dem Aufsatz „A World of Pure Experience" in *Essays in Radical Empiricism* erkennt man in James' Analyse unschwer die Grundzüge des „stream of thought" aus den *Principles* wieder. Vgl. ERE, 21–44 und PP, 220, bzw., oben, S. 142.

„My thesis is that if we start with the supposition that there is only one primal stuff or material in the world, a stuff of which everything is composed, and if we call that stuff ‚pure experience,' then knowing can easily be explained as a particular sort of relation towards one another into which portions of pure experience may enter." (ERE, 4.)

Der von James hier vorgeschlagene Panexperimentalismus löst jedoch das Sein nicht, wie der Begriff der „Erfahrung" implizieren könnte, im Berkeleyschen Sinn in völlige Subjektivität auf.[6] Der Zusatz „rein" darf auch nicht dazu verleiten, „reine Erfahrung" im Sinne außerordentlicher Erfahrungen, etwa (zen-)buddhistischer Erleuchtungserfahrungen zu begreifen, obschon jener Begriff wie sich bei dem japanischen Philosophen Nishida Kitarô zeigt, dazu dienen kann, jene Erfahrungen auf der Grundlage westlicher Philosophie zu deuten.[7] Bei James ist mit „reiner Erfahrung" nicht mehr, aber vor allem auch nicht weniger gemeint als das unmittelbar präsente „Dass" der Erfahrung.[8]

„The instant field of the present is at all times what I call ‚pure' experience. It is only virtually or potentially either object or subject as yet. For the time being, it is plain, unqualified actuality or existence, a simple *that*." (ERE, 13.)

Als Paradigma dient James hier der aktuelle mentale Zustand („state of mind", ebd.) wie er sich uns in der Erfahrung zeigt. Die Ausweitung des Erfahrungsbegriffes zur ontologischen Grundkategorie meint damit keinen allgemeinen Grund*stoff* eigener Art wie bei den amerikanischen Realisten Ralph Barton Perry und Edwin B. Holt, auf die sich dann Russell in seiner Rede von einem „neutral-stuff"[9] bezieht. Der Begriff der „reinen Erfahrung" verweist auf das reine Sosein der phänomenalen Wirklichkeit, wie sie sich in unserer Erfahrung in ihrer Mannigfaltigkeit zeigt. Mit der reinen Erfahrung glaubt James also nicht einen neuen Stoff gefunden zu haben, der die Welt durchzieht. Es geht ihm vielmehr darum, jene Eigenschaften der Welt, die uns in der subjektiven Erfahrung – und nur dort – gegeben sind, als intrinsische Eigenschaften der Realität anzuerkennen.

„There are as many stuffs as there are ‚natures' in the things experienced. If you ask what any bit of pure experience is made of, the answer is always the same: ‚It is made of *that*, of just what it appears, of space, of intensity, of flatness, brownness, heaviness, or what not.'" (ERE, 14 f.)

---

[6] Vgl. ERE, 37–42. Hier macht James deutlich, dass die physische Wirklichkeit, in der geistige Wesen körperlich gemeinsam präsent sind, die Voraussetzung dafür ist, sich als Personen begegnen zu können. „If the body that you actuate be not the very body that I see there, but some duplicate body of your own with which that has nothing to do, we belong to different universes, you and I, and for me to speak of you is folly." (ERE, 38.)

[7] Vgl. KITARÔ [1911], dt. 1993.

[8] Vgl. auch Krämer: „Reinheit der Erfahrung bedeutet also die Einfachheit und Homogenität der Erfahrung aus präsentischer Perspektive." KRÄMER 2007, 17.

[9] Vgl. RUSSELL 1922, 25. Von James übernimmt Russell in *The Analysis of Mind* lediglich die Zurückweisung des Bewusstseins als einer Substanz: „My own belief [...] is that James is right in rejecting consciousness as an entity, and that the American realists are partly right, though not wholly, in considering that both mind and matter are composed of neutral-stuff which, in isolation, is neither mental or material." (Ebd.)

James verzichtet gerade auf jegliches „Einheitsprinzip“, das kennzeichnend für rationalistische Positionen ist. Statt von einem „neutralen Monismus“ spricht man daher bei James besser von einem „neutralen Pluralismus“.[10] In den *Essays in Radical Empiricism* geht es James in erster Linie um die Überwindung der Vorstellung einer Subjekt-Objekt-Scheidung, die nicht unmittelbar mit der Frage nach dem Verhältnis von Körper und Geist oder Physischem und Psychischem zusammenhängt.[11] Im radikalen Empirismus gibt es Körperliches und Geistiges, Physisches und Psychisches und zudem keinen Anlass, diese unterschiedlichen Arten des Seins in irgendeiner Substanz zusammenzuführen.[12]

Die Struktur der Wirklichkeit beschreibt James in den *Essays in Radical Empiricism* als ein sich stetig wandelndes und offenes Geflecht von Relationen. Dabei gibt es eine Form von Verbindung, die James als die innigste Form aller Verbindungen begreift, nämlich die Kontinuität der personalen Erfahrung.[13] Doch auch das bedeutet nicht, dass diese für uns so substantiell erscheinende Form der Einheit nicht aufgebrochen werden könnte. Es liegt im Kern der „religiösen Erfahrung“, wie sie James in den *Varieties* herausgearbeitet hat, dass sich das individuelle Selbst in einer inneren Form der Verbundenheit mit einer höheren Form von personalem Sein erfährt, in der es sich selbst transzendiert.

Wenn „religiöse Erfahrung“ in ihrer „Dasheit“ auf diese Weise beschrieben werden kann, dann ist sie nach der Maxime der Philosophie des radikalen Empirismus, wonach nichts, das Gegenstand direkter Erfahrung („any element that is directly experienced“, ERE, 22) ist, aus der philosophischen Weltsicht ausgeschlossen werden darf, als eine Erfahrung von Realität anzuerkennen. Der radikale Empirismus postuliert damit die Realität eines übermenschlichen Bewusstseins, das in der Regel Gott genannt wird, auf der Grundlage der Erfahrung einer Reihe von menschlichen Individuen, die von dieser Erfahrung Zeugnis ablegen. Um dem Einwand zu begegnen, dass es sich hier um irrige oder gar krankhafte Vorstellungen handelt, ist auf die lange und starke Tradition der Religionen zu verweisen, die diese Erfahrungen bewahren und kultivieren.

Die vorrangig epistemologische Fragestellung der *Essays in Radical Empiricism*, die James zur metaphysischen Annahme der „reinen Erfahrung“ bringt, die in sich weder materiell noch geistig ist, aber beide Merkmale annehmen kann, erfährt auf dem Hin-

---

[10] Der Ausdruck stammt von Phil Oliver: „[...] it would surely take us some distance in that direction if students of James, and especially those eager to enlist him in the side of ‚neutral monism‘ in the old mind-body debate, could be persuaded to substitute the phrase ‚neutral pluralism‘ instead, characterizing this view.“ OLIVER 2001, 91.

[11] „The subject-object distinction meanwhile is entirely different from that between mind and matter, from that between body and soul.“ (ERE, 5.)

[12] Auf das Verhältnis von Physischem und Psychischem kommt James später in *A Pluralistic Universe* unter Bezug auf Fechner zu sprechen. Vgl. unten, S. 20.

[13] „[...] that most intimate of all conjunctive relations, the passing of one experience into another when they belong to the same self.“ (ERE, 26.)

tergrund der Bestimmung der religiösen Erfahrung in den *Varieties* damit eine neue Wendung, die auf eine theistische Wirklichkeitskonzeption zielt. Für James stellt sich in der Verbindung dieser beiden Denklinien die Frage, wie der Gott, der in der religiösen Erfahrung als ein personales Gegenüber präsent ist, gedacht werden kann. Eine Möglichkeit, die sich traditionell anbieten würde, wäre die, Gott etwa im Sinne des absoluten Idealismus als einen allumfassenden Geist zu begreifen. Doch das, so stellt James in *A Pluralistic Universe* heraus, führt zum einen in begriffliche Aporien und zum anderen zu inakzeptablen Konsequenzen auf der Ebene des praktischen Welt- und Selbstverhältnisses.

5.1.3 *Die Einheit des Multiversums und die Kritik am „verderbten Intellektualismus"*

Mit seiner Rede von einem „pluralistischen Universum" bestreitet James nicht, dass das metaphysische Denken immer auch auf die Frage nach der Beschaffenheit des Ganzen stößt. Schon die Kennzeichnung „Universum", die von James explizit in den Titel des Bandes aufgenommen wird, setzt einen Begriff des Ganzen voraus. Der zentrale Einwand gegenüber dem absoluten Idealismus kann demnach nicht darin liegen, dass dieser von dem Einheitsbegriff „Universum" ausgeht, denn auch James denkt sein „Multiversum" am Ende als ein Universum.

> „Our ‚multiverse' still makes a ‚universe'". (PU, 146.)

Bei den Vertretern der Position des absoluten Idealismus, mit denen sich James in *A Pluralistic Universe* auseinandersetzt, handelt es sich überwiegend um Autoren angelsächsischer Provenienz.[14] Die Dominanz des idealistischen Denkens, das gegen Ende des 19. Jahrhunderts v. a. von Oxford ausging, war so stark, dass James anmerkt, dass die Wahrheit mit Sicherheit beim absoluten Idealismus liegen würde, wenn der Wahrheitsanspruch gleichbedeutend mit der Autorität wäre, die von einem Standpunkt ausgeht.[15] Die Theoriebildung des Oxforder Neuhegelianismus entwickelte sich in Auseinandersetzung mit dem bis dato vorherrschenden Sensualismus und Utilitarismus. Gegen den Sensualismus wird eingewandt, dass das Erfassen der Wirklichkeit nicht in der Summe einzelner Sinnesdaten besteht, sondern unsere Erkenntnis und Erfahrung stets holistisch verfasst sind. In dieser Einheit der Erfahrung erkennen

---

[14] Im Zentrum weiterführender Studien zu James' Auseinandersetzung mit dem absoluten Idealismus steht insbesondere dessen Verhältnis zu Josiah Royce, mit dem James auch in einem engen persönlichen Verhältnis stand. Vgl. dazu KUKLICK 1977 und OPPENHEIM 2005. James' Auseinandersetzung mit dem Idealismus Bradleys wird umfassend dargestellt in: SPRIGGE 1993.

[15] Vgl. PU, 30. Allerdings merkt James auch an, dass der Zenit des Idealismus in Oxford offenkundig überschritten ist: „Oxford, long the seed-bed, for the english world, of the idealism inspired by Kant and Hegel, has recently become the nursery of a very different way of thinking." (PU, 7.) Wie er später im Text festhält, geht James davon aus, dass sich die Philosophie in Richtung einer pluralistischen und panpsychistischen Sicht der Welt bewegt („great empirical movement towards a pluralistic panpsychic view of the universe", PU, 141), die, wenn sie mit einem Theismus einhergeht, die Vorstellung eines endlichen Gottes impliziert.

wir nicht nur Gegenstände, sondern auch Relationen. Letztere werden also nicht wie vom Sensualismus und auch in der Transzendentalphilosophie behauptet, vom Bewusstsein hinzugefügt, sondern real erkannt. Bis zu diesem Punkt deckt sich die Erwiderung der absoluten Idealisten gegenüber dem Sensualismus mit James' eigener Kritik am Sensualismus des klassischen Empirismus. Der absolute Idealismus unterscheidet sich von James' pluralistischem Idealismus jedoch durch die Behauptung, dass der Einheit der Erfahrung notwendig eine Einheit des Universums vorausliege, in der alle Relationen, die erkannt werden können, schon bereits bestehen. James betrachtet die Annahme eines solchen „All-Zusammenhanges“ dagegen allenfalls als Hypothese.

Damit knüpft James an jene Selbstpositionierung an, die er bereits in der Einleitung zu *The Will to Believe* als den Standpunkt des radikalen Empiristen bestimmt hat. Dort hält James fest, dass der Kern des absoluten Idealismus in der Behauptung bestehe, dass sich die Annahme des Absoluten als logisch notwendige Präsupposition aus der Analyse des Denkens erweisen lässt.[16] Wird zudem das Absolute mit Gott identifiziert, dann ergibt sich auf diesem Weg ein Beweis der notwendigen Annahme der Realität Gottes, also ein idealistischer Gottesbeweis. James zeigt nun in *A Pluralistic Universe*, wie dieser Anspruch bestritten werden kann. Dabei lässt er sich zunächst auf die Annahme des Absoluten ein, um zu zeigen, dass diese Annahme nicht konsistent vertreten werden kann. In einem zweiten Schritt zeigt er, dass diese Annahme auch nicht logisch notwendig ist, sondern die pluralistische Hypothese als Alternative offen steht. Auf diese Weise gelingt es James in *A Pluralistic Universe*, an der Stelle der monistischen Vorstellung des Absoluten die Vorstellung eines pluralistischen Universums zu etablieren. In Bezug auf den Gottesbegriff bedeutet das zunächst, dass sich dieser nicht länger auf den Gedanken der rationalen Beweisbarkeit stützt, sondern auf das Faktum der religiösen Erfahrung. Es bedeutet weiterhin, wie sich noch zeigen wird, dass aus dem „Absoluten“ ein endlicher, aber damit auch äußerst humaner Gott wird.

Die Frage, mit der sich James infolge seines panexperimentalistischen Ansatzes in den Essays in Radical Empiricism jedoch zunächst konfrontiert sieht, ist die, wie es zu denken ist, dass Erfahrung im Sinne der „pure experience“ einerseits die Erfahrungswirklichkeit eines einzelnen Subjekts bildet, andererseits aber auch Teil einer umfassenderen (Erfahrungs-) Wirklichkeit ist. James nimmt in *A Pluralistic Universe* auf eine Variante des absoluten Idealismus Bezug, die diesem Ansatz sehr nahe kommt, nämlich auf den von Thomas Hill Green. Green, einer der ersten und einflussreichsten Vertreter des absoluten Idealismus Oxforder Prägung, liest wie auch die meisten seiner Nachfolger Kant mit den Augen Hegels.[17] Auf die Annahme des

---

[16] „The great *claim* of the philosophy of the absolute is that the absolute is no hypothesis, but a pre-supposition implicated in all thinking, and needing only a little effort of analysis to be seen as a logical necessity.“ (PU, 29.)

[17] Vgl. CANDLISH 2010, 661.

Absoluten kommt er dabei auf folgende Weise: Auf der Grundlage von Kants Unterscheidung zwischen der phänomenalen Wirklichkeit der Erfahrung und der noumenalen Wirklichkeit an sich sei es undenkbar geworden, dass ein menschliches Wesen, dem die Wirklichkeit allein in der Erfahrung gegeben ist, Kenntnis von der Wirklichkeit an sich erlangen kann, ja noch nicht einmal wissen kann, ob es eine solche von unserer Erfahrung unabhängige Wirklichkeit überhaupt geben kann. In Anlehnung an Berkeley gilt damit bei Green zunächst der Satz: „esse is sentiri or experiri" (PU, 91). Die einzige Möglichkeit, dem daraus resultierenden Solipsismus des subjektiven Idealismus zu entgehen, besteht nun für Green darin, anzunehmen, dass es eine Erfahrung der noumenalen Wirklichkeit an sich gibt. Da es sich dabei nicht um eine menschliche Erfahrung handeln kann, nimmt Green in seiner Auslegung Hegels ein „spiritual self-conscious being" an, „of which all that is real is the activtity or expression".[18] Um nun eine Vermittlung zwischen der menschlichen und dieser umfassenderen Form der Erfahrung herzustellen, nimmt Green weiter an, dass „we are related to this spiritual being, not merely as parts of the world which is its expression, but as partakers in some inchoate measure of the self-consciousness through which it at once constitutes and distinguishes itself from the world."[19]
Doch genau in diesem sowohl als auch von subjektiver und absoluter Erfahrung liegt für James die entscheidende Schwierigkeit, die ihn selbst davon abhielt, sich dieser hinsichtlich seiner eigenen Prämissen attraktiven metaphysischen Konzeption anzuschließen. Das Problem verdeutlicht James, indem er auf mentale Ereignisse referiert, bei denen der Satz „esse is sentiri or experiri" zutrifft. So besteht die Realität eines Schmerzes darin, dass jemand diesen Schmerz verspürt. Es gibt keinen Schmerz, der unabhängig davon existieren kann, ob ihn jemand hat („for to be as a mental experience is only to appear to someone", PU, 91). Ebenso unsinnig ist es, zu behaupten, dass das Gefühl des Schmerzes eine Täuschung sei und es sich in Wirklichkeit um etwas Nicht-Mentales handelt. Und völlig absurd erscheint die Möglichkeit, dass jemand anderes unseren Schmerz haben könnte.[20] Schmerzereignis und das phänomenale Schmerzerleben sind damit identisch und dabei stets an die Perspektive der ersten Person gebunden. Zugleich ist nach einer idealistischen Auffassung der Schmerz als ein reales Vorkommnis in der Wirklichkeit selbst zu betrachten und nicht als etwas, das als Epiphänomen nicht wirklich existiert, sondern nur subjektiv empfunden wird. Nach Green erhält das Schmerzempfinden eines Individuums diesen Status der Realität dadurch, dass es zugleich eine Schmerzempfindung eines absoluten Bewusstseins darstellt.

[18] GREEN [1906]: Review of J. Caird: ‚Introduction to the Philosophy of Religion', zitiert nach: DERS. 1969, 146.

[19] Ebd.

[20] Natürlich kann jemand Schmerzen der gleichen Art haben oder seelische Schmerzen nachempfinden und insofern mit uns leiden, aber es handelt sich dabei stets um zwei unterscheidbare Bewusstseinszustände, die an die Perspektive der ersten Person gebunden sind.

Das bedeutet, dass jeder individuelle Bewusstseinsinhalt zugleich dem absoluten Bewusstsein angehört. Aber wie ist dieses Verhältnis zu verstehen? Wie kann der Schmerz, den ich empfinde, identisch mit der Schmerzerfahrung des Absoluten sein, ohne behaupten zu müssen, der Schmerz sei etwas Drittes? Wenn Green es so versteht, dass meine Schmerzerfahrung die Schmerzerfahrung des Absoluten ist, dann widerspricht das der Eigenschaft von mentalen Ereignissen, dass sie nicht mit anderen geteilt werden können. D. h. meine Schmerzerfahrung kann nicht identisch mit der Schmerzerfahrung des Absoluten sein, weil es sich um Erfahrungen zweier Wesen handelt, die sich durch ihre jeweilige „erste-Person-Perspektive" unterscheiden.

Um zu vermeiden, dass das endliche Erfahrungssubjekt mit dem Absoluten zusammenfällt und dennoch nicht vor einer unüberbrückbaren Differenz zu stehen, beruft sich Green auf die Unterscheidung zwischen endlicher und absoluter Erfahrung. Danach wäre meine Schmerzerfahrung tatsächlich die Schmerzerfahrung Gottes, wenn ich nicht endlich, sondern absolut wäre. De facto bleiben damit aber die Erfahrung der endlicher Wesen stets von der Erfahrung des Absoluten unterschieden und so wird auch Rede vom „esse is experiri" durchbrochen bzw. sie gilt nur für die göttliche Erfahrung. Auch wenn man in einer platonistischen Variante dieses Modells davon ausginge, dass sich das endliche Subjekt zur absoluten Erkenntnis respektive Erfahrung hin entwickeln kann, so ändert das nichts daran, dass der Satz „esse is experiri" nicht allgemein, sondern allein für eine ideale Form der Erfahrung gilt, in der es gelingt, die Perspektive des Absoluten einzunehmen.

Greens Versuch das „Ganze" als etwas zu begreifen, das seiner Natur nach identisch ist mit der Erfahrung, führt als nicht zu einer Lösung in der Frage, wie Erfahrung gedacht werden kann, so dass sowohl ihre Eigenschaft der „perseity" gewahrt bleibt als auch die, Teil der Wirklichkeit im Ganzen zu sein. James hat in den *Essays in Radical Empiricism* die Trennung von Erfahrungswirklichkeit und einer noumenalen Wirklichkeit im Ganzen verworfen, indem er die „reine Erfahrung" als den „Stoff" der Wirklichkeit angesetzt hat, hinter den nicht weiter zurückgegangen werden kann. Es handelt sich damit im Unterschied zu Green bei James um einen substanzlosen Panexperimentalismus, der ganz im Sinne des „radikalen Empirismus" auf die Annahme eines Absoluten verzichtet, da dieses niemals Gegenstand von Erfahrung werden kann.

Wenn damit auch das Konzept des „Absoluten" für James aus einer erkenntnistheoretischen Perspektive obsolet geworden ist, so hat es aus einer anderen Perspektive heraus immer noch eine gewisse Attraktivität, nämlich hinsichtlich der Etablierung eines Theismus. Green selbst betrachtet die von ihm beschriebene Partizipation am Absoluten als „the source of morality and religion"[21]. Er vertritt die These, dass das Absolute, das Green selbst als „eternal consciousness" bezeichnet, als Gesamt aller

[21] GREEN [1906]: Review of J. Caird: ‚Introduction to the Philosophy of Religion', zitiert nach: DERS. 1969, 146.

einzelnen Formen von Bewusstsein die adäquate Bestimmung dessen ist, was die christliche Tradition Gott nennt.

James lehnt in *A Pluralistic Universe* die Vorstellung des Absoluten ab, um zugleich an dem Gedanken festzuhalten, dass Gott als eine umfassendere Form von Bewusstsein zu denken ist, an dem das menschliche Bewusstsein partizipiert. Er kritisiert an der von Green vertretenen Position allein, dass dieser an dem Gedanken eines allumfassenden Bewusstseins festhält, obschon dies weder aus erkenntnistheoretischen Gründen notwendig ist noch aus der Erfahrung selbst hervorgeht.

Doch auch wenn man nicht mehr von einem allumfassenden, sondern allein von einem umfassenderen Bewusstsein ausgeht, so bleibt die oben beschriebene Schwierigkeit bestehen, wie man das menschliche Bewusstsein als ein Teil desselben verstehen und zugleich an der „perseity" des menschlichen wie des umfassenderen Bewusstseins festhalten kann. Dass dieses Problem auch in seiner eigenen Konzeption bestehen bleibt, ist James bewusst, doch er unternimmt nicht den Versuch, dies auf einer begrifflichen Ebene zu lösen. Stattdessen entscheidet er sich auch in *A Pluralistic Universe* unter Berufung auf Bergson dafür, die Begriffe auf sich beruhen zu lassen und der Erfahrung das Primat einzuräumen. Innerhalb der unbestechlichen Logik der Selbstidentität („incorruptible logic of self-identity", PU, 94), lässt sich dieses Verhältnis, das ihn bereits in der Auseinandersetzung mit der „mind-stuff theory" beschäftigte, nicht konsistent beschreiben. Doch statt weiter nach einer Lösung innerhalb der ihm zur Verfügung stehenden Logik zu suchen, gilt es, sich zunächst von der Logik ab- und der Erfahrungswirklichkeit zuzuwenden.

> „Logic being the lesser thing, the static incomplete abstraction, must succumb to reality, not reality to logic." (PU, 94.)

Den endgültigen Anstoß dazu, die Logik aufzugeben („to *give up the logic*, fairly, squarely, and irrevocably", PU, 96), erhielt James dabei nach eigener Angabe durch die Lektüre von Henri Bergson.[22] Allerdings übernimmt er von Bergson jedoch keine wesentlich neuen Gedanken. Die Bedeutung dieser Lektüre scheint vielmehr darin gelegen zu haben, dass er sich durch Bergson in seiner Kritik am Intellektualismus bestätigt sah.

Die „Logik der Selbstidentität" bestimmt James näher als einen „verderbten Intellektualismus" („vicious intellectualism"). Er kritisiert dabei nicht die begriffliche Erfassung der Wirklichkeit per se, sondern lediglich das Primat des Begriffes gegenüber der Erfahrung. Genauer besteht der „verderbte Intellektualismus" in der „Gepflogenheit" anzunehmen, dass „ein Begriff von irgendeinem Stück Wirklichkeit, das durch ihn definiert ist, alles das auch realiter *ausschließe*, was nicht in der Definition des

[22] Zu James' Rezeption von Bergson in *A Pluralistic Universe* vgl. SEHGAL 2008. Sehgal geht davon aus, dass es sich um James' Lektüre von Henri BERGSONS *Évolution créatice* aus dem Jahr 1907 handelt.

Begriffes enthalten sei."[23] Ein solcher Missbrauch des definitorischen Gebrauchs von Begriffen liegt etwa vor, wenn man meint, ein Reiter könne nicht mehr zu Fuß gehen, oder ein Photograph nichts anderes mehr tun als fotografieren.[24] Ebenso wenig muss man bestreiten, dass Erfahrung stets eine innere Komplexität aufweist, wenn man zugleich an ihrer grundlegenden Einheit festhält. Und schließlich muss es möglich sein, dass sich ein religiöses Subjekt als eins mit Gott begreift, ohne dabei seine Eigenständigkeit gegenüber Gott zu verlieren, wenn genau diese Erfahrung im Zentrum der religiösen Erfahrung steht.

5.2 Religiöse Erfahrung als Grundstein des Theismus

5.2.1 *Die Kontinuität der Erfahrung*

Unter diesen Vorzeichen nimmt James dann in *A Pluralistic Universe* seine Lehre des radikalen Empirismus („the ‚radical empiricist' doctrine", PU, 126) wieder auf, um auf dieser Grundlage schließlich einen Theismus zu etablieren, der mit dem Kern religiöser Erfahrungen in Einklang steht und zudem den Forderungen der praktischen Vernunft Rechnung trägt.

Wie bereits dargestellt wurde, verweist James in *A Pluralistic Universe* ebenso wie in der Bestimmung des „full fact" in den *Varieties* darauf, dass die ganze Fülle der Realität in der Erfahrung selbst liegt („within those bits of experience as they come to pass we get a fullness of content", PU, 129). Jedes noch so flüchtige Moment der Erfahrung weist demnach eine enorme innere Komplexität auf, auf die wir uns reflexiv beziehen können. Neben der Komplexität zeigt sich in der Rückwendung auf die direkte Erfahrungswirklichkeit, dass sich diese Wirklichkeit stets selbst transzendiert. Wie im Modell des Bewusstseinsstromes („stream of thought") greift hier wieder die Metapher des Flusses. Die Erfahrungswirklichkeit befindet sich in einem stetigen Wandel und keines der Momente, die wir als Einheit erleben, ist mit einem anderen identisch. Aus diesem Grund reichen auch unsere Begriffe niemals an die Wirklichkeit heran. Während jene auf dem Prinzip der „Selbstidentität" aufbauen, besteht die Wirklichkeit in ihrem inneren Wesen in einem permanenten Prozess der Selbstüberschreitung. Die begrifflich-theoretische Welterfassung, so zeigt sich damit, kann niemals an die Stelle der Erfahrung treten.

> „Only concepts are self-identical; only ‚reason' deals with closed equations; nature is but a name for excess; every point in her opens out and runs into the more". (PU, 129.)

[23] Übersetzung nach Goldstein, vgl. JAMES [1914], 65. Vgl. auch eine zweite Definition: „*The treating of a name as excluding from the fact named what the name's definition fails positively to include, is what I call ‚vicious intellectualism*'." (PU, 32.) Dieser Gedanke wird heute in Anlehnung an Whitehead auch unter dem Begriff der „fallacy of misplaced concreteness" verhandelt.

[24] Vgl. PU, 99 f.

James kommt in *A Pluralistic Universe* zudem auf das Modell des Bewusstseinsfeldes zurück, das ihm in den *Varieties* zur Erklärung des „Selbstwandels" gedient hat. Wenn wir von unserem Selbst sprechen, so James in *A Pluralistic Universe*, dann identifizieren wir uns mit dem Zentrum des bewussten Selbst. Unser vollständiges Selbst („full self") besteht jedoch nicht nur aus diesem Zentrum, sondern umfasst das gesamte Bewusstseinsfeld, zu dem auch jene Einflüsse des Unterbewussten gehören, die in unser bewusstes Leben hineinspielen, die wir aber begrifflich kaum zu fassen vermögen.

> „What we conceptually identify ourselves with and say we are thinking of at any time is the centre; but our *full* self is the whole field, with all those indefinitely radiating subconscious possibilities of increase that we can only feel without conceiving, and can hardly begin to analyze." (PU, 130.)

Was wir als unser augenblickliches Selbst begreifen, ist stets nur ein Teil eines weiteren Selbst, das das aktuale Selbst mitbestimmt. In diesem weiteren Selbst liegen Möglichkeiten, die noch außerhalb des Horizontes dessen liegen, was wir uns bewusst vorzustellen vermögen („the actual in it is continuously one with possibles not yet in our present sight", PU, 131). Wie zu Ende der *Varieties* geht James auch in *A Pluralistic Universe* über die Annahme eines unterbewussten Teils *unseres* Selbst hinaus, indem er die klaren Umrisse unseres Selbst zerfließen und in ein weiteres Selbst übergehen lässt. In den *Varieties* hat er darauf verwiesen, dass es einen Einfluss dieses weiteren Selbst auf unser aktuales Selbst gibt. In *A Pluralistic Universe* hebt er nun insbesondere die Möglichkeit unserer Einflussnahme auf jenen weiteren Bereich der Wirklichkeit hervor. Die Analogie ist die folgende: So wie die wissenschaftliche Untersuchung des Unterbewussten gezeigt hat, dass unser bewusstes Selbst von den „Rändern" her durch einen unterbewussten Teil bestimmt wird, können wir uns auch vorstellen, dass unser Bewusstsein am Rand eines höheren Selbst steht und ins Zentrum dieses Selbst hinwirkt.

> „And just as we are co-conscious with our own momentary margin, may not we ourselves form the margin of some more really central self in things which is co-conscious with the whole of us?" (PU, 131.)

Der Gedanke eines wechselseitigen Einflusses zwischen dem menschlichen und dem übermenschlichen Selbst hat James bereits in den *Varieties* in der Bestimmung des Gebets formuliert und als Wesen der Religion bestimmt.[25] Nun zeigt sich, dass James hierin auch den realen Wahrheitsgehalt der Religion sieht: Sie postuliert eine Wirklichkeit, die der Naturalismus nicht kennt oder gar bestreitet.

James zieht im letzten Kapitel von *A Pluralistic Universe* das Phänomen der religiösen Erfahrung heran, um zu plausibilisieren, dass dieses „mit vernünftiger Wahrscheinlichkeit" („reasonable probability", PU, 135) darauf hindeutet, dass unser Bewusstsein in einer direkten Verbindung zu einer weiteren geistigen Umgebung steht,

[25] Vgl. die Bestimmung des Gebets: „This intercourse is realized at the time as being both active and mutual." (VRE, 366.)

die demjenigen verschlossen bleibt, der allein auf seinen Verstand baut („a wider spiritual environment from which the ordinary prudential man […] is shut off", ebd.).

5.2.2 *Religiöse Erfahrung in „A Pluralistic Universe"*

Das Phänomen der religiösen Erfahrung ist James zufolge nicht das einzige Phänomen, das darauf hinweist, dass die Wirklichkeit weiter reicht als das, was die moderne Wissenschaft als Natur beschreibt. Gegenüber solch „spukhaften" („spook-haunted")[26] Phänomenen wie etwa Besessenheit oder Mediumismus hat das Phänomen der religiösen Erfahrung nach Ansicht von James jedoch den Vorteil, dass es sich in seiner spezifischen Natur hinreichend bestimmen und von anderen Erfahrungen abgrenzen lässt. Zudem werden vermutlich mehr Menschen der Behauptung zustimmen, dass es tatsächlich religiöse Erfahrungen gibt und es sich dabei um Erfahrungen eigener Art handelt, die sich nicht auf andere Weise erklären oder auf andere Erfahrungen zurückführen lassen („that there *are* religious experiences of a specific nature", PU, 135), als Menschen, die Geister für real ansehen.[27]

Die Bestimmung der religiösen Erfahrung in *A Pluralistic Universe* knüpft deutlich an die der *Varieties* an. James rekurriert auf die spezifischen Merkmale der religiösen Erfahrung im engeren Sinn einer religiösen Konversion. Es handelt sich dabei um Erfahrungen „of an unexpected life succeeding upon death" (PU, 137), wobei hier ausdrücklich nicht von Unsterblichkeit die Rede ist, sondern von Erfahrungen des inneren Zusammenbruches und Neuanfangs. Diese Erfahrung ist durch ein spezifisches Gefühl des Glücks und der Stärke gekennzeichnet, das sich darauf gründet, dass an die Stelle des eigenen Willens eine höhere Form des Glücks und der inneren Kraft getreten ist, die von nun an für uns arbeitet („giving up our own will and letting something higher work for us", PU, 138). Es handelt sich um die Erfahrung, dass sich einem nach der Erfahrung des völligen Zusammenbruchs weitere Bereiche des Lebens („new ranges of life", ebd.) eröffnen und wir über Ressourcen verfügen, die wir uns nicht hätten vorstellen können.

In Rückblick auf die *Varieties* läge es nahe, dass James den „Tod" des „alten Selbst" meint, wenn er von Tod spricht, doch das ist nicht der Fall. James bestimmt diesen Tod hier als den Tod der Hoffnung („hope") und der Stärke („strength"), der Verantwortung („responsibility"), der Befürchtungen und Sorgen („fear and worry") und der „Tüchtigkeit" („competency"), kurz als den „Tod von allem, auf das Heidentum, Naturalismus und Legalismus ihren Glauben und ihr Vertrauen gründeten".[28] Dies macht

[26] Tatsächlich hat sich die „Society of Psychical Research", der James mitunter als Präsident vorstand und auf deren Forschungen er hier vermutlich u. a. verweist, einer Reihe „paranormaler Phänomene" angenommen. Neben akribischen Aufzeichnungen über Geistererscheinungen wurden im Organ dieser Gesellschaft, den *Proceedings*, auch die Studien Myers' über das Unterbewusste abgedruckt. Vgl. oben, S. 167, Fußnote 54.

[27] Ob das heute noch immer gilt, kann man bezweifeln.

[28] Vgl. PU, 138.

deutlich, dass James zwar auch in *A Pluralistic Universe* von der individuellen Erfahrung ausgeht, diese jedoch vor einem weiteren kulturgeschichtlichen Hintergrund interpretiert. Religiöse Erfahrung wird von James in den *A Pluralistic Universe* nicht mehr nur als ein „epochales Ereignis“[29] in der inneren Entwicklung eines Individuums bestimmt, sondern ihr Auftreten hat, so James, in der Gestalt Luthers eine epochale Wende im Gottesverständnis herbeiführt. Womit Luther bricht, ist eine Gottesvorstellung, die auf dem antiken Gedanken des Kosmos als einer feststehenden natürlichen Ordnung beruht. Diesen Gedanken einer natürlichen Ordnung bringt die religiöse Erfahrung des „lutherischen Typus“ zum Einsturz.

> „Luther was the first moralist who broke with any effectiveness through the crust of all this naturalistic self-sufficiency […]. Religious experience of the lutheran type brings all naturalistic standards to bankruptcy.“ (PU, 138.)

James hebt in *A Pluralistic Universe*, stärker als in den *Varieties*, in denen er eine religionswissenschaftliche Vermittlung anstrebte, auf den „übernatürlichen“ Charakter der religiösen Erfahrung ab. Und dies meint sowohl einen Supranaturalismus im Sinne einer Wirklichkeit, die über diejenige hinausgeht, die die Naturwissenschaft in theoretischer Hinsicht beschreibt als auch die, die eine Tugendethik in praktischer Hinsicht zu beschreiben vermag, die auf dem antik-heidnischen Gedanken einer Identität von natürlicher und sittlicher Ordnung basiert („a world wider than either physics or philistine ethics[30] can imagine“, ebd.).

Diese Ausführungen stehen keineswegs in Widerspruch zu der Bestimmung der Religion der „Zweimalgeborenen“ in den *Varieties*. James bestimmt hier jedoch präziser, um welche Art von „zweiter Geburt“ es sich handelt. In der religiösen Erfahrung eröffnet sich dem Individuum eine Dimension seines Selbst, die seine eigene Vernunft („reason“) zunächst übersteigt. Denn aus dieser, so James, lässt sich das Auftreten von religiösen Erfahrungen nicht herleiten, da sie einen Bruch gegenüber jenen „natürlichen“ Erfahrungen darstellen, die ihnen vorausgegangen sind.

> „She [reason] could not suspect their existence [the existence religious experiences], for they are discontinuous with the ‚natural‘ experiences they succeed upon and invert their values.“ (Ebd.)

Mit der religiösen Erfahrung geht damit die Einsicht einher, dass die Wirklichkeit über den Bereich der natürlichen Erfahrung hinausreicht. Diese Einsicht wirkt sich auf die Vernunft im Ganzen aus. Der religiös Erfahrene gewinnt die Überzeugung, dass nicht nur der Naturalismus in seiner theoretischen Gestalt zu kurz greift, sondern auch die „natürliche Wertordnung“. Dies versteht James durchaus in einem paulinischen Sinn, nach dem das Schwache als das Starke erscheint.[31] Das religiöse Indivi-

---

[29] Vgl. James’ Wendung „it makes a epoch in his history“ in OCBHB, 139. Siehe oben, S. 26.

[30] Zuvor spricht James von der Tugendethik der Römer und Griechen, in der gut gut war und böse böse. „Good was good, and bad was bad, for these people.“ (PU, 137.)

[31] „ You are strong only by being weak, it shows.“ (PU, 138.)

duum gewinnt durch diese Form der Erfahrung die Überzeugung, dass die Welt trotz gewisser Formen des „Todes" gut ist oder vielmehr gerade *infolge* dieser Lebens- und Sinnabbrüche.

> „Here is a world in which all is well, *in spite* of certain forms of death, indeed *because* of certain forms of death". (Ebd.)

Die Philosophie des radikalen Empirismus macht es sich zum Leitsatz, allen menschlichen Erfahrungen in ihrem Anspruch Rechnung zu tragen, Erfahrungen von Realität zu sein. Dass es religiöse Erfahrungen gibt, die durch jene eben dargestellten Spezifika beschrieben werden müssen, hat damit Auswirkungen auf die Auffassung der Wirklichkeit im Ganzen. Religiöse Erfahrungen legen James zufolge eine Auffassung der Wirklichkeit nahe, die er bereits in der Formulierung des „over-belief" in den *Varieties* skizziert hat. Auf diese greift er in *A Pluralistic Universe* nahezu wörtlich zurück, wenn es dort heißt:

> „[...] the tenderer parts of his personal life are continuous with a *more* of the same quality which is operative in the universe outside of him and which he can keep in working touch with, and in a fashion get on board of and save himself, when all his lower being has gone to pieces in the wreck. In a word, the believer is continuous, to his own consciousness, at any rate, with a wider self from which saving experiences flow in." (PU, 139.)

Eine vollständigere Philosophie („more complete philosophy") als die des Naturalismus muss dieser Überzeugung Rechnung tragen. James' Konzept des pluralistischen Universums, das nun weiter zur Darstellung kommen soll, ist als Entwurf einer solchen Philosophie zu verstehen.

5.3 Der Theismus in Anschluss an Fechner

Die Gegenüberstellung von Pluralismus und Monismus bildet den Ausgangspunkt der Vorlesungen und durchzieht diese in beständig variierender Form, bis am Ende der Pluralismus als die überlegene Sicht dasteht.

Der Dominanz des Monismus und des Rationalismus ist es auch geschuldet, dass bis hin zum absoluten Idealismus ein philosophischer Gottesbegriff das Denken bestimmt, der nicht mit dem Gott der religiösen Erfahrung, wie sie James in den *Varieties* bestimmt hat, in Deckung gebracht werden kann. Die Differenz zwischen einem philosophischen Gottesbegriff und dem Gott des persönlichen Glaubens ist somit wesentlich auf die weitgehende Vorherrschaft des rationalistischen Denkens zurückzuführen. Die intellektuelle Verpflichtung zu einem „sauberen" begrifflichen Denken lässt die meisten Denker davor zurückschrecken, sich auf die „confused and unwholesome facts of personal biography" (PU, 140) einzulassen.

Auf der Grundlage der religiösen Erfahrung des lutherischen Typus unternimmt James in *A Pluralistic Universe* den Versuch, das stoisch-christlich dominierte Denksystem aufzubrechen, indem er auf die Unvereinbarkeit des naturphilosophischen Denkens der Antike mit jenen religiösen Erfahrungen des „lutherischen Typus" aufmerksam macht. Dabei stehen die Erfahrungen des Schiffbruches und der Errettung, des Sterbens und eines unerwarteten neuen Lebens im Mittelpunkt. Obschon es James dabei explizit nicht um die Frage der Unsterblichkeit geht, möchte ich einen Vortrag aus dem Jahr 1898 mit einzubeziehen, der wie der Titel „Human Immortality“ verrät, die Frage der menschlichen Unsterblichkeit behandelt, aber im vorliegenden Kontext aus einem ganz anderen Grund von Interesse ist: James entwickelt hier bereits eine Vorstellung einer geistigen Wirklichkeit, die starke Parallelen zu dem Modell des Theismus aufweist, das er in *A Pluralistic Universe* in Anschluss an Gustav Theodor Fechner präsentiert.[32]

5.3.1 *Die transmissive Funktion des Gehirns und der Gedanke der Unsterblichkeit*

Wenn wir von der Annahme ausgehen, dass das Bewusstsein eine Funktion des Gehirns ist, so lautet die Ausgangsfrage dieses Textes, sind wir dann genötigt, den Gedanken der Unsterblichkeit aufzugeben? Die Antwort lautet dann eindeutig „Ja“, wenn man unter dem Weiterleben nach dem Tod ein Fortbestehen unseres Bewusstseins versteht und das Bewusstsein als ein *Produkt* des Gehirns begreift. Unter diesen Prämissen ist es nicht möglich, dass es noch Bewusstsein gibt, wenn das Gehirn seine Funktionen gänzlich eingestellt hat. James hält an der Vorstellung fest, dass das Weiterleben nach dem Tod als ein Weiterleben des Bewusstseins zu begreifen ist. Er bestreitet aber, dass der Zusammenhang zwischen Gehirn und Bewusstsein notwendig als ein Verhältnis der Hervorbringung gedacht werden muss. Was wir beobachten können, ist eine Parallelität von Bewusstseinsvorgängen und Gehirnaktivitäten sowie eine gewisse Abhängigkeit des Bewusstseins von der Verfassung des Gehirns. So wissen wir, dass bestimmte Schädigungen des Gehirns oder Veränderungen im Gehirn dessen Funktion in spezifischer Weise beeinträchtigen. Das wäre aber auch dann der Fall, wenn wir davon ausgehen, dass das Gehirn nicht eine produktive, sondern eine „transmissive“ Funktion in Bezug auf das Bewusstsein hat. Danach bringt das Gehirn nicht Bewusstsein hervor, sondern stellt ein Medium dar, durch das das Bewusstsein in der materiellen Wirklichkeit in Erscheinung tritt. James bedient sich hier einer Analogie, nach der unser Bewusstsein einem Lichtstrahl gleicht, der durch buntes Glas oder ein Prisma fällt. Die Beschaffenheit des Lichtstrahls hängt in diesem Fall zwar von dem Zustand des „Mediums“ ab, aber er wird nicht von ihm hervorgebracht. Dieser Vorstellung zufolge ist das Bewusstsein auch nicht vom Fortbestehen des Gehirns abhängig, da es auch durch andere Medien „ersetzt“ werden könnte.

James entwirft in diesem Vortrag ein Bild der Wirklichkeit, nach der das gesamte materielle Sein als eine Art Schleier zu denken ist, durch den an bestimmen Orten das

[32] JAMES [1898]: Human Immortality, in: DERS. (1982), 77–101. Es handelt sich um einen Vortrag im Rahmen der „Ingersoll Lectures“, einer jährlich an der Harvard Divinity School ausgerichteten Vorlesungsreihe, die der Behandlung des Themas der menschlichen Unsterblichkeit gewidmet ist und 1893 zum Andenken an George Goldthwait Ingersoll von dessen Tochter gestiftet wurde.

geistige Sein mehr oder minder stark hereinbricht. Zwar bleibe es rätselhaft, wie dies vor sich gehen soll, da wir aber auch nicht wissen, wie Geist aus Materie, respektive Bewusstsein aus Gehirnen heraus entstehen soll, ist diese Vorstellung zwar zunächst ungewohnt, aber nicht weniger plausibel als die Theorie der Hervorbringung („production-theory"). Für die Annahme einer transmissiven Funktion spricht nach James nicht zuletzt, dass sie eine bessere Basis zur Erklärung von Phänomenen abgibt, die sich an den Rändern des bewussten Erlebens abspielen als die Theorie der Hervorbringung. Zu diesen Phänomenen zählt James an dieser Stelle „religious conversions, providential leadings in answer to prayer, instantaneous healings, premonitions, apparitions at time of death, clairvoyant visions or impressions, and the whole range of mediumistic capacities, to say nothing of still more exceptional and incomprehensible things"[33]. Dabei nimmt er ausdrücklich Bezug auf die Untersuchungen von Frederic Myers, der in seiner Artikelreihe „The Subliminal Consciousness" eine Reihe von Fällen aus den genannten Bereichen untersucht hat.[34] Die Arbeiten von Myers führt James auch am Ende von *A Pluralistic Universe* als Beispiel für eine Form der Wissenschaft an, die nicht davor zurückschreckt, den eigenen Gegenstandsbereich zu erweitern und Paradigmen zu überwinden.[35] Auch die Untersuchungen des deutschen Physikers und Philosophen Gustav Fechner auf dem Gebiet der Psychophysik, auf den James ebenfalls in *A Pluralistic Universe* zurückkommen wird, lassen sich, wie nun gezeigt werden soll, besser mit der Vorstellung des Gehirns als einem transmissiven Organ als mit der Theorie der Hervorbringung in Einklang bringen.

5.3.2 *Fechners „Great Analogy"*

Die von Fechner begründete Disziplin der Psychophysik untersucht auf systematische Weise den Zusammenhang zwischen äußerem Reiz und Reizempfinden. Eine Relation, die sich dabei konstatieren lässt, ist die, dass die Intensität eines Reizes darüber entscheidet, ob wir ihn überhaupt wahrnehmen oder ob er unterhalb der Schwelle des Bewusstseins verbleibt. So wird uns nicht direkt kalt, wenn die Außentemperatur minimal abnimmt, doch einen raschen Abfall um die zehn Grad Celsius spüren wird deutlich. Es lässt sich jedoch keine strikte Relation zwischen Temperaturabfall und Kälteempfindung herstellen, sondern es handelt sich um einen variablen Schwellenwert, der in Abhängigkeit zu einer zweiten, inneren Schwelle steht.[36] So nehmen wir etwa Kälte im Wachzustand schneller wahr als im Schlaf und wohl auch rascher, wenn wir darauf achten als wenn wir abgelenkt sind. Wäre das Kälteempfinden ein Produkt, dann müsste es vom Gehirn in Abhängigkeit zur äußeren Schwelle stets in

[33] JAMES 1982, 92 f.
[34] Siehe oben, S. 183, Fn. 143.
[35] Vgl. PU, 142.
[36] Vgl. FECHNER 1860: *Elemente der Psychophysik*, 1. Teil, Kap. X. Die Tatsache der Schwelle und XI. Nähere Angaben über die Abhängigkeitsverhältnisse der Schwellenwerte in den verschiedenen Sinnesgebieten.

gleicher Weise hergestellt werden. Die Beobachtung, dass es eine innere Schwelle gibt, die bestimmt, wann eine körperliche Reaktion ins Bewusstsein tritt, lässt sich demnach besser erklären, wenn wir das Gehirn als ein „transmissives Organ" begreifen. Der Zustand des Gehirns bestimmt nach dieser Auffassung die Schwelle, ab der etwas ins Bewusstsein vordringt.

Es ist nun darüber hinaus denkbar, dass nicht nur Gehirne diese transmissive Funktion erfüllen. James nimmt in *A Pluralistic Universe* Fechners spekulative Überlegungen aus dessen Schrift „Zend-Avesta"[37] auf, in der Fechner die Vorstellung entwickelt, dass auch die Erde oder das gesamte All diese Funktion für eine höhere Form von Bewusstsein besitzen. Fechners grundlegende metaphysische Überlegung lässt sich wie folgt zusammenfassen: „Von dem Standpunkt aus, dass wir kein Recht haben, das Seelenleben durchaus an das Nervensystem gebunden zu halten, an dem wir es freilich allein direct erfahren, zieht er mit kühner Energie die Linien zuerst in die unteranimale und dann in die übermenschliche Wirklichkeit."[38]

Es kommt nicht häufig vor, dass James in seinen Schriften Positionen anderer Denker heranzieht, um seine eigene Position zu stärken. Hier bildet *A Pluralistic Universe* eine gewisse Ausnahme. Neben Bergson widmet James auch dem metaphysischen Denken Fechners hier ein ganzes Kapitel und macht dieses zum Ausgangspunkt seiner eigenen Überlegungen. Bemerkenswert ist auch, dass James Fechner mit einigen Angaben zu dessen Biographie einführt, die interessante Parallelen zu James' eigenem Leben aufweisen.[39] Wie James gerät auch Fechner durch eine nervöse Krankheit in eine Lebenskrise, die Fechner nach eigenen Aussagen nur mithilfe seines Glaubens überstehen konnte. James zitiert ihn mit den Worten: „Had I not clung to the faith, [...] that clinging to faith would somehow or other work its reward, *so hätte ich jene zeit nicht ausgehalten* [im Original auf deutsch]." (PU, 69.) Eine ganz ähnliche Erfahrung findet sich auch in einem Tagebucheintrag von James, in dem es heißt, dass seine Angst so eindringlich und mächtig war, dass er rückblickend meint, dass ihn nur Aussagen der Heiligen Schrift, wie „‚The Eternal God is my refuge,' etc, ‚Come unto me, all ye that labor and are heavy-laden,' etc., ‚I am the resurrection and the life,'" davor bewahr haben, wirklich den Verstand zu verlieren („grown really insane").[40]

Fechner geht von einer Allbeseeltheit des Universums aus. Er hat sich „das Erbtheil des deutschen Idealismus", so Windelband, „wie Lotze, über die Zeiten naturalistischer und materialistischer Verirrungen hinaus" bewahrt und „um so stärker aufrecht erhalten, je intimer er selbst durch eigene Forschung in der Naturwissenschaft hei-

---

[37] FECHNER [1851] 1951.

[38] WINDELBAND 1910, 759. Windelbands Lehrer Hermann Lotze stand selbst in engem Kontakt zu Fechner.

[39] Goldstein kommentiert James' Charakterisierung von Fechner mit: „Das ist der ganze James! Er war, wie Fechner, ein Mensch, in dem ein reger, wissenschaftlich geschulter Intellekt mit einem fein abgestimmten Sinn für metaphysische Ideen zusammenwohnten." GOLDSTEIN 1914, vii.

[40] Vgl. MCDERMOTT 1977, 7 sowie VRE, 135. Vgl. dazu oben, S. 15.

misch war."[41] Dem wissenschaftlichen wie dem populären Denken der Gegenwart wohnt nach Fechner die Ursünde eines Materialismus inne, nach dem das Geistige allenfalls als ein Derivat oder Nebenprodukt der materiellen Wirklichkeit verstanden wird.[42] Das Mittel, das Fechner dazu verhilft, seine Sicht der Welt zu veranschaulichen, nach der alles materielle Sein von einem geistigen Sein umhüllt ist, ist das der Analogie. Fechners spekulative Überlegungen nehmen ihren Ausgang bei der Feststellung, dass wir selbst eine Einheit aus Körper und Bewusstsein bilden. Das Bewusstsein ist an die Beschaffenheit unsere Körpers gekoppelt. So ist etwa unser visuelles Bewusstsein bedingt durch die Art, wie unsere Augen funktionieren und unser taktiles Empfindens an die Beschaffenheit unserer Haut gekoppelt. In unser Bewusstsein von der Welt spielen jene Empfindungen hinein und verbinden sich zu einem Bewusstsein des Ganzen. Die Analogie, mit deren Hilfe Fechner nun bis zur Annahme eines absoluten göttlichen Bewusstseins aufsteigt, ist folgende: So wie unser Bewusstsein das visuelle, das taktile und andere Bewusstseinsformen in *einem* personalen Bewusstsein vereint, so gibt es auch *ein* Bewusstsein der Menschheit und *eines* Tier- und Pflanzenreiches und letztlich ein übergeordnetes, das Fechner „Erdseele" nennt, in dem alle Empfindungen, die die Erde in sich versammelt, zu einer Form der Selbstempfindung zusammengeführt sind. Über die Sonnen- und Planetensysteme steigt Fechner dann bis zum absoluten und universalen Bewusstsein des Alls auf.[43]
Die Annahme eines letzten absoluten Bewusstseins ergibt sich James zufolge nicht mit Notwendigkeit aus Fechners Prämissen, sondern scheint vielmehr dessen Hang nach einem systematischen Abschluss geschuldet. Dies ermöglicht es James, an Fechners „great analogy" (PU, 78) des Verhältnisses unserer Sinneserfahrungen zu unserem einheitlichen Bewusstsein von der Welt sowie von uns selbst anzuschließen, ohne sich damit letztlich auf eine monistische Position festlegen zu müssen. James wiederholt und bekräftigt in *A Pluralistic Universe* seine Überzeugung, die er bereits

---

[41] An dieser Stelle zeigt sich eine große Nähe zu dem Projekt des Pragmatismus, das James, aber auch Charles S. Peirce vertraten, deren Wurzel jedoch mehr im amerikanischen Transzendentalismus Emersons zu sehen ist als etwa in der Naturphilosophie Schellings. Vgl. Peirce: „I may mention, for the benefit of those who are curious in studying mental biographies, that I was born and reared in the neighbourhood [sic!] of Concord – I mean in Cambridge – at the time when Emerson, Hedge, and their friends were disseminating the ideas that they had caught from Schelling, and Schelling from Plotinus, from Boehm [sic!], or from God knows what minds stricken with the monstrous mysticism of the East. But the atmosphere of Cambridge held many an antiseptic against Concord transcendentalism; and I am not conscious of having contracted any of that virus. Nevertheless, it is probable that some cultured bacilli, some benignant form of the disease was implanted in my soul, unawares, and that now, after long incubation, it comes to the surface, modified by mathematical conceptions and by training in physical investigations." PEIRCE [1892] 1935: „The Law of Mind", § 6.102.

[42] Dieser Befund weist eine starke Parallele zu James' Kritik an der „Survival-Theorie" auf dem Gebiet der Religion zu Ende der *Varieties* auf.

[43] Diesen letzten Schritt wird James nicht mitgehen, denn trotz des panpsychistischen Ansatzes führt er geradewegs wieder in eine monistische Gesamtkonzeption der Wirklichkeit, gegen die sich James in *A Pluralistic Universe* wendet.

in „Human Immortality“ hinsichtlich des metaphysischen Modells Fechners geäußert hat. Sowohl die Forschungen auf dem Gebiet der Psychologie des normalen wie des pathologischen Bewusstseins als auch das Phänomen der religiösen Erfahrung, wie es James in den *Varieties* und *A Pluralistic Universe* bestimmt hat, sprechen dafür, dass die Wirklichkeit im Ganzen in einer Weise beschrieben werden muss, die der Fechners zumindest sehr nahe kommt.

> „The analogies with ordinary psychology, with certain facts of pathology, with those of psychical research, so called, and with those of religious experience, establish, when taken together, decidedly *formidable* probability in favor of a general view of the world almost identical with Fechner's.“ (PU, 140.)

Auf dem Hintergrund dieses Modells ist es möglich, den Kern der religiösen Erfahrung, wie ihn James zuvor bestimmt hat, als eine Erfahrung der Wirklichkeit zu begreifen, die im buchstäblichen Sinne wahr ist. Die Erfahrung einer wirksamen Verbindung („working touch“) zu einem weiteren Selbst, die das religiöse Individuum im Gebet erfährt, verweist auf eine höhere Form der Wirklichkeit, die wir selbst nicht mit den Sinnen wahrzunehmen vermögen, zu der wir uns aber „hinüberretten“ können, wenn unser Dasein in der natürlichen Welt Schiffbruch erleidet.[44] Es geht James hier wie gesagt nicht in erster Linie um die Annahme eines Lebens nach dem Tode, auch wenn diese Möglichkeit in diesem Modell mit impliziert ist, sondern zunächst um krisenhafte Erfahrungen im Leben, in denen bestimmte Fäden unserer Existenz reißen und unser Selbst, um im Bild zu bleiben, unrettbar scheint und zu versinken droht. Dass gerade in dem Moment, in dem sich das religiöse Individuum selbst vollkommen aufgibt, sich ein weiterer Bereich der Wirklichkeit eröffnet, von dem her sich das religiöse Subjekt neu zu verstehen lernt, würde sich plausibel erklären lassen, wenn man davon ausgeht, dass ein Teil unserer individuellen Existenz in einem kontinuierlichen Übergang mit einem weiteren Bereich der Wirklichkeit von gleicher Art steht („a *more* of the same quality“, PU, 139).

Innerhalb eines naturalistischen Weltbildes, in dem für Formen des Geistes, die nicht an menschliche Gehirne gekoppelt sind, kein Platz ist, fehlt uns eine einleuchtende Erklärung („clear explanation“, ebd.) für solche Erfahrungen. Das Gleiche gilt für die Annahme eines dualistischen Theismus („dualistic theism“, ebd.), der von einer unüberbrückbaren Diskontinuität zwischen menschlichem und göttlichem Bewusstsein ausgeht. Hinsichtlich der Hypothese dass es solche Formen oder zumindest eine Form übermenschlichen Geistes gibt, zu denen respektive der wir als geistige Wesen in Verbindung treten können, haben religiöse Erfahrungen dagegen den Status einer direkten empirischen Verifikation („direct empirical verification“, ebd). Letztlich bleiben James' Ausführungen zu dieser Konzeption auch in *A Pluralistic Universe* skizzenhaft. Zwei zentrale Punkte lassen sich jedoch festhalten: Erstens basiert James' „pluralistic universe“ wie Fechners Modell auf einer Auffassung von Wirklich-

[44] Siehe oben, S. 224.

keit, in der es weitere Formen des Geistes gibt als diejenige, die sich uns in der Reflexion auf das eigene Bewusstsein offenbart. Ob James im Anschluss an Fechner einen Panpsychismus vertritt[45], lässt sich jedoch nicht anhand von expliziten Aussagen belegen und ist in der Forschung umstritten.[46] Da sich James zweitens darin von Fechner unterscheidet, dass er die Annahme eines allumfassenden geistigen Wesens ablehnt und zumindest als rein hypothetisch ansieht, sind mehrere Optionen denkbar: Entweder wird das pluralistische Universum durch den Dualismus von Geist und Materie bestimmt oder es existieren mehrere übermenschliche geistige Wesen oder beides ist der Fall. James' explizites Plädoyer für die Annahme eines finiten Gottes weist m. E. in erster Linie in Richtung Polytheismus.[47]

5.4 Die pluralistische Weltanschauung

5.4.1 *Der pluralistische Pantheismus*

Überraschenderweise bestimmt James jedoch im zweiten Kapitel von *A Pluralistic Universe* seine Position als einen Pantheismus („pantheistic belief", PU, 25). Dabei unterscheidet er aber zwischen einer monistischen und einer pluralistischen Form. Der monistische Pantheismus kennzeichnet wiederum die Position des absoluten Idealismus und die pluralistische Variante dagegen seine eigene Konzeption. Die Vorstellung des absoluten Idealismus, nach der letztlich alles durch *ein* geistiges Prinzip bestimmt ist, ist James zufolge mit zwei zentralen Schwierigkeiten behaftet: zum einen mit dem Problem oder, wie James schreibt, mit dem „Mysterium" des Bösen („mystery […] of evil", PU, 140) und zum anderen mit dem Problem, dass er einen Determinismus impliziert, der unserem Selbstverständnis als freie Wesen widerstreitet. Es stellt sich nämlich die Frage, wie es Übel in der Welt geben kann, wenn Gott, der alles Sein im Letzten bestimmt, gut ist. Der Gedanke, dass das Übel nicht wirklich schlecht, sondern im Letzten gut ist, überfordert in der Regel das menschliche Empfinden. Es erscheint uns einfach irrational, dem ungeheuren Leid, das uns immer wieder begegnet, etwas Gutes abzugewinnen. Unterscheidet man zwischen einer endlichen und unvollkommenen Wirklichkeit, in dem es tatsächliches Leid gibt und einer göttlichen Wirklichkeit, die frei von allem Übel ist, dann wird die monistische Vorstellung eines Absoluten, das die gesamte Wirklichkeit bestimmt, durchbrochen. Um

---

[45] Vgl. dazu auch SOHLDJU 2009.

[46] Vgl. FORD 1982, 75–89, KUKLICK 1977, 332, SKRBINA 2005, 145–149, SPRIGGE 1993, 134–137. Nach Lamberth ist James' Interesse am Panpsychismus wesentlich aus seiner Verteidigung einer Philosophie heraus zu verstehen, die sich an dem Kriterium der „intimacy" bemisst. Vgl. LAMBERTH 1997, 248. Doch letztlich meint „Panpsychismus" hier nicht mehr als die Möglichkeit geistiger – auch übermenschlicher – Verursachung.

[47] Dafür spricht auch folgende Aussage in den *Varieties*: „Thus would a sort of polytheism return upon us – a polytheism which I do not on this occasion defend, for my only aim at present is to keep the testimony of religious experience clearly within its proper bounds. […] (which, by the way, has always been the real religion of common people, and is so still to-day)". (VRE, 413.)

nach menschlichen Maßstäben rational zu bleiben, ist es also offenbar notwendig, die Konsistenz der Position des absoluten Idealismus aufzukündigen. Das zeigt sich auch hinsichtlich der Frage des Determinismus. Die Annahme eines allumfassenden absoluten Gottes impliziert James zufolge zudem die Vorstellung eines determinierten „Block-Universums", das insofern geschichtslos ist als jede Entwicklung schon von „Ewigkeit zu Ewigkeit" so vorgesehen war („universal determinism, [...] the block-universe eternal and without a history", ebd.).[48] Das bedeutet auch, dass unser Handeln keinen Einfluss auf das Geschehen in der Welt hat, da am Ende allein Gottes Plan verwirklicht wird. Räumt man die Möglichkeit ein, dass wir selbst den Lauf der Dinge beeinflussen können, indem wir uns für eine bestimmte Handlungsweise entscheiden – was, wie hinlänglich deutlich geworden sein müsste, eine Forderung der praktischen Vernunft ist – wird die „Absolutheit" Gottes eingeschränkt. Der absolute Idealismus, so lautet James' abschließender Befund hinsichtlich dieser beiden zentralen Fragen der praktischen Vernunft, kann in seiner Durchführung des Gottesgedankens nur vernünftig bleiben, wenn er seine eigenen Prämissen fallen lässt. Doch wenn dem so ist, so lautet James' Frage, weshalb zieht man dann nicht die Konsequenz und revidiert seine Prämissen, etwa in Richtung einer pluralistischen Metaphysik?

> „The absolute itself is thus represented by absolutists as having a pluralistic object. But if even the absolute has to have a pluralistic vision, why should we ourselves hesitate to be pluralists on our own sole account?" (Ebd.)

Der pluralistische Pantheismus, den James in *A Pluralistic Universe* vertritt, unterscheidet sich auf der einen Seite von einem starken, idealistischen Pantheismus, indem er die monistische Vorstellung einer vollständigen Bestimmung der Wirklichkeit durch *ein* zugrundeliegendes geistiges Prinzip aus praktischen Gründen ablehnt. Indem er dennoch die Möglichkeit einer partiellen Einflussnahme eines genuin geistigen Wesens einräumt, löst James hier die Rede von einem „stückhaften Supranaturalismus" ein, die er im Nachwort der *Varieties* eingeführt hat.

Gegenüber einem reinen Materialismus findet James im pluralistischen Pantheismus zu einer Auffassung der Wirklichkeit im Ganzen, in der es möglich ist, uns in unserem Selbstverständnis als geistige Wesen nicht länger als eine singuläre Erscheinung begreifen zu müssen. Auf diese Weise verschwindet das Gefühl der völligen Wesensfremdheit zwischen dem, was wir als unser „Innenleben" erfahren und was uns als materielles Sein umgibt („foreignness get banished", PU, 143), denn wir können davon ausgehen, dass es andere Seinsformen gibt, die mit uns ein solches „Innenleben" teilen. Somit erfüllt sich im pluralistischen Pantheismus auch das Kriterium der „intimacy".

Und schließlich setzt er sich von dem erfahrungsbasierten Idealismus Greens ab, der Gott als dasjenige Wesen begreift, das die Wirklichkeit in ihrer Gesamtheit erfährt

[48] Hier zeigt sich sicherlich nicht zuletzt ein Einfluss der kalvinistischen Prädestinationslehre in James' Verständnis eines traditionellen Theismus.

(„the world is experienced all at once in its absolute totality“, PU, 25.). In unserer alltäglichen Erfahrung begegnet uns die Wirklichkeit in einer uneinheitlichen, unvollständigen und offenen Gestalt. Unsere Erfahrung spricht also dafür, die Wirklichkeit im Ganzen als eine Struktur zu begreifen, die eben jene Merkmale in sich trägt („a disseminated, distributed, or incompletely unified appearance is the only form that reality may yet have achieved“, ebd.). Für einen Vertreter des Pluralismus, der, wie unschwer zu erkennen ist, seine Schlussfolgerungen aus dem Ansatz des radikalen Empirismus zieht, ist es nicht zulässig ein einheitliches Wesen der Wirklichkeit zu postulieren, das niemals Gegenstand der Erfahrung sein kann („the absolute sum-total of things may never be actually experienced or realized in that shape at all“, ebd.).
Dass James' Vorstellung eines pluralistischen Universums dennoch so wenig Fürsprecher findet, mag daran liegen, dass sie auf einer ungewöhnlichen Verbindung von Empirismus und Rationalismus einerseits sowie zwischen Empirismus und Theismus andererseits beruht. Doch genau solche philosophiegeschichtlich etablierten Gegenüberstellungen versucht James in seinem philosophischen Denken von seinen frühen bis in die späten Schriften hinein zu unterlaufen. Er kritisiert den Anspruch des Rationalismus, die Realität Gottes rational beweisen zu können, um so einem Theismus Raum zu geben, der sich aus der Erfahrung unmittelbar ergibt, sobald man die Engführungen von Erfahrung und Sinneseindruck vonseiten des klassischen Empirismus fallen lässt.

> „[…] may not rationalism, satisfied with seeing her *a priori* proofs of God so effectively replaced by empirical evidence, abate something of her absolutist claims? Let God but have at least infinitesimal *other* of any kind beside him and empiricism and rationalism might strike hands in a lasting treaty of peace.“ (PU, 141.)

5.4.2 *Der finite Gott in einem pluralistischen Universum*

Was kann nun aber folglich positiv unter einem pluralistischen Pantheismus verstanden werden? Wenn Gott und Welt entsprechend der Vorstellung des Pantheismus „nicht zwei wahrhaft voneinander geschiedene, außereinander bestehende Wesenheiten sind“[49], dann wäre Gott als Teil jener „zerfledderten“ und unabgeschlossenen Form von Wirklichkeit zu begreifen, die eben als pluralistisches Universum beschrieben wurde. Diese Vorstellung wirkt auf den ersten Blick jedoch befremdlich, da sie zur Folge hätte, dass man eine ganze Reihe von Attributen verabschieden müsste, die Gott als ein „höheres“ oder gar „höchstes“ Wesen auszeichnen. Dieser Gott würde demnach in der Zeit existieren und hätte eine Geschichte, in die er selbst auf eine für ihn nicht absehbare Weise involviert ist („working out a history like ourselves“, PU, 144). Aufgrund dieser Endlichkeit rückt er den Menschen jedoch auch ein gutes Stück näher. Wir können davon ausgehen, dass ihm dadurch „alles Menschliche“ vertraut ist („escapes from the foreignness from all that is human“, ebd.) und sich

[49] EISLER 1929, 374.

seine Handlungsweisen nicht grundlegend von den unsrigen unterscheiden. Durch die Vorstellung eines solch „humanen Gottes“ kommt der pluralistische Pantheismus damit auch jener anthropomorphistischen Weltsicht der Religion entgegen, die James bereits in den *Varieties* gegenüber der These, dass Religion eine naive vorwissenschaftliche Sicht der Wirklichkeit sei, verteidigt hat. Darüber hinaus bewegen sich unsere Bestimmungen des „übermenschlichen Bewusstseins“ jedoch im Vagen, denn letztlich befinden wir uns James zufolge in einer ähnlichen Lage wie unsere Hunde oder Katzen, die mit uns in einem Zimmer sitzen und uns beim Lesen zuschauen oder unsere Unterhaltungen, die wir führen, anhören und dabei doch nicht im Geringsten begreifen, worum es dabei geht.[50]

Sicher ist aber auch, dass nach dieser Auffassung die klassischen Attribute Gottes, wie das der Allwissenheit und der Allmacht nicht aufrecht erhalten werden können. Und genau diesen Schluss zieht auch James. Der Gott des pluralistischen Universums, der von James als übermenschliches Bewusstsein gedacht wird, ist endlich, sei es hinsichtlich seiner Macht oder seines Wissens oder beidem. Der Gott des pluralistischen Universums ist damit nur denkbar, wenn man den inneren Widerstand gegenüber der Vorstellung eines endlichen Gottes bricht.

> „The line of resistance, then, as it seems to me, both in theology and in philosophy, is to accept, along with the superhuman consciousness, the notion that it is not all-embracing – the notion, in other words, that there *is* a God, but that he is finite, either in power or knowledge, or in both at once.“ (PU, 141.)

James ist jedoch der Überzeugung, dass dieser Widerstand weniger in der Unzumutbarkeit der Vorstellung selbst liegt, sondern in der Dominanz der rationalistischen Religionsphilosophie. Das Christentum des gemeinen Volkes („popular christianity“, PU, 54) habe von jeher einen solchen Gott verehrt. Auch der Gott Davids oder Jesajas sei nur als ein endliches Wesen, als ein Gott *in* einem Kosmos, aber nicht als ein Gott *mit* einem Kosmos *in sich* vorstellbar.[51] Doch die christliche Tradition, so James, habe ihre Autorität eingebüßt und so kann auch er sich in seiner Argumentation nicht allein darauf stützen, dass seine Vorstellungen durch ein traditionelles Gottesverständnis gestützt wird. An die Stelle der Tradition sind die Autorität der Vernunft („authority of reason“, PU, 142) sowie die Evidenz der Erfahrung („evidence of the present fact“, ebd.) getreten. Die Tatsachen, auf die sich die Annahme eines übermenschlichen und zugleich endlichen Gottes stützt, sind, so wurde bislang deutlich,

[50] Diese Analogie findet sich auch an anderen Stellen wieder: So heißt es in einem Brief: „Warum sollen wir nicht im Universum leben wie unsere Hunde und Katzen in unserem Wohn- und Arbeitszimmer?“ (Willam James an C. A. Strong, in: STUMPF 1929, 33.) Vgl auch: „I firmly disbelieve, myself, that our human experience is the highest form of experience extant in the universe. I believe rather that we stand in much the same relation to the whole of the universe as our canine and feline pets do to the whole of human life. They inhabit our drawing-rooms and libraries. They take part in scenes of whose significance they have no inkling.“ (Prag, 143.)

[51] Auch im Kontext der Religionsphilosophie des 20. Jahrhunderts steht James mit dieser Ansicht nicht allein. Insbesondere prozessphilosophische Denker wie Whitehead und Hartshorne teilen ganze ähnliche Intuitionen. Vgl. dazu auch DILLEY 2000.

jene Fälle von religiöser Erfahrung, in denen sich für diejenigen, die diesen Prozess durchlaufen, die Realität Gottes als evident erweist. Es gilt nun, James' Vorstellung eines endlichen Gottes noch eingehender auf dem Hintergrund seines Vernunftbegriff verständlich zu machen.

5.4.3 *Pluralismus als Weltanschauung*

Wenn nun die Vorstellung eines endlichen Gottes in einem pluralistisch verfassten Universum als vernünftig erwiesen werden soll, dann ist dies nicht im Sinne einer theoretisch-begrifflichen Explikation zu verstehen. Auf dieser Ebene sind die pluralistische und monistische Hypothese als vollkommen gleichwertig anzusehen.[52] Wie James selbst anmerkt, sind beide auch in theoretischer Hinsicht in gleicher Weise problematisch, da die offene Frage, wie eigenständige Individuen als Teil eines wiederum eigenständigen Selbst gedacht werden können, beide Konzepte betrifft. Für den Pluralismus sprechen vielmehr praktische Gründe.[53] James ist daran gelegen, einen Theismus zu entwickeln, der einerseits die Erfahrungen religiöser Individuen einzuholen vermag, der aber andererseits auch jenen Kriterien der Vernunft gerecht wird, an der sich eine philosophische Weltanschauung, die unsere volle Zustimmung erhalten kann, bemisst. Diese darf zunächst weder der Erfahrung widerstreiten noch in sich widersprüchlich sein. Diese beiden Punkte hat James im Rückgriff auf die religiöse Erfahrung und der Zurückweisung des „verderbten Intellektualismus" erledigt. Eine philosophische Weltanschauung muss zudem mit grundlegenden moralischen Intuitionen konform gehen, sowie eine Vorstellung der Wirklichkeit im Ganzen zum Ausdruck bringen, die wir im Tiefsten bejahen können. Im Folgenden möchte ich auf der Grundlage der weiteren Ausführungen in *A Pluralistic Universe* sowie unter Einbezug des letzten Kapitels von *Pragmatism* zeigen, dass die Vorstellung eines endlichen Gottes in einem pluralistischen Universum sich auf der Ebene der praktischen Vernunft mit James' Haltung des Meliorismus verbindet und zudem, wie bereits angemerkt, das Kriterium der „intimacy" weitestgehend erfüllt.

Das Philosophieverständnis von *A Pluralistic Universe* schließt an den Begriff der Weltanschauung an, auf den ich bereits zu Beginn des zweiten Kapitels zu sprechen kam. Danach lässt sich Philosophie als Ausdruck des innersten Charakters eines Menschen begreifen („the expression of a man's intimate character", PU, 14).[54] Dieses weite Verständnis von Philosophie im Sinne einer Weltanschauung umfasst sowohl argumentativ fundierte Auffassungen der Wirklichkeit als auch intuitiv erfasste Vorstellungen. Für Erstere ist der Philosoph im engeren Sinn zuständig. Das bedeutet

---

[52] Vgl., PU, 148.

[53] So auch Kuklick: „James's disavowal of monism as a hypothesis rested in part on an old charge – that it did not solve the problem of evil and was pragmatically unsatisfying." KUKLICK 1977, 332.

[54] Vgl. auch insbesondere die erste Vorlesung „The Present Dilemma in Philosophy" in *Pragmatism*.

aber nicht, dass nicht auch eine Philosophie, die aus bloßer Meinung oder aus irgendeiner Form von Offenbarung („by guesswork or by revelation", PU, 11) hervorgegangen ist, für sich beanspruchen kann, wahr zu sein. James spielt das schlussfolgernde Denken nicht gegen intuitive Formen der Welterfassung aus, sondern unternimmt in *A Pluralistic Universe* den Versuch, zu einer Auffassung der Wirklichkeit im Ganzen zu kommen, die sowohl einer Überprüfung des Verstandes standhalten kann als auch unsere intuitive Zustimmung zu gewinnen vermag.

Den Grundzug der Vorstellung von einem pluralistischen Universum veranschaulicht James, indem er dieses mit einer föderalistischen Republik im Gegensatz zu einem Königreich vergleicht.[55] Den einzelnen Elementen des Ganzen wird demnach eine weitgehende Eigenständigkeit zuerkannt, ohne jene bindenden Kräfte zu negieren, durch die das Ganze doch eine „Republik" und kein bloßes Konglomerat ist.[56] „Das Ganze" besteht in den Relationen, die die einzelnen Elemente zueinander eingehen. Welche Relationen das sind, ist dabei niemals vollständig bestimmt. Aufgrund ihrer „perseity" werden die einzelnen Elemente selbst zu Urhebern ihrer Stellung im Ganzen und damit auch der Struktur des Ganzen. Auf diese Weise entsteht jene spezifische Unbestimmtheit und Offenheit, die das pluralistische Universum kennzeichnet. Und jene Offenheit des pluralistischen Universums ist es wiederum, durch die jene „aktiven Kräfte" des Menschen ins Spiel kommen, die bereits zu Beginn dieser Untersuchung eine Rolle spielten.

In einem solchen Universum steht tatsächlich etwas auf dem Spiel, wenn es darum geht, wie wir uns verhalten. Nur wenn wir beharrlich und mit vollem Einsatz – d. h. im „strenuous mood" – an einer idealen Ordnung mitwirken, besteht die Möglichkeit, dass diese Ordnung auch hergestellt wird. Dabei benötigen wir den entsprechenden Glauben („faith"), der in uns die Zuversicht nährt, dass unsere Mühe nicht vergeblich sein wird, sondern der Hiatus zwischen dem Ist- und dem Soll-Zustand der Wirklichkeit überbrückt werden kann. Die Vorstellung von einem puralistisch verfassten Universum kommt damit dem innersten Antrieb entgegen, die Vorstellung von einer besten aller Welten zu entwickeln, diese als reale Möglichkeit zu fassen und mit aller Kraft nach deren Verwirklichung zu streben. Solange wir aber die Vorstellung haben, dass die Realität einfach so ist, wie sie ist und sich so entwickeln wird, wie es von jeher vorbestimmt wird, läuft dieser Impuls ins Leere, weil es dann im Letzten keinen Sinn macht, ihm zu folgen. Und noch mehr: Im Letzten ist es völlig widersinnig, dass Menschen überhaupt einen solchen Antrieb besitzen, zumal seine Unterdrückung für

---

[55] Vgl. PU, 145.

[56] Diese Metapher erinnert nicht zuletzt auch an diejenige Form der Beziehung, die laut den *Principles* die Relation zwischen den einzelnen „Ichs" kennzeichnet. Die Beziehung zwischen einem „Ich" und einem „Du" ist dadurch gekennzeichnet, dass beide nicht an die Stelle des anderen treten können. Die „Ichs" bestehen als irreduzible eigenständige Einheiten in ihrer Vereinzelung für sich. Bezeichnenderweise spricht James auch in diesem Zusammenhang von Pluralismus: „Absolute insulation, irreducible pluralism, is the law." (PP, 221.)

ihn zu einer quälenden Form der Weltverneinung führen kann. Ein Universum, als dessen Teil wir uns begreifen sollen, in dem es aber nicht möglich ist, dass wir uns ganz in seinen Dienst stellen, indem wir unseren innersten Antrieben folgen („we are, ourselves, parts of the universe and share the same one deep concern in its destinies", PU, 11), wäre damit völlig widersinnig und damit schlicht unvernünftig zu nennen.
Für die Philosophie im James'schen Sinne bedeutet das, dass sie nur dann, wenn es ihr gelingt, diesen Forderungen der menschlichen Vernunft Rechnung zu tragen, letztlich unsere ganze Zustimmung gewinnt. Der Maßstab einer solchen Philosophie bildet der Mensch als empfindendes, denkendes und handelndes Wesen und ist James zufolge aus diesem Grund als eine „humanistische Philosophie im weitesten Sinn" („philosophy of humanism in the widest sense", PU, 143) zu bezeichnen.
Aufgrund seiner Unvollständigkeit („incompleteness", PU, 148) lässt das pluralistische Universum Raum für menschliche Gestaltung. Noch deutlicher als in *A Pluralistic Universe* arbeitet James diesen Punkt in *Pragmatism* heraus, wo er den Ausdruck Pluralismus („pluralism") verwendet, um damit seinen Standpunkt des „Pragmatismus" näher zu bestimmen. In *Pragmatism* spricht James in der letzten Vorlesung „Pragmatism and Religion" von Möglichkeiten, die uns in der Welt eröffnet sind („world's possibilities", Prag, 135). Zu diesen Möglichkeiten steht unser Handeln in einem komplementären Verhältnis, da wir auf diese Weise aus dem Möglichen Wirkliches hervorbringen (Prag, 137 f). Die Fülle des Augenblicks („full fact")[57] kehrt in *Pragmatism* in der Gestalt derjenigen Momente wieder, in denen wir jene Möglichkeiten erfassen, durch die wir die Gestalt der Wirklichkeit in eine bestimmte Richtung lenken („turning-places", Prag, 138). In diesen Momenten, so James, haben wir das Gefühl, uns selbst neu zu schaffen und zu wachsen. James verbindet in *Pragmatism* damit den Gedanken der „Selbstüberschreitung" mit dem aktiven Erfassen einer Möglichkeit, von der wir uns wünschen, dass sie wahr wird. James führt diesen Zusammenhang nicht weiter aus, aber die Vorstellung von Wachstum weist meines Erachtens darauf hin, dass es darum geht, dass wir mit jeder Entscheidung und in allem, was wir tun, die Grundlagen für alle weiteren Schritte legen. Unsere Wirklichkeit ist somit engstens damit verknüpft, wie wir uns in jedem Moment zu ihr verhalten. Darum kann James auch sagen, dass die Realität uns dann am nächsten ist, wenn wir sie auf diese Weise „vervollständigen". Hier hat man es im wahrsten Sinne des Wortes mit einem „real fact in the making" (VRE, 395) zu tun.

> „Our acts, our turning-places, where we seem to ourselves to make ourselves and grow, are the parts of the world to which we are closest, the parts of which our knowledge is the most intimate and complete." (Prag, 137.)

In diesem Prozess kommt dem Willen eine entscheidende Bedeutung zu, da unsere Entscheidungen für eine Handlungsweise von diesem abhängen. Damit zeigt sich hier erneut, dass die Realität im Sinne der James'schen Erfahrungswirklichkeit entschei-

[57] Siehe oben, S. 204.

dend davon abhängt, was wir wollen. Aus diesem Grund ist es durch und durch vernünftig, auf der Grundlage von Vorstellungen über die Wirklichkeit zu handeln, von denen wir denken, dass sie vernünftigerweise verwirklicht werden sollten und von denen wir wollen, dass sie verwirklicht werden. Dies schließt das Vertrauen darauf mit ein, dass es wir in die Lage sind, die Wirklichkeit zum Bessern zu lenken.

So erhalten James' religionsphilosophische und moralphilosophische Überlegungen durch die Konzeption des pluralistischen Universums ihren Abschluss. Von zentraler Bedeutung ist dabei der Wille, da er zumindest über jene Form von Wirklichkeit entscheidet, die in unseren Händen liegt. Wie sich die Welt entwickelt, hängt davon ab, welchen Beitrag die „einzelnen Teile" zu dieser Entwicklung leisten wollen und tatsächlich leisten („the idea of a world growing not integrally but piecemeal by the contribution of its several parts", Prag, 139). James geht sogar an dieser Stelle noch einen Schritt weiter, indem er in *Pragmatism* spekuliert, dass hinter jeder Form von Wirklichkeit ein Wille oder ein entsprechender Wunsch steht:

> „Talk of logic and necessity and categories and the absolute and the contents of the whole philosophical machine-shop as you will, the only *real* reason I can think of why anything should ever come is that someone *wishes it to be here*." (Prag, 138).

5.4.4 *Das Absolute versus „Primus inter Pares"*

Das Wirken Gottes im pluralistischen Universum ist von singulärer Art.[58] D. h. er erlöst uns weder mit einem Streich von allen Übeln noch verspricht er, dass sich diese notwendig auf einen glücklichen Endzustand hin entwickelt. Darin liegt *ein*, wenn nicht *der* entscheidende Unterschied der James'schen Vartiante des Theismus gegenüber einer idealistischen Auffassung Gottes als dem Absoluten.

Im Grunde, so James, sei das Absolute gar nichts anderes als eine Bezeichnung dafür, dass es erlaubt sei, ab und an einmal Ferien von der Moral zu machen („a mere name for our right occasionally to drop the strenuous mood and take a moral holiday", PU, 57). Diese Aussage ist auf dem Hintergrund einer pragmatistischen Deutung des Absoluten zu verstehen, die James in *Pragmatism* vorgelegt hat. In dem Kapitel „What Pragmatism Means" gibt James der Rede vom Absoluten eine genuin praktische Bedeutung. Danach glaubt derjenige, der von der Wahrheit des Absoluten überzeugt ist, dass alle Übel endlich und in der Ewigkeit des Absoluten überwunden sind. Auch wenn es jetzt noch Übel gibt, so werden diese mit Sicherheit überwunden werden, ganz unabhängig davon, wie wir uns verhalten. Demnach erlaubt der Glaube an das Absolute, „to let the world wag in its own way, feeling that its issues are in better hands than ours and are none of our business." (Prag, 41.) Auch wenn James hier der Vorstellung des Absoluten eine Absage erteilt, so macht er doch deutlich, dass er dies

[58] Auf diese Weise rehabilitiert James nebenbei gemerkt auch den Begriff des Wunders.

nicht aus dem Grund heraus tut, weil er „moral holidays“ nicht für legitim hielte.[59] James’ „strenuous mood“ ist nämlich nicht mit einem moralischen Rigorismus zu verwechseln. Dieser würde uns vielmehr der Fähigkeit berauben, von den Übeln in der Welt abzusehen und positive Visionen zu entwickeln. Ohne jene Momente, in denen wir die Welt durchweg bejahen können, so wurde anhand der Ausführungen zur „sick soul“ in den *Varieties* deutlich, würde unsere Seele krank. Und damit ginge auch die Fähigkeit verloren, jene die natürliche Welt transzendierenden Momente der Rettung und Erlösung zu erleben, durch die unser irdisches Dasein James zufolge seine wahre Bedeutung erhält.[60] Wogegen sich James aber in seinen zum Teil polemischen Äußerungen über den Glauben an das „Absolute“ richtet, ist die Auffassung, dass wir uns beruhigt zurücklehnen können, weil schon alles gut werden wird. Ohne unseren Beitrag, so lehrt der Meliorismus, kann es nicht besser werden. Die Haltung des „strenuous mood“ weiß um diese Unbedingtheit des moralischen Appells, aber der humanistische Grundzug in James’ Denken verhindert, dass daraus eine inhumane Aufforderung zum unablässigen Kampf für das Gute würde. Wenn man in diesen Aussagen keine konsistente Moralphilosophie zu erkennen vermag, dann ist das ganz in James’ Sinne: Die Philosophie des Pragmatismus forciert geradezu eine „Lockerung“ unserer Theorien zugunsten ihrer praktischen Umsetzbarkeit.[61]

Wenn auch somit die Vorstellung eines Gottes, der wie wir das Gute will und uns in unserem Streben nach dem Guten gelegentlich unterstützt, ohne die Errettung der Welt zu garantieren oder aus sich heraus zu bewirken, besser mit den moralphilosophischen Intentionen einer an Kant inspirierten deontologischen Ethik zusammenpasst als die Vorstellung des Absoluten, stellt sich dies in Hinblick auf das Kriterium der „intimacy“ zunächst anders dar. Wenn die Welt jetzt schon gerettet ist, oder zumindest notwendig ihrer Rettung entgegengeht, dann gibt es nichts, was uns beunruhigen könnte, weder unsere eigene Fehlbarkeit noch die der Anderen. Einer solchen Wirklichkeit könnten wir, so scheint es auf den ersten Blick, doch durchaus voll und ganz zustimmen. Und tatsächlich „bekennt“ James in *A Pluralistic Universe*, dass er aus diesem Grund lange Zeit alle jene beneidet hat, die sich dem Standpunkt des absoluten Idealismus ohne Weiteres anschließen konnten. Was ihn selbst davon zurückhielt, sich diese Position zu eigen zu machen (vgl. PU, 90), waren zunächst jene intellektuellen Skrupel, die er nun durch seine Kritik am verderbten Intellektualismus beiseite geschoben hat. Doch auch hinsichtlich des Kriteriums der „intimacy“ erwies sich die Vorstellung des Absoluten letztlich als zwiespältig. Denn das Gefühl der Ge-

[59] „My disbelief in the Absolute means then disbelief in those other supernumerary features, for I fully believe in the legitimacy of taking moral holidays.“ (Prag, 43.)

[60] Vgl. OLIVER 2001, 73: „Holidays are celebratory times, and James never forgets the celebratory elements of experience, most especially the moments of ‚transcendence.‘ They are the saving elements that ‚make life worth living‘.“

[61] Prag, 43: „You see by this what I meant when I called pragmatism a mediator and reconciler and said [...] that she ‚unstiffens’ our theories“.

borgenheit, das durch die Vorstellung der Identität mit einem unfassbaren All hervorgerufen werden kann, ist zugleich durchzogen von einer Kluft zwischen Endlichem und Unendlichem. Romantische Gefühle der Sehnsucht und Verzweiflung haben hier ihren Ort, aber nicht jenes Gefühl einer Wesenseinheit mit der Welt, das das mystische Erleben bestimmt. Dem absoluten Gott können wir in seiner Vollkommenheit mit Ehrfurcht begegnen, aber es ist nicht der „Great Companion", mit dem der oder die „Heilige" Umgang pflegt.[62]

Ein zentraler Einwand gegen die Annahme eines absoluten Gottes, so wurde oben bereits bei der Einführung des pluralistischen Pantheismus in Absetzung zum idealistischen Pantheismus deutlich, liegt für James im Problem des Übels in der Welt. Dieses „Problem" lässt sich James zufolge nicht unter den Prämissen des absoluten Idealismus lösen. Doch es handelt sich hier auch um ein Problem, das gar nicht auf einer theoretischen, sondern auf einer existentiellen Ebene „gelöst" werden will. Es ist der Prozess der religiösen Erfahrung, durch das Problem des Übels nicht länger ein Problem darstellt, ohne dass dabei die Existenz von Übeln in der Welt geleugnet oder ignoriert wird. Der religiös Erfahrene weiß, dass es im Moment der tiefsten Verzweiflung Rettung gibt, und er setzt sein Vertrauen darauf, dass Gott nicht nur als Helfer („helper", Prag, 143) für ihn, sondern für die ganze Welt in Erscheinung tritt, um als Erster unter Gleichen („*primus inter pares*", ebd.) die Welt mit uns zu einem guten Ausgang zu führen.

Es wird deutlich, dass der Pluralismus mit seiner Annahme eines endlichen Gottes mehr ist als eine rein spekulative Annahme. Es handelt sich um eine Auffassung der Wirklichkeit, die wir uns zu Eigen machen, weil wir meinen, dass sie vernünftigerweise wahr sein sollte. In einer Weltanschauung oder „vision", wie James am Ende von *A Pluralistic Universe* sagt, bilden Philosophie und Realität, Theorie und Handlung einen unauflösbaren Zirkel.

> „Thus do philosophy and reality, theory and action, work in the same circle indefinitely." (PU, 149.)

Mit der Feststellung, dass Erfahrung und Vernunft hier übereinkommen, zeichnet James die Position des panpsychistischen, pluralistischen Pantheismus als maximal vernünftig aus und damit auch als eine Weltanschauung, die das Kriterium der „intimacy" weitestgehend erfüllt.[63] In dieser Hinsicht erweisen sich Pluralismus und Pragmatismus als zwei Namen für das gleiche philosophische Bemühen. Denn auch der PragmatismusN wird von James in *Pragmatism* als eine Philosophie bestimmt, in der es gelingt, die Nähe zur Religion im Rahmen eines Empirismus zu wahren, der uns zugleich in stetigem Kontakt zur konkreten Erfahrungswirklichkeit hält.

---

[62] Vgl. etwa das Beispiel von Antoinette Bourignon in den *Varietes*. (VRE, 258 f.)

[63] Lamberth weist insbesondere auf den sozialen Aspekt in James' Bestimmung des Kriteriums der „intimacy" hin. Die Beziehung von Mensch und Welt ist demnach nicht nur als ein reziproker Austausch zu verstehen, sondern auch stets an eine soziale Interaktion gekoppelt. Vgl. LAMBERTH 1997, 238–245.

> „I offer the oddly-named thing pragmatism as a philosophy that can satisfy both kinds of demand. It can remain religious like the rationalisms, but at the same time, like the empiricisms, it can preserve the richest intimacy with facts.“ (Prag, 23.)

Es handelt sich um eine Weltanschauung, so hält auch Levinson in seiner Einleitung zu *A Pluralistic Universe* fest, die das menschliche Selbstverständnis umfassend aufzunehmen vermag, indem sie das „Drama“ und die „Hoffnung“ des Lebens in sich vereint.

> „The most promising option among open sympathetic visions is a pluralistic, panpsychistic pantheism which lets people assume a faith, or a ‚working attitude,‘ that makes life a vital moral and religious drama.“[64]

---

[64] LEVINSON 1996, xii.

6 Schlussbetrachtung

In der vorliegenden Untersuchung habe ich einen Bogen gespannt von James' frühen Texten, die zum einen die existentielle Bedeutung des religiösen Glaubens für den Menschen aufzeigten und sich zum anderen der Rechtfertigung des religiösen Glaubens widmeten, über die *Varieties* in ihrer Brückenfunktion zwischen der Psychologie des Bewusstseins in den *Principles* und der Formulierung des radikalen Empirismus in James' späten Schriften, bis hin zu *A Pluralistic Universe*, in dem James seinen eigenen metaphysischen Standpunkt skizziert. Dabei hat sich gezeigt, dass zentrale Punkte der James'schen Religionsphilosophie bereits in den frühen Schriften enthalten sind und unter verschiedenen Problemstellungen weiter entfaltet werden. So hält James an der Vorstellung eines personalen Gottes, zu der der Gläubige in einer personalen Beziehung steht, ebenso fest wie an der Überzeugung, dass sich der religiöse Glauben dadurch auszeichnet, dass er der menschlichen Vernunft im Tiefsten entspricht. Auch hat sich gezeigt, dass James bereits seine Essays, die in dem Band *The Will to Believe* versammelt sind, als einen Ausdruck des radikalen Empirismus begreift, obschon sich die argumentative Kraft dieser Position erst in den *Varieties* zeigt.
Bei dem Vernunftbegriff, von dem dabei die Rede ist, handelt es sich um einen „deflationierten" Vernunftbegriff. Darunter verstehe ich einen Vernunftbegriff, der nicht aus einer spekulativen Begrifflichkeit abgeleitet wird, sondern seinen Ausgang von der menschlichen Natur nimmt. Darüber hinaus enthält ein solcher Vernunftbegriff eine Reflexion darauf, dass das, was wir unter der „menschlichen Natur" verstehen, einem Wandel unterliegen kann. Neue Erkenntnisse, wie etwa die „Entdeckung" des Unterbewussten, das Wissen über andere Religionen oder die Abhängigkeit unseres Daseins von sozialen Bedingungen fließen in dieses Selbstverständnis mit ein. Das bedeutet aber auch, dass dieses Selbstverständnis eine Plastizität besitzt, die es ermöglicht, neue „Visionen" von uns selbst zu entwickeln. Die Vernunft in diesem Sinn vermittelt zwischen dem, was ist und was sein soll, indem sie ermittelt, was zugleich möglich und wünschenswert ist.
James' Argument dafür, dass eine Weltanschauung, die der menschlichen Vernunft entspricht, die Form des Theismus haben muss, basiert auf der Überzeugung, dass der Mensch zum einen im Innersten danach verlangt, in seinem Leben dazu beizutragen, den Gang der Welt zu einem guten Abschluss zu führen, und zum anderen auf der Einsicht, dass weder ein Mensch allein noch die Menschheit allein diese „Rettung" herbeizuführen vermag. Der Theismus kommt dem Gefühl entgegen, dass es nicht egal sein kann, wie man sein Leben führt, sowie dem Wunsch, dass das individuelle Bemühen, das Gute zu verwirklichen, auf unbedingte Anerkennung stößt und schon jetzt seine Wirksamkeit in der Welt entfaltet. Man stößt bei James insbesondere in

seinen frühen Schriften immer wieder auf ein radikales Bedürfnis nach einer Lebensführung, die sich an einem letzten Sinn orientiert. Hier liegt ein existentialistischer Zug seiner Religionsphilosophie, den er mit Autoren seiner Zeit wie etwa Wittgenstein und Tolstoi teilt. Dabei trägt James dem Selbstverständnis des modernen Menschen, der sich als autonomes Subjekt und als „Homo Faber" begreift, Rechnung, indem er an die Stelle der Vorstellung eines deus ex machina, der am Ende alles für uns richten wird, einen endlichen Gott setzt, auf dessen Beistand als „primus inter pares" wir zwar vertrauen dürfen, der aber (in dieser Welt) machtlos bleibt, solange die Menschen ihm genau jenes Vertrauen versagen.

So wie James seinen Vernunftbegriff in der menschlichen Natur und dem menschlichen Selbstverständnis ansetzt, setzt er in seinem Begriff der Realität bei der menschlichen Erfahrung an. Damit wendet er sich insbesondere gegen einen Szientismus, der sich selbst zwar als erfahrungsbasiert begreift, dessen Begriff der Realität jedoch ein Konstrukt der Erfahrungswirklichkeit darstellt, das insofern defizitär bleibt, als er von allen subjektiven Elementen der Erfahrung systematisch abstrahiert. Eine möglichst reichhaltige Auffassung der Wirklichkeit im Ganzen muss stets darauf bedacht sein, ihren Ausgang immer wieder bei der konkreten subjektiven Erfahrung zu suchen, da uns hier die Wirklichkeit in ihrer vollständigsten Form gegeben ist. Nur in der Reflexion auf die Fülle der konkreten Erfahrung gelangen wir zu einem philosophischen Realitätsbegriff, der weit genug ist, der Realität all dessen gerecht zu werden, was in der Erfahrung gegeben ist. Dabei verfällt James jedoch nicht einem „Mythos des Gegebenen". Anhand des Modells des „stream of thought" in den *Principles* sowie in der Bestimmung des „full fact" in den *Varieties* wurde deutlich, dass Erfahrung in einer vielfach bestimmten Relationalität besteht, an deren Komplexität wir uns in der Reflexion nur annähern können. Die begriffliche Erfassung der Wirklichkeit bleibt damit notwendig hinter der konkreten Erfahrung zurück, was so lange unproblematisch ist, wie wir uns dessen bewusst sind. Problematisch für unser Welt- und Selbstverhältnis kann es aber werden, wenn ein Konstrukt der Wirklichkeit an die Stelle der Erfahrungswirklichkeit gesetzt wird. In diesem Punkt zeigt sich ein gemeinsamer Grundzug von Szientismus und Rationalismus. Beiden liegt, wie James sagt, ein solcher „verderbter Intellektualismus" zugrunde, der sie zu einem Absolutheitsanspruch führt, der in einer Opposition zum „dramatischen Reichtum der konkreten Welt" („dramatic richness of the concrete world", SoR, 62) steht.

Gegen diese Strömungen richtet sich James' gesamtes philosophisches Bemühen um eine „humanistische Philosophie", die prima facie jede menschliche Erfahrung als eine Erfahrung von Realität ansieht und in ihre Auffassung der Wirklichkeit integriert. Hier findet James im Anthropomorphismus der Religionen einen starken Verbündeten. In der religiösen Weltauffassung kommt all das zum Ausdruck, was unser Weltverhältnis im Innersten bestimmt: unsere Wünsche und Hoffnungen, aber auch die Qualen, Ängste und Nöte des Menschen.

Dass eine solche Sicht vonseiten des abgeklärten Szientismus als primitives Wunschdenken verurteilt wird, führt viele Menschen in einen Zwiespalt: Sie möchten zwar im Inneren an einem religiösen Weltbild festhalten, meinen aber, dass dies nur auf Kosten der intellektuellen Redlichkeit zu haben ist. Auch James glaubt nicht, dass man den alten Weltbildern wieder Leben einhauchen könnte. Ganz im Gegenteil: eine tragfähige „Weltanschauung“ muss die gegenwärtigen Erfahrungen der Menschen zum Ausdruck bringen. Und für diese ist genau jener Zwiespalt zwischen wissenschaftlicher und religiöser Weltsicht kennzeichnend, den James jedoch nicht als notwendig, sondern als vorübergehend begreift. Während er in den *Varieties* noch die „Religionswissenschaft“ als ein Projekt der Vermittlung zwischen Religion und Wissenschaft begreift und die Möglichkeit eines grundlegenden Wandels des naturalistischen Weltbildes nur andeutet, so wird letzterer in *A Pluralistic Universe* maßgebend für sein eigenes metaphysisches Projekt eines pluralistischen Universums, das die Vorstellung eines endlichen Gottes in sich begreift.[1]

Indem James den absoluten Standpunkt, wie ihn Rationalismus und Szientismus gleichermaßen vertreten, zugunsten eines lebendigen Realitätsbezugs verabschiedet, schafft er einen Freiraum für Erfahrungen, die gegenwärtige Standardauffassungen über die Beschaffenheit der Wirklichkeit im Ganzen aufzubrechen vermögen. Wenn wir religiöse Erfahrungen in ihrem Anspruch ernst nehmen, Erfahrungen des wechselseitigen Austauschs mit einer personalen Wirklichkeit zu sein, die von qualitativ anderer Art ist als alle Erfahrungen in der natürlichen Welt, dann bedeutet das, dass eine supranaturale Form der Wirklichkeit nicht nur postuliert, sondern als ein reales Sein gedacht werden kann, auch wenn es in seiner Beschaffenheit nur vage zu bestimmen vermögen. Allerdings kann eine solche Metaphysik allein nicht an die Stelle des religiösen Glaubens treten. Denn religiöse Überzeugungen haben James zufolge nicht den Status eines Wissens, sondern den eines existentiellen Grundvollzugs, der sich auf der Ebene der subjektiven Erfahrung immer wieder neu vollzieht.

Die theistische Überzeugung, dass die tiefste Kraft des Universums personaler Natur ist, und wir in einem wechselseitigen und wirksamen Austausch mit dieser stehen können, stützt sich auf die Erfahrung von Individuen, die für diese mit einem hohen Grad von Evidenz verbunden sind. Das Gefühl, auf dem Grund der sichtbaren Realität auf eine Präsenz zu stoßen, die ein Gefühl der Vertrautheit und der Liebe mit sich bringt, wird mitunter als so überwältigend erfahren, dass sie einen Menschen von Grund auf zu verändern vermag.[2] Doch der Grad der Überzeugtheit, der sich mit dem

---

[1] Man kann in diesem Sinn mit Deuser davon sprechen, dass James letztlich von einer „wissenschaftlichen Notwendigkeit des religiösen Glaubens“ ausgeht. Vgl. DEUSER 2000, 185. In der Wissenschaftslandschaft der heutigen USA scheint dieser Gedanke weitaus weniger tabuisiert als in Europa.

[2] In der Aufwertung und Verteidigung dieser Erfahrungsunmittelbarkeit liegt wohl die größte Nähe zu Peirce' Text „A Neglected Argument for the Reality of God“ und ein gnostischer Grundzug der pragmatistischen Religionsphilosophie, dem in der Regel wenig Beachtung geschenkt wird. Vgl. PEIRCE [1908] (1935).

mystischen Erleben verbindet, besitzt weder eine autoritative Kraft für diejenigen, die nicht über Erfahrungen dieser Art verfügen noch werden sie notwendig von den religiös Erfahrenen selbst als Garant der Wahrheit solcher Überzeugungen angesehen. Der religiöse Glauben findet nach James einen starken Anhalt im mystischen Erleben, aber er folgt nicht mit Notwendigkeit. Die Annahme des religiösen Glaubens beinhaltet vielmehr ein Moment der Zustimmung, das selbst derjenige, der „Religion erfahren" hat, verweigern oder zurücknehmen kann.[3]

Damit kommt auf der Ebene der reflexiven Bezugnahme auf die Art unseres Weltverhältnisses ein Moment der Freiheit ins Spiel. Zwar basieren unsere Überzeugungen auf der Erfahrung, aber wir können sie auch revidieren. Ein starkes Motiv für eine Verweigerung oder Rücknahme des religiösen Glaubens liegt in der Erfahrung des „Vernunftwidrigen" oder des Übels. Aus diesem Grund erscheinen auf den ersten Blick Auffassungen der Wirklichkeit im Ganzen attraktiv, in denen diese Elemente marginalisiert oder eliminiert werden. Eine moderne Form dieses Ansatzes, dem Übel zu begegnen, zeigt sich James in der sogenannten „Mind-cure-Bewegung". Doch eine solche bereinigte Sicht der Welt widerstreitet zugleich unserem tief verwurzelten Sinn für die Realität, der uns in Anbetracht solcher „Lösungen" in eine innnere Rebellion verfallen lässt. Jede Weltanschauung, die die Erfahrungen von Leid und Unrecht aus ihrem Bild der Wirklichkeit ausklammert, wird deshalb letztlich immer Gefahr laufen, als eine Ideologie enttarnt und verworfen zu werden. Eine andere Form des Umgangs mit dem Übel, die James ebenfalls bei allem ihm eigenen Respekt vor jeder Form der Lebensführung einer mitunter spöttischen Zivilisationskritik unterzieht, ist der Versuch, eine perfekte Welt selbst zu erschaffen. Nicht nur, dass dies maximal in den engen Grenzen eines „Chautauquas" gelingen mag, in dieser Welt scheint vor allem unser Verlangen nach Glück nicht erfüllt werden zu können – oder zumindest nur eine sehr oberflächliche Form von Glück. Auch der philosophische Materialismus wird von James als ein Versuch gedeutet, das Übel aus der Wirklichkeit zu bannen. Indem erklärt wird, dass es sich um rein subjektive Gefühle gegenüber einer völlig neutralen Realität gesetzmäßiger Zusammenhänge handelt, werden wir zugleich aus der Verantwortung genommen. Das Streben nach dem Guten, das James zufolge der menschlichen Natur innewohnt und Sinn und Glück in unser Leben bringt, wird auf diese Weise gelähmt. Und das führt, so James weiter, geradewegs in einen Zustand tiefster Melancholie und Weltentfremdung, in der der religiöse Glaube unerreichbar scheint.[4]

Für James ist das Übel ebenso existent wie das Gute. Es ist nicht zu leugnen und es gibt keine Garantie, dass es jemals überwunden wird. Doch in James' Philosophie hat nicht die Verzweiflung angesichts dieser Lage das letzte Wort. Er verweist vielmehr

[3] Was Hingst in Bezug auf „James' Lehre vom Recht zu Glauben" bemerkt, zeigt sich auch hier: Es ist „eine Religionsphilosophie für Skeptiker." HINGST 1997, 282.

[4] Diese „Existenzanalysen" erinnern zwar an Søren Kierkegaard, den James aber nur ganz am Rande erwähnt.

auf das basale menschliche Vermögen, auch dann auf einen guten Ausgang zu vertrauen und auf dessen Verwirklichung hinzuwirken, wenn die Hindernisse unüberwindbar scheinen. Diesem Vertrauen („faith"), dass die Wirklichkeit unseren besten Absichten nicht prinzipiell entgegensteht, sondern es in diesem Streben vielmehr einen starken Verbündeten gibt, kommt die Vorstellung eines Gottes entgegen, der allein nichts vermag, doch mit dem wir gemeinsam das Gute verwirklichen können.

Es ist also zum einen das menschliche Streben nach Glück und Vollkommenheit, das auf eine Wirklichkeit verweist, die zwar in der immanenten Wirklichkeit präsent ist, aber zugleich über diese hinausweist. Zum anderen liegt der Verweis auf eine transzendente Form der Wirklichkeit im „Selbst" und seiner Erfahrung begründet, dass dieses Selbst auch dann nicht untergeht, wenn es im Hier und Jetzt jeden Anhalt verliert. Die Möglichkeit der Hinwendung an einen personalen Gott gibt nicht nur das Vertrauen, dass wir in unserem Streben nach der Verwirklichlung des Guten auf der richtigen Seite stehen, sondern auch eine Ausrichtung an einem „Du", dessen Anerkennung wir uns versichert sein können, wenn uns diese im Hier und Jetzt versagt bleibt. In dieser Hinwendung an einen personalen Gott, auf die James insbesondere in den *Principles* aufmerksam macht, wird deutlich, dass der Mensch in der Lage ist, sich in der Ausbildung des eigenen Selbst an einem „übermenschlichen" personalen Gegenüber zu orientieren, wobei es wesentlich um die Anerkennung unseres Selbstseins geht. In der Möglichkeit, sich der Anerkennung eines „Great Companion" als würdig zu erweisen, wenn diese vonseiten des menschlichen Gegenübers versagt bleibt, liegt das Potential einer Überschreitung der sozialen Determiniertheit, auf dessen sozialreformerische Kraft James von den frühen Schriften bis zu *Pragmatism* immer wieder verweist.

Neben diesem „prometheischen Geist"[5] kommt in der Betrachtung des Phänomens der Konversion aber auch ein krisenhaftes Selbst in den Blick. Der Verfassung, die James als Zustand der kranken Seele beschreibt, scheint oftmals derjenigen eines Hiob diametral entgegengesetzt: Die betreffenden Personen wurden reichlich beschenkt, sie ließen sich bereitwillig von allen Einwänden gegen die Realität Gottes überzeugen, doch über der Welt liegt für sie ein dunkler Schatten. Oder aber sie erleben, obschon sie weitgehend von moralischen Zwängen befreit sind, die tiefsten Selbstzweifel und Schuldgefühle. In diesem scheinbar grundlosen Unglück sieht James einen Hinweis darauf, dass unser Selbstverständnis letztlich nicht ohne jene Hinwendung auf ein höheres Selbst auskommt. Dieser Gedanke eines „desiderium naturale"[6] gewinnt auf dem Hintergrund der Vorstellung, dass wir tatsächlich Teil eines umfassenderen, übermenschlichen personalen Wesens sind, eine ganz neue oder wenn man will, eine ganz alte Bedeutung, so dass James' Bestimmung des „Pragma-

---

[5] Vgl. dazu GALE 1999.
[6] Vgl. Thomas von AQUIN: Summa theologiae, I–II, 3, 8.

tismus“ als einem neuen Namen für alte Denkwege[7] nicht zuletzt in seiner religionsphilosophischen Dimension eingelöst wird.

Dabei schließt James jedoch nicht von dem Bedürfnis nach einem starken Gott, auf dessen Existenz. Die Annahme der Realität Gottes und damit verbunden die Annahme einer theistisch verfassten Wirklichkeit im Ganzen ist vielmehr als eine konsequente Anwendung des radikalen Empirismus zu sehen, der das Phänomen der religiösen Erfahrung (im engeren Sinne der Umkehr sowie im weiteren Sinne einer fortwährenden Wechselwirkung mit dem Göttlichen im Gebet) als Erfahrung begreift, in der sich ein neuer Bereich der Wirklichkeit eröffnet. Für James ist es rational gerechtfertigt, sich einen helfenden Gott zu wünschen, aber es ist im Wesentlichen die Erfahrung, die Grund für die Annahme seiner Realiatät liefert. Es ist die Erfahrung, dass es gerade dann nicht vorbei ist, wenn wir denken, dass nun alles vorbei sei sowie die Erfahrung, dass sich manchmal Dinge auf wunderbare Weise zum Guten wenden, die wir für aussichtslos hielten, die den Gedanke nähren, dass es einen starken Helfer gibt, der auf unserer Seite steht. Erfahrungen dieser Art fanden ihren Niederschlag in den großen biblischen Erzählungen, aber auch in zahlreichen autobiographischen Dokumenten, die James in den *Varieties* in den Vordergrund rückt.

In den frühen Schriften bestimmt James Gott oder das Göttliche noch klassisch als „tiefste Kraft“ des Universums. In *Pragmatism* übernimmt er die Rolle des „primus inter pares“, die Rolle eines Mitstreiters in einer Geschichte mit offenem Ausgang. Die Art dieses Ausgangs, so wird dann in Vorstellung eines endlichen Gottes in *A Pluralistic Universe* deutlich, hängt wesentlich von dem Tun der Menschen ab. In dem Bemühen eine Antwort auf die Frage der Theodizee zu finden, kommt James zu einer Gottesvorstellung, in der dieser so schwach ist, dass man ihm nicht alle Verantwortung für das Übel in der Welt anlasten kann. Andererseits muss er stark genug sein, damit wir darauf vertrauen dürfen, dass unsere Hoffnung auf die Verwirklichung des Guten nicht enttäuscht wird. James’ Gottesbegriff ist als eine „theologische Gratwanderung unter dem Druck des Theodizeeproblems“[8] anzusehen. Die massive Einschränkung der göttlichen Macht, die ihn letztlich abhängig vom Tun der Menschen macht, hat bereits durch Peirce, mit dem James eine enge Freundschaft verband, Ablehnung erfahren[9] und man muss auch Russell zustimmen, wenn dieser festhält, dass der, der „nach einem verehrungswürdigen Gegenstand sucht“, von dieser Vorstellung

[7] Der Untertitel von *Pragmatism* lautet *A new name for some old ways of thinking*.

[8] HINGST 1997, 287. Vgl. dazu auch MADDEN 1979, xxx: „God, in short, lacks just enough power to excuse him from all the ineradicable and eternal stains on the universe, yet has just enough power to ensure that values are not fleeting aspects of existence.“

[9] Peirce nennt James im Unterschied zu sich selbst nicht einen Theisten, sondern einen Heiden. Endliche Götter können Peirce zufolge zwar „achtbar“ sein, sie können aber auch „kritisiert werden“. Anders als im „Gott des wahren Theisten“, verwirklichkeit ein endlicher Gott nicht das „wahre Ideal“, das dem Theisten „Balsam für das Herz und ein Trost für die eigenen Unzulänglichkeiten“ ist. Vgl. den Brief an William James vom 22. Juli 1905, hier zitiert nach der Übersetzung von Hermann Deuser, in: DEUSER 1995, 284 f.

„unbefriedigt bleibt".[10] Doch einmal abgesehen davon, dass es vermutlich nicht zum Kern des religiösen Lebens gehört, nach einem verehrungswürdigen Gegenstand zu suchen, liegt in der Vorstellung eines endlichen Gottes, der weder allmächtig ist noch um das Schicksal der Welt und der Menschen sowie letztlich sein eigenes Schicksal weiß, auch eine „Humanisierung" des Gottesgedankens, die nicht allein der christlichen Tradition keineswegs fremd ist.

Doch wie man es dreht und wendet: James' Theismus ist von einer merkwürdigen Ambivalenz durchzogen. Diese ist bereits in der an Fechner angelehnten, philosophisch problematischen Vorstellung angelegt, nach der Gott als eigenständige Person begriffen wird und zugleich als durch eine Vielzahl ebenfalls eigenständiger Individuen konstituiert verstanden werden soll. Versteht man dies im Sinne einer Zusammensetzung – was James jedoch explizit ablehnt –, dann wäre Gott als eine Hervorbringung des Menschen zu verstehen. Auch der schwächere Gedanke, dass der Glaube an Gott und eine entsprechende Lebensführung dazu verhilft, Gott hervorzubringen[11], wie Myers James' entsprechende Aussagen interpretiert, müsste man wohl als eine inadäquate Gottesvorstellung verwerfen, zumal die Rede von Gott als einem Helfer dann keinen Sinn mehr ergibt.

Eine entscheidende Schwierigkeit im Gottesverständnis, das James in *A Pluralistic Universe* etablieren möchte, liegt meines Erachtens darin, dass er hier wieder auf jene substantiierende Rede von „Bewusstsein" zurückgreift, die er zuvor in „Does Consciousness Exist?" kritisiert hat, während der Ausdruck „pure experience" nicht mehr verwendet wird. Zusammen mit dem Rückgriff auf Fechners Analogie, nach der Gott als ein umfassenderes Bewusstsein zu begreifen ist, dem unser Bewusstsein angehört, könnte das die nahezu groteske Vorstellung hervorrufen, dass Gott als ein übergroßes Bewusstseinswesen zu denken ist, das im Universum umherschwebt und das wir durch unser Handeln und Denken aufblähen oder schrumpfen lassen können. Doch man darf nicht übersehen, dass James in *A Pluralistic Universe* zudem an dem Merkmal der Transzendenz und des Supranaturalen festhält. Das Göttliche bleibt für ihn eine Dimension der Wirklichkeit, die nicht in der Immanenz des raum-zeitlichen Universums aufgeht.

Daraus ergibt sich jedoch offenbar eine Spannung innerhalb der James'schen Religionsphilosphie.[12] Denn zum einen erhebt sie den Anspruch, den Gottesbegriff allein aus einem radikal empiristischen Fundament heraus etablieren zu wollen, während sie zugleich an der Transzendenz Gottes festhält. Diese lässt sich jedoch m. E. insofern auflösen, als James diese Transzendenzerfahrung als eine personale Ich-Du-Beziehung begreift, in der sich der Andere prinzipiell entzieht. Was wir über andere Personen wissen, schließen wir aus ihrem Verhalten. Und was der „religiös Erfahre-

[10] RUSSELL 2004, 825.

[11] Myers scheint James so zu interpretieren. Vgl. MYERS 1986, 452.

[12] Darauf verweisen auch DEUSER 2000, 209 f. sowie auf diesen Bezug nehmend SEIBERT 2009b, 310.

ne“ über Gott weiß, das weiß er aus Gottes Verhalten ihm gegenüber. Je nach Art der Erfahrung wird Gott so als Retter, Erlöser oder Vater apostrophiert.
Religiöse Erfahrung ist nach James nicht als Wahrnehmen einer bestimmten Wirklichkeitsregion zu verstehen, sondern als die Erfahrung einer Selbstüberschreitung. In dieser eröffnen sich neue Möglichkeiten, deren Verwirklichung den Menschen einen finalen Sinn im Leben geben. Was James in seiner substantiierenden Rede von Gott einholen möchte, ist möglicherweise der Gedanke, dass der Gottesgedanke dem religiösen Glauben als einer Form der Lebensführung zu Grunde liegt. Es handelt sich um eine real existierende Option, die erfasst oder abgelehnt, aber nicht negiert werden kann. Zudem lässt James so die Möglichkeit offen, dass es eine Form von Wirklichkeit gibt, die sich nicht in dieser Welt erschöpft.

Primärliteratur

JAMES, Henry (ed.) 1920: *The Letters of William James in Two Volumes* vol. 1. New York 1920: Atlantic Monthly Press.

JAMES, William 1882: Rationality, Activity and Faith, in: *The Princeton Review* 58 (1882) 2, 58–62.

– [1890] 1981: *The Principles of Psychology*. The Works of William James vol. 8. Cambridge, MA/ London 1981: Harvard University Press.

– [1892] 1984: *Psychology: Briefer Course*. The Works of William James vol. 12. Cambridge, MA/ London 1984: Harvard University Press.

– 1896: Address by the President, in: *Proceedings of The Society of Psychical Research* 12 (1896), 2–10.

– [1896] 1979: *The Will to Believe and Other Essays in Popular Philosophy*. The Works of James vol. Band 6. Cambridge, MA/ London 1979: Harvard University Press.

– [1899] 1983: *Talks to Teachers on Psychology and to Students on Some of Life's Ideals*. The Works of William James vol. 10. Cambridge, MA/ London 1983: Cambridge University Press.

– [1902]: *The Varieties of Religious Experience. A Study in Human Nature*. The Works of William James vol. 13. Cambridge, MA/ London 1985: Harvard University Press.

– 1907: *Die religiöse Erfahrung in ihrer Mannigfaltigkeit. Materialien und Studien zu einer Psychologie und Pathologie des religiösen Lebens*. Ins Deutsche übertragen von Georg Wobbermin, Leipzig 1907: Hinrichs'sche Buchhandlung.

– [1907] 1975: *Pragmatism. A new name for some old ways of thinking*. The Works of William James vol. 1. Cambridge, MA/ London 1975: Harvard University Press.

– [1909] 1977: A Pluralistic Universe. The Works of William James vol. 4. Cambridge, MA/ London 1977: Harvard University Press.

– 1912: *Essays in Radical Empiricism,* Ralph Barton Perry (ed.), London 1912: Longmans, Green & co.

– [1912] 1976: *Essays in Radical Empiricism*. The Works of William James vol. 3. Cambridge, MA/ London 1976: Harvard University Press.

– 1914: *Das Pluralistische Universum: Hibbert-Vorlesungen am Manchester College über die gegenwärtige Lage der Philosophie, ins Deutsche übertragen und mit einer Einführung versehen von Julius Goldstein*. Leipzig 1914: Kroener.

– 1982: *Essays in Religion and Morality*. The Works of William James vol 9. Cambridge MA/ London 1982: Harvard University Press.

– 1983: *Essays in Psychology*. The Works of William James vol. 11. Cambridge, MA/ London 1983: Harvard University Press.

– 1988: *Manuscript Lectures*. The Works of James vol. 17. Cambridge, MA/ London 1988: Harvard University Press.

MCDERMOTT, John J. 1977 (ed.): *The Writings of William James. A Comprehensive Edition*. Chicago/ London1977: The University of Chicago Press,

STUMPF, Carl 1929 (ed.): *William James nach seinen Briefen*. Berlin 1929: Pan-Verlag.

Sekundärliteratur

ALKANA, Joseph 1997: *The Social Self. Hawthorne, Howells, William James, and Nineteenth-Century Psychology*. Lexington KY 1997: University Press of Kentucky.

AQUIN, Thomas von: *Opera omnia VI, 1a: Prima secundae Summae theologiae a questione I ad questionem LXX*. Rom 1891: Typographia Polyglotta S.C. de Propaganda Fide.

– 1937: *Vollständige, ungekürzte deutsch-lateinische Ausgabe der Summa Theologica, Band 6: Wesen und Ausstattung des Menschen,* hg. vom Katholischen Akademiker Verband. Übersetzt von Dominikanern und Benediktinern Deutschlands und Österreichs (=Die Deutsche Thomas-Ausgabe) Salzburg, Leipzig 1937: Verlag von Anton Pustet.

BEECHER STOWE, Harriet 1852: *Uncle Tom's Cabin. Or, Life among the Lowly*. Boston, Cleveland 1852: John P. Jewett & Company.

BERGSON, Henri 1907: *Évolution créatice*. Paris 1907: Alcan.

BERNSTEIN, Richard J. 1977: Introduction, in: William James: *A Pluralistic Universe*. Cambridge MA, London 1977: Harvard University Press, xi–xxix.

BORDOGNA, Francesca 2008: *William James at the Boundaries. Philosophy, Science, and the Geography of Knowledge*. Chicago 2008: The University of Chicago Press.

BOWERS, Fredson 1981: The Text of the ‚Principles of Psychology‘, in: James, William: *The Varieties of Religious Experience*. Cambridge MA, London 1981: Harvard University Press, 1532–1606.

– 1985: The Text of the ‚Varieties of Religious Experience‘, in: James, William: *The Varieties of Religious Experience*. Cambridge, MA/ London 1985: Harvard University Press, 520–587.

BREUER, Josef/ FREUD, Sigmund 1895: *Studien über Hysterie*. Leipzig 1895: Deuticke.

BRIDGERS, Lynn 2005: *Contemporary Varieties of Religious Experience. James's Classic Study in Light of Resiliency, Temperament, and Trauma.* Lanham MD 2005: Rowman & Littlefield.

BURKHART, Frederick 1984: Forword, in: James, William: *Psychology: Briefer Course*. The Works of William James vol. 12. Cambridge, MA/ London 1984: Harvard University Press, v–vii.

CANDLISH, Stewart 2010: British Idealism: Theoretical Philosophy, in: Moyar, Dean (ed.): *The Routledge Companion to Nineteenth Century Philosophy*. London/ New York 2010: Routledge, 658–688.

CAPPS, Donald 1997: *Men, Religion, and Melancholia. James, Otto, Jung, and Erikson*. New Haven 1997: Yale University Press.

CARETTE, Jeremy R. 2005: Introduction. A Centenary and the Varieties of Interpretation, in: Carette, Jeremy R. (ed.): *William James and The Varieties of Religious Experience. A Centenary Celebration*. London 2005: Routledge, 1–7.

CIOMPI, Luc 1997: *Die emotionalen Grundlagen des Denkens. Entwurf einer fraktalen Affektlogik*. Göttingen 1997: Vandenhoeck.

CLIFFORD, William Kingdon [1877]: Ethics of Believe, in: Ders: *Ethics of Believe and Other Essays*. Amherst NY 1999: Prometheus Books, 70–96.

COBB, John B. 2008: What does God?, in: John B. Cobb, Jr.: *Back to Darwin. A Richer Account of Evolution*. Grand Rapids, MI 2008: Eerdmans, 391–411.

COE, George Albert 1900: *The Spiritual Life. Studies in the Science of Religion*. New York 1900: Eaton.

DAMASIO, Antonio R. 2000: *Ich fühle, also bin ich. Die Entschlüsselung des Bewusstseins*. München 2000: List.

DEMMEL, Maximiliane 2004: *Der Begriff der reinen Erfahrung bei Nishida Kitarô und William James und sein Einfluss auf Nishidas Verständnis religiöser Erfahrung*. München 2004: Martin Meidenbauer Verlagsbuchhandlung.

DEUSER, Hermann 1995 (Hg.): *Charles Sanders Peirce: Religionsphilosophische Schriften*. Hamburg 1995: Felix Meiner.

– 2000: Zur Achten Vorlesung (I): Pragmatismus und Religion, in: Oehler, Klaus (Hg.): *William James. Pragmatismus. Ein neuer Name für einige alte Wege des Denkens*. Berlin 2000: Akademie Verlag, 185–212.

DEWEY, John 1934: *A Common Faith*. New Haven 1934: Yale University Press.

DIAZ-BONE, Rainer/ SCHUBERT, Klaus 1996: *William James zur Einführung*. Hamburg 1996: Junius.

DILLEY, Frank B. 2000: A finite God reconsidered, in: *International Journal for Philosophy of Religion*, 47 (2000), 29–41.

DÜHRING, Eugen Karl 1875: *Cursus der Philosophie als streng wissenschaftlicher Weltanschauung und Lebensgestaltung*. Leipzig 1875: Konschny.

– 1883: *Der Ersatz der Religion durch Vollkommeneres und die Ausscheidung alles Judenthums durch den modernen Volksgeist*. Karlsruhe/ Leipzig 1883: Verlag von h. Reuther.

– 1906: *Der Ersatz der Religion durch Vollkommeneres und die Abstreifung des Asiatismus*, Leipzig 1906[3]: Thomas.

EDWARDS, Jonathan: *A treatise concerning religious affections. In three parts*. Boston 1746: S. Kneeland.

EISLER, Rudolf 1912: Tetens, in: Ders.: *Philosophenlexikon. Leben, Werke und Lehren der Denker*. Berlin 1912: Siegfried Mittler und Sohn, 744–745.

– 1929: Pantheismus, in: Ders.: *Wörterbuch der philosophischen Begriffe* Band 2. Berlin 1929: Mittler, 374–375.

EL-ABBADI Mostafa/ FATHALLAH, Omnia Mounir (eds.) 2008: *What Happened to the Ancient Library of Alexandria*. Leiden/ Boston 2008: Brill.

FECHNER, Gustav 1860: *Elemente der Psychophysik*. Leipzig 1860: Breitkopf und Härtel.

– [1851] 1951: *Zend-Avesta oder über die Dinge des Himmels und des Jenseits. Vom Standpunkt der Naturbetrachtung*. Leipzig 1951: Leopold Voß.

FEHR, Ernst/ FISCHBACHER, Urs/ GÄCHTER, Simon: Strong Reciprocity, Human Cooperation and the Enforcement of Social Norms, in: *Human Nature* 13 (2002), 1–25.

FORD, Marcus Peter 1982: *William James's Philosophy. A New Perspective*. Amherst 1982: University of Massachusetts Press.

FRAZER, James George 1890: *The Golden Bough. A Study in Comparative Religion*, 2 vols., London 1890: Macmillan.

GALE, Richard M. 1999: *The Divided Self of William James*. Cambridge 1999: Cambridge University Press.

GOLDSTEIN, Julius 1914: Einführung, in: William James: *Das Pluralistische Universum: Hibbert-Vorlesungen am Manchester College über die gegenwärtige Lage der Philosophie*, ins Deutsche übertragen und mit einer Einführung versehen von Julius Goldstein, Leipzig 1914: Alfred Kröner, v–xix.

GOODMAN, Russell B. 2002: *Wittgenstein and William James*. Cambridge 2002: Cambridge University Press.

GRAF, Friedrich Wilhelm 2004: Was leistet die postmoderne Religionswissenschaft, in: Ders.: *Die Wiederkehr der Götter. Religion in der modernen Kultur*. München 2004: C.H. Beck, 227–248.

GREEN, Thomas Hill 1906: Review of J. Caird: ‚Introduction to the Philosophy of Religion', in: Nettleship, Richard Lewis (ed.): *The Works of Thomas Hill Green, vol. III: Miscellanies and Memoir*. New York/ Bombay 1906: Longmans, Green, and Co., ND New York: Kraus 1969, 138–147.

GRIESINGER, Wilhelm 1867: *Die Pathologie und Therapie der psychischen Krankheiten für Ärzte und Studierende*. Stuttgart 1867: Verlag von Adolph Krabbe.

HEIMBROCK, Hans-Günter 1998: Religionspsychologie II, in: *Theologische Realenzyklopädie* Band XXIX. Berlin/ New York 1998: de Gruyter, 7–19.

HINGST, Kai-Michael 1997: *Perspektivismus und Pragmatismus. Ein Vergleich auf der Grundlage der Wahrheitsbegriffe und Religionsphilosophien von Nietzsche und James*. Würzburg 1997: Königshausen & Neumann.

HIRSCHBERGER, Johannes 1981: *Geschichte der Philosophie. Neuzeit und Gegenwart*. 11., verbesserte Auflage, Freiburg 1981: Herder.

HOFMANNSTHAL, Hugo von [1902] 1991: Ein Brief, in: Ritter, Ellen (Hg.): *Hugo von Hofmannsthal: Sämtliche Werke Band 31: Erfundene Gespräche und Briefe*, Frankfurt a.M. 1991: S. Fischer, 45–55.

HUME, David 1739: *Treatise of Human Nature. Being an Attempt to Introduce the Experimental Method of Reasoning into Moral Subjects*. London 1739: John Noon.

HUXEL, Kirsten 2000: *Die empirische Psychologie des Glaubens. Historische und systematische Studien zu den Pionieren der Religionspsychologie*. Stuttgart 2000: Kohlhammer.

JOAS, Hans 1999: *Die Entstehung der Werte*. Frankfurt a.M. 1999: Suhrkamp.

KANT, Immanuel 1908: *Kritik der praktischen Vernunft. Kritik der Urtheilskraft*. Kant's gesammelte Schriften Band 5. Berlin 1908: Georg Reimer.

– [1787] 1911: *Kritik der reinen Vernunft, zweite Auflage 1787*. Kant's gesammelte Schriften Band 3. Berlin 1911: Georg Reimer.

KANTOR, J. R. 1922: The Psychology of Reflex Action, in: *The American Journal of Psychology* 33 (1922) 1, 19–42.

KRÄMER, Felicitas 2006: *Erfahrungsvielfalt und Wirklichkeit. Zu William James' Realitätsverständnis*. Göttingen 2006: Vandenhoeck.

– 2007: William James. Zwischen Psychologie und Erfahrungsmetaphysik, in: *e-Journal Philosophie der Psychologie* 8 (2007).

KUKLICK, Bruce Richard 1977: *The Rise of American Philosophy. Cambridge, Massachusetts 1860–1930.* New Haven/ London 1977: Yale University Press.

LAMBERTH, David C. 1997: Interpreting the Universe after a Social Analogy. Intimacy, Panpsychism and a Finite God in a Pluralistic Universe, in: Putnam, Ruth Anna (ed.): *The Cambridge Companion to William James*. Cambridge, MA 1997: Cambridge University Press, 237–259.

– 1999: *William James and the Metaphysics of Experience*. Cambridge 1999: Cambridge University Press.

– 2005: Conclusion. Experience and the Value of Religion – Overview and Analysis, in: Carette, Jeremy R. (ed.): *William James and The Varieties of Religious Experience. A Centenary Celebration*. London 2005: Routledge, 235–246.

LEUBA, James Henry 1896: Psychology of Religious Phenomena, in: *American Journal of Psychology* 7 (1896), 309–385.

LEVINSON, Henry Samuel 1996: Introduction, in: William James: *A Pluralistic Universe.* Lincoln/ London 1996: University of Nebraska Press, v–xv.

LIVINGSTON, Elizabeth Anne (ed.) 2005: *The Concise Oxford Dictionary of the Christian Church*. Oxford 2005: Oxford University Press.

LUH-HARDEGG, Gudrun 2002: *William James' Philosophie und Psychologie der Religion. Eine Auseinandersetzung*. Frankfurt a.M. 2002: Peter Lang.

MACHOŃ, Henryk 2005: *Religiöse Erfahrung zwischen Emotion und Kognition. William James', Karl Girgensohns, Rudolf Ottos und Carl Gustav Jungs Psychologie des religiösen Erlebens*. München 2005: Utz.

MADDEN, Edward H. 1979: Introduction, in: William James: *The Will to Believe and Other Essays in Popular Philosophy*. The Works of William James vol. 6. Cambridge, MA/ London 1979: Harvard University Press, xi–xxxviii.

MARTY, Martin E. 1985a: *Pilgrims in their Own Land. 500 Years of Religion in America*. New York u.a 1985: Penguin Books.

– 1985b: Introduction, in: William James: *The Varieties of Religious Experience*. New York u.a. 1985: Penguin Books, vii–xxvii.

MEAD, George Herbert 1967: *Mind, Self and Society from the Standpoint of a Social Behavorist*, edited by Charles W. Mooris, Chicago, London 1967: University of Chicago Press.

MÜLLER, Max 1873: *Introduction to the Science of Religion. For Lectures delivered in the Royal Institution in February and May 1870*, London 1873: Longman.

MYERS, Frederic William Henry 1891–1895: The Subliminal Consciousness, in: *Proceedings of The Society of Psychical Research*, 7 (1891/92), 298–355, 8 (1892), 333–404, 436–535, 9 (1893/94), 3–128, 11 (1895), 334–359.

MYERS, Gerald E. 1981: Introduction. The Intellectual Context, in: William James: *The Principles of Psychology*. The Works of William James vol. 8,1. Cambridge, MA/ London 1981: Harvard University Press, xi–xl.

– 1986: *William James. His Life and Thought*. New Haven/ London 1986: Yale University Press.

NIETZSCHE, Friedrich [1883]: *Also sprach Zarathustra*. Colli, Gorgio/ Montinari, Mazzino (Hg.): Kritische Studienausgabe Band 4. München 1999: Deutscher Taschenbuch Verlag.

NISHIDA Kitarô [1911] 1993: *Über das Gute (Zen no kenkyû). Eine Philosophie der Reinen Erfahrung*. Frankfurt a.M. 1993²: Insel Verlag.

OLIVER, Phil 2001: *William James's ‚Springs of Delight'. The Return to Life*. Nashville 2001: Vanderbilt University Press.

OPPENHEIM, Frank E. 2005: *Reverence for the Relations of Life Re-imagining Pragmatism via Josiah Royce's Interactions with Peirce, James, and Dewey*. Notre Dame, IN 2005: University of Notre Dame Press.

PAPE, Helmut 2002: *Der dramatische Reichtum der konkreten Welt. Der Ursprung des Pragmatismus im Denken von Charles S. Peirce und William James*. Weilerswist 2002: Velbrück.

PASCAL, Blaise [1670]: *Gedanken über die Religion und einige andere Themen*, hrsg. von Jean Robert Armogathe, übers. von Ulrich Kunzmann Stuttgart 1997 : Reclam.

PEIRCE, Charles Sanders [1877] 1934: The Fixation of Belief, in: Hartshorne, Charles/ Weiss, Paul (eds.): *Collected Papers of Charles Sanders Peirce* vol. 5. Cambridge, MA 1934: Harvard University Press, § 358–387

- [1892] 1935 The Law of Mind, in: Hartshorne, Charles/ Weiss, Paul (eds.): *Collected Papers of Charles Sanders Peirce* vol. 6. Cambridge, MA 1935: Harvard University Press, § 101–163.
- [1893] 1935: The Marriage of Science and Religion, in: Hartshorne, Charles/ Weiss, Paul (eds.), *Collected Papers of Charles Sanders Peirce* vol. 6. Cambridge MA 1935: Harvard University Press, § 428–434.
- [1908] 1935: A Neglected Argument for the Reality of God, in: Hartshorne, Charles/ Weiss, Paul (eds.): *Collected Papers of Charles Sanders Peirce* vol. 6. Cambridge MA 1935: Harvard University Press, § 452–485.

POSSENTI, Ilaria 2007: Education and Conversion. The Plasticity of the Self, in: Franzese, Sergio/ Krämer, Felicitas (eds.): *Fringes of Religious Experience. Cross-perspective on William James's ‚The Varieties of Religious Experience'*. Frankfurt a.M. u.a. 2007: Ontos-Verlag, 81–92.

PROUDFOOT, Wayne 1985: *Religious Experience*. Berkeley 1985: University of California Press.

PUTNAM, Hilary 1990: *Realism with a Human Face*. Cambridge, MA 1990: Harvard University Press.

PUTNAM, Ruth Anna 2005: The Varieties of Experience and Pluralities of Perspectives, in: Carette, Jeremy R. (ed.): *William James and The Varieties of Religious Experience. A Centenary Celebration*. London 2005: Routledge, 149–160.

RASHDALL, H. (1903): [Rez.]: William James: The Varieties of Religious Experience, in: *Mind*. New Series 12 (1903) 46, 245–250.

RATERS, Marie-Luise 2009: Kritische Überlegungen zur pragmatischen Religionsphilosophie, in: Thies, Christian (Hg.): *Religiöse Erfahrung in der Moderne: William James und die Folgen*. Wiesbaden 2009: Harrassowitz, 55–74.

[RED.] 1984: Optimismus, in: Ritter, Joachim/ Gründer, Karlfried (Hgg.) *Historisches Wörterbuch der Philosophie* Band 6. Darmstadt 1984: Wissenschaftliche Buchgesellschaft, 1240.

RORTY, Richard 1979: *Philosophy and the Mirror of Nature*. Princeton, NJ 1979: Princeton University, (dt.:) *Der Spiegel der Natur*. Frankfurt a.M. 1981: Suhrkamp.

ROYCE, Josiah 1885: *The Religious Aspect of Philosophy. A Critique of the Bases of Conduct and of Faith*. Boston, MA 1885: Hougton, Mifflin and Company.

RUSSELL, Bertrand (1922): *The Analysis of Mind*. London: George Allen & Unwin LTD, New York 1922: The Macmillan Company.

– 2004: *Philosophie des Abendlandes*. München 2004: Piper.

SCHUBERT, Klaus: *Innovation und Ordnung. Grundlagen einer pragmatistischen Theorie der Politik*. Münster/ Hamburg/ London 2003: Lit.

SEHGAL, Melanie 2008: Das Kriterium der Intimität. William James als Leser Bergsons, in: *Revue Philosophique de la France et de L'Étranger* 133 (2008), 173–186.

SEIBERT, Christoph 2009a: Religiöse Erfahrung, Handeln Öffentlichkeit. Überlegungen zur Frage nach den Vermittlungspotentialen in William James' Religionskonzept, in: Thies, Christian (Hg.): *Religiöse Erfahrung in der Moderne: William James und die Folgen*. Wiesbaden 2009: Harrassowitz, 29–44.

– 2009b: *Religion im Denken von William James*. Tübingen 2009: Mohr Siebeck.

SKODAL, Michael M. 1984: Introduction, in: William James: *Psychology: Briefer Course*. The Works of Wiliam James vol. 12. Cambridge, MA/ London 1984: Harvard University Press, xi–xli.

SKRBINA, David 2005: *Panpsychism in the West*. Cambridge, MA 2005: MIT Press 2005.

SOHLDJU, Katrin 2009: ‚Something there?' James and Fechner meet in a ‚Pluralistic Universe', in: Skrbina, David (ed.): *Mind that Abides: Panpsychism in the New Millennium*. Amsterdam 2009: John Benjamins, 301–313.

SPRIGGE, Timothy L. S. 1993: *James and Bradley. American Truth and British Reality*. Chicago/ La Salle, IL 1993: Open Court.

STARBUCK, Edwin Diller 1899: *The Psychology of Religion. An Empirical Study of the Growth of Religious Consciousness, with a Preface by William James*. London 1899: W. Scott.

TAVES, Ann 1999: *Fits, Trances and Visions. Experiencing Religion and Explaining Experience from Wesley to James*. Princeton, NJ u.a. 1999: Princeton University Press.

TAYLOR, Charles 1994: *Quellen des Selbst. Die Entstehung der neuzeitlichen Identität*. Frankfurt a.M. 1994: Suhrkamp.

– 2002: *Die Formen des Religiösen in der Gegenwart*. Frankfurt a.M. 2002: Suhrkamp.

The Oxford Dictionary, vol. 5. Oxford 1989[2]: Oxford University Press.

THOMÉ, H. 2004: Weltanschauung, in: Ritter, Joachim/ Gründer, Karlfried (Hgs.): *Historisches Wörterbuch der Philosophie* Band 12. Darmstadt 2004: Wissenschaftliche Buchgesellschaft, 453–460.

THÖRNER, Katja 2007: Zur Umkehr bewegt: Eine Kontroverse um den Stellenwert des Affektiven in den ‚First Great Awakenings', in: Haeffner, Gerd (Hg.): *Religiöse Erfahrung II. Interkulturelle Perspektiven*. Stuttgart 2007: Kohlhammer, 234–250.

– 2008: About the Question of the Real Cause of an Emotion and its Importance for the Concept of ‚Religious Experience', in: Lemmens, William/ Van Herck, Walter (eds.): *Religious Emotions: Some Philosophical Explorations*. Newcastle 2008: Cambridge Scholars Publishing, 48–58.

– 2009: William James: Religiöse Erfahrung als Ausdruck der ‚Krise' der Moderne, in: Thies, Christian (Hg.): *Religiöse Erfahrung in der Moderne: William James und die Folgen*. Wiesbaden 2009: Harrassowitz, 45–54.

TROELTSCH, Ernst 1905: *Psychologie und Erkenntnistheorie in der Religionswissenschaft. Eine Untersuchung über die Bedeutung der Kantischen Religionslehre für die heutige Religionswissenschaft. Vortrag gehalten auf dem International Congress of Arts and Sciences in St. Louis*. Tübingen 1905: J.C.B Mohr (Paul Siebeck).

– 1912: Empiricism and Platonism in the Philosophy of Religion. To the Memory of William James, in: *The Harvard Theological Review* 5 (1912), 401–422.

TUGENDHAT, Ernst 2003: *Egozentrizität und Mystik*. München 2003: Beck.

– 2007: *Anthropologie statt Metaphysik*. München 2007: Beck.

TYLOR, Edward Burnett 1871: *Primitive Culture* vol. 2, London 1871: Murray.

WATTS, Fraser 2006: Religionspsychologie, in: Patridge, Christopher (Hg.): *Das große Handbuch der Weltreligionen*. Wuppertal 2006: Brockhaus, 26.

WEYEL, Birgit 2009: Religion und Gefühl. Religionspsychologische Aspekte in Anschluss an William James, in: *Arcadia – International Journal for Literary Studies*, 44 (2009), 64–72.

WHITE, Christopher 2008: A Measured Faith: Edwin Starbuck, William James, and the Scientific Reform of Religious Experience, in: *Harvard Theological Review* 101 (2008), 431–450.

WHITEHEAD, Alfred North [1929]: *Process and Reality. An Essay in Cosmology*. New York 1978: Free Press.

WINDELBAND, Wilhelm 1910: Fechner, in: *Allgemeine deutsche Biographie* Band 55. Leipzig 1910: Verlag von Duncker & Humblot, 756–763.

WITTGENSTEIN, Ludwig 1977: *Vermischte Bemerkungen. Eine Auswahl aus dem Nachlass*. Frankfurt a.M.: Suhrkamp, 1977.

– 1989a: Bemerkungen über Frazers ‚Golden Bough', in: Schulte, Joachim (Hg.): *Vortrag über Ethik und andere kleine Schriften*. Frankfurt a.M. 1989: Suhrkamp, 29–47.

– 1989b: *Tractatus logico-philosophicus. Tagebücher 1914–1916. Philosophische Untersuchungen*. (Werkausgabe Band 1). Frankfurt a.M. 1989: Suhrkamp.

WOBBERMIN, Georg 1907: Einleitung, in: William James: *Die religiöse Erfahrung in ihrer Mannigfaltigkeit. Materialien und Studien zu einer Psychologie und Pathologie des religiösen Lebens*. Ins Deutsche übertragen von Georg Wobbermin, Leipzig 1907: Hinrichs'sche Buchhandlung.

WULFF, David M. 2005: Listening to James a Century Later: The ‚Varieties' as a Resource for Renewing the Psychology of Religion, in: Carette, Jeremy R. (ed.): *William James and The Varieties of Religious Experience. A Centenary Celebration*. London 2005: Routledge, 47–57.

Personenregister

Sachregister